高等职业教育财经类规划教材·物流管理专业

运输管理实务

（第3版）

王　进　主　编

郭美娜　副主编

電子工業出版社

Publishing House of Electronics Industry

北京·BEIJING

内 容 简 介

本书作为高等职业教育物流管理专业规划教材之一，介绍了物流作业中的一个重要环节——运输管理。本书的结构与传统教材的结构有较大的差异，其特点是将职场情境、学习目标、引入案例、任务小结、职场训练与理论知识有机地结合在一起。在“理论够用，注重实践”理念的指导下，将国内外先进的运输技术、运输管理思想引入教材。本书内容涵盖了基本理论、运输实务、运输决策、运输商务运作、运输保险5个方面，共分为认识运输、公路运输实务、管道运输实务、铁路运输实务、航空运输实务、水路运输实务、多式联运实务、运输管理决策、运输商务运作、运输保险业务10大任务。

本书既可作为高职高专物流类专业课程教材，也可作为各类、各层次学历教育和短期培训教材，还适合作为物流、运输等企业从业人员的学习参考用书。

图书在版编目（CIP）数据

运输管理实务/王进主编. —3版. —北京：电子工业出版社，2015.6
ISBN 978-7-121-26294-4

Ⅰ. ①运…　Ⅱ. ①王…　Ⅲ. ①物流－货物运输－管理－高等职业教育－教材　Ⅳ. ①F252

中国版本图书馆CIP数据核字（2015）第126255号

策划编辑：张云怡
责任编辑：刘元婷
印　　刷：北京七彩京通数码快印有限公司
装　　订：北京七彩京通数码快印有限公司
出版发行：电子工业出版社
　　　　　北京市海淀区万寿路173信箱　邮编 100036
开　　本：787×1 092　1/16　印张：19　字数：486.4千字
版　　次：2006年9月第1版
　　　　　2015年6月第3版
印　　次：2023年2月第9次印刷
定　　价：38.90元

凡所购买电子工业出版社图书有缺损问题，请向购买书店调换。若书店售缺，请与本社发行部联系，联系及邮购电话：（010）88254888，88258888。

质量投诉请发邮件至 zlts@phei.com.cn，盗版侵权举报请发邮件至 dbqq@phei.com.cn。

本书咨询联系方式：（010）88254573，zyy@phei.com.cn。

前　言

《运输管理实务》（第 2 版）自 2009 年出版发行以来，因其符合高职高专物流管理专业教学需求，故得到了广大师生的认可，并在 2011 年被评为大连市科学著作二等奖，取得了较好的社会效益。

本次教材修订，在反映职业教育的新思路和运输管理领域内的新技术、新动向的同时，主要进行了以下几方面的修订。

1．编写体例根据高职高专教材教学特点设计。本书以运输业务流程为主线构建了学习任务（章），全书共由 10 大任务组成，每个任务下设若干子任务，每个任务中的学习目标分为知识目标、能力目标及重点难点，使学生能更好地从整体上把握学习的核心内容。

2．每个任务均以小故事形式的职场情境来导入，引人入胜，有助于学生职业素养的养成。

3．表格式的学习目标、图表式的课后小结直观醒目，适合高职学生感性思维强的特点。

4．针对每个任务中的关键知识和能力点，设计了两个以上的职场训练项目，促使学生对该任务中的核心知识点和应掌握的能力点进行再次复习，既可以用于学生自主学习，也可以用于教师的课堂训练。

在内容的取舍上，以培养学生从事实际工作的基本能力和基本技能为目的，注重知识的系统性和适用性，强调对实际动手能力的培养。

为了方便教师教授和学生学习，本书制作了第 3 版的电子教案，同时补充了习题答案及案例等教辅资源，读者可以从华信教育资源网（www.hxedu.com.cn）上免费下载。

本书由大连职业技术学院王进教授担任主编，并承担了任务一、任务三～任务七、任务九的编写工作；郭美娜编写了任务八；行业企业专家王前、杨继涛参与了任务二、任务十的编写。感谢同事马晓娜、张帅、刘爱琴协助完成了资料的收集和整理工作；感谢大连职业技术学院经济管理学院院长郭兆平教授给予的指导；感谢大连超联运通国际物流公司总经理周紫剑、大连锦程物流有限公司经理张永恒等在本书编写过程中提出的有益建议；感谢电子工业出版社张云怡主任及全国各职业院校广大师生在第 2 版使用过程中提出的宝贵意见；感谢未曾谋面的同行给予的启示，都一一列示在参考文献中！

由于运输行业发展迅速及编者水平有限，书中难免存在错误和不足之处，恳请广大读者批评指正。

编　者

2014 年 11 月

Contents 目录

任务一 认识运输

任务二 公路运输实务

任务三 管道运输实务

任务十 运输保险业务

职场情境

人物：

小明——北方沿海城市某大型物流公司运输部门“菜鸟”；

刘姐——小明的师傅，工龄8年。

该城市有繁忙的海港、空港，还有四通八达的公路、铁路，另外还有其他城市少见的管道运输。

刘姐问小明：“你是物流管理专业毕业的，那你知道运输是什么吗？运输的最终目标是什么？”虽然小明在校时是“学霸”，但因毕业已久，学过的内容已经忘得差不多了。

刘姐对小明说：“我虽然是你的师傅，但是不可能像学校的老师那样手把手教你。你已经是职场人了，‘师傅领进门，修行在个人’，你自己要多听、多看、多学、多练，才能很快地独当一面。”

Mission 任务一 认识运输

学习目标

知识目标	能力目标	重点难点
1. 掌握运输的含义 2. 掌握运输的功能 3. 了解运输与物流其他环节的关系 4. 了解不同类型的运输方式 5. 掌握不合理运输的表现形式 6. 掌握运输合理化要素和途径	1. 能对运输方式进行优选 2. 能区分运输、装卸搬运、配送的不同 3. 能判断不合理的运输形式 4. 能对运输进行简单的合理优化	1. 运输的含义 2. 对流运输 3. 运输合理化的5要素 4. 运输合理化的措施

引入案例

百胜物流降低连锁餐饮企业运输成本之道

对于连锁餐饮业来说，依靠物流手段节省成本并不容易。然而，作为肯德基、必胜客等业内巨头的指定物流提供商，百胜物流公司抓住运输环节大做文章，通过合理安排运输、降低配送频率等优化管理方法，有效地实现了物流成本的“缩水”，给业内管理者指出了一条细致而周密的降低物流成本之路。

对于连锁餐饮业来说，由于原料价格相差不大，因此物流成本始终是企业成本竞争的焦点。据有关资料显示，在一家连锁餐饮企业的总体配送成本中，运输成本占到60%左右，而运输成本中的55%～60%又是可以控制的。因此，降低物流成本应当紧紧围绕“运输”这个核心环节。以下介绍的是百胜物流降低运输成本的途径。

一、运输排程合理化

运输排程合理化的意义在于，尽量使车辆满载，只要货量许可，就应该做出相应的调整，以减少总行驶里程。

由于连锁餐饮业餐厅的进货时间是事先约定好的，这就需要配送中心根据餐厅的需要，制作一个类似列车时刻表的主班表，此表是依据连锁餐饮业餐厅的进货时间和路线详细规划制定的。由于餐厅的销售存在着季节性波动，因此主班表至少有旺季、淡季两套方案。

重新审核运输排程表。安排主班表的基本思路是，首先计算每家餐厅的平均订货量，设计若干条送货路线，覆盖所有的连锁餐厅，最终达到总行驶里程最短、所需司机人数和车辆数最少的目的。

规划主班表远不止人们想象的那样简单。运输排程的构想最初起源于运筹学中的路线原理，从起点A到终点O有多条路径可供选择，每条路径的长度各不相同，要求找到最短的路线。而实际问题要比这个模型复杂得多，因为我们寻找的不是一条串联所有点的最短路线，而是多条串联几个点的路线的最优组合。另外，还需要考虑许多限制条件，如车辆装载能力、车辆数目、每个点在相应的时间开放的窗口等，问题的复杂度随着约束数目的增加呈几何级数增长。要解决这些问题，需要用线性规划、整数规划等数学工具。目前市场上有一些软件公司能够以这些数学解题方法作为引擎，结合连锁餐饮业的物流配送需求，做出优化运输路线安排的软件。在主班表确定以后，就要进入每日运输排程，也就是每天审视各条路线的实际货量，根据实际货量对配送路线进行调整。通过对所有路线逐一进行安排，可以去除几条送货路线，至少也能减少某些路线的行驶里程，最终达到增加车辆利用率、增加司机工作效率和降低总行驶里程的目的。

二、减少不必要的配送

对于对产品保鲜要求很高的连锁餐饮业来说，尽力与餐厅沟通，减少不必要的配送频率，可以有效地降低物流配送成本。

如果连锁餐厅要求将每周配送的频率增加1次，会对物流运作的哪些领域产生影响？在运输方面，餐厅所在路线的总货量不会发生变化，但配送频率上升，会导致运输里程上升，相应的油耗、过路桥费、维护保养费和司机工时都要上升。在客户服务方面，餐厅下订单的次数增加，相应的单据处理作业也要增加，餐厅来电打扰的次数相应上升，办公用品（纸、笔、计算机耗材等）的消耗也会增加。在库存管理上，如果涉及短保质期的物料进货频率增加，又由于进货批量减少，那么进货费用很可能会上升，要处理的厂商订单及后续的单据作业数量也会上升。由此可见，配送频率增加会影响配送中心的几乎所有职能，最大的影响在于运输里程上升所造成的运费上升。因此，减少不必要的配送，对于连锁餐饮企业显得至关重要。

三、提高车辆的利用率

车辆的利用率也是值得关注的，提高卡车的利用率可以从增大卡车尺寸、改变作业班次、二次出车和增加每周运行天数4个方面着手。

由于大型卡车每次可以装载更多的货物，一次出车可以配送更多的餐厅，由此延长了卡车的在途时间，从而增加了其有效作业的时间。这样做还能减少干路运输里程和总运输里程。虽然大型卡车单次的过路桥费、油耗和维修保养费高于小型卡车，但总体上的使用费用绝对低于小型卡车。

运输成本是物流成本的最大项，所有其他职能都应该配合运输作业的需求。所谓改变作业班次就是指改变仓库和其他职能的作业时间，适应实际的运输需求，提高运输资产的利用率。否则朝九晚五的作业时间表只会限制发车和收货时间，从而限制卡车的使用。

如果配送中心实行24小时作业，卡车就可以利用晚间进行二次出车配送，大大提高车辆的利用率。在实际物流作业中，一般会将餐厅分成可以在上午、下午、上半夜、下半夜4个时间段收货的情况，据此制定仓储作业的配套时间表，从而实现卡车利用率最大化。

【思考】

1. 如何理解运输是第三利润源的主要源泉？

2. 结合实际讲讲如何提高车辆的利用率。

子任务一 运输概述

作为企业“第三利润源”的物流，完成其改变“物”的空间位置功能的主要手段是运输。综合分析表明，运费占全部物流费用近50%的比例。现实中，依然有很多人认为物流就是运输，这是因为物流的很大一部分功能是由运输完成的。由此可见，运输在物流中占有重要地位。

1.1.1 运输的含义

运输是利用设备和工具，将物品从一个地点向另一个地点运送的物流活动。其中包括集货、分配、搬运、中转、装入、卸下、分散等一系列操作。

知识链接

运输作业术语

《中华人民共和国国家标准物流术语》中的运输作业术语有如下几个。

1. 直达运输（Through Transportation）

物品由发运地到接收地，中途不需要中转的运输。

2. 中转运输（Transfer Transportation）

物品由发运地到接收地的一次运送业务活动里，中途经过至少一次落地并换装的运输。

3. 甩挂运输（Drop and Pull Transport）

用牵引车拖带挂车至目的地，将挂车甩下后，牵引另一挂车继续作业的运输。

4. 集装运输（Containerized Transport）

使用集装器具或利用捆扎方法，把裸装物品、散状物品、体积较小的成件物品，组合成为一定规格的集装单元进行的运输。

5. 联合运输（Combined Transport）

一次委托，使用两种或两种以上运输方式，或者由不同的运输企业将一批货物运送到目的地的运输。

6. 托盘运输（Pallet Transport）

将货物以一定数量组合码放在托盘上，连盘带货一起装入运输工具运送物品的运输方式。

7. 从门到门服务（Door to Door Service）

承运人在托运人指定的地点接货，运抵收货人指定的地点的一种运输服务方式。

1.1.2 运输的功能

1. 运输是物流的主要功能之一

按照物流的概念，物流是物品实体的物理性运动，这种运动不但改变了物品的时间状态，也改变了物品的空间状态。运输改变物品的时间状态主要体现在物品的储存上。如果转移中的物品需要储存，且在短时间内又将重新转移，而卸货和装货的成本费用也许会超过储存在运输工具中的费用，这时，可将运输工具作为暂时的储存场所。所以，运输也具有临时的储存功能。通常在以下几种情况下，需要将运输工具作为临时储存场所：一是货物处于转移中，当运输的目的地发生改变时，产品需要进行临时储存，这时，采取改道是实现物品短时储存的一种方法；二是在起始地或目的地仓库储存能力有限的情况下，将货物装上运输工具，采用迂回线路运往目的地。诚然，用运输工具储存货物可能是昂贵的，但如果综合考虑总成本，包括运输途中的装卸成本、储存能力的限制、装卸的损耗或延长时间等，那么，选择运输工具进行短时储存往往是合理的，有时甚至是必要的。

2. 运输能创造场所效用

运输作为物流的主要功能之一，还体现在改变了物品的空间状态上，也就是物品转移。运输的主要功能就是使物品在价值链中来回移动，即通过改变物品的地点与位置，消除物品的生产与消费之间在空间位置上的背离，或者将物品从效用价值低的地方转移到效用价值高的地方，创造出产品的空间效用。另外，因为运输的主要目的是以最少的时间完成从原产地到规定地点的转移，使产品在需要的时间内到达目的地，所以能创造出产品的时间效用。在现代物流观念未诞生之前，甚至就在今天，仍有不少人将运输等同于物流，其原因是物流中很大一部分责任是由运输承担的，运输是物流的主要功能。

知识链接

场所效用

“场所效用”是指同种物品由于所处的空间场所不同，其使用价值的实现程度不同，效益的实现程度也不同。由于改变场所而发挥了物品最大的使用价值，最大限度地提高了投入产出比，因而被称为“场所效用”，也称“空间效用”。

3. 运输是社会物质生产的必要条件之一，是国民经济的基础和先行

马克思将运输称为“第四个物质生产部门”，是生产过程的继续。这个“继续”虽然以生产过程为前提，但如果没有它，生产过程不可能最后完成。虽然运输这种生产活动和一般生产活动不同，它不创造新的物质产品，不增加社会产品数量，不赋予产品新的使用价值，而只是变动其所在的空间位置，但这一变动能使生产继续下去，使社会再生产不断推进，并且是一个使价值不断增值的过程，所以将其看成一个物质生产部门。运输在我们国家国民生产中所占的比重越来越大，1998—2011 年我国货运量统计表如表 1.1 所示。

表 1.1　1998—2011 年我国货运量统计表

年　份	公路货运量（吨）	水运货运量（吨）	民航货运量（吨）
1998	9 760 040 000	1 095 550 000	1 401 000
1999	9 904 440 000	1 146 080 000	1 704 000
2000	10 388 130 000	1 223 910 000	1 967 000
2001	10 563 120 000	1 326 750 000	1 710 000
2002	11 163 240 000	1 418 320 000	2 021 000
2003	11 599 570 000	1 580 700 000	2 190 000
2004	12 449 900 000	1 873 940 000	2 767 000
2005	13 417 780 000	2 196 480 000	3 067 000
2006	14 663 470 000	2 487 030 000	3 494 319.6
2007	16 394 320 000	2 811 990 000	4 018 485.1
2008	19 167 590 000	2 945 100 000	4 076 376.2
2009	21 278 340 000	3 189 960 000	4 455 347
2010	24 480 520 000	3 789 490 000	5 630 000
2011	28 201 000 000	4 259 680 000	5 570 000

4. 运输是“第三个利润源”的主要源泉

首先，运输是运动中的活动，它和静止的保管不同，要靠大量的动力消耗才能实现，且运输又承担大跨度空间转移的任务，所以活动的时间长、距离远、消耗大。消耗的绝对数量大，其节约的潜力也就大。其次，从运费来看，它在物流总成本中占据最大的比例，综合分析计算社会物流费用，运输费用在其中一般占近 50%，有些产品运费高于其生产成本。所以，节约的潜力非常大。再次，由于运输总里程远，运输总量大，通过体制改革和运输合理化可大大缩短运输里程，从而获得较大的节约。

1.1.3　运输与物流其他环节的关系

运输和物流其他环节的相互关系如下。

1. 运输与包装的关系

效益背反指的是在物流若干功能要素的利益发生的同时，必然会存在另一个或另几个功能要素的利益损失，反之亦然。这是一种此消彼长、此盈彼亏的现象，虽然在许多领域中这种现象都是存在的，但在物流领域中，这个问题尤其严重。

在产品销售市场和销售价格不变的前提下，假定其他成本因素不变，那么包装方面每少花一分钱，这一分钱就必然转为收益，包装越省，利润越高。但包装的节省，可能会导致运输过程中货损的增加，这就是效益背反。

2. 运输与装卸的关系

运输活动必然伴随着装卸活动。一般来说，发生一次运输活动，往往伴有两次装卸活动，即运输前、后的装卸作业。货物在运输前的装车、装船等活动是完成运输的先决条件，此时，装卸质量的好坏，将对运输产生巨大的影响。装卸工作组织得力，装卸活动开展顺利，都可以使运输工作顺利进行。当货物通过运输到达目的地后，装卸作为最终运输任务的补充劳动，促使运输目的最终完成。除此之外，装卸又是各种运输方式的衔接环节，当一种运输方式必须变更为另一种运输方式时，如铁路运输变为公路运输，水路运输变为铁路运输等，都必须依靠装卸作为运输方式变更的必要衔接手段。

3. 运输与储存的关系

储存保管是货物暂时停滞的状态，是货物投入消费的准备。货物的储存量虽直接取决于需求量（使用量），但货物的运输对储存也会带来重大影响。当仓库中储存一定数量的货物而消费领域又急需时，运输就成了关键。如果运输活动组织不善或运输工具不得力，那么就会延长货物在仓库中的储存时间，这会增加货物储存量，还会造成货物损失。

4. 运输与配送的关系

在企业的物流活动中，运输是指将货物大批量、长距离地从生产工厂直接送达客户或配送中心的活动；配送是指将货物再从配送中心就近发送到地区内各个客户手中的活动。

子任务二 运输方式

1.2.1 公路运输

公路运输主要是指使用各种车辆——汽车、人力车、畜力车等运输工具，在公路上进行客货运输的方式。在我国，长期以来对于公路运输的界定是以承担距离较近、批量较小的运输项目为主，对于水路和铁路难以到达地区的运输及难以实现其优势的运输间隔，一般也选择公路运输。很多资料显示，公路运输的经济半径约为200千米。然而随着我国公路建设步伐的逐渐加大，公路运输的经济里程也在不断增长。例如，随着京沪高速公路的开通，北京到上海1 000多千米的路程，客货运输已经从铁路运输向航空及公路运输分流。更有甚者，如北京到太原，采用公路运输要比采用铁路运输节省近1/3的时间。

随着我国公路建设速度的不断提高，公路运输的各种优点也将不断地体现出来。公路运输速度较快，灵活性强，公路建设的投资较低，建设周期相对较短，对运输设施的要求不高等优点，是实现“从门到门”运输的最好方式。也正因为如此，公路运输是“从门到门”运输的主要承担者，这样，从发货者到收货者，在运输过程中既不需要转运也不需要反复地装卸搬运，对于提高运输质量和运输效率都有明显的好处。

1.2.2 铁路运输

铁路运输是指使用铁路列车运送客货的一种运输方式。一般来讲，铁路运输承担的运输距离较长，货运量较大，在干线运输中起主力军的作用。按传统的理解，在没有水运条件的地区，所有的大批量、长途客货运输基本上都依靠铁路。

铁路运输的优点明显，具体表现如下。

（1）速度快。由于铁路列车是在自己的专用轨道上行驶，所以基本不受其他外部干扰，在近几年我国铁路连续几次提速的情况下，列车运行速度有了显著的提高，高速列车在不断地投入商业运行。

（2）基本不受自然条件的限制，能够在绝大多数气候条件下正常运行。这样可以保证运输的连贯性，这是其他运输方式所不能比拟的。

（3）运载量大。铁路运输依靠大动力机车牵引，可以轻松地拖挂多节车皮。铁路货车运载量一般为 60～100 吨，而专用车皮的运载量可能会更大，一般的货物运输列车可以同时拖挂 50～70 节车皮，并且铁路运输部门可以根据运输量的大小，随时增加或减少运力安排，这样，能够在满足运输的前提下，尽量节约成本。由于铁路运输运量大、可调节等优点，使其成本相对较低。

当然，铁路运输也有不足之处：由于铁路线的建设是固定的，所以运输也只能在固定的线路上进行，这样就必须与其他的运输手段配合使用，在衔接的过程中，必然会带来很多不便之处，如运输速度减缓，在装卸的时候会出现货物的损失等。一般认为，铁路运输的经济里程在 200 千米以上。

1.2.3 水路运输

水路运输是指使用船舶在通航水道进行客货运输的运输方式，通常分为内河运输和海洋运输，其中海洋运输又分为沿海运输和远洋运输。因为水路运输的运量大、成本低，所以发展很快。自 20 世纪 80 年代以来，我国的水运货物周转量已逐渐上升至各种运输方式中的第 1 位，是干线运输中的主要运力。水路运输可以根据运输线路、地理位置的特点，选择多种不同的运输工具。在内河运输中，因为水道主要连接陆地内的江、河、湖泊等，因此运距不是太大，主要使用中、小型船舶及拖船、挂船等运输工具进行运输；对于沿海和近海运输，其主要任务是沿大陆附近的航道运送客货或在邻近国家之间来回运转，由于此过程距离不是太远，因此在运输过程中多使用中、小型海洋运输船舶；远洋运输是跨大洋的远程运输，一般要选用大型的远洋运输船舶；专业运输要选用大型专业运输船舶，如集装箱船、冷冻船、油船、矿石船、液化气船和载驳船等。

因为水路运输能以较低的成本进行远距离、大批量的运输，所以自古就被人类加以利用。但水运的缺点也是比较明显的。第一，水运只能在有水道的地方及沿海地区加以利用，而在内陆地区，尤其是大陆性干旱地区就没有可用资源（我国的西北内陆地区及华北平原就基本没有可用航道），这就使得水路运输的适用性降低。并且水路运输必须靠其他运输手段加以配合、衔接才能够实现完整的运输。第二，水路运输的速度较慢，船舶在水中行驶，水给了船舶以浮力，但同时也产生了巨大的阻力。随着科学技术的日益进步，船舶的运行速度也在不断地提高，但从整体来看，运输速度还是较慢，尤其是在内河航运中，当船舶逆流运行时，速度更慢。例如，从上海到重庆，一般船只需要航行 10 天以上，而铁路列车则可在两天左右到达。第三，水路运输受季节、气候的影响较大，在枯水的季节，航道会影响大吨位的船舶运行，有些航道甚至因此而停航。在高纬度地区（如我国的黑龙江、乌苏里江流域），在冬季会遇到河流结冻的情况，使得航行中断。另外，水路运输还会受到各种灾害性天气的影响，如台风、暴雨，将会使海洋运输受到影响，如果处理不当，会造成很多不可想象的灾难；还有雾、雨等天气也会影响航运的正常进行。我国的长江上游，如重庆至宜昌段，在有大雾的时候，会中断航行，尤其是在三峡地区，在起雾的时候，一般不允许船舶航行；在汛期到来的时候，长江流域也会对船舶航行进行限制，如果在长江洪峰到来时航行是非常危险的。航运部门为了保障航行安全，会在一定时间内禁止船舶通过。

1.2.4 航空运输

航空运输是指使用各种航空器进行客货运输的运输形式，目前使用最多的航空器是飞机。航空运输因为速度快、效率高，在运输行业中所占比例已经越来越高。航空运输优势明显，除了速度快、效率高（目前的航空技术可以在 24 小时内到达世界上任何地方），还可以不受各种地形的限制，这尤其适合很多交通不发达的地区。例如，我国的青藏高原，海拔高，周围山脉众多，交通极为不便。我国主要有两条进入西藏的通道：一条通道是川藏公路，全长 1 700 余千米，从成都至拉萨，汽车连续行驶需要 3 天左右的时间，而飞机只需要两小时左右的时间，川藏公路以路况不好而闻名，泥石流、塌方等自然灾害经常出现，不能保证公路随时通畅；另一条通道是青藏公路，虽然路况较好，但路途遥远，需要绕道兰州，穿过青海。随着拉萨机场的建成，越来越多的进出西藏的运输选用航空运输方式。另外，航空运输还具有运载货物破损率小，节省包装费用、保险费用和储存费用的优点，附加值高的商品在一定运行里程以上，选择航空运输将能更大地节省成本。

在航空运输使用越来越频繁的时候，我们也应该注意到，航空运输在运输行业中所遇到的最大限制是运输成本很高。由于飞机的载重有限，这样分担到每件运输物品上的单位成本也较高。因此，一般认为，航空运输是用来运载那些价值高、重量轻、易损、鲜活的商品，以及一些急需的商品、物资，如精密仪器、保鲜期短的农副产品、救灾物资等。

1.2.5 管道运输

管道运输是各种运输方式中人们不太熟悉的一种。在一般人看来，运输方式，无外乎车、船、飞机 3 种，其实，管道运输是在现代物流中发展越来越快的一种运输方式，它是利用管道输送气体、液体的一种运输方式，其机制是运输物品在管道内顺着压力方向不断流动，以实现输送目的的过程。例如，石油或天然气运输，有些国家也开展煤浆管道运输。与其他运输方式相比，管道运输最大的不同之处在于其运输载体是静止不动的。

管道运输特点明显：由于运输管道属于封闭设备，这样可以避免在一般运输过程中的丢失、散失等问题，同样也可以避免其他运输设备经常遇到的回程空驶等无效运输问题，在无形中节约了成本；同时，管道运输具有速度快、流量大、环节少、运费低等优点，非常适合连续不断地输送相关物资。

当然，管道运输的局限性也很明显：适合管道运输的物品不多，目前仅仅适用于流体物质，并且管道铺设的成本很高，一般需要由政府出面，才能实现输送管道的铺设，个人或企业直接铺设或经营的可能性不大。当然，随着国家对基础设施投入的不断加大，以及与世界运输业的逐渐接轨，各种运输管道的铺设已经越来越多，距离也越来越长。也只有这样，管道运输的效益才能越来越明显。

上述几种运输方式的小结，如图 1.1 所示。

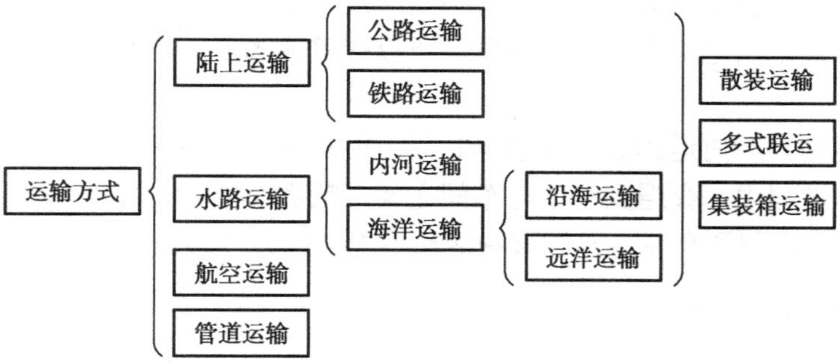

图 1.1　几种运输方式

1.2.6　其他运输分类

前面所述对于运输的分类，是以运输设备及运输工具的不同为分类标准的。对于运输，我们还可以进行如下分类。

1. 按运输的范畴分类

（1）干线运输。它是指利用道路的主干线路，以及远洋运输的固定航线进行大批量、长距离的运输，是长距离运输的一种重要形式。干线运输因为其运输距离长、运力集中，所以使得大量的货物能够迅速地进行大跨度的位移，长期以来，是我国运输的主要形式。尤其是铁路运输，往往担负着国家运输干线的使命。在人们心中，各种物资的调动、货物的配送，一直是由铁路来完成的。随着铁路网建设的不断完善，长距离干线运输的效益越来越明显。例如，为了加强铁路的干线运输能力，从广州到佳木斯、乌鲁木齐、呼和浩特等地，每天都有行包快运及货运专列开行，是相关地区进出货物的主要运力。另外，全球远洋运输三大干线也承担着海运的大部分任务。

在通常情况下，采用相同运输工具，干线运输较其他运输形式要快，成本也会更低，是长距离运输的主要形式。当然，光有干线运输还不足以形成整个运输链，还需要其他运输手段的辅助。

（2）支线运输。支线运输是相对于干线运输来说的，是在干线运输的基础上，对干线运输起辅助作用的运输形式。支线运输作为运输干线与收发货地点之间的补充，主要承担运输供应链中从供应商到运输干线上的集结站点，以及从干线上的集结点到配送站的运输任务。例如，京哈线（北京—哈尔滨），京广线（北京—广州）是我国南北交通的主要干线，与其相连的沈大铁路（沈阳—大连），石太铁路（石家庄—太原）等可以是其相对的支线（在沈阳和大连，石家庄和太原之间都有高速公路相连，它们也都可以被看成主干线的支线）。

知识链接

干线与支线运输

干线与支线都是相对而言的。从近距离看，在一个省内，或者相近的省份，支线又可以被看成运输干线。一般来讲，支线路程相对于干线要短很多，运输量也要小很多，同时支线的建设水平也要远远低于干线，相应的运输工具也差一些，所以可能运输速度较慢，相等距离周转时间会更长，但这是运输合理布局的必然要求。

（3）二次运输。二次运输是一种补充性的运输方式，其特点是路程短、运量小。干、支线运输到站后，需要将货物由车站运至指定交货地点，如仓库、加工厂、集贸市场等。由于该种运输形式是满足单个单位的需要，所以核算成本后，单个物品的运输成本将高于干、支线运输。

（4）厂内运输。厂内运输这种运输形式只可能存在于大型或超大型工业企业中。在为生产提供服务的过程中，会遇到车间与车间之间，或者车间与仓库之间的运输问题。而在一般企业中，车间内部及仓库内部的该种活动不能被称为“运输”，而只能被称为“搬运”。

2. 按运输的作用分类

（1）集货运输。集货运输是将分散的货物汇集起来运输的形式。集货承运商根据自己的运输覆盖范围，收集、汇总承运商品，然后再由干、支线路承担距离较远、批量较大的运输任务。如此看来，集货运输是干、支线运输的重要补充形式。

（2）配送运输。配送运输的方向正好与集货运输相反。集货运输是将货物进行汇集、集中，而配送运输是由配货商在集货点按用户要求将配好的货分送到各个用户的运输形式，是干线运输完成后的补充运输。相应地，配送运距较短，运送量小，成本更高，费用也会略高。

3. 按运输的协作程度分类

（1）一般运输。一般运输主要是指在运输的全程中，单一地采用同一种运输工具，或者采用不同种运输工具，但没有在运输过程中形成整体协作的运输形式。应该看到，在某些专业领域，或者在短距离运输中，此种运输形式还是比较常见的；但从长远来看，此类运输形式显然与社会化大生产的客观要求相背离，所以在合理的运输里程范围内，人们总是寻找各种合理的运输手段相互配合使用。

（2）联合运输。联合运输简称“联运”，是指对运输标的物使用同一运输凭证，而在整个运输过程中可能由不同运输方式或不同运输企业进行运输的形式。联合运输中的各运输方能够有效衔接货物，利用优势手段进行运输，以实现高效运输。

因为联合运输能够充分体现各种运输手段的优势，因而已经成为运输行业发展的标志。联合运输的发展速度很快，尤其是在国际运输界，联合运输的概念已经深入人心。

采用联合运输，对于用户来讲，可以简化运输手续。例如，如果所运货物需要转运，那么用户无须跟随货物在转运地点亲自办理转运手续，这样既可以方便用户，又可以加快运输周转速度，同时，也有利于节省运费。

4. 按运输中途是否换载分类

（1）直达运输。直达运输是指在货物运输过程中，不经过换载和入库保存，直接到达目的地的一种运输形式。直达运输的采用，降低了货物在运输途中因为装卸和换载而出现灭失的可能性，同时提高了运输速度。对于运输商来说，能在较短的时间内完成运输任务，达到了提高运输效率、加快运输工具周转速度的目的。

（2）中转运输。中转运输是指货物在运输过程中，要在途中的车站、港口、仓库等地点进行转运换装，包括同种运输工具不同运输线路的转运换装，以及不同运输工具之间进行转运换装的一种运输形式。

中转运输是实现干、支线运输之间有效衔接的桥梁。通过中转运输，可以将运输化整为零或化零为整，达到运输中方便用户、提高运输效率的目的。在运输过程中，充分发挥不同运输工具在不同路段上的运输优势，可以体现运输的节约和增效，并有助于加快流通速度。

中转运输也有一定的弊病，那就是在换载过程中，运输速度提不上去，货损增加，同时费用增加。

直达运输与中转运输，不能笼统地说孰优孰劣，二者在不同的情况下各有优势，在选择运输方式的时候，要根据具体情况进行具体分析，以总体经济效益为评价指标，合理选择，最终完成有效运输。

子任务三 不合理运输的表现形式

不合理运输是指在组织货物运输的过程中，违反货物流通规律，不按经济区域和货物自然流向组织调运货物，忽视运输工具的充分利用和合理分工，导致运载量低、流转环节多，从而出现浪费运力和增加运费的现象。货物运输不合理势必造成货物在途时间长、周转慢、损耗大、费用高等问题，浪费运力和社会劳动力，影响企业生产和市场供应。下面对几种典型的不合理运输形式进行分析。

1. 单程空载

空车或无货载行驶是最不合理的运输形式。在实际运输过程中，若货物离运输工具过远，需要专程去装货，则必须将这段空驶成本计入运费。因调运不当，货源计划不落实而造成的空驶，将构成严重的运输不合理。

2. 对流运输

同一种货物，或者两种可以相互代用又不影响技术、管理和效益的货物，在同一线路上或平行线路上做相对运送，与对方运程发生部分或全部重叠交错的运输就是对流运输。

对流运输有两种：一种是明显的对流运输，即在同一线路上运送同样的货物，但行驶方向相反，明显的对流运输是由于信息不畅造成的；另一种是隐蔽的对流运输，即同一种货物在违背“近产近销”原则的情况下，沿两条平行线路的相对方向进行运输，隐蔽的对流运输往往是由非正常的经济行为造成的。

3. 重复运输

重复运输是指一种货物可直达目的地，但由于批发机构或商业仓库设置不当，或者计划不周，在中途停卸，重复装运的不合理的运输形式。重复运输虽然没有延长运输里程，但是增加了中间装卸的环节，从而增加了装卸搬运费用，降低了运输工具的效率。

4. 过远运输

过远运输是放弃近距离市场而追逐远距离市场的不正常运输现象。这是一种舍近求远的商品运输。经计算表明，从国民经济的观点来看，某地所缺的砖即使在当地简单的土窑中制造也比用铁路从数千千米、用汽车从几百千米之外运来更为有利。另外，将装配好的木器和热量低的燃料（泥、灰、石、煤）进行长距离运输也是不合理的；现实生活中大量的日用工业品（毛巾、牙膏、肥皂）及农副产品的远距离调运也是不合理的。这往往是由于正常商品经济受阻或地方保护主义造成的。

5. 迂回运输

由于物流网的纵横交错，在同一始发站和到达站之间往往有不同的运输路径可以选择，凡不经最短路径的绕道运输，称为迂回运输。

6. 运输方式选择不当

运输方式选择不当是指因未合理利用各种运输工具的优势，不正确地选择运输工具而造成的不合理现象。

7. 弃水走陆

弃水走陆是指在可以同时利用水运及陆运时，不利用成本较低的水运或水陆联运，而选择成本较高的铁路运输或汽车运输，使水运优势不能发挥的现象。

8. 铁路、大型船舶的过近运输

这种情况指不是铁路及大型船舶的经济运行里程，却利用这些运力进行运输的不合理做法。

铁路、大型船舶起运及到达目的地的准备、装卸时间长，且机动灵活性不足，在过近距离中使用，发挥不了运量大的优势；相反，由于装卸时间长，反而会延长运输时间。另外和小型运输设备相比，火车和大型船舶装卸难度大，费用也高。

9. 运输工具承载能力选择不当

不考虑承运物品的数量和重量而盲目决定运输工具，造成超载、损坏车辆及物品、不满载和浪费运力的现象，尤其是“大马拉小车”的现象发生较多。若装货量小，则单位物品的运输成本必然增加。

子任务四 运输合理化

1.4.1 运输合理化的 5 要素

物流是物质资料从供给者到需求者的物理性运动，这种运动改变物质的时间和空间状态。运输在此过程中承担了改变空间状态的主要任务。没有运输，物流就无法实现，运输是物流活动中主要的功能要素之一。

随着现代物流概念的提出，企业对物流运输技术水平提出了更高的要求，它要求在原有运输概念的基础上更加合理地选择运输工具、运输方式和运输线路，组织货物运输，力求做到运力省、速度快、费用低，以实现物流运输合理化，从而更大限度地实现物流的合理化。影响物流运输合理化的因素很多，起决定作用的有 5 个方面，称为合理运输的“5 要素”。

1. 运输距离

在运输过程中，运输时间、运输工具周转率、运输货损及运费等技术经济指标，都与运输距离存在正比例关系，运输距离的长短是影响运输合理化的最基本因素之一。

2. 运输环节

运输环节越多，运费越高，运输货损率也随之增加。衔接两种运输方式的装卸搬运作业对运输环节的副作用最大。运输环节过多，也影响运输的速度。

3. 运输工具

运输工具主要由运输方式决定，如陆运中对铁路运输和公路运输的选择。但是同一种运输方式也可以选择不同的运输工具，如公路运输可以选择普通货车或集装箱货车。对运输工具进行优化选择，按运输工具的特点进行装卸搬运作业，发挥运输工具的作用，也是运输合理化的重要措施。

4. 运输时间

在全部物流时间中，运输时间占绝大部分，尤其是远程运输，因此，运输时间的缩短对整个流通时间的缩短起决定性的作用。此外，运输时间的缩短，还有利于加速运输工具的周转，充分发挥运力效能，提高运输线路的通过能力，不同程度地改善不合理的运输状况。

5. 运输费用

运费在全部物流费用中占很大比例，运费的高低在很大程度上决定了整个物流系统的竞争能力。实际上，运费的高低，无论对货主还是对物流企业而言，都是运输合理化的一个重要标志。运费的高低也是各种合理化措施是否行之有效的最终判断依据之一。

1.4.2 运输合理化的实施途径

1. 提高运输工具的实载率

实载率包含两个统计内容。

（1）单一运输工具实载率。是指实际载重与运输距离的乘积和标定载重与行驶里程乘积的比率。这是在安排单一运输工具进行运输时，判断运输是否合理的指标。

但是，提高运输工具实载率并不是支持超载。

（2）运输工具的统计指标。是指在一定时期内，企业实际完成的货物周转量与运输工具的吨位与行驶里程的乘积百分比。在计算运输工具行驶里程时，不但包括载货行驶里程，还包括空驶里程。

知识链接

运输工具实载率

单一运输工具实载率=实际载重×合同运距/标定载重×实际行驶里程

2. 开展联合运输

将公路两端运输的优势与铁路、水运、航空的干线长距离运输结合起来，由一个总承运人安排“从门到门”的运输。

3. 配载运输

配载运输是提高运输工具实载率的扩展方式，它充分利用运输工具的载重量和容积，合理安排装载的货物和载运方法。配载运输可以采用轻重产品混合配载的方式，既增加了载重量，又容纳了较大体积的轻货。

4. 扩大集装箱运输的份额

集装箱运输节省了装卸搬运的时间成本，也解决了散货发货前与到达后的短暂仓储成本。只要货物的销售价格可以消化集装箱运输相对较高的成本，就应尽可能采用集装箱运输，以时间成本优势换取较高的运输成本。

5. “四就”直拨运输

“四就”直拨运输是指包括就厂直拨、就车站直拨、就仓库直拨、就车船直拨的运输方式。“四就”直拨运输减少了中转运输环节和中转次数，提高了运输作业效率。一般批量到站或到港的货物，先进批发仓库，再按程序销售给用户，容易出现不合理运输的情况。“四就”直拨运输由管理机构先行筹划，其后就工厂、就车站或码头、就仓库、就车（船）将货物分拨给用户，而不需要再入库。其具体形式如表1.2所示。

表 1.2 “四就”直拨运输的具体形式

主要形式	含义	具体形式
就厂直拨	物流部门从工厂收购产品，经厂验收后，不经过中间仓库和不必要的转运环节，直接调拨给销售部门或直接送到车站码头，运往目的地的方式	厂际直拨 厂店直拨 厂批直拨 用工厂专用线、码头直接发运
就车站直拨	物流部门对外地到达车站的货物，在交通运输部门允许货位的时间内，经交接验收后，直接分拨或送给各销售部门	直接运往市内各销售部门 直接运往外埠要货单位
就仓库直拨	在货物发货时越过层层调拨，省略不必要的中间环节，直接从仓库拨给销售部门	对需要储存保管的货物就仓库直拨 对需要更新库存的货物就仓库直拨 对常年生产、常年代销的货物就仓库直拨 对季节生产、常年代销的货物就仓库直拨
就车船直拨	对外地用车、船运输的货物，经交接验收后，不在码头或车站停放，不入库保管，随即通过其他运输工具换装，直接运至销售部门	就火车直接装汽车 就船直接装火车或汽车 就大船过驳小船

6. 减少动力投入，增加运输能力

少投入，高产出，走高效益之路。对运输的投入主要是指对能耗和基础设施的建设，在设施建设已定型和完成的情况下，尽量减少能源的投入，是减少投入的核心。

减少动力投入的有效措施有以下几种。

（1）满载超轴。

满载：充分利用货车的容积和载重量，多载货，不空驶，从而达到合理化的目的。

超轴：在机车能力允许的情况下，多加挂车皮。在客运紧张时，采取加长列车，多挂车皮的办法，在不增加机车的情况下增加运输量。

（2）水运拖排和拖带法。对竹、木等物品的运输，可不用运输工具载运，而是利用竹、木本身的浮力，采取拖带法进行运输，能节省运输工具本身的动力消耗，从而求得合理运输。

（3）顶推法。将内河驳船编成一定队形，由机动船顶推前进。其优点是航行阻力小，顶推量大，速度较快，运输成本低。

（4）汽车挂车法。汽车挂车法的原理与船舶拖带、火车加挂基本相同，都是在充分利用动能的基础上，增加运输能力。

7. 发展社会化运输体系

要发展运输的大生产优势，实行专业分工，打破一家一户自成运输体系的状况。

8. 开展中短距离铁路、公路分流，“以公代铁”

在公路运输经济里程范围内，或者经过论证，在超出通常平均经济里程的范围内，尽量利用公路进行运输，这种运输合理化的表现主要有两点。

（1）缓解紧张的铁路运输。

（2）充分利用公路“从门到门”和在中途运输中速度快且灵活机动的优势，实现铁路运输难以达到的效果。

任务小结

- 任务一：认识运输
  - 子任务一：运输概述
    - 运输的含义
    - 运输的功能
      - 运输是物流的主要功能之一
      - 运输能创造场所效用
      - 运输是社会物质生产的必要条件之一，是国民经济的基础和先行
      - 运输是“第三个利润源”的主要源泉
    - 运输与物流其他环节的关系
      - 运输与包装的关系
      - 运输与装卸的关系
      - 运输与储存的关系
      - 运输与配送的关系
  - 子任务二：运输方式
    - 公路运输
    - 铁路运输
    - 水路运输
    - 航空运输
    - 管道运输
    - 其他运输分类
      - 按运输的范畴分类
      - 按运输的作用分类
      - 按运输的协作程度分类
      - 按运输中途是否换载分类
  - 子任务三：不合理运输的表现形式
    - 单程空载
    - 对流运输
    - 重复运输
    - 过远运输
    - 迂回运输
    - 运输方式选择不当
    - 弃水走陆
    - 铁路、大型船舶的过近运输
    - 运输工具承载能力选择不当
  - 子任务四：运输合理化
    - 运输合理化的5要素
      - 运输距离
      - 运输环节
      - 运输工具
      - 运输时间
      - 运输费用
    - 运输合理化的实施途径
      - 提高运输工具的实载率
      - 开展联合运输
      - 配载运输
      - 扩大集装箱运输的份额
      - “四就”直拨运输
      - 减少动力投入，增加运输能力
      - 发展社会化运输体系
      - 开展中短距离铁路、公路分流，“以公代铁”

职场训练

训练一

【训练目的】通过计算了解对流运输的不合理性。

【训练内容】

有一条公路AD，全长400千米，其中B、D为煤炭供应点，以“△”表示，A、C为煤炭的销售点，以“□”表示，各站点煤炭供求数量及站间距离如图1.2所示，请问如何组织运输最合理？

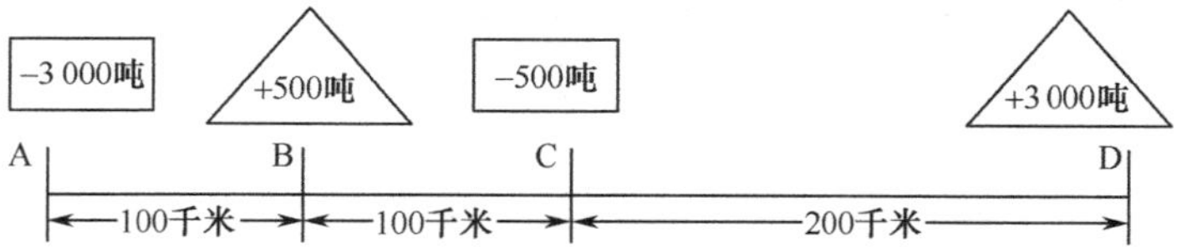

图1.2　各站点煤炭供求数量及站间距离

【训练方法】

1．学生分组讨论，分析该训练项目有几种运输方案；计算每种运输方案的周转量；比较方案的优劣；教师进行点评总结。

2．时间：20分钟。

3．地点：教室。

训练二

【训练目的】通过对物流运输基本知识的技能训练，知道运输的含义，理解运输的功能，清楚5种运输方式的特点。

【训练内容】

1．分组收集一些货物（如煤炭、原油、蔬菜、精密仪器等）应该采用的运输方式资料。

2．整理相关资料：

（1）5种运输方式的特点；

（2）运输在物流中的作用。

【训练方法】

1．学生分组，将收集的资料制成PPT并派一名代表进行展示；由学生代表和教师共同对每组PPT和学生讲解情况进行评分；教师进行点评总结。

2．时间：30分钟。

3．地点：教室。

训练三

【训练目的】了解运输与经济的关系。

【训练内容】广东省佛山市将对货运企业进行补贴。

近日，《佛山市促进货运业装备提升资金管理办法》正式通过，明确补贴对象为佛山市辖区内注册登记的符合补贴条件的公路、水路专业货物运输企业。其中，公路运输企业需要自有佛山市籍货车30辆以上，总载重量250吨以上，且年货运营业收入在1 000万元以上；水路运输企业需要自有佛山市籍单艘载重1 500吨以上的运输船1艘以上（不含砂船），且企业年货运营业收入在300万元以上。在申请年度内，发生重大或较大交通安全事故，所属车辆超限、超载行为超过车辆总数20%的运输企业，不得申请补助资金，单个企业补贴不超过300万元。

交通部门预计，2014年申请补助的企业为95家，补助资金额约为3 200万元。申请企业及补助金额预计将逐年增加，至2018年或有215家申请补助企业，补助资金额达5 300万元。

思考：

1．政府对运输企业的支持、扶持的长远意义是什么？

2．运输企业自身要寻求更大的发展应该怎么做？

【训练方法】

1．学生分组讨论分析案例；每组派代表阐述本组意见；教师进行点评总结。

2．时间：30分钟。

3．地点：教室。

训练四

【训练目的】了解大数据下的运输业发展。

【训练内容】Google（谷歌）公司与亚马逊公司的下一个战场是重新发明运输。

强大的云计算和数据分析将Google公司与亚马逊公司引向了共同的下一步：颠覆物流和运输业。这是一个数据驱动的领域。

不得不提到Google公司的无人驾驶汽车。因为交通运输方式的变化背后一定是交通系统的变化，而交通系统的变化对Google公司来说，就是用数据分析来控制这一切。当你需要一辆汽车的时候，它会自己开到你家门口，然后载着你直接到达目的地，放下你之后自己开走，等你再需要它的时候会自动地开回来。

而这背后发生的是什么？那些用过Google地图导航功能的人都应该清楚这是怎么回事：它能精确地计算出从A地到B地不同线路的时间，而这一结果是充分计算过当时的交通状况的（在街道上都是无人驾驶汽车之后，交通状况在理论上会好很多）。无人驾驶汽车还能自动地实时反馈交通路况的变化，以及识别交通信号灯的变化及路人等。这是一款典型的靠云和数据驱动的产品。Google 公司在测试无人驾驶汽车的时候，用人工驾驶着它几乎开遍了美国的每个角落，以求精确地采集到每处建筑、桥梁、岔路和水流的信息。

这与交通运输有什么关系？有一种全自动的运输和物流系统叫做“基瓦系统”（Kiva Systems），顾客一下订单，仓库里的机器人就应声而动。客户订单直接下到基瓦仓库系统，机器人即时启动，1分钟内将货架送到工人面前，打包发货。整个仓库就像一个动态存取的内存条，仓库效率提高了2～4倍。

现在，基瓦系统向前延伸到了高速公路运输领域。只要你在自己的计算机或智能手机上输入起始地与目的地，设置好时间和偏好的线路，接下来你就变成了运输和物流系统上的一个“货物”，被一辆自动运行的无人驾驶机器装卸和运载。可如果它从开始运输的就不是人，而是货物本身呢？

它将节省多少人工运输劳动力，以及在多大程度上像一个内存条一样地提升仓储、运输、物流和投递的效率？

现在看来，这应该是Google公司正在做的。当基于Google地图、海量数据和云计算的无人驾驶汽车应用于物流和电子商务领域时，它就真的从技术上扼住了一切竞争者的咽喉。此前有消息称Google公司正在研究“当日送达服务”的普遍应用，而无人驾驶技术带来的运输效率的提升，就远远不是“当日送达”那么简单了。

那么，亚马逊公司呢？有消息称亚马逊正在想办法提升物流和运输的效率，而这当然是一项背后有大量数据分析的服务。但交通运输的变化背后一定是交通技术和系统的变化——现在，这项技术似乎正在被Google公司掌握了。

所以，真的别以为用 HTML5 控制直升机运输墨西哥鸡肉卷是个玩笑，也别觉得那两个创始人想与亚马逊公司谈合作，变更亚马逊公司的物流运输系统完全是天方夜谭。也许，亚马逊公司已经在做这些事了。

思考：科学技术发展会给运输带来哪些影响？运输企业应如何应对？

【训练方法】

1．学生分组讨论分析案例；每组派代表阐述本组意见；教师进行点评总结。

2．时间：30 分钟。

3．地点：教室。

职场情境

小明已经入职一周了，工作时间基本上是在复印材料、送送文件、看看过去的运输资料中度过的，他觉得这工作没什么技术含量，想打退堂鼓。

这时候，刘姐说："有个客户想把 10 吨的海鲜运到 400 千米外的省会城市，你说应该怎么运？"小明说："这批货物量不大，距离又不远，我们到省会城市又有高速公路，可以采用公路运输。"刘姐说："嗯，这一周你学得不错。那你再说说合同应该怎么写？运费是多少？用什么车呢？"

小明："……"

Mission 任务二 公路运输实务

学习目标

知识目标	能力目标	重点难点
1. 了解公路运输的特点 2. 了解公路运输的设备设施 3. 掌握公路运输业务的流程 4. 了解公路运输费用的计算	1. 具有公路运输业务管理的能力 2. 能填写公路货物运输托运单 3. 能计算公路运输费用 4. 能操作公路运输业务	1. 按交通量对公路进行分级 2. 高速公路的编号原则 3. 公路运输单证的填写

引入案例

罗宾逊全球物流——没有车的物流巨头

在美国《巴伦周刊》发布的华尔街 2013 年 500 强企业中，全球最大的公路货运企业之一——C.H.罗宾逊全球物流有限公司（以下简称"罗宾逊"）已经排在第 5 位，紧追苹果公司等科技界"大佬"。作为北美最大的 3PL（Third-Part Logistics，第三方物流）公司，罗宾逊拥有全美最大的卡车运输网络，2013 年营业收入（以下简称"营收"）达 128 亿美元，位居世界 500 强企业的第 237 位。但让人瞠目的是，这个 80%营收来自公路运输的物流公司却没有一辆卡车。

第一推动力：由重转轻

罗宾逊以"轻物流"在运输发达的美国做到第一大公路运输企业，但它在创立之初的经营却并非采用"轻模式"。

罗宾逊公司于 1905 年创立，最初也只是从事农产品及水果蔬菜保鲜运输服务，在之后漫长的过程中，它在美国物流市场大部分时间是无名小卒。1980 年，美国开始放开货运业市场管理，允许运输企业以更灵活的形式进行经营，罗宾逊也扩大货代业务，成为无船承运人。

1997 年，罗宾逊把在海运服务领域的"无船承运人"思想，移植到公路货运服务领域，向"无车承运人"转型。这一次大胆的转型，罗宾逊抛弃了自有运输车辆，建立了整合社会运输商的信息系统。结果，企业次年收入不但没有因为放弃自有车辆而降低，反而同比增长了 11%，利润增长了 2 倍多。此后，罗宾逊就开始呈现跨越式发展，在营收上远远超越耶路全球、世能达等美国传统公路运输巨头。

在由重资产向轻资产转变的过程中，罗宾逊有两个不得不说的成功基础。

第一，重资产的运力资源日趋饱和，集成化的物流服务需求日趋突出，让罗宾逊的蜕变成为可能。

到 20 世纪 90 年代，美国公路货运运力已趋近饱和。连沃尔玛、百思买、家得宝等零售商都拥有或整合了运力资源，如 1997 年沃尔玛销售额首次突破 1 000 亿美元，也拥有了北美地区最大的公路运输车队。传统专线公路企业和区域公路企业已受到工商企业的自营物流车队的冲击。

因为白热化的竞争，传统专线公路企业的服务订单不断减少，加上这些企业缺乏综合服务能力，让它们的议价能力不断降低，生存环境越来越严峻。

罗宾逊的出现，对传统公路企业来说是一种“救市”。

罗宾逊走在信息化高速路上，抢先网聚了大量需求信息，而且罗宾逊在美国物流市场的“小体积”让它可以轻松转身，放弃重资产，以整合服务商和系统服务方案提供者的角色出现，成为第一个“吃螃蟹”的人，自然也掌握了服务定价话语权，牢牢扼住了这个新兴市场的命脉。

第二，彼时逐渐成熟的信息技术正在颠覆传统公路运输企业。

沃尔玛早在 1987 年就建立了世界上最大的私营卫星通信系统，给沃尔玛的公路运输车辆装上了“千里眼”。受益于信息化在公路市场的广泛应用，罗宾逊也较早开展了信息化建设，为其 1997 年转型轻资产型平台企业奠定了基础。

相比较而言，虽然沃尔玛从车队规模上成为美国最大的公路运输企业之一，但是其配送物流体系只是沃尔玛闭环服务体系的一部分，而罗宾逊选择了做开放性社会服务平台，这超越了传统公路运输企业的闭环生存、靠劳动力支撑的模式。

“轻”在哪?

轻车辆。货运车辆是公路物流企业的腿，一个无腿企业能成为行业巨人吗？罗宾逊用事实告诉我们：能。

以“无车承运人”角色整合服务资源的罗宾逊，凭借着集成信息服务平台，使 6.3 万家运输企业签约成为罗宾逊的合同承运人，这些企业合计拥有 100 多万辆卡车，如此规模堪称全球最大的公路货运企业。罗宾逊可承接遍及全美的公路物流服务，也有足够能力掌握服务定价权。这个无腿的公路物流巨人遥控着 100 万个腕足，像章鱼一样八面招财。随着移动终端的普及，卡车企业能随时通过在线工具注册成为罗宾逊合同承运商。

据不完全数据统计，中国公路运输企业有 270 万家，拥有车辆近 800 万辆，遗憾的是，这个庞大的群体长期都生存在“羊群效应”下的低端。大量小运输企业（个体户）几乎以车辆为核心，饥一顿、饱一顿，在价格战和超载、超限里血战。

轻地产仓储物流中心（物流地产）对公路物流服务链来说，就像心脏之于血管。但在公路物流生态链上，就有超级掠食者不要这类物流地产的心脏，却也照样凶猛——罗宾逊就是这类“物种”。

罗宾逊的服务覆盖美国、加拿大、墨西哥等国家，却不花大把资金建设物流地产，而以强势资本和信息平台，遥控签约合作企业的物流仓库。罗宾逊会在各地设立技术型主导分支机构、网点，给客户提供上门服务。这些分支机构也是罗宾逊轻资产的线下网点，就像从罗宾逊庞大信息平台上连接到区域的神经末梢。这些分支不需要车辆、库房，但需要技术性服务人员负责了解当地客户需求和信息，成为罗宾逊最深入客户、感知最真实用户需求的区域信息枢纽。

“重”在哪?

罗宾逊的轻物流，不是没有重心的轻。相反，罗宾逊的重心正是其跃居美国第一大公路运输企业的关键。罗宾逊的轻物流模式，主要依赖于三大靠山：第一是网络信息化，重互联；第二是融资杠杆化，重资本；第三是人力科技化，重人才。

重互联。现代物流的生命线在于信息化，信息化的目的是实现互联互通。有了互联网高速公路，就能打破传统物流的藩篱，实现高效快捷的物流。可为什么运输商愿意加盟罗宾逊的平台？为什么货主企业愿意跟罗宾逊合作？

这得益于罗宾逊物流信息平台上两条互联互通的信息高速路，能给承运商和货主带来最大化的商业价值。第一条高速路是TMS信息平台，罗宾逊用它联通运输企业；第二条高速公路是Navisphere信息平台，罗宾逊用它联通货主企业。

只要货主企业在Navisphere信息平台的导航球上注册账号，填写货运信息及目的地等，导航球就能把信息传递给TMS信息平台，TMS根据客户对服务价格、时间等的需要，提出各种可供选择的优化物流解决方案。公路运输市场常见的“货找车，车找货”等信息不对称问题被一键解决。

罗宾逊控制了这两条高速路，就能使物流供应和需求这两个过去无序冗繁的环节得到规范、压缩，暗箱操作的环节变得透明。货主企业能在罗宾逊的信息平台上，清晰地了解自己的货物正在哪个地方，处于运输的哪个时间段。

重资本。美国企业的发展得益于一个充满融资活水的资本市场，产业杠杆化程度高。罗宾逊的轻物流模式是用重技术和重资本替换劳动密集型和资源密集型模式。当传统物流企业把大把资金投入仓储、车辆等领域时，罗宾逊则把大量资金投入信息技术等领域。

轻物流企业竞争的是科技和人才等软实力，而软实力也需要资本撬动。所谓轻物流企业的“轻”，只是行走时的轻松，维护时并不轻松。信息平台是罗宾逊建设的重心，为保障其先进性，罗宾逊每年投入7 000多万美元进行维护，其中TMS平台维护费每年就达5 000万美元。

这就需要资本杠杆。罗宾逊在轻资产模式下的现金流，相对于传统公路企业来说更充裕，而且，2013年罗宾逊的前十大股东，均是基金等大型投资机构，其中最大的股东是世界上最大的不收费基金家族，曾是全球第二大基金管理公司的先锋公司。

重人才。罗宾逊不是劳动密集型的公路物流企业，但却是人才密集型的巨头。拥有近600个IT（Information Technology，信息技术）工程师的罗宾逊，看起来更像一家科技企业。罗宾逊依靠科技型人才整合服务资源，依靠科技创新引领企业发展。

为抢占人才战略制高点，罗宾逊每年都广招精英人才加入，新人加入后要进行系统的课堂培训。罗宾逊还有在线教育等形式，建立正式和非正式的学习渠道，强化科技主导服务型的团队建设。罗宾逊会帮助每个人建立职业发展规划和目标等，建立“人人皆精英”的团队。

罗宾逊的成功在于他们真正看清了市场，从客户角度出发审视服务产品，嫁接其在海运上的成功思维，在美国公路运输的红海中开辟了基于信息化的“轻物流”蓝海，集结优秀的服务资源，给企业提供集成化服务。

因此，罗宾逊不以向加盟企业收取加盟费维持生计，而是向服务客户收取服务费，再把费用返给运输商。罗宾逊在表面上赚取的是服务差价，实际上赚取的是整合服务产品的服务费，它会根据自己提供的服务方案，收取不同的费用。

思考：

1. 如何在美国公路运输的红海中开辟基于信息化的“轻物流”蓝海？

2. 有人说国内运输企业“给客户提供的是着眼于眼前的价格竞争力，而不是价值竞争力”，你怎么看？

子任务一

公路运输概述

2.1.1 公路运输的功能

公路运输是指使用公路设备、设施运送物品的一种运输方式。

由于汽车已成为公路运输的主要运载工具，因此，现代公路运输主要指汽车运输。

公路运输的功能如下。

1. 独立担负经济运距内的运输，主要是中短途运输

由于高速公路的兴建，公路运输从短途逐渐形成短、中、远程运输并举的局面，这将是一个不可逆转的趋势。

知识链接

短途与中途运输

我国规定 50 千米以内为短途运输，200 千米以内为中途运输。

2. 补充和衔接其他运输方式

所谓补充和衔接，是指当其他运输方式担负主要运输任务时，由汽车担负起点和终点处的短途集散运输，完成其他运输方式不能到达的地区的运输任务。

3. 独立负担长途运输

当运输的距离超过 200 千米时，基于国家或地区的政治与经济建设等方面的需要，常由汽车担负长途运输。例如，发展中国家组织对偏远地区或少数民族地区的长途运输，或者因救灾工作的紧急需要而组织的长途运输，以及公路超限货物的“从门到门”长途直达运输等。

2.1.2 公路运输的特点

汽车运输之所以发展如此迅速，是由于它与其他运输方式相比，具有以下优点。

1. 快速

快速就是汽车运输的速度比较快，运输途中不需要中转。据国外资料统计，一般在中短途运输中，汽车运输的速度平均比铁路运输快 4～6 倍，比水路运输快 10 倍。汽车除了可以沿公路网运行之外，还可以深入工厂、矿山、车站、码头、农村、山区、城镇街道及居民区，活动空间大，这一特点是其他任何现代运输工具所不具备的，因而汽车运输在直

达性上有明显的优势。

2. 灵活、方便

汽车运输具有机动灵活、运输方便的特点。汽车运输既可以成为其他运输方式的接运方式，又可以自成体系，机动灵活。汽车的载重量可大可小，小者只有 0.25 吨，大者有几十吨、上百吨，当使用牵引车拖（半）挂车时载重量可达上千吨。汽车运输对客、货批量的大小，具有很强的适应性，既可以单车运输，也可以拖挂运输。

3. 原始投资少，经济效益高

据国外资料介绍，一般公路运输的投资每年可以周转 1～3 次，而铁路运输 3～4 年才周转一次。我国部分汽车运输企业的经验表明，若经营得好，1 年左右即可收回购车费。尽管高速公路的造价高，原始投资要比普通公路高出 10 余倍，但是，高昂的造价也可在短期内得到补偿。例如，某些发达国家利用大吨位汽车通过高速公路运输，在中短途运距内，其运送速度和经济效益均较普通公路和铁路运输优越，高速公路的建设费用一般 7～8 年即可收回。

4. 驾驶技术容易掌握

培训汽车驾驶员一般只需半年左右的时间，而培养火车、轮船及飞机驾驶员则需几年时间。相比较而言，汽车驾驶技术比较容易掌握。

5. 可以提供“从门到门”的直达运输服务，速度快

6. 近距离中，小量的货物运输费用比较便宜

7. 能灵活制定运营时间表，货运的伸缩性极大

8. 运输途中货物的撞击少，几乎没有中转装卸作业，因而货物包装比较简单

由于公路运输具有上述特点，因此在世界范围内得到了迅速发展，并超过铁路和其他运输方式。但是公路运输也存在一些问题：装载量小，不适宜进行大批量运输；长距离运输费用相对昂贵；易污染环境，发生事故及失窃较多；能量消耗大。另外，公路运输虽然发展较快，但仍受劳动力不足、劳动时间缩短、公路交通效率下降、环境污染、紧急救灾运输等因素的制约。今后为发展公路运输，应提高运输效率，加强复合一贯运输（公路、铁路集装箱联运），提高协同配送、计划配送等的配送效率，采用托盘一贯化等单元货载系统。同时还应注意提高社会效益，采用低公害车，保护环境；防止超载，以保安全；采取措施缩短劳动时间等。

2.1.3 公路运输的发展趋势

1. 公路基础设施建设发展迅速

自改革开放以来，我国公路网的规模不断扩大，质量不断提高，特别是高速公路建设

得到长足发展，路网的通达深度及通过能力显著提高。

但公路网等级结构还存在发展不平衡的问题：首先，公路网总里程中高等级公路里程比重偏低；其次，就总体而言，在目前我国公路网的规模还很小和技术水平还较低的情况下，高速公路在公路网中所占比重达到 0.86%，相对来讲偏高（20 世纪 90 年代发达国家该比重在 0.2%～1.6%：美国为 1.1%，德国为 1.6%，法国为 0.6%，美国为 0.7%，日本为 0.27%），我国现有高速公路是多个经济较发达的省区一段一段分别修建的，不能互联成网，难以发挥规模效应；另外，几乎全部高速公路都是收费的，这增加了运输成本，也限制了高速公路作用的充分发挥。

近 10 年来，公路运输站场的建设取得了很大的成效，有力地促进了道路运输市场的培育和完善，促进了运输经营者在市场中的公平竞争。但存在的主要问题是：站场数量少、功能单一，且各运输站场独立、分散经营，没有充分发挥其在运输组织、中转换装、装卸仓储、多式联运、信息处理、辅助服务等方面的综合作用；货运站场结构不合理，零担货运站、集装箱中转站和物流中心所占比例小，不能适应公路货物运输网络化、规模化和专业化发展的客观需要。

2. 运输总量不断增加

改革开放 30 多年来，我国公路货物运输业得到迅猛发展，不仅“公路运输难”的状况得到缓解，基本实现货畅其流，而且在综合运输中的地位和作用也得到提高，目前公路承担着全国 80%的运输任务，已成为国民经济和社会发展的重要力量。2014 年 7 月全国公路运输货运量如表 2.1 所示。

表 2.1　2014 年 7 月全国公路运输货运量

单　位	货　运　量			货物周转量		
	自年初累计（万吨）	本月（万吨）	为去年同期（%）	自年初累计（万吨千米）	本月（万吨千米）	为去年同期（%）
总计	1 775 968	277 438	109.6	322 979 209	50 375 157	110.76
北京	13 972	2 400	102.6	919 503	152 401	106.4
天津	17 652	2 605	110.4	1 980 650	298 971	111.1
河北	96 533	17 540	103.3	36 580 708	6 631 472	103.9
山西	—	—	—	—	—	—
内蒙古	74 977	11 019	128.0	12 440 429	1 886 888	112.0
辽宁	101 173	17 101	109.5	16 659 143	2 682 656	110.2
吉林	22 555	4 013	110.5	6 418 654	1 131 470	108.8
黑龙江	25 126	4 844	103.2	5 419 816	1 059 037	103.7
上海	25 033	3 661	99.5	1 714 857	260 297	88.3
江苏	62 384	10 508	112.3	10 847 862	1 800 490	112.5
浙江	63 934	10 020	111.3	7 691 777	1 182 806	107.3
安徽	169 790	27 273	109.8	39 314 727	5 966 325	111.6

续表

单位	货运量			货物周转量		
	自年初累计（万吨）	本月（万吨）	为去年同期（%）	自年初累计（万吨千米）	本月（万吨千米）	为去年同期（%）
福建	42 731	6 812	115.8	5 049 509	797 479	116.8
江西	70 775	11 443	110.6	16 493 027	2 438 045	111.2
山东	128 257	19 820	105.6	31 523 070	4 804 034	108.0
河南	94 671	15 619	111.8	25 698 572	3 923 319	108.5
湖北	62 184	9 103	115.7	12 548 372	1 836 850	115.0
湖南	89 619	12 927	106.7	13 512 281	1 920 161	108.8
广东	153 385	21 811	107.4	17 886 034	2 497 271	110.0
广西	74 179	11 202	107.3	11 201 188	1 762 804	112.8
海南	6 075	896	107.6	454 838	66 106	108.1
重庆	46 392	6 925	113.6	4 512 658	665 781	114.4
四川	77 797	11 443	95.8	8 382 518	1 197 750	122.9
贵州	39 519	6 985	114.5	3 661 529	647 158	129.8
云南	60 489	8 128	107.7	5 748 363	782 258	111.9
西藏	981	226	105.9	442 241	86 409	106.3
陕西	68 055	9 267	112.1	10 824 755	1 459 105	112.4
甘肃	27 357	4 557	112.5	5 200 547	936 586	120.3
青海	5 888	1 210	119.3	1 242 491	221 830	115.4
宁夏	18 174	2 579	107.3	2 776 380	397 024	101.4
新疆	36 311	5 501	110.3	5 832 755	882 374	113.0

注：山西省的公路货物运输量数据需要进一步核实，未列出该省完成实绩及同期比；全国同期比为不含该省数据的同口径比，完成实绩为根据全国同期比核算得出的数据。

3. 运输装备水平不断提升，运力结构有待优化

自运输市场放开以来，运输装备得到较快发展，运输车辆总体规模不断扩大，车型结构趋于多样化，吨位结构趋于合理，车辆档次及整体技术水平有所提高。在我国营运货车中，普通载货汽车占比高达 97%，零担车、集装箱拖挂车、冷藏运输车及厢式汽车等专用汽车占比重偏小，仅为 2.23%。而在美国汽车运输中，有 70%的货运量是使用厢式货车运输的。从发达国家的公路运输发展经验上看，厢式挂车的广泛应用，能够促进运输网络化，促进多式联运的发展和运输工艺的改进及标准化程度的提高。就技术装备来讲，目前我国公路货运技术装备水平很低。由于我国公路货运组织化程度低，在发达国家的货物运输中已经普遍采用的货物跟踪系统、EDI（Electronic Data Interchange，电子货运商务数据交换）

系统、计算机货运业务管理系统、车辆运行调度系统及先进的通信信息技术装备，在我国的运用程度还较低。

4. 运输组织、管理水平和信息化程度有待提高

自改革开放以来，我国公路货物运输能力的迅速增长主要是通过增加运输车辆实现的，且绝大多数营运货车是单车经营，货运企业组织规模小，运输成本高且运价低，赢利能力差，整个货物运输行业的组织化程度和效率并没能有效提高。分析其根源，主要是由运输生产要素不能有机结合，运输资源分散经营，地方保护进行货源垄断及运输企业按行政区域管理等因素造成的。这些因素在客观上阻碍了组织化程度高、服务质量好的网络化货运服务系统的形成。

5. 道路运输行业集约化、规模化程度低，市场竞争激烈

国内道路运输行业准入门槛较低，企业规模普遍偏小，业务单一，经营管理方式粗放，且市场竞争不规范，行业竞争异常激烈，价格几乎成为竞争的唯一手段。随着国民经济对道路运输要求越来越高，集约化、规模化将是道路运输企业的发展目标，也是企业适应现有竞争格局的有效手段。

6. 国外物流巨头纷纷进入国内道路运输业

国外TNT快递（并购华宇）、耶路全球公司（并购佳宇）、美国世能达公司等物流巨头，对国内物流运输业高度关注，表现出较高的投资热情，纷纷通过并购方式进入国内道路运输业，从事综合物流业务。

2.1.4 公路运输的分类

1. 按货物的营运方式分类

（1）整车运输。整车运输是指托运人一次托运货物的数量和体积必须在3吨（含3吨）以上的货物运输。

（2）零担运输。零担运输是指托运人一次托运货物的质量不足3吨。零担运输一般要求定线路、定班期发运。

（3）联合运输。联合运输是指货物通过两种或两种以上方式运输，或者需要以同种运输方式进行两次以上的运输。联合运输实行一次托运、一次收费、一票到底、全程负责。联合运输的方式有公铁联运、公水联运、公航联运及公公联运等。

（4）集装箱运输。集装箱运输是指将货物集中装入规格化、标准化的集装箱内进行运输，是一种先进的现代化运输方式，是改变件杂货物运输落后状况的一项根本性措施。在我国，集装箱运输又分为国内集装箱运输和国际集装箱运输两类。

2. 按货物类别分类

（1）普通货物运输。普通货物运输是指对普通货物的运输。普通货物是指在运输、保管及装卸工作中没有特殊要求，不必采用专用汽车运输的货物，普通货物分类如表2.2所示。

表 2.2　普通货物分类

等级	序号	货类	货物名称
一等货物	1	煤	原煤、块煤、可燃性片岩
	2	砂	砂子
	3	石	片石、渣石、寸石、石硝、粒石、卵石
	4	非金属矿石	各种非金属矿石
	5	土	各种土、垃圾
	6	灰	青灰、粉煤灰
	7	渣	炉渣、炉灰、水渣、各种灰烬、碎砖瓦
	8	空包装容器	篓、坛罐、瓶、箱、筐袋、包、箱皮、盒
二等货物	1	粮食及加工品	各种粮食（稻、麦、各种杂粮、薯类）及其加工品
	2	棉花、麻	皮棉、籽棉、絮棉、旧棉、棉胎、木棉、各种麻类
	3	油料作物	花生、芝麻、油菜子、蓖麻子及其他油料作物
	4	烟叶	烤烟、土烟
	5	蔬菜、瓜果	鲜蔬菜、鲜菌类、鲜水果、甘蔗、甜菜、瓜类
	6	植物油	各种食用、工业、医药用植物油
	7	植物的种、花、叶、茎	树、草、菜、花的种子，干花，各种麻类、牧草、谷草、稻草、芦苇、树苗、树枝、树根、木柴
	8	禽、畜、蚕、茧	各种活家畜、家禽及大牲畜、蚕、蚕子、蚕蛹、蚕茧
	9	肥料、农药	化肥、粪肥、土杂肥、农药
	10	糖	各种食用糖（包括饴糖）
	11	肉脂及其制品	鲜、腌、酱肉类，油脂及其制品
	12	水产品	干鲜鱼类、虾、蟹、贝、海带
	13	酱菜、调料	腌菜、酱菜、酱油、醋、酱、花椒、茴香、生姜、芥末、腐乳
	14	土产杂品	土产品、各种杂品
	15	皮毛、塑料	生熟毛皮、鬃毛绒及其加工品，塑料及其制品
	16	日用百货、棉麻制品	各种日用小百货、棉麻纺织品和针织品、服装鞋帽
	17	药材	普通中药材
	18	纸、纸浆	普通纸及纸制品、各种纸浆
	19	文化体育用品	文具、教学用具、体育用品
	20	印刷品	报刊、图书及其他印制品
	21	木材	圆木、方木、板材、杂木棍
	22	橡胶、可塑材料及其制品	生橡胶、人造橡胶、再生胶及其制品、电木制品、其他可塑原料及其制品
	23	水泥及其制品	袋装水泥、水泥制品、预制水泥构件
	24	钢铁、有色金属及其制品	钢材（管、丝、线、绳、板、皮、条）、生铁、毛坯、铸铁件、有色金属材料、大小五金制品、配件、小型农机具

续表

等级	序号	货类	货物名称
二等货物	25	矿物性建筑材料	普通砖、瓦、缸砖、水泥瓦、乱石、块石、级配石、条石、水磨石、白云石、蜡石及一般石制品、滑石粉、石灰膏、电石灰、矾石灰、石膏、石棉、白垩粉、陶土管、石灰石、生石灰
	26	金属矿石	各种金属矿石
	27	焦炭	焦炭、焦炭末、石油焦、沥青焦、木炭
	28	原煤加工品	煤球、煤砖、蜂窝煤（筐）
	29	盐	原盐及加工精盐
	30	泥	泥土、淤泥、煤泥
	31	废品及散碎品	废钢铁、废纸、破碎布、碎玻璃、废靴鞋、废纸袋
	32	其他	
三等货物	1	蜂、鱼	蜜蜂、蜡虫、活鱼类、鱼苗
	2	观赏用花、木	观赏用常青树木、花草
	3	蛋、乳	蛋、乳及其制品
	4	干菜、干果	干菜、干果、子仁及各种果脯
	5	橡胶制品	轮胎、橡胶管、橡胶布及其制品
	6	颜料、染料	颜料、染料及助剂与其制品
	7	煤、木化学副产品	化学香精（如制造食品、化妆品等的香精）、糖精、樟脑油、松节油、芳香油、木溜油、木蜡、橡蜡（橡油、皮油）、树胶、环氧树脂
	8	化妆品	香水、润肤油脂等各种化妆品
	9	木材加工品	毛板、企口板、胶合板、刨花板、装饰板、纤维板、木构件
	10	家具	竹、藤、钢木家具
	11	交电器材	电影机、电唱机、录音机、家用电器、打字机、扩音机、闪光机、放大机、收发报机、复印机、医疗器械、无线电广播设备、无线电话设备、电线电缆、电灯用品、蓄电池（未装酸液）、各种电子元件、电子或电动儿童玩具
	12	毛、丝、呢绒、化纤、皮革制品	毛、丝、呢绒、化纤、皮革制的服装、皮毛、呢、毡鞋、帽子
	13	烟、酒、饮料、调料	各种卷烟，各种瓶、罐装的酒、汽水、果汁、食品、罐头、炼乳、植物油精（薄荷油、桉油）、茶叶及其制品、味精及其调味品
	14	糖果、糕点	糖果、果酱（桶装）、水果粉、蜜饯、面包、饼干、糕点
	15	淀粉	各种淀粉及其制品
	16	冰及冰制品	天然冰、机制冰、冰激凌、冰棍
	17	中西药品、医疗器具	西药、中药（丸、散、膏、丹成药）及医疗器具

续表

等级	序号	货类	货物名称
三等货物	18	贵重纸张	卷烟纸、玻璃纸、过滤纸、蜡纸、复写纸、复印纸
	19	文娱用品	乐器、留声机、唱片、幻灯片、其他演出用具及道具
	20	美术工艺品	刺绣、蜡或塑料制品、美术制品、骨角制品、漆器、草编、竹编、藤编等各种美术工艺品
	21	陶瓷、玻璃及其制品	瓷器、陶器、玻璃及其制品
	22	机器及设备	各种机械及设备
	23	车辆	组成的自行车、摩托车、轻骑、小型拖拉机
	24	污染品	铅粉、锰粉、乌烟（炭黑、松烟）、涂料及其他污染人体的货物、角、蹄、甲、死禽兽
	25	粉类品	散装水泥、石粉、耐火粉
	26	装饰石料	大理石、花岗石、汉白玉
	27	带釉建筑用品	玻璃瓦、琉璃瓦、其他带釉建筑用品，耐火砖、耐酸砖、瓷砖瓦
	28	笨重货物	单位质量在0.5吨～4吨的货物

注：未列入表内的其他货物，除参照同类货物分等外，均列入二等货物。

（2）特种货物运输。特种货物运输是指对特种货物的运输。特种货物是指货物本身的性质、体积、质量和价值等方面具有特别之处，在运输、保管或装卸等环节上必须采取特别措施才能保证完好地实现运送的货物，具体包括长大及笨重货物、危险货物、贵重货物、鲜活货物、冷藏货物、易腐货物等。特种货物分类如表2.3所示。

表2.3 特种货物分类表

类别	分类概念	各类档次或序号	各类货物范围或货物名称
长大及笨重货物类	1. 货物长度在6米以上（包括6米）	一级	长度为6～10米，质量为4吨（不含4吨）～8吨的货物
	2. 每件货物质量在4吨以上（不包括4吨）	二级	长度为10～14米，质量为8吨（不含8吨）～20吨的货物
	3. 货物高超过2.7米，宽超过2.5米	三级	长度为14米以上，质量为20吨以上（含20吨）的货物
危险货物类	交通部《汽车危险货物运输规则》中列明的所有危险货物	一级	《汽车危险货物运输规则》中规定的爆炸物品、氧化剂、气体、自燃物品、遇水燃烧物品、易燃固体、一级易烧液体、剧毒物品、一级酸性腐蚀物品、放射性物品
		二级	《汽车危险货物运输规则》中规定的二级易燃液体、有毒物品、碱性腐蚀物品、二级酸性腐蚀物及其他腐蚀物品

续表

类　别	分 类 概 念	各类档次或序号	各类货物范围或货物名称
贵重货物类	价格昂贵、运输责任重大的货物	1	货币及主要证券，如国库券等
		2	贵重金属及稀有金属。贵重金属，如金、银、钡、白金等及其制品；稀有金属，如钴、钛等及其制品
		3	珍贵艺术品，如古玩字画、象牙、珊瑚、珍珠玛瑙、水晶、宝石、钻石、翡翠、琥珀、猫眼、玉及其制品、景泰蓝制品、各种雕刻工艺品、仿古艺术制品和壁毯刺绣艺术品等
		4	贵重药材和药品，如鹿茸、麝香、犀角、高丽参、西洋参、冬虫夏草、羚羊角、田三七、银耳、天麻、蛤蟆油、牛黄、鹿胎、熊胎、豹胎、海马、海龙、藏红花、猴枣、马宝及以其为主要原料的制品和贵重西药
		5	贵重毛皮，如水獭皮、海龙皮、貂皮、灰鼠皮、玄虎皮、虎豹皮、猞猁皮、金丝猴皮及其制品
		6	珍贵食品，如海参、干贝、鱼肚、鱼翅、燕窝、鱼唇、鱼皮、鲍鱼、猴头、熊掌、发菜
		7	高级精密机械及仪表，如显微镜、电子计算机、高级摄影机、录像机及其他精密仪器仪表
		8	高级光学玻璃及其制品，如照相机、放大机、显微镜等的镜头片，各种科学实验用的光学玻璃仪器和镜片
		9	高档日用品，如电视机、收录机、手表、放映机等
鲜活货物类	价值高、运输时间性强、效率低、责任大的贵重鲜活货物	1	各种种畜，如种牛、种马等
		2	供观赏的野生动物，如虎、豹、狮、熊、熊猫、狼、象、蛇、蟒、孔雀、天鹅等
		3	供观赏的水生动物，如海马、海豹、金鱼、鳄鱼、热带鱼等
		4	名贵花木，如盆景等各种名贵花木

3. 按运送速度分类

（1）一般货物运输。

（2）快件运输。根据《道路零担货物运输管理办法》的规定，快件货运是指从货物受理当天的 15 时起算，300 千米运距内，24 小时以内运达；1 000 千米运距内，48 小时以内运达；2 000 千米运距内，72 小时以内运达的货运方式。一般是由专门从事该项业务的公司和运输公司、航空公司进行合作，派专人以最快的速度在发件人、货运中转站或机场、收件人之间递送急件。国家邮政局 2014 年 5 月各省快递服务企业业务量和业务收入情况如表 2.4 所示。

表 2.4　国家邮政局 2014 年 5 月各省快递服务企业业务量和业务收入情况

单　位	快递业务量累计（万件）	同比增长（%）	快递收入累计（万元）	同比增长（%）
全国	477 416.5	45.1	7 350 876.5	38.8
北京	39 427.0	25.5	546 111.1	48.4
天津	4 487.7	45.1	93 682.2	41.7
河北	11 088.2	59.3	144 995.6	42.1
山西	3 499.4	−5.0	38 506.3	55.4
内蒙古	1 552.5	42.7	40 509.5	55.2
辽宁	5 816.9	43.2	110 909.4	34.9
吉林	2 186.6	29.7	47 325.6	47.6
黑龙江	2 639.9	23.4	44 189.5	21.2
上海	48 947.7	48.4	1 369 097.4	53.1
江苏	50 178.8	53.0	720 530.7	45.0
浙江	79 127.8	80.5	902 831.5	50.2
安徽	7 948.1	70.1	106 356.4	55.9
福建	23 164.5	52.4	304 582.5	33.7
江西	5 823.8	88.6	68 037.2	50.7
山东	15 756.4	44.1	253 082.9	22.2
河南	10 452.7	57.4	147 642.8	55.0
湖北	11 408.2	34.4	150 174.7	39.6
湖南	8 412.0	55.3	97 950.7	35.7
广东	110 104.7	58.6	1 623 014.1	38.1
广西	3 143.4	30.9	54 869.0	34.3
海南	980.0	31.8	16 215.6	48.9
重庆	4 803.2	36.3	73 898.8	51.6
四川	12 621.1	69.6	161 297.0	46.9
贵州	1 698.0	51.1	35 839.9	69.6
云南	3 528.6	45.0	54 445.7	31.8
西藏	190.8	42.4	5 556.3	11.7
陕西	4 665.7	35.1	65 870.1	−14.1
甘肃	871.3	43.3	18 515.4	27.0
青海	211.4	46.7	5 421.9	33.2
宁夏	517.4	44.7	11 732.3	2.0
新疆	2 162.7	15.4	37 684.4	35.1

（3）特快专运。特快专运是指应托运人要求即托即运，在约定时间内运达的货运方式。

子任务二 公路运输设备设施

公路运输设备设施主要由公路、运输车辆和场站组成。

2.2.1 公路

1. 公路的主要组成部分

公路是一种线性工程构造物。它主要承受汽车荷载的重复作用，并经受各种自然因素的长期影响。因此，公路不仅要有和缓的纵坡、平顺的线形，而且要有牢固可靠的人工构造物、稳定坚实的路基、平整而不滑的路面及其他必要的防护工程和附属设备。

公路的基本组成部分包括路基、路面、桥梁、涵洞、隧道、防护工程（护栏、挡土墙、护脚）、排水设备（边沟、截水沟、盲沟、跌水、急流槽、渡水槽、过水路面、渗水路堤）、山区特殊构造物（半山桥、路台、明洞）。此外，为适应行车还设置行车标志、加油站、路用房屋、通信设施、附属工厂及绿化栽植等。

我国公路常用的路面主要有碎石路面、砾石级配路面、加固土路面、沥青表面处理路面、沥青灌入式路面、沥青碎石路面、沥青混凝土路面、水泥混凝土路面。不同的面层类型适合于不同等级的路面，如表 2.5 所示。

表 2.5 路面等级及相应的面层类型

路面等级	面层类型
高级路面	水泥混凝土、沥青混凝土
次高级路面	沥青灌入式、沥青碎石、沥青表面处理
中级路面	碎石或砾石（泥结或级配）、半整齐石块、其他粒料
低级路面	粒料加固土、其他当地材料加固或改善土

“桥隧”是桥梁、涵洞和隧道的简称，都是为车辆通过自然障碍（河流、山岭）或跨越其他立体交叉的交通线而修建的建筑物。桥梁和涵洞的共同点在于车辆在其上面行驶可跨越河流，一般桥梁的单跨径较涵洞大，总长较涵洞长。隧道与涵洞相似，但隧道主要用于穿越山丘，车辆是在隧道内行驶的。

知识链接

涵洞与桥梁

按照《公路工程技术标准》规定，单孔跨径小于 5 米或多孔跨径之和小于 8 米的称为涵洞，大于这一规定值的称为桥梁。

2. 公路的分级

（1）根据交通量及其使用性质，公路可分为 5 个等级。

① 高速公路。它是专指汽车分向、分车道行驶，并全部控制出入（全部立体交叉）的干线公路。4 车道高速公路一般能适应按各种汽车折合成小客车的远景，设计年限年平均昼夜交通量为 25 000～55 000 辆；6 车道高速公路一般能适应按各种汽车折合成小客车的远景，设计年限年平均昼夜交通量为 45 000～80 000 辆；8 车道高速公路一般能适应按各种汽车折合成小客车的远景，设计年限年平均昼夜交通量为 60 000～100 000 辆。实际上，在地形与地质条件特别困难的地区，高速公路也有修建成两车道的，如贵阳至遵义的贵遵高速公路的部分路段。两车道就不可能有专门的超车道，超车一般在每隔一定距离设置的超车区进行。

我国高速公路经过多年建设，已形成高速公路网，如图 2.1 所示。

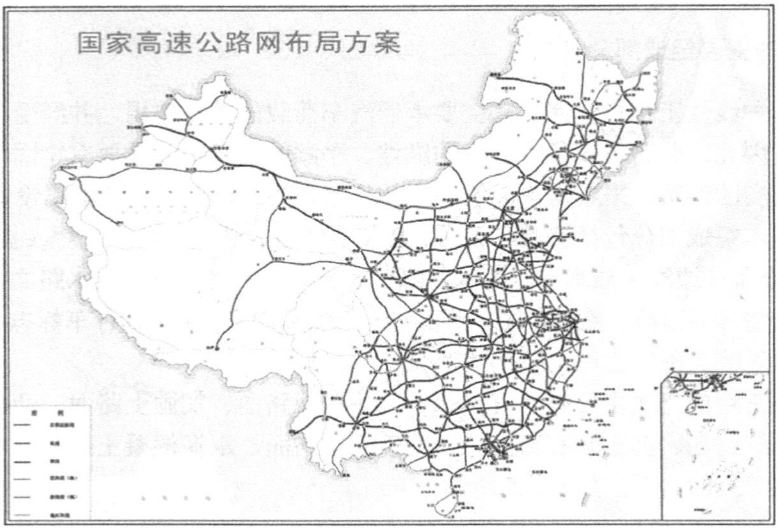

图 2.1　我国高速公路网

② 一级公路。一级公路一般能适应按各种汽车折合成小客车的远景，设计年限年平均昼夜交通量为 15 000～30 000 辆，车道数为 4，通往重点工矿区、港口、机场，专供汽车分向、分车道行驶并部分控制出入。

③ 二级公路。二级公路一般能适应按各种汽车折合成中型载货汽车的远景，设计年限年平均昼夜交通量为 3 000～7 500 辆，车道数为 2，为连接政治、经济中心或大工矿区、港口、机场等地的专供汽车行驶的公路。

④ 三级公路。三级公路一般能适应按各种汽车折合成中型载货汽车的远景，设计年限年平均昼夜交通量为 1 000～4 000 辆，车道数为 2，为沟通县级以上城市的公路。

⑤ 四级公路。四级公路一般能适应按各种汽车折合成中型载货汽车的远景，设计年限年平均昼夜交通量为双车道 1 500 辆以下，单车道 200 辆以下。车道数为 1 或 2，为沟通县、乡（镇）、村等的公路。

不同等级的公路，其路面和路基质量、路面宽度、曲线半径、交通控制和行车速度都有较大的差距，对道路运输的质量、成本影响很大。在由上述各等级公路组成的公路网中，高速公路及汽车专用一、二级公路在公路运输中的地位和作用相当重要。

（2）按照行政管理体制，公路可划分为以下 5 个等级。

① 国道。在国家公路网中，具有全国性的政治、经济、国防意义，并经确定为国家级的干线公路。

② 省道。在省公路网中，具有全省性的政治、经济、国防意义，并经确定为省级的干线公路。

③ 县道。具有全县性的政治、经济意义，并经确定为县级的干线公路。

④ 乡道。乡道主要是为乡村农民生产、生活服务的公路。

⑤ 专用公路。由工矿、农村等部门投资修建，主要供该部门使用的公路。

知识链接

高速公路

一、命名

国家高速公路网路线的命名应遵循公路命名的一般规则。

国家高速公路网路线名称按照路线起、讫点的顺序，在起、讫点地名中间加连接符“—”组成，全称为“××—××高速公路”。路线简称采用起、讫点地名的首位汉字表示，也可以采用起、讫点所在省（市）的简称表示，格式为“××高速”。

国家高速公路网路线名称及简称不可重复。若出现重复，则以行政区划名称的第 2 或第 3 位汉字替换的方式加以区别。

国家高速公路网的地区环线名称，其全称为“××地区环线高速公路”，简称为“××环线高速”。例如，“杭州湾地区环线高速公路”，简称为“杭州湾环线高速”。

国家高速公路网的城市绕城环线名称以城市名称命名，全称为“××市绕城高速公路”，简称为“××绕城高速”，如“沈阳市绕城高速公路”，简称“沈阳绕城高速”。

当两条以上路段起、讫点相同时，则按照由东向西或由北向南的顺序，依次命名为“××—××高速公路东（中、西）线”或“××—××高速公路北（中、南）线”，简称为“××高速东（中、西）线”或“××高速北（中、南）线”。

路线地名应采用规定的汉字或罗马字母拼写表示。路线起、讫点地名的表示，应取其所在地的主要行政区划的单一名称，一般为县级（含）以上行政区划名称。

北南纵向路线以路线北端为起点，以路线南端为终点；东西横向路线以路线东端为起点，以路线西端为终点。放射线的起点为北京。

二、编号

1. 编号结构

中国国家高速公路网编号由字母标志符和阿拉伯数字编号组成。

2. 字母标志符

中国国家高速公路是国道网的重要组成部分，路线字母标志符采用汉语拼音“G”表示；中国国家高速公路网主线的编号，由中国国家高速公路标志符“G”加 1 位或 2 位数字顺序号组成，编号结构为“G#”或“G##”。

3. 数字及数字与字母的编号

首都放射线的编号为 1 位数，以北京市为起点，放射线的止点为终点，以 1 号高速公路为起始，按路线的顺时针方向排列编号，编号区间为 G1～G9。

纵向路线以北端为起点，南端为终点，按路线的纵向由东向西顺序编排，路线编号取奇数，编号区间为 G11～G89。

横向路线以东端为起点，西段为终点，按路线的横向由北向南顺序编排，路线编号取偶数，编号区间为 G10～G90。

并行路线的编号采用主线编号后加英文字母“E”、“W”、“S”、“N”组合表示，分别指示该并行路线在主线的东、西、南、北方位。

纳入中国国家高速公路网的地区环线（如珠江三角洲环线），按照由北往南的顺序依次采用 G91～G99 编号；其中中国台湾地区的环线编号为 G99，取意“九九归一”。

中国国家高速公路网一般联络线的编号，由国家高速公路标志符“G”+“主线编号”+数字“1”+“一般联络线顺序号”组成，编号为 4 位数。

城市绕城环线的编号为 4 位数，由“G”+“主线编号”+数字“0”+城市绕城环线顺序号组成。主线编号为该环线所连接的纵线和横线编号最小者，若该主线所带城市绕城环线编号空间已经全部使用，则选用主线编号次小者，以此类推。若该环线仅有放射连接，则在 1 位数主线编号前以数字“0”补位。

（1）首都放射线（见图 2.2）。

图 2.2　首都放射线

（2）南北纵向线（见图 2.3）。

图 2.3　南北纵向线

（3）东西横向线（见图 2.4）。

图 2.4　东西横向线

（4）地区环线。

例如，辽中环线（G91）：铁岭—抚顺—本溪—辽阳—辽中—新民—铁岭。

（5）城市环线。

例如，北京 G4501；成都 G4201。

2.2.2 运输车辆

公路所使用的汽车大致分为3类：客车、载货汽车、专用运输车辆。客车又可分为小客车（如轿车、吉普车等）和大客车；载货汽车按其载重量可分为轻型、中型和重型3种；货物运输方式又可分为特种货物运输、零担货物运输和集装箱运输等。

汽车货物运输专用车辆主要包括：

（1）自卸车，带有液压卸车机构；

（2）散粮车，带有进粮口、卸粮口；

（3）厢式车，即标准的挂车或货车，货厢封闭；

（4）敞车，即挂车顶部敞开，可装载高低不等的货物；

（5）平板车，即挂车无顶也无侧厢板，主要用于运输钢材和集装箱等货物；

（6）罐式挂车，用于运输流体类货物；

（7）冷藏车，用于运输需要控制温度的货物；

（8）高栏板车，车厢底架凹陷或车厢特别高，以增大车厢容积；

（9）特种车，其车体设计独特，用来运输像液化气那样的货物或小汽车。

下面重点介绍集装箱牵引车与半挂车。

1. 集装箱牵引车

集装箱牵引车俗称“拖车”，是一种有动力而无装载空间的车辆，是专门用来牵引挂车的运输工具，挂车是无动力但有装载空间的车辆。二者结合在一起组成汽车列车进行货物运输。挂车分为全挂车和半挂车两种。

集装箱牵引车有许多种分类方法，如按司机室的形式、按拖带挂车的方式、按驱动形式及按用途等进行分类。

（1）按司机室的形式分类。集装箱牵引车按司机室的形式可分为平头式和长头式两种，如图2.5所示。

① 平头式牵引车如图2.5（a）所示。其优点是司机室短，视线好；轴距和车身短，转弯半径小。缺点是由于发动机直接布置在司机座位下面，司机受到机器振动影响，舒适感较差。

② 长头式（又称“凸头式”）牵引车如图2.5（b）所示。这种牵引车的发动机和前轮布置在司机室的前面。其优点是司机舒适感较好；发生撞车时，司机较为安全；开启发动机罩修理发动机较为方便。缺点是司机室较长，因而整个车身长，回转半径较大。

（a）平头式牵引车　　（b）长头式牵引车

图2.5　集装箱牵引车按司机室的形式分类

由于各国对公路、桥梁和涵洞的尺寸有严格的规定，因此车身短的平头式牵引车的应用日益广泛。

（2）按拖带挂车的方式分类。集装箱牵引车按拖带挂车的方式可分为下列几种，如图2.6所示。

① 半拖挂方式。如图2.6（a）所示，它是用牵引车来拖带半截集装箱的挂车，由图可见，集装箱的重量由牵引车和挂车的车轴共同分担，故轴的压力小；另外由于后车轴承受了部分集装箱的重量，故能得到较大的驱动力；这种拖挂车的全长较短，便于倒车和转向，安全可靠；挂车前端的底部装有支腿，便于甩挂运输。

② 全拖挂方式。如图2.6（b）所示，它是通过牵引力杆架与挂车连接，牵引车本身可作为普通载重货车使用。挂车亦可用支腿单独支承。全拖挂车是仅次于半拖挂车的一种常用的拖带方式，操作比半拖挂车困难。

③ 双联拖挂方式。如图2.6（c）所示，它是在半拖挂方式后面再加上一个全挂车，实际上是牵引拖带两节底盘车。这种拖挂方式在高速行进时，后面一节挂车会摆动前进，后退时操纵性能不好，故目前应用不广泛。

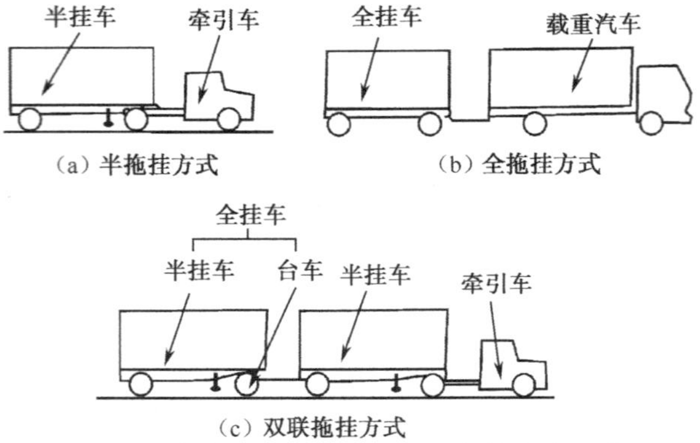

图2.6　集装箱牵引车按拖带挂车的方式分类

2. 半挂车

半挂车与牵引车连接后具有很好的整体性，广泛应用于各种货物运输中，除通用半挂车外，还有平板车、厢式车、自卸车、冷藏保温车、集装箱专用车、集装箱与散装货两用车、液罐车、粉状散装车、牲畜家禽车、预制件车等。

近年来，半挂车发展很快，主要是因为半挂车运输经济效益好。另外，半挂汽车列车是“甩挂运输”（用一辆牵引车轮流牵引多辆半挂车，以达到高效率的运输）、“区段运输”（半挂汽车列车到达指定区段站，半挂车换上另外的牵引车继续向目的地行驶，而原牵引车牵引其他半挂车返回原地）、“滚装运输”（集装箱半挂车直接装船及卸下运输）的最好车型。

值得强调的是，目前世界上的集装箱公路运输绝大部分采用半挂列车。半挂列车类的集装箱半挂车如图2.7所示。

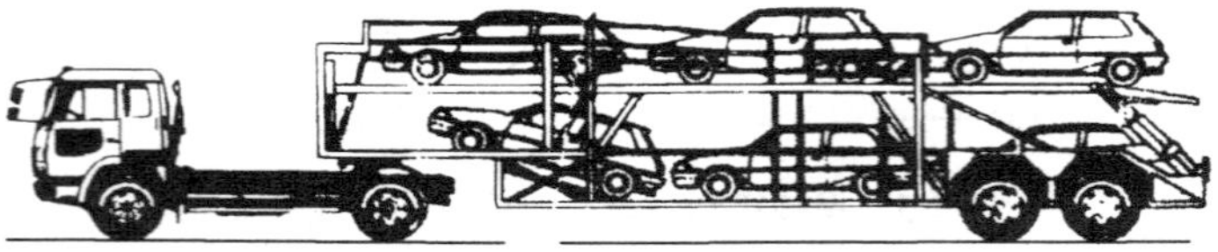

图2.7　半挂列车类的集装箱半挂车

知识链接

从2014年7月起运输车辆必须装GPS

从2014年7月1日起，《道路运输车辆动态监督管理办法》将正式实施。该“办法”

主要针对道路运输车辆，即旅游客车、包车客车、三类以上班线客车、危险货物运输车辆、半挂牵引车和重型载货汽车（12 吨及以上），自 7 月 1 日起，这些车辆必须安装、使用符合标准的卫星定位装置。

如果未按照要求安装卫星定位系统，或者已安装卫星定位装置但未能在联网联控系统（重型载货汽车和半挂牵引车未能在道路货运车辆公共平台）正常显示的车辆，不予发放或审验《道路运输证》。

在"办法"实施前已进入运输市场的重型载货汽车和半挂牵引车，必须在 2015 年 12 月 31 日前全部安装、使用卫星定位装置，并接入道路货运车辆公共平台。

2.2.3 运输场站

1. 货运站

公路运输货运站的主要功能包括货物的组织与承运、中转货物的保管、货物的交付、货物的装卸，以及运输车辆的停放、维修等内容。简易的货运站点，仅有供运输车辆停靠与货物装卸的场地。

公路货运站又可分为汽车零担站、零担中转站、集装箱货运中转站等。零担货运站一般是按照年工作量（零担货物吞吐量）划分等级的，年货物吞吐量在 6 万吨以上的为一级站；年货物吞吐量在 2 万～6 万吨的为二级站；年货物吞吐量在 2 万吨以下的为三级站。零担货运站应配备零担站房、仓库、货棚、装卸车场、集装箱堆场、停车场及维修车间、洗车台、材料库等生产辅助设施。集装箱货运中转站应配备拆装库、高站台、拆装箱作业区、业务（商务及调度）用房、装卸机械与车辆等。

2. 停车场

停车场（库）的主要功能是停放与保管运输车辆。现代化的大型停车场还具有车辆维修、加油等功能。

停车场内的平面布置要方便运输车辆驶入、驶出和进行各类维护作业，多层车库或地下车库还需要设有斜道或升降机等，以便车辆进出。

子任务三 公路运输流程

2.3.1 整车货物运输流程

根据公路货物运输的规定，一次货物运输在 3 吨以上者可视为整车运输，若货物重量虽在 3 吨以下，但不能与其他货物拼装运输，需要单独提供车辆办理运输的，也可视为整车运输。以下的货物必须整车运输：

（1）鲜活货物，如冻肉、冻鱼、鲜鱼，活的牛、羊、猪、兔、蜜蜂等；

（2）需用专车运输的货物，如石油、烧碱等危险货物，粮食、粉剂等散装货物等；

（3）不能与其他货物拼装运输的危险品；

（4）易于污染其他货物的不洁货物，如炭黑、皮毛、垃圾等；

（5）不易于计数的散装货物，如煤、焦炭、矿石、矿砂等。

整车货物运输、托运受理的主要方法如下。

（1）登门受理。由运输部门派人员去客户单位办理承托手续。

（2）下产地受理。在农产品上市时节，运输部门下产地联系运输事宜。

（3）现场受理。在省、市召开物资分配、订货、展销、交流会议。期间，运输部门在会场设立临时托运或服务点，现场办理托运。

（4）驻点受理。运输部门可对生产量较大，调拨集中，对口供应，以及货物集散的车站、码头、港口、矿山、油田、基建工地等单位，设点或巡回办理托运。

（5）异地受理。企业单位在外地的整车货物，运输部门可根据具体情况，向本地运输部门办理托运、要车等手续。

（6）电话、传真、信函网上托运。经运输部门认可，本地或外地的货主单位可用电话、传真、信函网上托运，由运输部门的业务人员受理登记，代填托运单。

（7）签订运输合同。根据承托双方签订的运输合同或协议，办理货物运输。

（8）站台受理。货物托运单位派人直接到运输部门办理托运。

1. 整车货物的托运与受理

在公路货物运输中，货物托运人向公路运输部门提出运送货物的要求叫托运，公路运输部门接受货物运输的行为叫受理，也称承运。公路货物的托运与受理一方面能为货主解决生产、销售、进出口运输的需要，另一方面也使运输部门有了充足的货源，满足运力的需要。下面介绍整车货物托运与受理的工作程序。

（1）货物托运人签填托运单。货物托运单（整车、零担、联运）是承、托双方订立的运输合同或运输合同证明，明确规定了货物承运期间双方的权利、责任。货物托运单的主要作用有：

① 托运单是公路运输部门开具货票的凭证；

② 托运单是调度部门派车、货物装卸和货物到达交付的依据；

③ 托运单是在运输期间发生运输延滞、空驶、事故时判定双方责任的原始记录；

④ 托运单是货物收据及交货凭证。

整车货物的托运单一般由托运人填写，也可委托他人填写，并应在托运单上加盖与托运人名称相符的印章，托运单的填写有严格的要求：

① 内容准确完整，字迹清楚，不得涂改，如有涂改应由托运人在涂改处盖章证明；

② 托运人、收货人的姓名、地址应填写全称，起运地、到达地应详细说明所属行政区；

③ 货物名称、包装、件数、体积、重量应填写齐全。

（2）托运单内容的审批和认定。公路运输部门收到由货物托运人填写的托运单后，应对托运单的内容进行审批。其审批内容主要有以下几方面。

① 审核货物的详细情况（名称、体积、重量、运输要求）以及根据具体情况确定是否受理。通常下列情况运输部门不予受理：

- 法律禁止流通的物品或各级政府部门指令不予运输的物品；
- 属于国家统管的货物或经各级政府部门列入管理的货物，必须取得准运证明方可出运；
- 符合《危险货物运输规则》中规定的危险货物；
- 托运人未取得卫生检疫合格证明的动、植物；
- 托运人未取得主管部门准运证明的属规定的超长、超高、超宽货物；
- 需要由货物托运人押送、随车照料，而托运人未能做到的货物；
- 由于特殊原因，以致公路无法承担此项运输的货物。

② 检验有关运输凭证。货物托运应根据有关规定同时向公路运输部门提交准许出口、外运、调拨、分配等证明文件，或者随货同行的有关票证单据，一般分为：

- 根据各级政府法令规定必须提交的证明文件；
- 货物托运人委托承运部门代为提取货物的证明或凭据；
- 有关运输该批（车）货物的质量、数量、规格的单据；
- 其他有关凭证，如动、植物检疫证，超限运输许可证，禁通路线的特许通行证，关税单证等。

③ 审批有无特殊运输要求，如运输期限、押运人数，或者承托双方议定的有关事项。

（3）确定货物运输里程和运杂费。货物运输的计费里程和货物的运杂费由货物受理人员在审核货物托运单的内容后认定。

（4）托运编号及分送。托运单认定后，应编定托运单的托运号码，然后告知调度、运务部门，并将结算通知交给货主。

（5）托运、受理的要求。托运、受理工作应做到：

① 托运人和收货人的名称、联系人、地址、电话要准确；

② 起、讫站名，装卸货物地址要详细；

③ 货物名称、规格、性质、状态、数量、重量应齐全、准确；

④ 应选择合理的运输路线；

⑤ 有关证明文件、货运资料应齐全；

⑥ 危险货、特种货应说明运输要求及应采取的措施和预防的方法；

⑦ 运费结算单的托收银行、户名、账号要准确。

2. 整车货物的核实与理货

整车货物的核实理货工作一般包括受理前的核实和起运前的理货。受理前的核实是在货方提出托运计划并填写货物托运单后，运输部门派人会同货方进行的。核实的主要内容有：

（1）托运单所列的货物是否已处于待运状态；

（2）装运的货物数量、发运日期有无变更；

（3）连续运输的货源有无保证；

（4）货物包装是否符合运输要求，危险货物的包装是否符合《危险货物运输规则》规定；

（5）确定货物体积、重量的换算标准及其交接方式；

（6）装卸场地的机械设备、通行能力；

（7）运输道路的桥涵、沟管、电缆、架空电线等详细情况。

货物起运前的核实工作称为理货或验货，其主要内容有：

（1）承托双方共同验货；

（2）落实货源、货流；

（3）落实装卸、搬运设备；

（4）查清货物待运条件是否变更；

（5）确定装车时间；

（6）通知发货、收货单位做好过磅、分垛、装卸等准备工作。

3. 整车货物的监装与监卸

（1）整车货物的监装。车辆到达装货地点，监装人员应根据货票或运单填写的内容、数量与发货单位联系发货，并确定交货办法。散装货物根据体积换算标准确定装载量，件杂货一般以“件”为单位进行计算。

在货物装车前，监装人员应注意并检查货物包装有无破损、渗漏、污染等情况，一旦发现，应与发货单位商议修补或调换。若发货单位自愿承担因破损、渗漏、污染等引起的货损，则应在随车同行的单证上加盖印章或做批注，以明确其责任。装车完毕后，应清查货位，检查有无错装、漏装的情况，并与发货人员核对实际装车的件数，确认无误后，办理交接签收手续。

（2）整车货物的监卸。货物监卸人员在接到卸货预报后，应立即了解卸货地点、货位、行车道路、卸车机械等情况。在车辆到达卸货地点后，应会同收货人员、驾驶员、卸车人员检查车辆装载有无异常，一旦发现异常应做好卸车记录后再开始卸车。卸货时应根据运单及货票所列的项目与收货人点件或监秤记码交接。若发现货损、货差，则应按有关规定编制记录并申报处理。收货人可在记录或货票上签署意见，但无权拒收货物。交货完毕后，收货人在货票收货回单联上签字盖章，公路承运人的责任即告终止。

4. 整车货物的运输变更

整车货物的运输变更通常是指货物托运人或收货人因特殊原因对运输提出变更要求，主要包括：

（1）取消运输要求，即货物已申请托运，但尚未装车；

（2）停止装运，即已开始装车或正在装车，但尚未起运；

（3）中途停运，即货物尚未运抵目的地，并能通知停运的；

（4）运回起运站，即货物已运抵到站，在收货人提货之前收回的；

（5）变更到达站，即在车辆运输所经过的站别范围内或在原运程内变更到达站；

（6）变更收货人。

运输变更无论是整车或零担，均以一张货票记载的全部货物为限。整车货物运输变更的手续，应包括由货物托运人提出运输变更的申请书和其他有效的证明文件，填写变更申请书，说明货物运输变更原因，加盖与原托运单上相同的印章。只有在货物运输变更内容不违反有关规定时才予以办理审查。

2.3.2 零担货物运输流程

公路零担货物运输按其性质和运输要求可分为普通零担货物和特种零担货物。普通零担货物系指“公路价规”中列明的并适于零担汽车运输的普通货物。特种零担货物则分为长、大、笨重零担货物，危险、贵重零担货物，以及特种鲜活零担货物等。

1. 零担货物的托运受理

零担货物的办理内容包括受理托运、检货司磅、验收入库、开票收费、配运装车、卸车保管、提货交付。零担货物的托运受理应具备以下几点。

（1）托运受理的方法。

① 站点受理：由货主送货到站并办理托运手续；

② 上门受理：由车站指派业务人员到托运单位办理托运手续；

③ 预约受理：与货主约定日期送货到站或上门提取货物。

（2）托运单的填写与审核。公路零担货物托运单一式两份：一份由起运站存查，另一份则于开票后随货同行。凡货物到站在零担班车运输路线范围内的，称为直线零担，可填写《公路汽车零担货物托运单》，如表 2.6 所示。需要通过中转换装的，称为联运零担，可填写《联运货物托运单》。

表 2.6 公路汽车零担货物托运单

托运日期　　年　月　日

起运站________到达站________

托运单位________详细地址________电话________

收货单位（人）________详细地址________电话________

<table>
<tr><th>货物名称</th><th>包装</th><th>件数</th><th>实际质量</th><th>计费质量</th><th>托运人注意事项</th></tr>
<tr><td></td><td></td><td></td><td></td><td></td><td rowspan="6">1．托运单填写一式两份；
2．托运货物必须包装完好；
3．不得捏报货物名称，否则在运输过程中发生的一切损件，均由托运人负责赔偿；
4．托运货物不得夹带易燃危险等物品；
5．黑粗线以上各栏，由托运人详细填写</td></tr>
<tr><td></td><td></td><td></td><td></td><td></td></tr>
<tr><td></td><td></td><td></td><td></td><td></td></tr>
<tr><td></td><td></td><td></td><td></td><td></td></tr>
<tr><td>合计</td><td></td><td></td><td></td><td></td></tr>
<tr><td>发货人
记载事项</td><td></td><td></td><td></td><td>起运站
记载事项</td></tr>
</table>

进货仓位________仓库理货验收员________发运日期________

到站交货日期________托运人（签章）________

填写托运单时应注意：

① 填写的内容齐全、完整、准确，并注明提货方式；

② 填写的货物名称应用常见的通俗易懂的名称，不可用代号、字母代替；

③ 如有特殊事项，除在发货人声明栏内记载外，还必须向受理人员做出书面说明。

对填写的托运单在审核时应注意：

① 检查并核对托运单内容有无涂改，对涂改不清的要求重新填写；

② 审核到站与收货人地址是否相符，以免误运；

③ 对货物的品名、属性应进行鉴别，避免造成货运事故；

④ 对同一批货物且多种包装的应认真核对，以免错提错交；

⑤ 对托运人在声明栏内填写的内容应特别予以注意，若要求的内容无法办理则应予以说明。

2. 零担货物的配运装车

零担货物在配运装车时应注意以下几点。

（1）整理各种随货同行的单据，包括提货联、随货联、托运单、零担货票及其他随送单据。

（2）根据运输车辆的核定吨位、容积、货物的理化性质、形状、包装等进行合理配装，并编制货物交接清单，如表2.7所示。

表2.7 公路汽车零担货物交接及运费结算清单

车属单位：________　　　　编号：　字第　号

车　　号：________

吨　　位：________　　　　年　月　日

原票记录			中转记录		票号	收货单位（或）发货人	品名	包装	承运路段				备注
原票起站	到达站	里程	中转站	到达站					件数	里程	计费质量	运费	
合计													
附件		零担货票		发票		证明							

上述货物已于　月　日经点件验收所随附件，收讫无误。

中转站：　　　　到达站：　　　　（盖章）　月　日

填发站：　　　　填单人：　　　　驾驶员盖章：

（3）货物装车前，货物保管人员按货位、批量向承运车辆的随车人员、驾驶员或装车人员交代货物的品名、件数、性能，以及具体的装车要求。

（4）中途装卸零担货物，应先卸后装，无论卸货进仓或装货上车均应按起点站的装卸作业程序进行办理。

（5）起运站与承运车辆，应根据“零担货物装车交接清单”办理交接手续，并按交接清单有关栏目逐批点交。交接完毕后，由随车理货人员或驾驶员在交接清单上签收。交接清单以一站一车为原则。

在填写《公路汽车零担货物交接及运费结算清单》时应注意：

（1）应按货物先远后近、先重后轻、先大后小、先方后圆的顺序填写，以便按单顺次装车，对不同到达站和中转的货物要分单填制；

（2）装车时应注意将贵重物品放在防压、防撞的位置，保证运输安全；

（3）装车完毕后要复查货位，以免错装、漏装；

（4）检查车辆关锁及遮盖捆扎情况。

3. 零担货物的卸车交货

零担班车到站后，对普通到货零担及中转联运零担分别进行理卸。并根据仓库情况，将普通到货按流向卸入货位后，对需要中转的联运货物办理中转手续。零担货物的卸车交货应注意以下几点。

（1）班车到站时，车站货运人员应向随车理货员或驾驶员索阅货物交接单，以及随车的有关单证，并与实际装载情况进行核对，如有不符应在交接清单上注明。

（2）卸车时，应向卸车人员说明有关要求和注意事项，然后根据随货同行的托运单、货票等逐批、逐件验收，卸车完毕后，收货员与驾驶员或随车理货员办理交接手续，并在交接清单上签字。

（3）卸车完毕后，对到达的货物计入《零担货物到达登记表》，并迅速以到货公告或到货通知单的方式，催促收货人前来提货。

（4）交货完毕，公路运输的责任即告终止，因而在交货时应注意：

① 不能以白条、信用交付货物；

② 在凭货票提货交付货物时，应由收货人在提货联上加盖与收货人名称相同的印章并提供有效证明文件；

③ 若凭到货通知单交付货物，则收货人应在到货通知单上加盖与收货人名称相同的印章，并验看收货人的有效证明，并由提货经办人在货票提取联上签字交付；

④ 在凭电话通知交付时，应凭收货人提货证明，并经车站认可后由提货经办人在货票提货联上签字交付；

⑤ 若委托他人代提货，则应有收货人向车站提供的盖有与收货人名称相同的印章的委托书，经车站认可后，由代提货的人在货票提货联上签章交付。

子任务四 公路运输费用

2.4.1 公路运费的计算公式

公路运输费用是公路运输经营者因提供公路运输服务而提取的费用，它以运输产品价值为基础，以供求关系为依据。

公路货物运费的计算公式如下。

1. 整批货物运费的计算公式

整批货物运费（元）=吨次费（元/吨）×计费重量（吨）+整批货物运价[元/（吨·千米）] ×计费重量（吨）×计费里程（千米）+货物运输其他费用（元）

其中，整批货物运价按货物运输价目中的价格计算。

2. 零担货物运费的计算公式

零担货物运费（元）=计费重量（千克）×计费里程（千米）×零担货物运价[元/（千克·千米）]+货物运输其他费用（元）

其中，零担货物运价按货物运输价目中的价格计算。

3. 集装箱运费的计算公式

重（空）集装箱运费（元）=重（空）箱运价[元/（箱·千米）]×计费箱数（箱）×计费里程（千米）+箱次费（元/箱）×计费箱数（箱）+货物运输其他费用（元）

4. 计时包车运费的计算公式

包车运费（元）=包车运价[元/（吨·小时）]×包用车辆吨位（吨）×计费时间（小时）+货物运输其他费用（元）

其中，包车运价按照包用车辆的不同类别分别制定。

由以上公路货物运费的计算公式可以看出，计算公路货物运费，关键在于明确公路货物运输的价目、计费重量（箱数）、计费里程（时间）以及货物运输的其他费用。

2.4.2 公路货物运输价目

公路货物运价根据不同的要求，可以有不同的分类。

1. 按货物托运数量及发运情况划分

（1）整车运价。整车运价适用于一批按重量、体积或形状要求，需要以一辆车装载，按整车托运的货物。一般是指一次托运货物计费重量达到3吨或3吨以上时的运价。

（2）零担运价。零担运价适用于每批不够整车条件运输，而按零担托运的货物。一般是指一次托运货物计费重量不足3吨时的运价。由于零担货物批量小，到站分散，货物种类繁多，在运输中需要比整车花费较多的支出，所以同一品名的零担运价要比整车运价高。

（3）集装箱运价。集装箱运价是指在运用集装箱运输货物时所规定的运价。集装箱运价一般有单独制定的集装箱运价和以整车或零担为基础计算的集装箱运价两种形式。集装箱运输价格一般低于零担运价，高于整车运价。

2. 按吨（箱）次费划分

（1）吨次费。对整批货物运输，在计算运价费用的同时按货物重量加收吨次费。

（2）箱次费。对汽车集装箱运输，在计算运价费用的同时加收箱次费。箱次费按不同箱型分别确定。

3. 按运价的计价形式划分

（1）计程运价。以吨·千米（t·km）或以千克·千米（kg·km）为单位进行计价。

（2）计时运价。以吨·小时（t·h）为单位进行计价。

（3）长距价。适用于长途运输的货物，一般实行“递远递减”的运价结构。

（4）短距价。适用于短途运输的货物，一般按“递近递增”原则，采取里程分段计费的办法计费。

（5）加成运价。适用于一些专项物资、非常规运线单程货物的运输，特殊条件下货物的运输，以及特种货物的运输等。

4. 按运价与运距的关系划分

（1）与运距无关的运价。指运距变化而运价率不变的运价，适用于发到作业费（又称吨次费，即承运、交货和付货等环节上的费用）和中转作业费较高的货物运输。

（2）与运距有关的运价。指随运距变化而有不同运价率的运价，适用于运输费用占主导的货物运输。

5. 按运价适用的范围划分

（1）普通货物运价。普通货物实行分等计价，以一等货物为基础，二等货物加15%，三等货物加30%。

（2）特种货物运价。

① 大型、特型、笨重货物运价。一级大型、特型、笨重货物在整批货物基本运价的基础上加40%～60%；二级大型、特型、笨重货物在整批货物基本运价的基础上加60%～80%。

② 危险货物运价。一级危险货物在整批（零担）货物基本运价的基础上加60%～80%；二级危险货物在整批（零担）货物基本运价的基础上加40%～60%。

③ 贵重、鲜活货物运价。贵重、鲜活货物在整批（零担）货物基本运价的基础上加40%～60%。

6. 其他类型的运价

（1）协议运价。指由承、托双方自由协商达成的运价。这种运价在不受运价管制的地区或不受管制的时期适用。

（2）站到站运价。指托运人和收货人自己完成所有货物的集运和交付，承运人只负责在站与站之间运送货物时的运价。

（3）服务时间运价。运价的高低与运输服务时间挂钩。运输时间短，运价高；反之，运价低。若正好按规定的时间完成运输，则按标准运价计费。

（4）总量运价。总量运价适合于零担运输，即托运人给予承运人的累计运量达到一定数额，便享受运价优惠。运量越多，优惠越大。

（5）限额赔偿运价。限额赔偿是指如果在运输中出现货损、货差，承运人只赔偿某一限额，而不是货物的全部价值。这种运价低于正常运价。

2.4.3 公路运费的计价标准

1. 计费重量（箱数）

（1）计量单位。整批货物运输以“吨”为单位；零担货物运输以“千克”为单位；集装箱运输以“箱”为单位。

（2）计费重量（箱数）的确定。

① 一般货物。整批、零担货物的计费重量均按毛重（含货物包装、衬垫及运输需要的附属物品）计算。整批货物重量在 1 吨以下的计至 100 千克，尾数不足 100 千克的，四舍五入。零担货物起码计费重量为 1 千克，重量在 1 千克以上，尾数不足 1 千克的，四舍五入。集装箱的计费箱数为实际运输箱数。

货物计费重量一般以起运地过磅重量为准。起运地不能或不便过磅的货物，由承、托双方协商确定计费重量。

② 轻泡货物。车辆装运整批轻泡货物后的高度、长度、宽度，以不超过有关道路交通安全规定为限度，货物的计费重量按车辆标记吨位计算。零担运输轻泡货物以货物包装最长、最宽、最高部位的尺寸计算体积，按每立方米折合 333 千克计算其计费重量。

③ 包车运输的货物。包车运输的货物按车辆的标记吨位计算其计费重量。

④ 散装货物。例如，砖、瓦、沙、石、土、矿石、木材等散装货物，按体积由各省、自治区、直辖市统一规定的重量换算标准计算其计费重量。

⑤ 由托运人自理装车的货物，托运人应装足车辆额定吨位，未装足的，按车辆额定吨位计算其计费重量。

⑥ 统一规格的成包、成件货物，根据某一标准件的重量计算全部货物的计费重量。

⑦ 接运其他运输方式的货物，无过磅条件的，按前程运输方式运单上记载的重量进行计算。

⑧ 拼装分卸的货物按最重装载量进行计算。

2. 计费里程

（1）计费里程的单位。公路货物运输计费里程以“千米”为单位，尾数不足 1 千米的，进整为 1 千米。

（2）计费里程的确定。货物运输的计费里程，按装货地点至卸货地点的实际载货的营运里程计算；营运里程以省、自治区、直辖市交通行政主管部门核定的营运里程为准，未经核定的里程，由承、托双方商定。

同一运输区间有两条（含两条）以上营运路线可供行驶时，应按最短的路线计算计费里程，或者按承、托双方商定的路线计算计费里程。

拼装分卸的货物，其计费里程为从第一装货地点起至最后一个卸货地点止的载重里程。

出入境汽车货物运输的境内计费里程以交通主管部门核定的里程为准；境外里程按毗邻国（地区）交通主管部门或有权认定的部门核定的里程为准。未核定里程的，由承、托双方协商按车辆实际运行里程进行计算。

因自然灾害造成道路中断，车辆需要绕道行驶的，按实际行驶里程计算。

城市市区里程按当地交通主管部门确定的市区平均营运里程计算；当地交通主管部门未确定的，由承、托双方协商确定。

3. 计时包车货运计费时间

（1）计时包车货运计费时间以“小时”为单位，起码计费时间为 4 小时；使用时间超过 4 小时，按实际包用时间计算。

（2）整日包车，每日按 8 小时计算；使用时间超过 8 小时的，按实际使用时间计算。

（3）时间尾数不足 0.5 小时的舍去，达到 0.5 小时的进整为 1 小时。

4. 运价的单位

各种公路货物运输的运价单位分别为：

（1）整批运输：元/（吨・千米）；

（2）零担运输：元/（千克・千米）；

（3）集装箱运输：元/（箱・千米）；

（4）包车运输：元/（吨位・小时）。

出入境运输，在涉及其他货币，无法按统一汇率折算的情况下，可使用其他自由货币为运价单位。

2.4.4 公路运输的其他费用

除吨（箱）次费用、运价费用外，公路货物运输的其他费用还包括调车费、延滞费、装货（箱）落空损失费、排障费、车辆处置费、检验费、装卸费、通行费、保管费、道路阻塞停车费、运输变更手续费等。

1. 调车费

应托运人要求，车辆调出所在地而产生的车辆往返空驶，应计收调车费。调车费核收的有关规定如下。

（1）应托运人要求，车辆调往外省、自治区、直辖市，或者调离驻地，临时外出参加营运，调车往返空驶者，可按全程往返空驶里程、车辆标记吨位和调出省基本运价的 50% 计收调车费。在调车过程中，由托运人组织货物的运输收入，应在调车费内扣除。

（2）经承、托双方共同协商，可核减或核免调车费。

（3）经铁路、水路调车，按汽车在装卸船、装卸火车前后的行程里程计收调车费；在火车、在船期间，包括车辆装卸、待装、待卸时，按每天 8 小时、车辆标记吨位和调出省计时包车运价的 40%计收调车延滞费。

2. 延滞费

车辆按约定时间到达约定的装货或卸货地点，因托运人或收货人责任造成车辆和装卸延滞的，应计收延滞费。

（1）发生下列情况，应按计时运价的40%核收延滞费。

① 因托运人或收货人责任引起的超过装卸时间定额、装卸落空、等装等卸、途中停滞、等待检疫的时间。

② 应托运人要求运输特种或专项货物，需要对车辆设备进行改装、拆卸和清理延误的时间；因托运人或收货人原因造成不能及时开展装箱、卸箱、掏箱、拆箱、冷藏箱预冷业务，使车辆在现场或途中停滞的时间。

知识链接

延误时间

延误时间从等待或停滞时间开始计算，不足1小时者，免收延滞费；超过1小时及以上者，以0.5小时为单位递进计收费用，不足0.5小时者，进整为0.5小时。车辆改装、拆卸和清理延误的时间，从车辆进厂（场）起计算，以0.5小时为单位递进计算，不足0.5小时进整为0.5小时。

（2）因托运人或收、发货人责任而造成的车辆在国外停留延滞的时间（夜间住宿时间除外），计收延滞费。延滞时间以“小时”为单位，不足1小时的进整为1小时。延滞费按计时包车运价的60%～80%核收。

（3）执行合同运输时，因承运人责任引起货物运输期限延误，应根据合同规定，按延滞费标准，由承运人向托运人支付违约金。

3. 装货（箱）落空损失费

应托运人要求，车辆开至约定地点而造成装货（箱）落空的往返空驶里程，按其运价的50%计收装货（箱）落空损失费。

4. 排障费

运输大型、特型、笨重物件时，因对运输路线的桥涵、道路及其他设施进行必要的加固或改造所发生的费用，称为排障费。排障费由托运人负担。

5. 车辆处置费

应托运人要求，运输特种货物、非标准箱等需要对车辆进行改装、拆卸和清理时所发生的工料费用，称为车辆处置费。车辆处置费由托运人负担。

6. 检验费

在运输过程中，国家有关检疫部门对车辆的检验费及因检验造成的车辆停运损失，由托运人负担。

7. 装卸费

货物的装卸费由托运人负担。

8. 通行费

货物运输支付的过渡、过路、过桥、过隧道等通行费由托运人负担。

9. 保管费

货物到达后，明确由收货人自取的，从承运人向收货人发出提货通知书的次日（以邮戳或电话记录为准）起计，第 4 日开始核收货物保管费。应托运人的要求或托运人的责任造成的需要保管的货物，计收货物保管费。货物保管费由托运人负担。

10. 道路阻塞停车费

在汽车货物运输过程中，因自然灾害等不可抗力造成的道路阻滞，如无法完成全程运输需要就近卸存、接运时，卸存、接运费用由托运人负担。已完运程收取运费，未完运程不收运费，托运人要求回程运费减半，应托运人要求绕道行驶或改变到达地点时，运费按实际行驶里程核收。

11. 运输变更手续费

托运人要求取消或变更货物托运手续，应收变更手续费。因变更运输，承运人已发生的有关费用由托运人负担。

2.4.5 公路运价的特点

1. 公路运价的区域性强

公路运输成本水平受自然条件的影响，不同地形、气候条件下成本差异较大，必然使运输价格出现较大差异。由于运输产品不能储存，不同条件下的运价不能相互替代，所以，公路运输不能制定全国统一价格。

2. 车型、运距、运量对运价都有影响

车型、运距、运量对运输效率影响大，造成运输成本的差异，在运价上必须给以补偿。因此，公路运输的运价一般会采取差价或加价的方法补上，根据不同情况制定不同的运价。

3. 货物种类对运价的影响

货物种类不同，对车型的要求、运输的要求都不同，运输企业承担的风险不同，造成成本差异，所以应对不同的货物种类制定不同的运价。

4. 运输质量对运价的影响

一方面，高水平的服务质量会增加产品的使用价值，增加货主的收益。例如，运送速度的提高可以减少货物在途时间，加速货物周转，即加速了资金的周转，并可以抢行就市，增强运输的时间效用。另一方面，运输质量的提高使运输企业支付较高的成本，因此，要依运输质量的不同采取“优质优价”的原则，制定不同的运价。

任务小结

- 任务二：公路运输实务
  - 子任务一：公路运输概述
    - 公路运输的功能
      - 独立担负经济运距内的运输，主要是中短途运输
      - 补充和衔接其他运输方式
      - 独立负担长途运输
    - 公路运输的特点
    - 公路运输的发展趋势
    - 公路运输的分类
  - 子任务二：公路运输设备设施
    - 公路
    - 运输车辆
    - 运输场站
  - 子任务三：公路运输流程
    - 整车货物运输流程
      - 整车货物的托运与受理
      - 整车货物的核实与理货
      - 整车货物的监装与监卸
      - 整车货物的运输变更
    - 零担货物运输流程
      - 零担货物的托运受理
      - 零担货物的配运装车
      - 零担货物的卸车交货
  - 子任务四：公路运输费用
    - 公路运费的计算公式
    - 公路货物运输价目
    - 公路运费的计价标准
    - 公路运输的其他费用
    - 公路运价的特点

职场训练

训练一

【训练目的】办理货运业务的一般流程。

1．掌握运输企业办理货运业务的作业流程。

2．掌握运输企业办理货运业务时各环节的基本要求。

【训练内容】

D 省的 S 县是重要的蔬菜生产基地，S 县向重点大城市的货运方式以整车运输为主，而向邻近地区的中小城市的货运方式则以零担运输为主。现假设你所在的小组就是 S 县的主要货运企业，请将本企业的蔬菜运输业务流程分为整车运输和零担运输两种不同方式，进行全过程业务模拟，具体承运的蔬菜品种及对应的运输数量、包装储运方式等条件可合理自定。请提交模拟办理该流程的全套业务文件，并对蔬菜这类特种货物运输的具体操作方法和注意事项进行书面分析说明。

【训练方法】

1．预习货运业务的相关知识。

2．按照训练指导教师安排，将学生分为若干任务执行小组，首先在每个任务执行小组内部学习讨论

本次任务所涉及的专业理论知识和任务执行步骤，然后每组由小组负责人进行具体分工，按照训练任务要求进行操作。

3．时间：80 分钟。

4．地点：教室或物流训练室。

【训练步骤】

办理货运业务的基本操作步骤：货物在发运地的承运业务→货物在途押运及在不同运输工具衔接点的中转业务→货物在收货地的交付业务。

步骤 1：货物在发运地的承运业务。

货主通过电话委托或邮件书面委托或亲自登门办理货物托运手续（本章节主要以公路运输为例），货主或托运人需要填写汽车货物托运单，如表 2.8 所示，运输企业根据货主要求的时间、地点派车取货或由货主亲自送货，使货物在运输企业仓库实现集结。

表 2.8 某市汽车货物托运单示例

开票单位（盖章）： 开票人： 承运驾驶员： 填写日期：

<table>
<tr><td colspan="2">托运人</td><td colspan="2"></td><td colspan="2">地址</td><td colspan="2"></td><td>电话</td><td></td></tr>
<tr><td colspan="2">发货人</td><td colspan="2"></td><td colspan="2">地址</td><td colspan="2"></td><td>电话</td><td></td></tr>
<tr><td colspan="2">收货人</td><td colspan="2"></td><td colspan="2">地址</td><td colspan="2"></td><td>电话</td><td></td></tr>
<tr><td colspan="2">付货人</td><td colspan="2"></td><td colspan="2">地址</td><td colspan="2"></td><td>电话</td><td></td></tr>
<tr><td colspan="2">约定起运时间</td><td colspan="2"></td><td colspan="2">约定到达时间</td><td colspan="2"></td><td>运输工具</td><td></td></tr>
<tr><td colspan="2">装货地点</td><td colspan="2"></td><td colspan="2">卸货地点</td><td colspan="2"></td><td>计费里程</td><td></td></tr>
<tr><td rowspan="2">品名及规格</td><td rowspan="2">包装形式</td><td rowspan="2">件数</td><td rowspan="2">体积
长×宽×高（厘米）</td><td rowspan="2">件重（千克）</td><td rowspan="2">重量（吨）</td><td rowspan="2">保险、保价价格</td><td rowspan="2">货物等级</td><td colspan="2">计费项目</td></tr>
<tr><td>运费</td><td>装卸费</td></tr>
<tr><td></td><td></td><td></td><td></td><td></td><td></td><td></td><td></td><td></td><td></td></tr>
<tr><td></td><td></td><td></td><td></td><td></td><td></td><td></td><td></td><td></td><td></td></tr>
<tr><td></td><td></td><td></td><td></td><td></td><td></td><td></td><td></td><td></td><td></td></tr>
<tr><td></td><td></td><td></td><td></td><td></td><td></td><td></td><td></td><td></td><td></td></tr>
<tr><td colspan="2">合计金额</td><td colspan="8">人民币（大写）____万____仟____佰____拾____元整</td></tr>
<tr><td>托运人
记载事项</td><td colspan="2"></td><td>付款人
银行账号</td><td></td><td>承运人
记载事项</td><td colspan="2"></td><td>承运人
银行账号</td><td></td></tr>
</table>

托运人签章： 承运人签章：

____年____月____日 ____年____月____日

说明：

1．填在一张货物托运单内的货物必须属于同一托运人。对于拼装分卸货物，应将拼装或分卸情况在托运单记事栏内注明。易腐蚀货物、易碎货物、易溢漏的液体、危险货物与普通货物，以及性质相抵触、运输条件不同的货物，不得用同一张托运单托运。托运人、承运人修改运单时，须签字盖章；

2．本托运单一式两联：第一联作为受理存根，第二联作为托运回执。

经过必要的对托运单内容的审核认定之后，应编定托运单的托运号码，然后下达货物运输通知单（见表 2.9），通知调度、运务部门准备执行运输任务。而相关部门必须按照制度提前做好车辆的使用计划与调度工作，并搞好车辆的保养维修工作，需要填写的相关表单如表 2.10～表 2.13 所示。

表 2.9　货物运输通知单

编号：　　　　　　　　　　　　　　　　　　　　　　　通知日期：______年______月______日

客户名称			联系电话			
地址						
运输货品列表						
货品名称		规格	数量	单价	金额	备注
中文	英文					
金额总计		人民币（大写）____万____仟____佰____拾____元整				
运输要求						
1. 交货日期：自签订本单后______天内或______年______月_____日以前 2. 交货地点： 3. 交货单号码： 4. 发票号码：						
通知人员签字		运输主管签字		运输人员签字		

表 2.10　车辆使用申请表

填表人：　　　　　　　　　　　　　　　　　　　　　　　　日期：______年______月______日

使用时间	自_____月_____日_____时_____分至_____月_____日_____时_____分			
使用目的			目的地	
用车日志				
开车前检查	车辆四周	刮伤	□有	□无
		后视镜	□有	□无
		胎压	□正常	□不正常
		爆裂	□有	□无
		备胎及千斤顶	□有	□无
	车底	漏水	□是	□否
		漏机油	□是	□否
	引擎	机油	□适量	□不足（补充）
		冷却水量	□适量	□不足（补充）
	驾驶座	喇叭	□佳	□不佳
		灯类	□佳	□不佳
		雨刷	□佳	□不佳
指针所示距离			出发	回到公司
自_____千米至_____千米，计_____千米			____日____时____分	____日____时____分
补给机油、汽油	机油______升　汽油______升			
车辆启动后查出异状	□有　□无			

表 2.11 运输派车通知单

客户名称		需车时间	____年____月____日____时____分
需车类型		预计返回	____年____月____日____时____分
司机及送货人员			
需车事由	目的地	货品名称及规格	数量
客户验收意见： 客户签名：__________ 日期：____年____月____日			
出入时间	出：____年____月____日____时____分	门卫签字	
	入：____年____月____日____时____分	门卫签字	

表 2.12 调度命令登记簿示例

月 日	发出时刻	命令			复诵人姓名	接受命令人姓名	调度员姓名	阅读时刻（签名）
		号码	命令及抄知处所	内容				

表 2.13 车辆保养维修记录表

年度：

日期	保养/维修	项目	原因	所花费用	保养前路码表数	经手人（签字）	主管（签字）

托运人不能按一批托运的货物将品名逐一填写在一张货物运单上时，应填写交运货物清单（见表 2.14、表 2.15），当发现发货人开具的单据与实物不符时，要立即予以纠正。办理接运手续时，运输企业一般需要核收相应的运杂费（不同类别的运费计算方法如表 2.16 所示），然后组织货物的始发装运。

表 2.14 交运货物清单（一）

发站： 发票第 号

货件编号	包装	详细内容			件数或尺寸	质量	价格
		物品名称	材质	新旧程度			

托运人（签章）： 承运人（签章）： 年 月 日

说明：

1．当托运人不能将一批托运货物的品名逐一填写在一张货物运单上时，须另填。本清单一式 4 份，承、托运人双方签章后，一份退还托运人，一份起港（地）存查，交实际承运人（海运中指船方）两份，其中一份随货同行交到到达港（地）；

2．投保货物运输险的货物，“详细内容”栏目内只填写“物品名称”项。

表 2.15　交运货物清单（二）

起运地点：　　　　　　　　　　　　　　　　　　　　　　　　　　　　　　　　　　运单号码：

编号	货物名称及规格	包装形式	件数	新旧程度	体积：长×宽×高（立方米）	质量（千克）	保险、保价价格

托运人（签章）：　　　　　　　　　　　　　承运人（签章）：　　　　　　　　　　　　年　　月　　日

说明：凡不属于同品名、同规格、同包装的，以及搬家货物，在一张货物托运单上不能逐一填写的，可填交本货物清单。

表 2.16　主要公路货物运输方式的运费计算方法

货运方式	运费计算方法
整批货物运送	整批货物运费=吨次费×计费质量+整批货物运价×计费质量×计费里程+货物运输其他费用
零担货物运送	零担货物运费=计费质量×计费里程×零担货物运价+货物运输其他费用
集装箱货物运送	重（空）集装箱运费=重（空）箱运价×计费箱数×计费里程+箱次费×计费箱数+货物运输其他费用
计时包车运送	包车运费=包车运价×包用车辆吨位×计费时间+货物运输其他费用

在采用整车货物运输方式的业务当中，应当由车队调度员签发行车路单（见表 2.17）作为调度机构代表企业签发给驾驶员进行运输生产的指令，同时也是一项重要的原始记录。车辆在完成运输任务回队后，由调度员审核无误之后的行车路单才能交车队统计员进行复核、统计进入台账，作为计算运输工作量、运行消耗和各项经济技术指标的原始依据（注意：不同企业行车路单的具体格式是不同的，一般由运输企业的计划统计部门负责对行车路单进行设计和印制）。

表 2.17　行车路单示例

年　　月　　　　　　　　　　　　　　　　　　　　共　　份　　　　　　　　　　　　　　　　　　编号：

车号	起止时间	起讫地点	距离（千米）	调度员	出车时间	出车补助	用车部门	用车人签名
	月　日至 月　日							
备注	附用车申请单　　张			人民币（大写）	佰　　拾　　元　　角　　分			

会计：　　　　　　　审核：　　　　　　　车队主管：　　　　　　　　收款人：　　　　　年　　月　　日

而发货人在按规定缴纳运杂费的同时，应领取货票（见表 2.18）作为承运凭证。货票是一种财务性质的票据，是根据货物托运单填记的。在发站，货票是向发货人核收运费的收费依据；在到站，货票是与收货人办理货物交付的凭证之一。此外，货票也是企业统计完成货运量，核算营运收入和计算有关货运工作指标的原始凭证。始发站在货物托运单和货票上加盖承运日期之时即算承运，承运标志着企业对发货人托运的货物开始承担运送的责任。

表 2.18　某省汽车运输货票

甲 No.00001

托运人：　　　　　　　　　　　　　　　　　　　　车辆单位：

自编号：　　　　　　　　　　　　　　　　　　　　牌照号：

<table>
<tr><td>装货地点</td><td colspan="5"></td><td colspan="2">发货人</td><td></td><td>地址</td><td></td><td>电话</td><td></td></tr>
<tr><td>卸货地点</td><td colspan="5"></td><td colspan="2">收货人</td><td></td><td>地址</td><td></td><td>电话</td><td></td></tr>
<tr><td>运单或货签号码</td><td colspan="2"></td><td>计费里程</td><td colspan="2"></td><td colspan="2">付款人</td><td></td><td>地址</td><td></td><td>电话</td><td></td></tr>
<tr><td rowspan="2">运费金额</td><td rowspan="2">包装形式</td><td rowspan="2">件数</td><td rowspan="2">实际重量(吨)</td><td colspan="2">计量运输量</td><td colspan="3">吨千米运价</td><td rowspan="2">运费金额</td><td colspan="2">其他收费</td><td rowspan="2">运杂费小计</td></tr>
<tr><td>吨</td><td>吨千米</td><td>货物等级</td><td>道路等级</td><td>运价率</td><td>费目</td><td>金额</td></tr>
<tr><td></td><td></td><td></td><td></td><td></td><td></td><td></td><td></td><td></td><td></td><td></td><td></td><td></td></tr>
<tr><td></td><td></td><td></td><td></td><td></td><td></td><td></td><td></td><td></td><td></td><td></td><td></td><td></td></tr>
<tr><td></td><td></td><td></td><td></td><td></td><td></td><td></td><td></td><td></td><td></td><td></td><td></td><td></td></tr>
<tr><td colspan="13">运杂费合计金额（人民币大写）：</td></tr>
<tr><td>备注</td><td colspan="7"></td><td colspan="2">收货人签收盖章</td><td colspan="3"></td></tr>
</table>

开票单位（盖章）：　　　　　　　开票人：　　　　　　承运驾驶：　　　　　　年　　月　　日

说明：

1. 本货票适用于所有从事营业性运输的单位和个人的货物运输费结算；

2. 本货票共分 4 联：第 1 联（黑色）存根；第 2 联（红色）运费收据；第 3 联（浅蓝色）报单；第 4 联（绿色）收货回单经收货人盖章后送车队统计；

3. ××省（自治区、直辖市）；

4. 票面尺寸为 220 毫米×130 毫米；

5. 货票第 4 联右下端设“收货人签收盖章”栏，在其他联中不设。

步骤 2：货物在途押运时在不同运输工具衔接点的中转业务。

在货物运输过程当中，押运员对确保货物安全承担重要责任，押运员的主要职责包括：①随车押运货物；②监督货物的装卸，并给予必要指导；③在途中对货物进行照料，并采取必要的安全措施；④严守机密，不得向任何人泄露守护目标的位置、结构、设施、押运时间、地点、路线和数量，不准在电话和其他场合谈论守卫、押运事宜；⑤发现异常情况及不安全因素及时向领导反映，妥善处理。总之要确保在途货物、车辆和人员的安全。如果运输车辆发生事故，相关部门应及时填写车辆事故报告表（见表 2.19）。

表 2.19　车辆事故报告表

报告时间：

<table>
<tr><td>事故发生时间</td><td colspan="3">________年________月________日________时________分</td></tr>
<tr><td>事故发生地点</td><td colspan="3"></td></tr>
<tr><td>事故发生车辆牌号</td><td colspan="3"></td></tr>
<tr><td>事故发生种类</td><td colspan="3">1. 人车相撞（□轻伤　□住院　□重伤　□病危　□死亡）
2. 车辆本身（□颠覆　□冲撞　□冲出路外　□零件损坏　□其他）
3. 车辆间相撞（□擦撞　□追撞　□冲撞　□其他）</td></tr>
<tr><td>事故发生车辆情况</td><td colspan="3"></td></tr>
<tr><td>驾驶员姓名</td><td></td><td>车辆同行人员</td><td></td></tr>
<tr><td>见证人员姓名</td><td colspan="3"></td></tr>
</table>

续表

<table>
<tr><td colspan="2">当事人</td><td colspan="4">对方</td></tr>
<tr><td>姓名</td><td></td><td colspan="2">个人</td><td colspan="2">车辆</td></tr>
<tr><td>所属部门</td><td></td><td>姓名</td><td></td><td>司机姓名</td><td></td></tr>
<tr><td>车种及年份</td><td></td><td>个人住址</td><td></td><td>公司名称</td><td></td></tr>
<tr><td>证件号码</td><td></td><td>证件号码</td><td></td><td>联系方式</td><td></td></tr>
<tr><td>驾照号码</td><td></td><td>联系方式</td><td></td><td>车种及年份</td><td></td></tr>
<tr><td>保险公司</td><td></td><td colspan="2">个人情况说明</td><td>车牌号码</td><td></td></tr>
<tr><td>保险单号</td><td></td><td colspan="2" rowspan="2"></td><td>驾照号码</td><td></td></tr>
<tr><td>损失金额明细</td><td></td><td>损失金额</td><td></td></tr>
<tr><td>备注</td><td colspan="5"></td></tr>
</table>

货物中转是当运输路线或运输工具都不能直达目的地时，需要由中途转运的一种运输方式。在货物运输过程中，承运人对货物在不同运输工具的衔接地及零担货物在货物集散地所进行的作业，被称为货物的中转作业。中转作业主要包括：货物或集装箱的到卸；货物或集装箱的库场保管；杂费计算和票据手续；向接运的运输企业托运，组织货物的中转装运。

在国内公路运输中最常见的零担货物中转作业，是典型的按货物流向或到站进行分类管理，是先集中再分散的过程，它将来自各个方向的仍需要继续运输的零担货物卸车后重新集结待运，继续运至终点站。零担货物运输过程如图 2.8 所示。

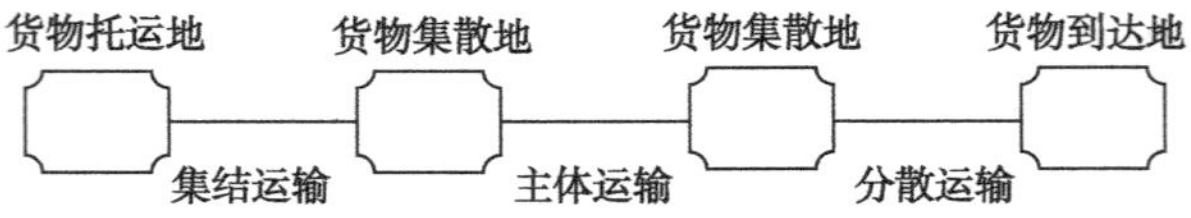

图 2.8　零担货物运输过程

零担货物中转作业的基本方法如下。

（1）落地法。将到达车辆上的全部零担货物卸下入库，按方向或到达站在货位上重新集结，再重新装配。

（2）坐车法。将到达车辆上运往前面同一到站中，中转数量较多或卸车困难的那部分核心货物留在车上，将其余货物卸下后再加装同一到站的其他货物。

（3）过车法。当几辆零担车同时到站进行中转作业时，将车内部分中转货物由一辆车直接换装到另一辆车上，组织过车时，可以向空车上过，也可以向留有核心货物的重车上过。

以上 3 种方法各有优、缺点，要根据具体需要实施。特别重要的是，在选择中转站的时候，必须注重结合货源和货流的特点，先做好充分的运输经济调查。

步骤 3：货物在收货地的交付业务。

车辆装运货物抵达卸车地点之后，收货人或车站货运员应组织卸车，对货物的品名、件数、包装和货物状态等进行必要的检查。其中，整车货物一般直接卸在收货人仓库或货场内，并由收货人自理。收货人确认卸下货物无误，并在货票（见表 2.18）上签收后，货物交付即完毕。

而零担班车到站后，对普通到货零担及中转联运零担分别进行理货卸车。除了将普通到货按照流向卸入货位之外，还应把需要中转的联运货物分别移交有关货组或仓库去办理仓储和中转作业。零担到货卸载验收完毕后，应进行登记并要迅速以书面或电话形式向收货人发出提货通知（见表 2.20），催促收货人提货，对合同运输单位的货物应立即组织送货上门。货物交付时应认真审核货票的提货联和其他有关证件，在确认票据和实物相符后方可履行交付。货物交付完毕后，应收回货票的提货联，这样公路汽车运输这种最普遍的物流运输方式的一般业务流程才全部结束。

表 2.20　提货通知单样本

提货通知单

企业资料　　　　　　　　　　　　　　　　　　　　　　　　　提货公司章

*名称：__________　*填表人：__________　*联系电话：__________　传真电话：__________

地址：______________________　*确认提货人签名：__________

货物提取资料

*提货日期：_____年_____月_____日　*货物名称：__________　*提取数量：______　*提取货物要求：______

运输方式

□自备运输车辆

*提货人姓名：________　*车牌号码：__________　*电话：__________

□委托顺达物流有限公司货运

*收货企业名称：________　*收货人：__________　*电话：__________　*收货地址：________

以下由仓储部人员填写：

□货主电话提货　　　□收提货通知书

注：*为必填项。

【结果评价】

任务执行结果评价如表 2.21 所示。

表 2.21　任务执行结果评价

考核评价内容	考 评 标 准	分　值	评 价 得 分
对各主要运输方式的运作方法和特点的掌握情况	对整车货运和零担货运业务知识的熟悉和理解	15	
	对特种货物运输基本知识的熟悉和理解	15	
模拟整车货运和零担货运业务流程文件的情况	对业务流程文件模拟的规范性、完整性	30	
	对特种货物运输操作注意事项分析的合理性、全面性	10	
任务执行团队评价	团队分工的合理性、协同性	10	
	团队执行任务的效率	10	
	完成任务的创新性	10	
本次任务执行结果评价得分总计		100	

训练二

【训练目的】了解快递在运输业的地位。

【训练内容】快递、物流巨头交叉布局。

顺丰选择了在自有网络的基础上开展大件物流的配送。前不久，顺丰就推出一站式“从门到门”的陆运物流产品“物流普运”，主要针对20千克以上的大件货物。而在快递公司布局物流业务的同时，民营物流领域中的佼佼者也开始向快递业务跨界。

2013年年底，德邦物流启动了自己的快递业务。首批开通北、上、广、深及西部部分城市共计13个城市的快递服务。公司先从满足原有零担物流用户的快递需求开始，与原零担物流的运作体系基本重合。

德邦物流方面表示，公司的快递业务正在有条不紊地进行，其中2014年6月中旬武汉快递中转场地顺利搭建完成，也标志着德邦物流正式进入湖北快递市场。无论是顺丰切入物流市场还是德邦试水快递业务，他们都在遵循着国际物流巨头的发展路径。

从国际市场上来看，物流与快递的交叉融合将是行业的发展趋势，如UPS、FedEx等国际巨头旗下的业务同样涉足物流和快递业务等多个板块。从目前行业的发展情况来看，现在的物流市场集中度低，目前比较大的物流服务商的零担份额都不大。零担物流行业排名比较靠前的有德邦物流、中铁快运、佳吉快运、中信华宇等公司，其中民营零担物流业中的龙头企业德邦物流也仅仅占到市场份额的1.15%。根据市场未来发展的趋势，势必将出现全国性的零担物流品牌，所以目前集中度较低的物流市场也势必将迎来一次革命性的机遇。

目前，欧美成熟市场的快运业务占到整个运输业的15%左右。根据行业研究数据显示，未来5年，快运市场将保持高于12%的增长率，市场的激烈竞争迫使未来3～5年行业集中度将逐渐提高。

思考：

1．案例中顺丰、德邦等企业的发展对快递企业有什么启示？

2．收集信息，了解快递企业在运输业中的地位。

【训练方法】

1．学生分组讨论分析案例；每组派代表阐述本组意见；教师进行点评总结。

2．时间：30分钟。

3．地点：教室。

训练三

【训练目的】了解公路运输费用的计算。

【训练内容】公路零担货物运费的计算。

上海宏达机械厂拟将一批机器设备运往广州，重量2 556.6千克，委托华宇物流公司承运，请计算运费。

【训练方法】

1．学生分组查资料，了解以下信息。

（1）确定零担货物的计费里程：根据中华人民共和国交通运输部核定颁发的《中国交通营运里程图》，上海至广州为1 788千米。

（2）确定零担货物的种类和基本运价：为计算简便，以零担普通货物的基本运价0.5元/吨·千米为例，查询《公路普通货物运价分等表》，机器属于三等货物。

（3）确定零担货物的其他费用：经双方商定，按运价的50%收取返程空驶调车费。

2．时间：20分钟。

3．地点：教室。

职场情境

刘姐对小明说：“这两周你都在公司，是不是有点闷了？”

小明谦虚地说：“不闷，跟刘姐学到了很多东西。”

刘姐笑着说：“真会说话。正好客户有批原油从黑龙江通过管道运输到咱们的原油码头，要装船运走，我带你去看看。”

Mission 任务三 管道运输实务

学习目标

知识目标	能力目标	重点难点
1. 了解管道运输的基本概念 2. 掌握管道运输与其他运输方式的不同点 3. 了解管道运输的设备设施 4. 了解不同类型的管道运输方式 5. 掌握管道运输的流程	1. 识别管道运输的主要设备 2. 能区分不同类型的管道运输 3. 具备一定的管道运输的操作能力	1. 管道运输的概念 2. 管道运输与其他运输方式的区别 3. 管道运输的流程

引入案例

管道运输成第五大运输业

2009 年，中国石油天然气集团公司与俄罗斯国家石油管道运输公司签署了从俄罗斯斯科沃罗季诺到中国边境的管道设计、建设和运营协议。根据协议，双方将在俄罗斯远东原油管道一期工程的基础上，共同建设和运营从斯科沃罗季诺经中国边境城市漠河到中国大庆的中俄原油管道。中俄原油管道在俄罗斯境内长约 70 千米，在中国境内长约 960 千米。这标志着中国已逐渐形成跨区域的油气管网供应新格局。

一、管道长度可绕赤道 1 周半

自 1959 年中国第 1 条长输油气管道——新疆克拉玛依油田至独山子炼油厂原油外输管道投产以来，50 多年间，中国长距离输油、输气管道建设取得长足发展。目前，中国已建成投入运营长输油、输气管道 6 万多千米，可绕地球赤道 1 周半。其中，建成原油管道 1.7 万千米、成品油管道 1.2 万千米、天然气管道 3.3 万千米、海底管道 3 000 千米。

西气东输工程是中国管径最大、管壁最厚、压力等级最高、技术难度最大的管道工程，它创造了世界管道建设史上的高速度。它西起新疆轮南，经过戈壁沙漠、黄土高原、太行山脉，穿越黄河、淮河、长江，途经 9 个省区市，最后到达上海，全长约 4 200 千米，2004 年 12 月 30 日全线供气。它的建成和运营，开通了横贯东西的一条能源大动脉，标志着中国天然气管道建设的整体水平上了一个新台阶，对于推进西部大开发、加快中西部地区发展具有重大作用。

随着中国石油企业在海外的合作区块和油气产量的不断增加，海外份额油田或合作区块的外输原油管道也得到了发展。2009 年新年伊始，我国首条跨国输气管道——中亚天然气管道管线焊接里程已超过700 千米。中亚天然气管道与西气东输二线衔接后，总长度超过 1 万千米，是迄今为止世界上距离最长、等级最高的油气输送管道。这是继首条跨国原油管道——中哈石油管道之后，中国跨国油气管道建设的又一里程碑。中俄油气管道、中哈原油管道、中乌合建天然气运输管道等多条跨国管道的建设，不仅为中国，也为世界管道业提供了发展机遇。

二、第 5 种运输方式迅速崛起

管道运输是国际货物运输方式之一，具有运量大，不受气候和地面其他因素限制，可连续作业，以及成本低的优点。目前，管道运输已成为中国继铁路、公路、水路、航空运输之后的第 5 大运输行业。

交通运输协会的专家曾算过一笔账：沿我国成品油主要流向建设一条长 7 000 千米的管道，与修建同一长度的铁路相比，仅降低运输成本、节省动力消耗、减少运输中的损耗 3 项，所产生的社会综合经济效益，每年就可以节约资金数十亿元；而且对于具有易燃特性的石油运输来说，管道运输更有着安全、密闭的特点。

石油管道运输还具有国际运输的战略意义。中国的石油消耗量中约有一半需要通过进口来满足，其中许多要经过战略上脆弱的海上航线进行运输，而中俄输油管道的建设将为中国提供更安全和稳定的石油供应渠道。这条远东管道年输油量达 1 000 万吨，对中国的能源安全无疑具有重大意义。

技术上的不断突破也推动了中国管道建设的进程。中国石油天然气公司管道局称，自 2000 年以来，随着多条长输油气管道的兴建，中国在大流量输气管道设计、油气输送管道运行、管道工程建设施工等方面取得重大技术进步，目前，中国长输油气管道建设已达到或接近国际先进水平。

三、未来管网将形成新格局

目前，我国油气管道的建设进入了一个新的发展时期。随着西气东输、西部原油成品油管道等重点工程建成投产，一个西油东送、北油南运、西气东输、北气南下、海气登陆的油气供应格局正在形成。

可以预见，未来几年，中国油气管道运输业将得到更大发展，区域性管网将进一步完善，对环境保护和提高人民生活质量将产生更加积极的影响。

思考：

1. 为什么说管道运输已成为第 5 大运输业？管道运输都能运送哪些类型的货物？
2. 管道运输有哪些特点？

子任务一 管道运输概述

3.1.1 管道运输的含义及形成历史

管道运输主要是利用管道，通过一定的压力差来完成商品（多为液、气体货物）运输的一种现代运输方式。管道运输广泛应用于长距离输送液体和气体物资，是一种专门由生产地向市场输送石油、煤和化学产品的运输方式，是统一运输网中干线运输的特殊组成部分。

现代管道运输始于 19 世纪中叶，1885 年美国宾夕法尼亚州建成了世界上第 1 条原油输送管道。然而管道运输的进一步发展则是从 20 世纪开始的。随着第二次世界大战后石油工业的发展，管道的建设进入了一个新的阶段，各产油国竞相兴建大量的石油及油气管道。从 20 世纪 60 年代开始，输油管道的发展趋于大管径、长距离，并逐渐建成成品油输送的管网系统，同时开始尝试用管道输送煤浆。目前全球管道运输承担着很大比例的能源物资运输量，包括原油、成品油、天然气、油田伴生气、煤浆等，其完成的运量常常大大高于人们的想象（如在美国接近于汽车运输的运量）。近年来，管道运输也被进一步研究用于解决散状物料、成件货物、集装物料的运输，并开始发展容器式管道输送系统。

3.1.2 管道运输的特点

1. 运量大

一条输油管线可以源源不断地完成输送任务。根据其管径的大小不同，其每年的运输量可达数百万吨至几千万吨，甚至超过 1 亿吨。例如，一条直径为 720 毫米的管道年输送石油量可达 2 000 万吨以上，而一条直径为 1 220 毫米的输油管道，年输油量可达 1 亿吨以上，大于铁路运输量。

2. 占地少

运输管道通常埋于地下，其占用的土地很少。运输系统的建设实践证明，运输管道埋藏于地下的部分占管道总长度的 95%以上，因而对于土地的永久性占用很少，分别仅为公路的 3%，铁路的 10%左右。在交通运输规划系统中，优先考虑管道运输方案，对于节约土地资源意义重大。

3. 建设周期短、费用低

国内外交通运输系统建设的大量实践证明，管道运输系统的建设周期与相同运量的铁路建设周期相比，一般要缩短 1/3 以上。历史上，我国建设大庆至秦皇岛的输油管道（全长 1 152 千米）仅用了 23 个月，而若要建设一条同样运输量的铁路，则至少需要 3 年时间；目前新近完工的新疆至上海的天然气运输管道全长 4 200 千米，建设周期不超过两年，但是如果新建同样运量的铁路专线，建设周期则在 3 年以上，特别是当地质地貌条件和气候条件相对较差时，大规模修建铁路难度将更大，周期将更长。统计资料表明，管道建设比铁路建设的费用低 60%左右。

4. 安全可靠、连续性强

由于石油和天然气易燃、易爆、易挥发、易泄漏的特点，采用管道运输的方式既安全，又可以大大减少挥发损耗，同时也可以大大减少由于泄漏产生的对空气、水和土壤的污染。此外，由于管道基本埋藏于地下，其运输过程受恶劣多变的气候条件影响较小，可以确保运输系统长期稳定地运行。

5. 耗能少、成本低、效益好

发达国家采用管道运输石油，每吨千米的能耗不足铁路的 1/7，在大量运输时，其运输成本与水运接近，因此在无水运的条件下，采用管道运输是一种最为节能的运输方式。管道运输是一种连续工程，运输系统不存在空载行程，因而系统的运输效率高，理论分析和实践经验已证明，管道口径越大，运输距离越远，运输量越大，运输成本就越低。以运输石油为例，管道运输、水路运输、铁路运输的运输成本之比为 1∶1∶1.7。

可见，管道运输的效益是十分好的。在能耗方面，液化天然气的能耗约为 3.76 兆焦耳/立方米，而输送 6 000 千米天然气单位能耗约为 3.21 兆焦耳/立方米（采用 1 422 毫米直径管道，10 兆帕输送压力）。所以，可以认为在一般情况下，采用管道输送天然气较为经济。

这些优势条件能够很好地满足能源跨国运输的安全需求，能够使国家在发展油气运输时重视管道运输方式。

6. 灵活性差

管道运输不如其他运输方式（如汽车运输）灵活，除承运的货物比较单一外，也不容易随便扩展管线。对一般用户来说，要实现“从门到门”的运输服务，管道运输常常要与铁路运输、汽车运输、水路运输配合完成。此外，当运输量明显不足时，运输成本会显著地增大。

管道运输的上述特点，使得管道运输主要担负单向、定点、量大的流体状货物（如石油、油气、煤浆、某些化学制品原料等）的运输。另外，在管道中利用容器包装运送固态货物（如粮食、砂石、邮件等）也具有良好的发展前景。

3.1.3 管道运输的分类

1. 按所输送物品的不同进行分类

管道运输常按所输送的物品不同而分为原油管道、成品油管道、天然气管道和固体料浆管道（前两类常统称为油品管道或输油管道）。

（1）原油管道。原油一般具有比重大、黏稠和易于凝固等特性。用管道进行输送时，要针对所输原油的特性，采用不同的输送工艺。原油运输不外乎是将原油自油田输送至炼油厂，或者输送至转运原油的港口或铁路车站。其运输特点是运量大、运距长、收油点和交油点少，故特别适宜用管道输送。世界上约有 85%以上的原油是用管道输送的。

（2）成品油管道。成品油管道输送汽油、煤油、柴油、航空煤油和燃料油，以及从油气中分离出来的液化石油气等成品油。每种成品油在商业上有多种牌号，常采用在同一条管道中按一定顺序输送多种油品的工艺，这种工艺能保证油品的质量并可准确地分批运到交油点。成品油管道的任务是将炼油厂生产的大宗成品油输送到各大城镇附近的成品油库，然后用油罐汽车转运给城镇的加油站或用户。有的燃料油则直接用管道输送给大型电厂，或者用铁路油槽车外运。成品油管道运输的特点是批量多、交油点多，因此，管道的起点段管径大、输油量大，经多处交油分输以后，输油量减少，管径亦随之变小，从而形成成品油管道多级变径的特点。

（3）天然气管道。输送天然气和油田伴生气的管道，包括集气管道、输气干线和供配气管道。就长距离运输而言，输气管道指高压、大口径的输气干线。这种输气管道约占全世界管道总长的一半。

（4）固体料浆管道。固体料浆管道是 20 世纪 50 年代中期发展起来的，到 20 世纪 70 年代初已建成能输送大量煤炭料浆的管道。其输送方法是将固体粉碎，掺水制成浆液，再按液体管道输送工艺用泵进行输送。

2. 按用途不同进行分类

运输管道按用途不同又可分为集输管道、输油（气）管道和配油（气）管道 3 种。

（1）集输管道。集输管道（集气管道）是指从油（气）田井口装置经集油（气）站到起点压力站的管道。主要用于收集从地层中开采出来的未经处理的原油（天然气）。

（2）输油（气）管道。以输气管道为例，它是指从气源的气体处理厂或起点压力站到各大城市的配气中心、大型用户或储气库的管道，以及气源之间相互连通的管道，输送经过处理的符合管道输送质量标准的天然气，是整个输气系统的主体部分。

（3）配油（气）管道。对于油品管道来说，它是指在炼油厂、油库和用户之间的管道。对于输气管道来说，它是指从城市调压计量站到用户支线的管道，由于压力小、分支多、管网稠密、管径小，除大量使用钢管外，低压配气管道也可使用塑料或其他材质。

3.1.4 管道运输的发展

1. 国外管道运输的发展

工业发达国家的管道运输比较普遍。20 世纪下半叶，俄罗斯曾在极其短暂的时期内建成了输送天然气、原油和成品油的干线管道系统，这一系统是 20 世纪世界上规模最大的工程设施，干线管道长度达 21.5 万千米。俄罗斯的干线管道运输业将会在 21 世纪得到更大的发展。

在美国，仅 2000 年就建设管线 8 333 千米，这些长输管道将把能源从数千千米以外的生产国输送到消费市场。世界能源环境的变化影响着未来的管道建设，全世界目前在建和计划建设的管道总里程数达 1.3 万千米，表现出强劲的势头，其中，欧洲、中东、非洲、南太平洋、远东、中美洲、南美洲等地区均有大规模的管道工程项目。

2. 我国管道运输的发展

（1）石油管道发展。我国的石油天然气管道工业的发展是随着我国石油工业的创建而发展起来的。我国在 1958 年建设了克拉玛依油田到独山子炼油厂双线输油管道，全长 300 千米，管径 159 毫米，是我国建设的第 1 条长输管道。1970 年，大庆油田原油产量突破 2 000 万吨，依靠火车运油已远远满足不了大庆油田快速发展的需要。为了解决大庆油田被迫限产、关井的难题，国务院于 1970 年 8 月 3 日决定展开东北“八三工程”会战，掀起了中国第 1 次建设油气管道的高潮。经过 5 年奋斗，于 1975 年建成了庆抚线、庆铁线、铁大线、铁秦线、抚辽线、抚鞍线、盘锦线、中朝线 8 条管线，总长 2 471 千米，率先在东北地区建成了输油管网。

（2）天然气管道发展。自 20 世纪 90 年代以来，我国天然气管道得到快速发展，天然气消费领域逐步扩大，城市燃气、发电、工业燃料、化工用气大幅度增长。2004 年投产的西气东输工程横贯中国东西部，放射型的支线覆盖中国许多大中城市，目前已成为我国第一条大口径、长距离、高压力、多级加压、采用先进钢材并横跨长江下游宽阔江面的现代化、世界级天然气干线管道。

西气东输工程于 2005 年通过冀宁联络线与陕京二线连通，构成我国南北天然气管道环网。忠武输气管道也于 2004 年年底建成投产。到 2005 年初步形成西气东输、陕京二线、忠武线 3 条输气干线，川渝、京津冀鲁晋、中部、中南、长江三角洲 5 个区域管网并存的供气格局。

知识链接

俄中天然气管道在 2014 年 9 月 1 日动工

据俄罗斯之声 2014 年 8 月 20 日消息，俄方日前向中方通报了“西伯利亚力量”输气管道建设的筹备情况。俄罗斯天然气股份公司总裁米勒之前在同中国驻俄大使李辉会面时表示，连接通往中国支线的伊尔库茨克州至符拉迪沃斯托克输气管道的建设应于 9 月 1 日动工。

国家能源安全基金会总经理西蒙诺夫指出，“西伯利亚力量”输气管道建设将为俄中天然气领域的长期合作翻开新的一页。

这条天然气管道总长 4 000 千米，从伊尔库茨克州经雅库特和哈巴罗夫斯克到符拉迪沃斯托克。在斯沃波德内伊与布拉戈维申斯克之间将建造对华输气管道分支。

（3）海底油气管道发展。我国海底油气管道建设还不到 20 年时间，管道数量不多，但在技术上都达到了国际先进水平。此外，我国还自行设计建成了山西省尖山矿区——太原钢铁厂铁精粉矿浆管道，管道全长 102 千米，管径 229.7 千米，精矿运量 200×104 吨/年，矿浆重量浓度 63%～65%；以及长距离、大口径、高压力的煤气管道。

（4）管道运输发展趋势。2013 年年末，中国的长输油气管道里程已达 10 万余千米，首次超过在役运行的铁路里程，成为继铁路、公路、水路、航空运输之后的第 5 大运输行业。

自 1959 年中国第一条长输管道——新疆克拉玛依油田至独山子炼油厂原油外输管道投产以来，管道运输业伴随着中国油气工业发展，主要经历了东北管网、华东管网、西北管网及西气东输建设等几次阶段性的跨越式增长发展。

在管道建设方面，近 10 余年来，中国输油气管道里程不断增长，2000—2013 年，中国输油气管道里程平均增长率为 11%。其中，2009 年增长速度达到近年新高，为 18.52%。

在管道运输方面，近 10 余年来，中国管道运输的货运量稳步增长，如图 3.1 所示。其中，2013 年，管道运输的货运量达到 6.6 亿吨，同比增长 8.2%。

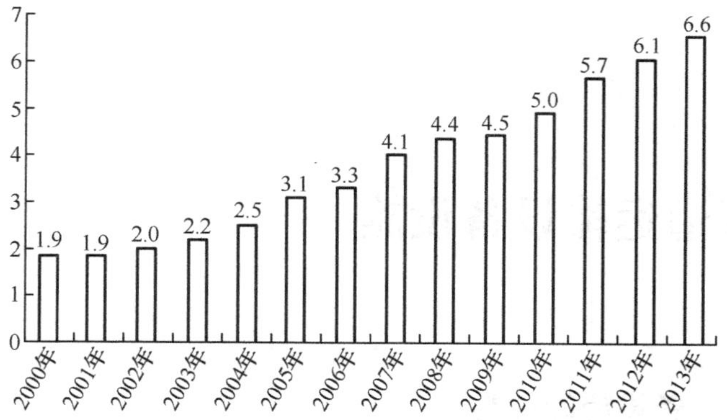

图 3.1　2000—2013 年中国管道运输的货运量变化趋势（单位：亿吨）

近 10 余年来，中国管道运输货物周转量稳步增长。其中，2013 年，管道运输货物周转量达到 3 500.9 亿吨千米，同比增长 10.2%，如图 3.2 所示。

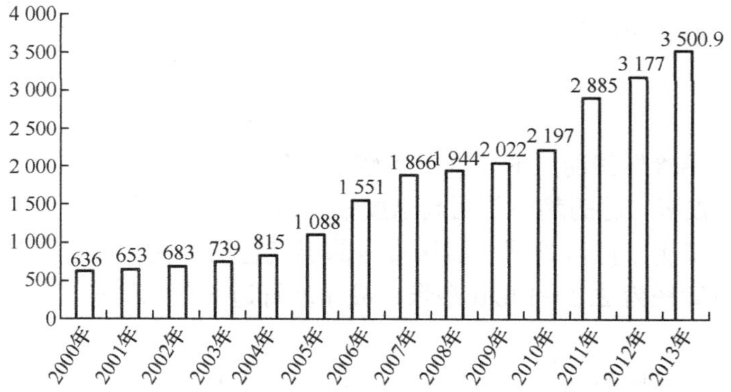

图 3.2　2000—2013 年中国管道运输货物周转量变化趋势（单位：亿吨千米）

从近几年发展情况来看，在各种运输方式中，管道运输的货运量保持增长态势。如表 3.1 所示为 2008—2013 年各种运输方式的货运量比较。

表 3.1　2008—2013 年各种运输方式的货运量比较

年　份	总货运量（亿吨）	铁路（亿吨）	公路（亿吨）	水路（亿吨）	民航（万吨）	管道（亿吨）
2008	258.75	33.04	191.68	29.45	408	4.54
2009	282.51	33.33	212.78	31.90	446	4.46
2010	324.19	36.43	244.81	37.89	563	5.00
2011	369.71	39.33	282.01	42.60	557	5.71
2012	412.05	39.00	322.10	45.60	541.6	5.30
2013	450.66	39.70	355.00	49.30	557.6	6.60

子任务二 管道运输设备设施

3.2.1 管道运输设备设施的种类

管道运输系统与其他运输系统具有很大的差异性，其中最主要的差别在于：在管道运输系统中，运输工具都是固定的，不需要凭借运输工具的移动来完成运输任务。因此，管道运输系统所需的基本设施也异于其他运输系统。

管道运输系统的基本设施包括管道、储存库、压力站（泵站）和控制中心。下面主要介绍的是这些基本设施的部件。

1. 管材

管道一般是用钢管焊接而成的，能承受较高的压力，也有一些小口径管道使用无缝钢管。制管钢材种类很多，总的趋向是用高强度钢以减小壁厚，节约钢材，但必须易于焊接。

非金属管目前多用于低压管网，如城市内的煤气管网，很少用于长途运输管道上。

原油管道一般管径为273～1 020毫米，成品油管道一般都比原油管道的口径小一些，为159～920毫米。

输气管道的口径又比原油管道口径小一个档次，最大可达1 400毫米。我国管道运行压力都在5兆帕以下，在国际上多为6～8兆帕。

2. 动力机械

动力机械是管道的核心机械。世界上绝大多数管道主要是使用电动机驱动油泵或用压缩机给流体加压，其优点是管理方便，维护量小，便于控制。但是管道所输送的介质本身就是能源，如天然气、成品油等。因此，管道动力的提供除依靠电动机外，还有更多的选择。

管道动力系统通常是无人值守的，所以要求动力机械能保持长期稳定运行，一般要求内燃动力机达到4万小时无大修。达到这样的指标除了使用最适宜的燃料外，还要求设备性能好、润滑好。

3. 阀件

管道输送流体主要依靠阀门进行控制。管道干线上用阀的特点是口径大、耐压高，并且是通径（阀门全开启后与管道内径相同，以便清管器从中通过）。站内用阀与其他共有用阀大多相同，但由于阀门口径大、压力高，因此十分重视采用能自动开闭的机械，称为执行机构。根据泵站的要求和自动化的需要，阀门执行机构的动力源可以是电动、液动、气动和气液联动的。

4. 管道防腐材料

管道埋于地下，如果其外部不涂敷防腐材料，就极易遭受土壤腐蚀，直接威胁管道寿命。为此，管道在未埋入地下以前，必须在外部涂敷防腐材料。

5. 辅助系统

由于管道系统使用电力作为管道动力，因此必须在建设管道的同时，建设供电的电网，这是管道最庞大的辅助系统。

管道的第 2 大辅助系统是通信系统。通信系统对管道系统极为重要，任何一处出现故障，都将影响全线的运行。近代的管道通信趋向泵站自动化和遥控，采用较新的数据采集与监控系统，可使管道的自动化进一步提高，以使上千千米的管道运行由总调度室集中进行控制。

3.2.2 管道运输设备设施的维护

1. 管道防腐技术

尽管管道运输系统具有便于管理、运行安全的特点，但由于运输管道大多深埋于地下，给日常维护带来一定的困难。尤其是管道内、外径和储罐的腐蚀，不仅会造成穿孔并引起油、气、水发生跑、冒、滴、漏等损失与污染，给维修带来材料和人力浪费，而且还可能引起火灾和爆炸。针对发生腐蚀的原因，通常可采取下列措施。

（1）选用耐蚀材料，如聚氯乙烯管、含钛的合金钢管等。

（2）在输送或储存介质中加入缓蚀剂，抑制内壁腐蚀。

（3）采用内外壁防腐绝缘层，将钢管与腐蚀介质隔离。

（4）采用阴极保护法。

阴极保护法是一种借助外加电源对管道施加电流，使整个管道成为腐蚀电池的阴极，从而使管道得到保护的方法。

目前国内外普遍采用的经济可靠的方法是防腐绝缘层加阴极保护的综合措施。

2. 管道清洗技术

管道运输是原油、天然气最主要的运输方式。但因油、气中含有各种盐类、杂质、硫化物、细菌等，管线经长期运行造成的结垢、被腐蚀等会影响生产，故需要对管道进行清洗、修复，输油（气）管道清洗技术也随之产生。

清洗是一项延长管道使用寿命，保证管道正常运行的实用技术。按其清洗目的分为投产前的清管，运行中的除垢，改输前的清洗。目前，对于管线清洗技术主要分为 3 大类：物理清洗法、化学清洗法、物理和化学结合清洗法。

（1）物理清洗法。物理清洗法包括：高压水射流清洗、机械法清洗、喷砂清洗、电子跟踪式清洗、爆炸法清洗等。

（2）化学清洗法。化学清洗法多用于一般金属管道、不锈钢管道和管道脱脂。用化学法清洗管道是向管道内投入含有化学试剂的清洗液，与污垢进行化学反应，然后用水或蒸汽吹洗干净。

为了防止在化学清洗过程中损坏金属管道的基底材料，可以在酸洗液里加入缓蚀剂；为了提高管道清洗后的防锈能力，也可加入钝化剂或磷化剂使管道内壁金属表面生成致密晶体，提高防腐性能。

（3）物理和化学结合清洗法。物理清洗与化学清洗两类方法各有优、缺点，然而使用哪种方法都不具有两者结合使用时所具有的优势，从技术上说，应取长补短、相辅相成；从经济上来说，也应合理选用、兼收并蓄。

单独用化学试剂来清洗会降低管道寿命，提高清洗成本，而且有些污垢难以用化学方法完全处理干净。同样，对长期运输且沉积速度较快的输油管线，单纯使用清管器清理也难以达到理想的效果。

物理清洗与化学清洗两种方法结合使用已成为当今清洗技术发展的一种趋势，现已开发出多种实用的复合清洗技术，可获得最佳的效果。

总之，对管线及设备进行更为有效的清洗，必须对管线现状、清洗要求、相关信息及资料进行综合分析评价，优化组合，这样才能有针对性地筛选出最好的制剂法，达到最佳清洗效果。

子任务三 管道运输流程

3.3.1 管道输送油品流程

管道沿线上、下两泵站之间的连接方式，有开式流程和密闭式流程两种，如图3.3所示。

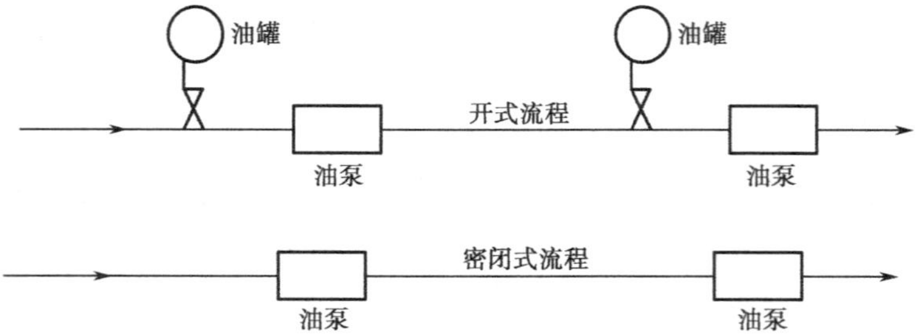

图3.3　管道运输开式、密闭式流程

1. 开式流程

开式流程是指上站来油通过中间泵站的常压油罐输往下站的输送流程。目前采用的开式流程是上站来油直接进入油泵的进口汇管，汇管接旁边的常压油罐。开式流程仅用于缓冲上、下游泵站输油量的不均衡，根据旁接油罐油面的升降来调节输油量，不作为计量用。

开式流程的各泵站只为站间管道提供压力能，不能调制各泵站的压力。

2. 密闭式流程

从 20 世纪 40 年代开始，随着输油自动化水平的提高和离心泵的广泛采用，输油管道逐渐改为密闭式流程。

密闭式流程是指在中间泵站不设油罐，上站来油直接进泵，油品在密闭状态下沿管道全线输送。

全线各泵站是相互串联的工作系统，所以各站输油量相等。

同开式流程相比，密闭式流程的优点是：避免油品在常压油罐中的蒸发损耗，减少能量损失；站间的余压可与下站的进站压力叠加，简化了泵站流程，便于全线集中监控；在所要求的输油量下，可统一调配全线运行的泵站数和泵机组的组合，以最经济地实现输送的目的。

3.3.2 管道输送气体流程

管道输送气体的流程如表 3.2 所示。

表 3.2 管道输送气体的流程

序号	设施	工艺过程
1	气井	输出天然气
2	集气站	加热、降压、分离、计量
3	天然气处理厂	脱水、脱硫化氢和二氧化碳
4	压气站	除尘、增压、冷却
5	中间压气站	增压
6	储气库	储气
7	调压计量站	调压、计量
8	配气管网	供气

输气管道沿线各压气站与管道串联，构成统一的密闭输气系统，任何一个压气站工作参数的改变都会影响全线。因此，必须采取措施统一协调全系统各站的输量和压力，如调节各站原动机的转速，改变压气机的工作特性和采用局部回流循环等，以保持压气机出口压力处于定值，并保障管道、管件和设备处于安全运行状态。输气管道系统如图 3.4 所示。

3.3.3 管道输送固体料浆流程

浆体输送是将颗粒状的固体物质与液体输送介质相混合，采用泵送的方法进行运输，并在目的地将其分离出来。输送介质通常采用清水浆体管道，一般分为两种类型，即粗颗粒浆体管道和细颗粒浆体管道。前者借助于液体的紊流使得较粗的固体颗粒在浆体中呈悬浮状态并通过管道进行输送，而后者输送的较细颗粒一般为粉末状，有时可均匀悬浮于浆体中。输送固体料浆流程如表 3.3 所示。

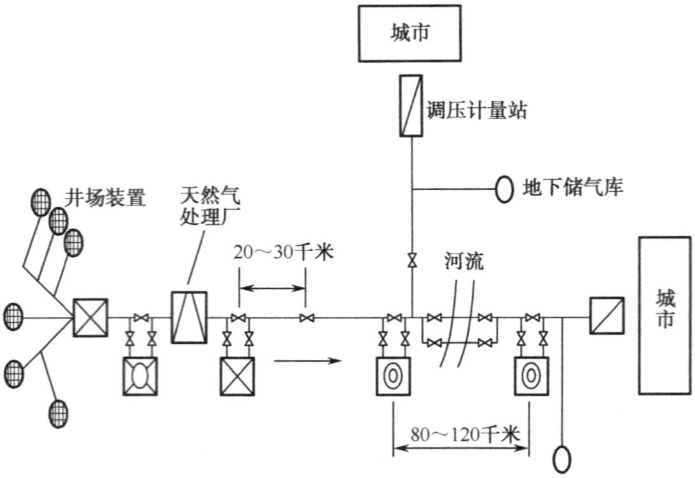

图 3.4　输气管道系统

表 3.3　输送固体料浆流程

序　　号	工 艺 过 程	工 艺 说 明
1	制浆	将待输送的固体破碎到所需的粒度范围内，并经筛选，组成适当的颗粒级配，再掺水制成浓度适宜的浆液，煤浆液的质量百分数一般为 50%，铁矿浆液的质量百分数一般为 66%
2	管道输送	根据年输送量选择适宜的管径，确定临界流速，以高于临界流速的速度输送配制好的浆液
3	固液分离	对由管道输送至末端的浆液进行脱水，分离出固体，然后提供给用户

知识链接

临界流速

在固体料浆管道的输送过程中，因浆液是固液混合物，流态多变，故在相同的流速下，当浆液为均质流态时，管道断面上的颗粒均匀悬浮，不会出现固体颗粒沉淀；当浆液为半均质流态时，细颗粒均匀分布在管道断面的上部，大颗粒在下部，因而下部浓度大，上部浓度小，但也不至于出现固体颗粒沉淀；当为非均质流态时，管道全断面上浓度分布很不均匀，会出现固体颗粒沉淀，在管道底部形成沉淀层。出现沉淀时的流速为浆液临界流速。只有采用临界流速以上的速度输送浆液，才能使浆液稳定流动，不致形成沉淀层。

子任务四　管道运输费用

3.4.1　管道运输成本

与铁路、公路、航空、水路运输一样，管道运输的固定成本高、资金周转慢。管道所有者通过购买或租借获得土地使用权，然后再修筑管道，沿途建立泵站。财产税、折旧摊销、投资回报和设备定期检修费用是导致固定费用、可变费用比率高的主要因素。

除了获得使用权，管道的终端设备也是高昂固定成本的一部分。就像地段所有权一样，终端设备同样产生折旧和财产税等费用。不同于其他运输方式，管道没有另外的交通工具，管道本身就有承载能力，它也是所有权的一部分。

由于管道运营只需要一个元素——管线，而运输工具通常是可变费用的重要组成部分，所以管道运输的可变成本较低。其中，动力系统的燃料成本也属于可变成本，并且是管道运输成本中最大的可变成本。

管道运输的劳动力成本也很低，因为管道已实现了高度自动化。例如，在加拿大修建一条穿越阿拉斯加州的管道货物运输系统，建设成本约为 92 亿美元，只需要 10 名员工来管理。对于运输相同城市间相同重量的货物，管道运输只需要员工 8 000 人，而汽车运输则要 100 万人。因此，管道运输的人工成本要远远低于其他运输方式所需的人工成本。

总之，许多专家估计管道货物运输的成本一般只有铁路货物运输成本的 1/5，公路货物运输成本的 1/20，航空货物运输成本的 1/66。例如，建设一条年运输能力为 1 500 万吨煤的铁路，需要投资 8.6 亿美元，而建设一条年运输能力为 4 500 万吨煤的输送管道只需要 1.6 亿美元。其日常的管理人员也只有铁路货物运输的 1/7。因此，管道货物运输成本只占总成本的 30%～40%，有些管道运输系统可能低到 25%。

3.4.2 管道运输价格的构成

相对于其他竞争者，管道运输的价格计算很独特。首先，管道并不采用铁路和公路的基于价格等级的货物分类系统。管道运输的货物种类有限和货物特定化，使其不必使用这种计价方式。原油管道或天然气管道都不需要详细的货物分类系统。

虽然管道运输的固定成本高，但普遍存在于铁路运输中的差异计价方法在管道运输中并不适用。管道这种业务的特性（单向运输、区域覆盖点的限制和物品的限制等）使它不能使用差异计价方法。

知识链接

管道运输价格的构成

管道运输价格的构成是以 1 桶（1 桶等于 42 加仑）为单位进行报价的。管道运输的报价是典型的点对点、区对区方式，最小装载尺寸（装运量）要求在 500～10 000 桶。

管道运送量占全球货物总运量的 20%，但收入却只有总收入的 2%，可以看出管道运输的价格很低。例如，1 加仑原油从美国得克萨斯州运送至纽约只要 1.8 美分。

水运成本与管道运输成本差不多，实际上国际超大油轮的运输成本比管道运输还要低。不过，这些巨型油轮与国内的管道运输之间并不存在竞争关系。而当管道直径达到 30 厘米或更大时，海运成本也很难与管道运输成本相比。

管道货物运输系统是一项综合性、跨学科的复杂系统工程，是除传统的公路、铁路、航空及水路运输之外的第 5 类运输和供应系统。由于近年来相关技术的不断成熟（如电子技术、信息技术、智能化技术等），该领域的研究也越来越受到重视，西方发达国家正在积极开展这方面的研究，我们也要迎头赶上，为我国综合货物运输体系的建立做出努力。

任务小结

- 任务三：管道运输实务
  - 子任务一：管道运输概述
    - 管道运输的含义及形成历史
    - 管道运输的特点
      - 运量大
      - 占地少
      - 建设周期短、费用低
      - 安全可靠、连续性强
      - 耗能少、成本低、效益好
      - 灵活性差
    - 管道运输的分类
      - 按所输送物品的不同进行分类
      - 按用途不同进行分类
    - 管道运输的发展
  - 子任务二：管道运输设备设施
    - 管道运输设备设施的种类
      - 管材
      - 动力机械
      - 阀件
      - 管道防腐材料
      - 辅助系统
    - 管道运输设备设施的维护
      - 管道防腐技术
      - 管道清洗技术
  - 子任务三：管道运输流程
    - 管道输送油品流程
      - 开式流程
      - 密闭式流程
    - 管道输送气体流程
    - 管道输送固体料浆流程
  - 子任务四：管道运输费用
    - 管道运输成本
    - 管道运输价格的构成

职场训练

训练一

【训练目的】了解管道运输管理工作。

【训练内容】原油管道运输管理。

原油运输是我国石油化工企业的生命线。从国内原油运输的到厂方式来看，主要有管道运输、水路运输、铁路运输、公路运输 4 种。《中国交通年鉴（2012）》中的统计数据显示，2011 年中国石油、中国石化、中国海油 3 大石油公司通过管道输送原油 3.21 亿吨，其中，中国石化管道输送原油 2.06 亿吨，占其原油运输总量的 93.63%，极大地满足了石油化工企业原油加工的需求，有力保障了国内成品油供应。

《中国交通年鉴（2012）》中的统计数据显示，近年来，我国原油管道设施建设保持快速增长势头，截至 2011 年年底，我国已建成长输原油管道 1.61 万千米，设计输油能力 2.85 亿吨/年。此外，在我国华东地区，还有 4 条海底长距离原油管线。一旦这些长输原油管道出现火灾险情或海底原油管道发生泄漏导致海上溢油事故，将会给当地人民群众的生命和财产安全带来严重威胁，其后果不堪设想。

目前，除了打孔盗油影响原油管道的平稳运行之外，国内部分老龄原油管道的设备老化、管线腐蚀、强度下降等现象严重，极大影响了管道的平稳运行，也带来安全隐患。此外，部分炼化企业的供油管线在停工检修期间出现的低输量运行的问题也十分突出，管道输量在低于加热正输允许的最低输量，以及短时间负荷过低的情况下，原油进站温度下降，其流动性也降低，管道运行的平稳度受到很大的局限。

降低原油管道运输的损耗和能耗。原油长输管道，站多线长，多数站场远离城市、乡镇，管道沿线地质地貌复杂，自然环境恶劣，输送介质多，分输口多。管线设备、自动化程度良莠不齐，既有20世纪70年代建成投产的管线，又有近几年投产的技术含量高、自动化程度高的新管线。面对如此复杂的原油管道，未来几年降低原油管道运输损耗和能耗的任务仍然十分艰巨。

思考：

1．我国的管道运输存在哪些问题，应如何解决？

2．输油管道泄漏能带来哪些危害？

【训练方法】

1．学生分组讨论分析案例；每组派代表阐述本组意见；教师进行点评总结。

2．时间：30分钟。

3．地点：教室。

训练二

【训练目的】了解管道运输费用。

【训练内容】我国天然气价改历史进程（见表3.4）。

表3.4　我国天然气价改历史进程

关键时点	相关文件	定价方式	主要内容
1987年以前	—	政府定价	完全由政府制定国内天然气价格
1987年10月27日	《天然气商品量管理暂行办法》	a．中央政府定价；b．政府指导价；c．协议价	a．计划气：中央政府按不同用途、不同油田定价；b．计划外气和西气东输、忠武线、陕京线等新建管道项目：政府指导价；c．少数采用协议价
2005年12月23日	《关于改革天然气出厂价格形成机制及近期适当提高天然气出厂价格的通知》	价格双轨制下的政府指导价	a．一档气（实际执行价格接近计划内气价，差距不大的油田气的气量及全部计划内气量，占全部气量的85%）：政府指导价，用3～5年过渡到与可替代能源价格挂钩；b．二档气（一档气以外）：980元为基准价，与可替代能源（原油、液化石油气、煤）价格挂钩
2010年5月30日	《国家发展改革委关于提高国产陆上天然气出厂基准价格的通知》	取消价格双轨制，实行政府指导价	各油气田（含西气东输、忠武线、陕京线、川气东送）出厂（或首站）基准价格每千立方米均提高230元。同时将大港、辽河和中原3个油气田的一、二档气的出厂基准价格加权并轨，取消价格“双轨制”。国产陆上天然气的一、二档的气价并轨后，将出厂基准价格允许浮动的幅度统一改为上浮10%，下浮不限

续表

关键时点	相关文件	定价方式	主要内容
2011年12月26日	《国家发展改革委关于在广东省、广西壮族自治区开展天然气价格形成机制改革试点的通知》	在两广地区试点，将成本加成定价改为按市场净回值定价	选取上海市场（中心市场）作为计价基准点，以进口燃料油和液化石油气作为可替代能源品种，并分别按照60%和40%的权重，加权计算等热值的可替代能源价格，然后，按照0.9的折价系数，把中心市场门站价格确定为等热值可替代能源价格的90%
2013年6月28日	《国家发展改革委关于调整天然气价格的通知》	门站价实行基于市场净回值法的政府指导价	天然气价格管理由出厂环节调整为门站环节，门站价格为政府指导价，实行最高上限价格管理。区分存量气和增量气，增量气按“两广试点方案”一步调整到位，存量气逐步调整，争取在“十二五”末调整到位

思考：

1．目前我国天然气的价格制定是否合理？

2．管道运输应如何降低成本？

【训练方法】

1．学生分组讨论分析案例；每组派代表阐述本组意见；教师进行点评总结。

2．时间：30分钟。

3．地点：教室。

职场情境

刘姐上午出去办事。这时，小明接到一个客户的电话：有 45 吨的铁矿石要通过铁路运走，让他报个价。小明抬头一看，周围的同事都很忙碌，电话一个接一个，来去匆匆。他想：我已经工作 4 周了，公路运单什么的都会了，铁路也不在话下，别打扰其他同事了，还是自己算吧。

但在真正动手算的时候，小明却有点“蒙”：铁路运输和公路运输还是有很大不同的，同铁路部门打交道时应该注意什么？除了运费，还有哪些杂费？哎呀，如果这些事不先考虑清楚，导致报价低了，那么公司接这单货赔了怎么办？产生运输纠纷怎么办？

正在这时，刘姐回来了，小明顿时找到了“主心骨”。

Mission 任务四 铁路运输实务

学习目标

知识目标	能力目标	重点难点
1. 掌握铁路货物运输的概念和类型 2. 了解铁路货物运输的技术装备与设施 3. 掌握铁路货物运输业务流程 4. 掌握铁路货物运输费用的计算方法	1. 能操作铁路货物运输 2. 具有铁路运输业务管理的能力 3. 具有填写铁路货物运输单据的能力 4. 会计算铁路货物的运输费用	1. 铁路整车运输、零担运输应符合的条件 2. 铁路运费的计算 3. 铁路运输单证的填写

引入案例

跨渤海高铁将开工，长三角渤海湾贯通东线丝绸之路

从大连到烟台的跨海高铁已有眉目。2014 年 8 月 19 日公布的《国务院关于近期支持东北振兴若干重大政策举措的意见》(以下称“意见”)称，下一步要加快推进渤海跨海通道工程的前期工作。这份“意见”还在着眼于更大程度的物流线路布局。

多位交通领域的专家告诉《21 世纪经济报道》，根据上述“意见”，将同时开展中俄抚远、黑河等跨境铁路项目的前期研究工作，积极推进中蒙铁路通道建设。贯通东北东部铁路，研究建设黑龙江省沿边铁路，实施滨洲铁路、哈牡铁路等的电化扩能提速改造等工程。这与黑龙江此前提出的“东部陆海丝绸之路经济带”建设相吻合。

此前，2011 年国务院曾批复《山东半岛蓝色经济区发展规划》，提出“开展渤海海峡跨海通道研究工作”。一些行业内人士认为，上述项目在“十三五”开工已经不会有多大问题，“以后 40 分钟左右就可以从大连到达烟台。”中国工程院院士、隧道专家王梦恕说。

他告诉《21 世纪经济报道》记者，渤海跨海项目总投资可能要 2 000 亿元，计划在 10 年内建成。预计将是全隧道建设，中间预留 1～2 个通风口。渤海跨海通道项目图如图 4.1 所示。

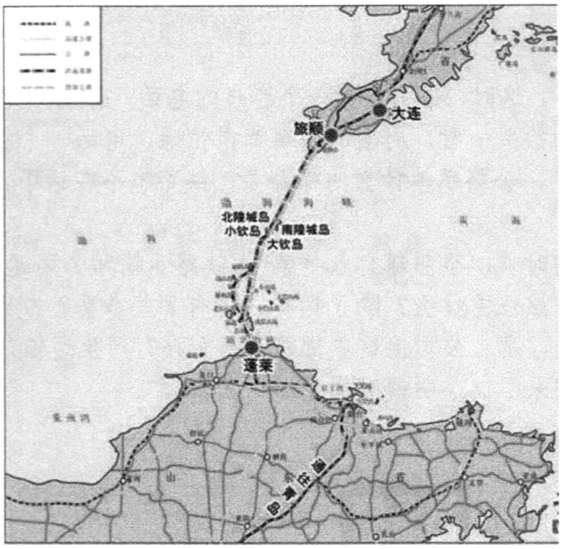

图 4.1　渤海跨海通道项目图

如果上述通道建设顺利，有望与目前西北部丝绸之路和海上丝绸之路比肩。中国区域经济学会秘书长陈耀指出，将东北经过满洲里去往俄罗斯、欧洲的线路作为丝绸之路的说法在多年以前就被提出来了，以后华北、东北的产品出口欧洲可以走这条线路，长三角产品出口到俄罗斯的也可以走这条线路。

一、跨海通道能否盘活东北

渤海跨海通道工程前期工作“加快推进”意味着什么？多名行业人士分析，这意味着在“十三五”期间，上述项目动工没有问题。

渤海跨海通道工程全长 100 多千米，从大连旅顺口到山东蓬莱，目前已经有轮渡实现了铁路运输，不过由于火车走轮渡，速度仍太慢。在 2006 年最初尝试时，花了 6 个小时，未来开通高铁后，只需要半小时左右。预计将实现客货混运。

上述线路总投资预计需要 2 000 亿元，需要 10 年建成。该线路建成后，预计从东北的哈尔滨一直到海南的三亚，都可以有铁路直达（琼州海峡以后也可能建设海底铁路）。这条线路对于东北经济发展的意义非常重大。

此前，渤海跨海通道工程已经经过了 20 多年的论证，从国家发展改革委到国务院相关部门均有参与。建设上述项目，对于东北经济有独特的作用。据渤海海峡跨海通道研究课题组此前预测，到 2020 年，海峡间潜在的客流量将达到 3 亿人次左右，即使按照跨海通道承担 60%～80%的比例，客流量也将达到 1.8 亿～2.4 亿人次。

“意见”也提出，要推动东北地区与环渤海、京津冀地区统筹规划，融合发展。

据《21 世纪经济报道》获悉，如果大连到烟台的海底高铁实现通车，那么意味着两地只有 100 多千米的距离，这比起绕行环渤海的 1 000 多千米几乎减少了 90%的距离。从时间上则减少了 3～6 小时。

国家发展改革委综合运输研究所专家张江宇指出，大连到烟台的高铁通车后，其最主要的意义还在于中国东部的沿海铁路将建成。

目前，从青岛一直到上海的高铁在分段开始施工，最晚 2015 年也会全面动工，预计 3 年左右会建成。考虑到上海到深圳的高铁已经通车，以后渤海跨海高铁建成后，从哈尔滨到上海、深圳，都有沿江高铁直达。

“环渤海铁路也将建设，但是这个还是绕行太远，大连到烟台实现直达的话，时间还是节约了不少。”他说。

黑龙江当代中俄区域经济研究院院长宋魁指出，渤海海峡跨海通道建成后，东北与山东的距离近了。随着铁路的建设，特别是快速通道的建设，原来需要7～8个小时的路程，只需要2～3个小时就能到了。

华北和长三角地区的货物也可以通过这些线路向西运输。“这样等于拉近了东北地区重要经济城市之间的距离，有利于提高区域经济效能，对经济发展、经济外向化都具有重要意义。”他说。

二、如何贯通“东线丝绸之路”

以绥芬河—满洲里—俄罗斯—欧洲铁路和绥芬河—俄远东港口陆海联运为战略通道，积极谋划，加快打造连接亚欧的东部陆海丝绸之路经济带。未来的丝绸之路不会是目前的一个欧亚大陆桥。

通过华北到包头，到哈密，再到新疆，进而到中亚、欧洲，也是一个新的线路。东北经过哈尔滨、满洲里，以及长春到阿尔山，进而出国的线路也可以是东北的丝绸之路。

这条线路的意义在于，不只是东北的产品可以走向欧洲，韩国、日本的产品，以及长三角地区出口到俄罗斯的产品，都可以走这条线路。

根据“意见”，下一步要贯通东北东部铁路，研究建设黑龙江省沿边铁路；实施滨洲铁路、哈牡铁路等电化扩能提速改造工作。

加大国际运输通道建设力度，打通经俄罗斯的中欧铁路大通道，重点推进中俄同江铁路大桥等，开展中俄抚远、黑河等跨境铁路项目的前期研究，积极推进中蒙铁路通道建设。

铁路专家张江宇认为，目前东北东部的铁路，只在修建丹东到大连段，至于丹东到牡丹江并无铁路。以后这一段铁路修好后，再对黑龙江靠近俄罗斯的延边地区修建铁路，这样黑龙江就将有新的出境地区。

同时，中俄抚远、黑河等跨境铁路，可能分别是从哈尔滨到黑河，进而出境的铁路，中蒙铁路可能是从长春到白城，进而到阿尔山，再到蒙古国的铁路。

而实施滨洲铁路、哈牡铁路等电化扩能提速改造工程，可能使得货运速度从原来的每小时约60千米提高到每小时100千米以上。“但这个是货运线，与牡丹江经过哈尔滨到齐齐哈尔建设的客运高铁，还不是一条线。”铁路专家张江宇说。

一些专家认为，东北丝绸之路的通道，细分起来其实有多条。

一是经绥满铁路的通道，大致呈东西走向，东起俄罗斯远东港口，途经绥芬河、哈尔滨、满洲里，从满洲里出境至俄罗斯，与横跨欧亚的西伯利亚大铁路相连，向西抵达鹿特丹港。

二是经大连港的通道，途经哈大铁路至哈尔滨，与绥满铁路交会后，再经哈佳铁路至同江，从同江铁路大桥出境至比罗比詹，与俄罗斯横跨欧亚的西伯利亚大铁路相连，向西抵达鹿特丹港。

还有一条通道是经东北东部的大连到丹东，到绥芬河、同江、抚远、黑河、漠河等边境口岸的黑龙江省沿边铁路，并可分别从上述口岸出境，与俄罗斯横跨欧亚的西伯利亚大铁路相连，向西抵达鹿特丹港。

至于通过图们到长春、白城、阿尔山，到蒙古国，再到俄罗斯，进而出境，也是一条线路。

思考：

1. 铁路适合什么类型的货物运输？有哪些优势？
2. 我国和哪些国家可以开展国际铁路联运，都有哪些主要的线路？

子任务一 铁路运输概述

铁路运输是指利用机车、车辆等技术设备沿铺设轨道运行的运输方式。

4.1.1 铁路运输发展趋势

1825年，英国的斯托克顿至达灵顿修建了世界上第一条铁路并投入公共运输，标志着铁路时代的开始。由于铁路能快速、大批量地运输货物，因而极大地改变了陆地货物运输的面貌，为货运业提供了新的强有力的运输方式。

从发展趋势看，铁路运输的建设和发展正朝着服务功能多样化、服务质量优质化、组织管理现代化、货物运输重载化、列车运行高速化、路网结构合理化、货运集散协调化、投资主体多元化的方向发展。

知识链接

铁路货运改革新成效

2014年8月7日，东北首趟“便民货运快车”和“鲜活货运快车”正式上线运行。这两辆列车由沈阳铁路局负责开行，单程运行里程953千米，纵贯辽宁、吉林、黑龙江3省。

随着铁路制度的不断改革，最近“沈铁”又有新的货运列车投入运营，此列车与以往的货运列车相比大有不同，不仅速度得到了提高，货品不再受限制，车厢也多样化，货站不再受限于大中城市，服务对象的范围更大。

改革第1点：速度大大提升。随着京哈线沈阳和哈尔滨间铁路的快速发展，沈阳到哈尔滨的速度大大提升，哈尔滨高铁站已投入使用，实现客货列车的大提速。货运列车由大连始发，途经20个装卸站，到终点香坊站，历时17小时50分。

改革第2点：货品多样化，服务更广泛。由于列车途经的货站不仅限于大中城市，还包括城乡，因此使得货物多样化，打破了大宗货物的界限；对小件散货、行李包裹等的收集更是大大放宽了政策。

改革第3点：车厢的编排。为更好地服务货主，解决隔日往返的货物保鲜问题，货运列车中特意编入了保温车体，车体中含一辆冻结式保温车、两辆保鲜式保温车，以及两辆冷藏式保温车，采取发电车供电的机械式制冷，适合运输各种对储藏条件有要求的鲜活产品。此次车厢的编排让货主更加满意，更加放心。

4.1.2 铁路运输的特点

铁路货物运输是指使用铁路列车运送货物的一种方式，主要承担长距离、大批量的货运任务，在干线运输中起主力运输的作用。

1. 铁路运输的优、缺点

（1）铁路货物运输的优点。铁路货物运输很少受天气影响，安全、运量大，中长距离运输费用低廉，能够进行高速运输，节能。

（2）铁路货物运输的缺点。铁路货物运输资本密集，固定投资大，营运弹性小，短距离运费高，车站固定，途中作业需要一定时间，不能实现“从门到门”的运输，不适宜进行紧急运输。

2. 铁路运输的技术经济特性

铁路运输的上述特点是由它的技术经济特性所决定的，铁路运输具有以下技术经济特性。

（1）运行速度。运行速度高，货运一般可达 100 千米/小时，高速铁路可达 200 千米/小时以上。

（2）运输能力。运输能力大，一列火车可装 2 000～3 500 吨货物，重载列车装货量超过 20 000 吨。

（3）运输经常性强。由于铁路受自然条件影响很小，因此，铁路运输的经常性在所有运输方式中最强。

（4）货物送达速度。列车技术速度是指不计入中间站停留时间的列车在区间内的平均运行速度，而在铁路货物运送途中，需要进行列车会让、越行及解编等作业，因而货物送达速度低于技术速度。

（5）能源消耗。铁路运输可以采用电力牵引，在节约能源方面占有优势。

（6）运输成本比较低。根据测算，铁路运输成本是汽车运输成本的 1/17～1/10，是民航运输成本的 1/267～1/97。

（7）环境污染小。铁路运输排放废气对环境的污染是汽车运输的 1/30。

（8）运距长。铁路运输运距比汽车运输运距高 10 倍左右，但低于水运和民航运距。

（9）劳动生产率较高。除水路运输外，铁路运输的劳动生产率是最高的。

（10）投资成本高。由于其技术设备（线路、机车车辆、车站等）需要投入大量人力、物力，因此投资额大，工期长。

4.1.3 铁路运输的作用

铁路是一种适宜担负远距离、大宗货物运输的重要运输方式。我国幅员辽阔、人口众多、资源丰富，铁路运输在目前，甚至在未来都是交通运输网络中的骨干和中坚力量。

1. 铁路运输是符合中国国情，连接各产业、各地区经济活动的大动脉

铁路运输是我国主要的运输方式，我国疆域广阔，资源分布不均，经济往来频繁，十分适合进行铁路运输。截至 2013 年年底，全国铁路营业里程达 10.3 万千米，其中高铁运营里程 1.1 万千米，居世界第 1 位。复线和电气化里程分别达到 4.6 万千米和 5.4 万千米；西部铁路由昔日的不足 1 000 千米跃升至 3.8 万千米。

知识链接

复线铁路

复线铁路，就是有两条铁轨并行的铁路。复线铁路有严格规定，就是一条铁路只能走一个方向的列车，所以不会有“迎面相撞”的事故，而且也提高了列车的速度。复线铁路规定列车靠左侧铁路行驶，正好与公路靠右侧行驶的规定相反。所以在复线铁路上，把单数车次行驶方向的一条线叫做下行线，把偶数车次行驶方向的一条线叫做上行线。

2. 从国民经济可持续发展的角度看，铁路运输占有明显优势

从能源消耗、占用土地、污染环境和安全运输的角度出发，结合铁路的技术经济特性，可以看出，铁路运输是比较理想的一种运输方式。

3. 铁路是带动和促进其他运输方式乃至整个交通运输网的关键

铁路平均每年向公路运输提供的货物集散运输量占铁路总运量的50%左右，主要是沿海港口和内河港口的物资集散，也有一半以上依靠铁路。在全国运输网中，铁路是骨干和主体，是促进其他运输方式得以继续发展的关键。

4.1.4 铁路运输的分类

1. 整车运输、零担运输和集装箱运输

铁路货物运输按照一批货物的重量、体积、性质或形状等因素，可以分为整车运输、零担运输和集装箱运输3种。

知识链接

一批货物

“一批”是铁路运输货物的计数单位，铁路承运货物和计算运输费用等均以“批”为单位。按一批托运的货物，其托运人、收货人、发站、到站和装卸地点必须相同。

（1）整车运输。一批货物的重量、体积、性质或形状需要一辆或一辆以上铁路货车装运（用集装箱装运除外）的，即为整车运输。整车运输应符合以下条件。

① 货物的重量或体积。我国现有的货车以棚车、敞车、平车和罐车为主，标记载重量（简称“标重”）大多为50吨、60吨及以上，棚车的容积在100立方米以上。达到这个重量或容积条件的货物，应按整车运输。有一些为运输某种货物的专用货车，如散装水泥车、散装粮食车、长大货物车、家畜车等，按专用货车的“标重”、容积确定是否需要一辆货车装载货物。

② 货物的性质或形状。有些货物，虽然重量、体积不够一车，但按其性质、形状需要单独使用一辆（宽大货物至少需要一辆）货车时，也应按整车进行运输。下列货物除按集装箱运输外，应按整车运输办理（不得按零担运输的货物办理）：

a．需要冷藏、保温或加温运输的货物；

b．根据规定应按整车运输的危险货物；

c．易于污染其他货物的污秽品；

d．蜜蜂；

e．不易计算件数的货物；

f．未装容器的活动物；

g．单件重量超过 2 吨、体积超过 3 立方米或长度超过 9 米的货物（经发站确认不影响中转站和到站装卸作业的除外）。

（2）零担运输。一批货物的重量、体积、性质或形状不需要一辆铁路货车装运（用集装箱装运除外），即属于零担运输，简称“零担”。

① 零担运输的条件。为了便于装卸、交接和保管，有利于提高作业效率和货物安全，除应按整车办理的货物外，一件货物的体积最小不得小于 0.02 立方米（一件重量在 10 千克以上的货物除外），每批件数不超过 300 件的货物，均可按零担运输办理。

② 零担货物的分类。根据零担货物的性质和作业特点，可将其分为：

a．普通零担货物，简称“普零货物”或“普零”，即按零担办理的普通货物；

b．危险零担货物，简称“危零货物”或“危零”，即按零担办理的危险货物；

c．笨重零担货物，简称“笨零货物”或“笨零”，是指一件重量在 1 吨以上、体积在 2 立方米以上或长度在 5 米以上，需要敞车装运的货物，以及货物的性质适宜进行敞车装运和吊装吊卸的货物；

d．零担易腐货物，简称“鲜零货物”或“鲜零”，即按零担办理的鲜活易腐货物。

③ 整零车种类。装运零担货物的车辆称为零担货物车，简称“零担车”。零担车的到站必须是两个（普零）或 3 个（危零或笨零）以内的零担车，称为整装零担车（简称“整零车”）。整零车按车内所装货物是否需要中转分为直达整零车和中转整零车两种；按其到站个数分为 1 站整零车、2 站整零车和 3 站整零车 3 种。由上述两种方法的组合，则有 1 站、2 站、3 站直达整零车和 1 站、2 站、3 站中转整零车 6 种。

危零货物只能直接运至到站，不得经中转站中转。

④ 整零车组织条件。

a．1 站整零车。车内所装货物不得少于货车标重的 50%或容积的 90%。

b．2 站整零车。第 1 到货站的货物不得少于货车标重的 20%或容积的 30%，第 2 到货站的货物不得少于货车标重的 40%或容积的 60%。两个到货站必须在同一路径上且距离不得超过 250 千米，但符合下列条件之一的可以不受距离限制：第 2 到货站的货物重量达到货车标重的 50%或容积的 70%；两个到货站为相邻中转站，第 1 到货站为中转站，装至第 2 到货站的货物符合第 1 到货站的中转范围。

c．3 站整零车。危零、笨零货物不够条件组织 1 站或 2 站整零车时，可以组织同一路径上 3 个到货站的整零车，但第 1 到货站与第 3 到货站的距离不得超过 500 千米。

（3）集装箱运输。使用集装箱装运货物或运输空集装箱，称为集装箱运输（简称“集装箱”）。集装箱适用于运输精密、贵重、易损的货物，凡适合集装箱运输的货物，都应按集装箱运输，其要求如下：

① 应在铁路集装箱办理站办理运输业务；

② 货物必须适合集装箱装载运输；

③ 必须符合一批办理的条件；

④ 由发货人、收货人负责装、拆箱；

⑤ 必须由收货人确定重量。

铁路运输按照管理规范化、运行客车化、服务承诺化、价格公开化的原则，迎合市场需求推出新产品——“五定班列”。“五定班列”办理整车、集装箱和零担（仅限一站直达）货物，但不办理水陆联运、先运后付、超限、限速运行货物和运输途中需要加水或装运途中需要加冰、加油的冷藏车的货物。班列在运行上实行“五优先、五不准”：优先配车、优先装车、优先挂运、优先放行、优先卸车，除特殊情况报铁路总局批准外，不准停、限装，不准分界口拒接，不准保留，不准途中解体，不准变更到站。

其具体的内容如下。

① 定点：装车站和卸车站固定。

② 定线：运输线固定。

③ 定车次：班列车次固定。

④ 定时间：货物发到时间固定。

⑤ 定运价：全程运输价格固定。

与整车、集装箱和零担货物运输相比，“五定班列”有下述特点。

① 运行快速：日行双线800千米（单线600千米）。

② 手续简便：可在一个窗口一次办理承运手续。

③ 一次收费：明码标价，价格合理。

④ 安全优质：保证运到时间，安全系数高。

2. 普通货物、特殊货物

铁路运送的货物种类繁多，范围广泛，具体可分为普通货物和按特殊条件运送的货物两类。

（1）普通货物是指在铁路运送过程中，按一般条件办理的货物，如煤、粮食、木材、钢材、矿建材料。

（2）按特殊条件运送的货物是指由于货物的性质、体积、状态等，需要在运输过程中使用特别的车辆装运或需要采取特殊运输条件和措施，才能保证货物完整和行车安全的货物，如超长、集重、超限、危险和鲜活易腐的货物。具体分为以下3类。

① 超长、集重和超限的货物。超长货物是指长度超过用以装运的平车的长度，需要使用游车或跨装而又不超限的货物；集重货物是指一件货物装车后，其重量不是均匀地分布在车辆的底板上，而是集中在底板的一小部分上的货物；超限货物是指一件货物装车后，车辆在平直的线路上停留时货物的高度和宽度有任何部分超过机车车辆限界的，或者当货车行经半径为300米的铁路线路曲线时，货物的内侧或外侧的计算宽度超过机车车辆限界的，以及超过特定区段的装载限界的货物。

② 危险货物。凡具有爆炸、易燃、毒害、腐蚀、放射等特性，在运输、装卸、储存和保管过程中，容易造成人身伤亡和财产毁损而需要采取制冷、加温、保温、通风、上水等特殊措施，以防止腐烂变质或病残死亡的货物。

③ 鲜活易腐货物。鲜活易腐货物分为易腐货物和活动物两大类，托运人托运的鲜活易腐货物必须品质新鲜、无疾病、无残缺。鲜活易腐货物的运输包装必须能保证货物运输的安全，使用的车辆和装载方法要适应货物性质，并根据需要采取预冷、加冰、上水、押运等措施，以保证货物的质量状态良好。

子任务二

铁路运输设备设施

铁路运输设施主要由铁路线路、机车车辆、信号设备和车站 4 部分组成。

4.2.1 铁路线路

铁路线路是列车运行的基础，承受列车重量，并且引导列车的行走方向。

1. 铁路线路的等级

铁路线路的等级是铁路的基本标准，铁路线路设计时分为远、近两期，远期为交付营运后第 10 年，近期为交付营运后第 5 年。依据铁路在路网中的作用和性质及其所承担的远期年客、货运量的大小，将普通铁路划分为Ⅰ、Ⅱ、Ⅲ 3 个等级，如表 4.1 所示。

表 4.1 铁路线路等级和主要技术参数

等级	远期年客货运量（GN）	最高运行速度（千米/小时）	限制坡度（‰）			最小曲线半径（米）	
			平原	丘陵	山区	一般地区	困难地区
Ⅰ	≥150	80～140	4～6	9～12	12～15	500～1 600	450～1 200
Ⅱ	<150 ≥75	80～120	6	12～15	15～25	450～1 000	450～800
Ⅲ	<75	80～100	6	12～18	18～25	400～600	350～500

通常一条铁路线路应选定一个统一的等级，但对于长距离的铁路线路来说，当有些区段的货运量或工程难易程度有较大差别时，可以对这些区段选用不同的等级。目前，我国骨干铁路旅客列车运行时速达到了 250 千米/小时。

2. 铁路线路的构成

铁路线路通常由路基、桥梁、涵洞、隧道等构造物构成。

（1）路基。路基是铁路线路承受轨道和列车载荷的基础结构，按地形条件、线路平面和纵断面设计的要求，路基横断面可以修成路堤、路堑和半路堑 3 种基本形式。

（2）桥梁。铁路通过江河、溪沟、谷地时需要修筑桥梁，桥梁主要由桥面、桥跨结构和墩台组成。铁路桥梁按照桥跨所用的材料，可以分为钢桥、钢筋混凝土桥等；按照桥梁的长度（L），可以分为小桥（L<20 米）、中桥（20 米≤L<100 米）、大桥（100 米≤L<500 米）和特大桥（L≥500 米）；根据用途又可分为铁路专用桥和铁路、公路两用桥。

（3）涵洞。涵洞是设置在路堤下部的填土中，用以通过少量水流的一种构造物。

（4）隧道。铁路隧道是线路穿山越岭的主要方式之一，还有穿越江河湖海与地面障碍的功能，如越江隧道、地铁隧道等。

3. 轨道

轨道起着引导车辆行驶方向，承受由车轮传下来的压力，并把它们扩散到路基的作用。轨道由钢轨、轨枕、连接零件、防爬设备、道床和道岔等部分组成。

（1）钢轨。采用稳定性良好的“工”形断面宽底式钢轨，它必须具有足够的刚度、韧性和硬度。

我国生产的标准钢轨有大于等于75千克/米、60千克/米、50千克/米、43千克/米等数种；标准长度有25米和12.5米两种；两条钢轨间的标准轨距为1 435毫米，曲线轨距应按规定加宽，线路轨距的容许误差增宽不得大于6毫米，减宽不得超过2毫米，即直线部分轨距允许最大值为1 441（1 435+6）毫米，最小轨距为1 433（1 435−2）毫米。

由于轨距不同，列车在不同轨距交接的地方必须换装或换轮对。欧、亚大陆铁路轨距按其大小不同，可分为宽轨、标准轨和窄轨3种，标准轨的轨距为1 435毫米；大于标准轨的为宽轨，其轨距大多为1 524毫米和1 520毫米；小于标准轨的为窄轨，其轨距多为762毫米和1 000毫米。我国铁路基本上采用标准轨距（我国海南和台湾地区的铁路轨距为1 067毫米）。

（2）轨枕。轨枕位于钢轨和道床之间，是钢轨的支座，承受由钢轨传来的压力并将其扩散给道床，同时还起着保持钢轨位置和轨距的作用。轨枕的长度一般为2.5米，每千米铺设的数量随运量的增大而增多，一般为1 520～1 840根/千米。

（3）连接零件。连接零件有接头连接零件和中间连接零件两种。接头连接零件用以连接钢轨，由鱼尾板（夹板）、螺柱、螺帽和弹性垫圈等组成；中间连接零件用以连接钢轨和轨枕，分为钢筋混凝土用和木枕用两种。

（4）防爬设备。列车在运行时会产生作用于钢轨上的纵向水平力，造成钢轨沿着轨枕甚至带动轨枕做纵向移动，出现使轨道爬行的现象。为防爬，除了加强中间扣件的扣压力和接头夹板的夹紧力外，还设置了防爬器和防爬撑。

（5）道床。道床是铺设在路基顶面上的道砟层，其作用是把由轨枕传来的车辆载荷均匀地传递到路基上，防止轨道在列车作用下产生位移，缓和列车运行时的冲击作用，同时还便于排水以保持路基面和轨枕的干燥。道床一般采用碎石道砟，有坚硬、稳定性好和不易风化的优点。

（6）道岔。道岔是铁路线路和线路间连接与交叉设备的总称，其作用为使列车由一条线路转向另一条线路。道岔可分为普通单开道岔，还有双开、三开、交分道岔等。

4.2.2 机车车辆

机车车辆包括机车和车辆。

1. 机车

机车是铁路运输的动力源，牵引列车运行。机车的种类有蒸汽机车、内燃机车和电力机车3种。

蒸汽机车是以蒸汽驱动的机车，其机构简单，制造成本低，驾驶与维修简单，但热效率低，功率与速度都受到限制，正逐步被淘汰。

内燃机车以内燃机为原动力，其热效率比蒸汽机高 20%～30%，加足燃料后可长时间运行，但内燃机车构造复杂，制造与维修困难，运营费用高。

电力机车是从铁路沿线的接触网上获取电能产生牵引力的机车，热效率最高，其功率大、运输能力大、启动快、速度高、爬坡能力好、污染小、噪声小，是最有发展前途的一种机车，但其供电系统的投资较大。

目前，我国铁路运输以电力机车为主。

2. 车辆

车辆主要用于承载货物和旅客，无动力，需要由机车牵引。货运车的种类主要有棚车、敞车等；客车的种类主要有座车、卧车、餐车、行李车和邮政车等。如表 4.2 所示是我国部分货车的种类及其基本型号。

表 4.2 我国部分货车的种类及其基本型号

顺序	车种	基本型号
1	棚车	P
2	敞车	C
3	平车	N
4	矿砂车	A
5	煤车	M
6	矿石车	K
7	保温车	B
8	集装箱专用车	X
9	家畜车	J
10	罐车	G
11	水泥车	U
12	长大货物车	D

4.2.3 信号设备

信号设备的作用是保证列车运行与调车安全，以及提高铁路的通过能力，它包括铁路信号、连锁设备和闭塞设备。

1. 铁路信号

铁路信号是对列车运行、停止和调车工作的命令，是保证列车行车安全和作业效率的重要手段。铁路信号按接收形式可分为视觉信号和听觉信号；按设备形式可分为固定信号、移动信号和手信号。

知识链接

铁路信号

我国规定铁路信号以红色、黄色、绿色、蓝色和白色作为信号的基本颜色，红色表示停车，黄色表示注意或减速慢行，绿色表示按规定的速度运行，蓝色表示准许越过该信号机调车，白色表示不准许越过该信号机调车。

2. 连锁设备

车站道岔区上道岔的不同开通方向构成多条作业进路。为了保证车站内行车和调车作业安全，必须实现进路、道岔及信号机 3 者间的联系和制约，称为连锁。连锁设备的主要作用是保证站内列车运行和调车作业的安全，以及提高车站的通过能力。

随着计算机技术的高度应用和发展，铁路车站的电气集中连锁设备正在逐步向微型计算机连锁方向发展。

3. 闭塞设备

闭塞设备是用来保证列车在区间内运行安全的区间信号设备。它能控制列车运行，保证在一个区间内同时只有一个列车占用。

4.2.4 车站

车站是铁路运输的基本生产单位，包括各种铁路车站和作业场。车站有多种分类，按运输对象可分为客运站、货运站和客货运站；按运量和技术作业量及其工作复杂性分为特等站、一等站、二等站、三等站、四等站及五等站；按技术作业性质可分为中间站、区间站和编组站。

1. 中间站

一条铁路通常分为若干区段，在区段间的分界点上设置的车站称为中间站。设置中间站的目的是为了提高铁路区段的通行能力。中间站的主要作业有以下几个方面：

（1）列车的接发、通过、会让和越行；

（2）旅客的乘降，行李、包裹的收发与保管；

（3）货物的承运、交付、装卸和保管；

（4）本站作业车的摘挂作业和向货场甩挂车辆的调车作业；

（5）客运量较大的中间站，还有始发和终到的客货列车的作业。

2. 区间站

区间站一般都靠近中等规模以上的城市，设置在铁路网机车牵引区段的分界点处。

区间站的布置形式可以分为横列式、纵列式和客货纵列式 3 种。区间站的主要任务是办理通过列车的技术作业（机车的更换、整备和修理等）、编组区段列车和摘挂列车等。区间站的主要作业有以下几个方面。

（1）旅客运转业务。旅客运转业务包括旅客的乘降和行李、包裹、邮件的收发与保管等，乘客数量较多的区间站还办理旅客列车的始发和终到作业。

（2）货运运转业务。货运运转业务包括货物列车的接发，整车和零担货物的承运、交付、装卸和保管，区段和零摘列车的编组作业，货场及专用线取送作业等。

（3）机车业务。机车业务包括更换客货列车的机车和乘务组，机车的整备、检查和修理等。

（4）车辆业务。车辆业务包括更换客货车辆，车辆的检查和修理等。

3. 编组站

编组站是铁路网上办理大量货物列车的解体、编组作业的专业技术站，一般不办理客货运业务。编组站的主要任务是解体和编组各类货物列车；组织和取送本地区车流；供应列车动力，整备检修机车；货车的日常技术保养。

4. 客运站和货运站

客运站根据客流量的大小、性质，铁路枢纽总布置、地形条件、城市规模和车站附近的布局等，可以布置为尽头式、通过式和混合式 3 种。货运站是专门办理货物装卸和货物联运或换装作业的站场，大多设在大城市或工业区。它主要办理货物的接收、交付、装卸、保管、换装和联运等作业。

子任务三 铁路运输流程

本任务主要介绍国内铁路货物运输流程。

4.3.1 货运合同的签订

托运人以铁路运输货物，应与承运人签订货物运输合同。零担货物和以零担形式运输的集装箱货物使用货物运单作为运输合同；整车货物和以整车形式运输的集装箱货物的货运合同包括经审定的订单和货物运单。铁路货物运输订单分为铁路货物运输服务订单和铁路货运延伸服务订单。

1. 铁路货物运输服务订单

铁路货物运输服务订单在铁路运输企业办理货物运输和运输服务时使用，是铁路货物运输合同的组成部分，分为整车货物运输和零担、集装箱、班列运输。

（1）铁路整车货物运输服务订单是托运人和承运人关于铁路货物运输的要约和承诺。它主要包括货物运输的期限、发站、到站、托运人、收货人、品名、车种、车数、吨数以及相关的服务内容。订单取代了传统的要车计划，使承、托运人双方的权利、义务和责任更加明确，使用更加方便。铁路货物运输服务订单（整车）一式两份，如表 4.3 所示。由托运人正确填写，内容完整，字迹清楚，不得涂改。铁路货运计划人员对整车货物订单进行受理，并经审定合格后加盖人名章，返还托运人 1 份，留存 1 份。与铁路联网的托运人，可通过网络直接向铁路提报订单。

表 4.3 铁路货物运输服务订单（整车）

经营单位： 编号：

<table>
<tr><td colspan="6">托送人：
地　址：
电　话：　　　　　　邮　编：</td><td colspan="6">收货人：
地　址：
电　话：　　　　　　邮　编：</td></tr>
<tr><td colspan="3">发站</td><td colspan="3">到站（局）</td><td colspan="3">车种/车数</td><td colspan="3">箱型/箱数</td></tr>
<tr><td colspan="6">装货地点</td><td colspan="6">卸货地点</td></tr>
<tr><td colspan="2">货物品名</td><td colspan="2">品名代码</td><td colspan="2">货物价值</td><td colspan="2">件数</td><td colspan="2">货物重量</td><td colspan="2">件积</td></tr>
<tr><td colspan="2"></td><td colspan="2"></td><td colspan="2"></td><td colspan="2"></td><td colspan="2"></td><td colspan="2"></td></tr>
<tr><td colspan="9">要求发站装车期限　月　日前或班列车次　日期：　月　日</td><td colspan="3">付款方式</td></tr>
<tr><td colspan="12">供用户自愿选择的服务项目（由用户填写，需要的项目打√）
□1．发送综合服务　　□5．清运、消纳垃圾
□2．到达综合服务　　□6．代购、代加工装载加固材料
□3．仓储保管　　□7．代对货物进行包装
□4．篷布服务　　□8．代办一关三检手续</td></tr>
<tr><td colspan="12">说明或其他要求事项</td></tr>
<tr><td colspan="12">承运人报价（包括运费、杂费、服务费）　　元　具体项目、金额列后：</td></tr>
<tr><td>序号</td><td>项目名称</td><td>单位</td><td>数量</td><td>收费标准</td><td>金额/元</td><td>序号</td><td>项目名称</td><td>单位</td><td>数量</td><td>收费标准</td><td>金额/元</td></tr>
<tr><td></td><td></td><td></td><td></td><td></td><td></td><td></td><td></td><td></td><td></td><td></td><td></td></tr>
<tr><td></td><td></td><td></td><td></td><td></td><td></td><td></td><td></td><td></td><td></td><td></td><td></td></tr>
<tr><td></td><td></td><td></td><td></td><td></td><td></td><td></td><td></td><td></td><td></td><td></td><td></td></tr>
<tr><td></td><td></td><td></td><td></td><td></td><td></td><td></td><td></td><td></td><td></td><td></td><td></td></tr>
<tr><td></td><td></td><td></td><td></td><td></td><td></td><td></td><td></td><td></td><td></td><td></td><td></td></tr>
<tr><td colspan="4">申请人签章
年　月　日</td><td colspan="4">承运人签章
年　月　日</td><td colspan="4">车站指定装车日期及货位</td></tr>
</table>

说明：

1．涉及承运人与托运人、收货人的责任和权利，按《铁路货物运输规程》办理。

2．实施货物运输，托运人还应递交货物运单，承送人应按报价核收费用，对装卸等需要发生后确定的费用，应先列出费目，金额按实际发生核收。

3．用户发现超出国家计委、铁道部、省级物价部门公告的铁路货运价格、收费项目及收费标准的行为和强制服务、强行收费的行为，有权举报。

举报电话：物价部门××××　　铁路部门××××

托运人可随时向装车站提报订单，铁路部门随时受理，随时审定。对于大宗稳定、能够提前确定运输的物资，托运人可以在每月的 19 日前将订单提报车站，铁路部门将其纳入次月计划，进行集中审定，以便统一安排，重点保证。对抢险救灾和紧急运输物资的订单，则随时受理，立即审定，在运输上优先保证。

（2）托运人在办理零担、集装箱、班列货物运输时，将填写好的铁路货物运输服务订单（零担、集装箱、班列）一式两份，提报车站，车站随时受理，并根据货场能力、运力，安排班列开行日期，并在订单上加盖车站日期戳，交予托运人 1 份，留存 1 份。铁路部门据此安排运输，并通知托运人将货物搬入仓库或集装箱内，铁路货物运输服务订单（零担、集装箱、班列）如表 4.4 所示。

表 4.4　铁路货物运输服务订单（零担、集装箱、班列）

<table>
<tr><td colspan="3">托送人：
地　址：
电　话：　　　　　　　　邮　编：</td><td colspan="4">收货人：
地　址：
电　话：　　　　　　　　邮　编：</td></tr>
<tr><td>发站</td><td colspan="2">到站（局）</td><td colspan="2">车种</td><td colspan="2">车数</td></tr>
<tr><td colspan="3">装货地点</td><td colspan="2">箱型</td><td colspan="2">箱数</td></tr>
<tr><td>货物品名</td><td colspan="2">品名代码</td><td>件数</td><td colspan="2">单件尺寸</td><td>货物重量</td></tr>
<tr><td></td><td colspan="2"></td><td></td><td colspan="2"></td><td></td></tr>
<tr><td colspan="3">要求班列车次</td><td colspan="4">付款方式</td></tr>
<tr><td colspan="7">要求服务项目
□1. 发送综合服务　　□5. 海关监管货物服务
□2. 到达综合服务　　□6. 速递到货通知上门
□3. 货物仓储保管　　□7. 货物包装、集装
□4. 篷布服务　　　　□8. 接取送达、从门到门运输</td></tr>
<tr><td colspan="7">其他要求事项</td></tr>
<tr><td colspan="2" rowspan="2">申请人盖章或签字
年　月　日</td><td colspan="2">违约金额</td><td colspan="3" rowspan="2">铁路签章
年　月　日</td></tr>
<tr><td colspan="2">车站指定装车日期</td></tr>
</table>

说明：

1. 涉及承运人与托运人、收货人的责任和权利，按《铁路货物运输规程》办理。
2. 实施货物运输，托运人还应递交货物运单，承送人应按报价核收费用，对装卸等需要发生后确定的费用，应先列出费目，金额按实际发生核收。
3. 用户发现超出国家计委、铁道部、省级物价部门公告的铁路货运价格、收费项目及收费标准的行为和强制服务、强行收费的行为，有权举报。

举报电话：物价部门××××　　铁路部门××××

2. 铁路货运延伸服务订单

铁路货运延伸服务订单为铁路内外从事铁路货运延伸服务的经营者办理货物延伸服务时使用，主要包括托运人自愿选择的服务项目和延伸服务经营者的报价等内容，如表 4.5 所示。

表 4.5　铁路货运延伸服务订单

延伸服务经营者：　　　　　　　　　　　　　　　　编号：

<table>
<tr><td colspan="6">托送人：
地　址：
电　话：　　　　　　　　邮　编：</td><td colspan="6">收货人：
地　址：
电　话：　　　　　　　　邮　编：</td></tr>
<tr><td colspan="3">发站</td><td colspan="3">到站（局）</td><td colspan="3">车种/车数</td><td colspan="3">箱型/箱数</td></tr>
<tr><td colspan="6">装货地点</td><td colspan="6">卸货地点</td></tr>
<tr><td colspan="2">货物品名</td><td colspan="2">品名代码</td><td colspan="2">货物价值</td><td colspan="2">件数</td><td colspan="2">货物重量</td><td colspan="2">体积</td></tr>
<tr><td colspan="2"></td><td colspan="2"></td><td colspan="2"></td><td colspan="2"></td><td colspan="2"></td><td colspan="2"></td></tr>
<tr><td colspan="9">要求发站装车期限　月　日前或班列车次　日期：　月　日</td><td colspan="3">付款方式</td></tr>
<tr><td colspan="12">供用户自愿选择的服务项目（由用户填写，需要的项目打√）
□1．发送综合服务　　　　□5．清运、消纳垃圾
□2．到达综合服务　　　　□6．代购、代加工装载加固材料
□3．仓储保管　　　　　　□7．代对货物进行包装
□4．篷布服务　　　　　　□8．代办一关三检手续</td></tr>
<tr><td colspan="12">说明或其他要求事项</td></tr>
<tr><td colspan="12">延伸服务经营者报价（包括运费、杂费、服务费）　　元　　具体项目、金额列后：</td></tr>
<tr><td>序号</td><td>项目名称</td><td>单位</td><td>数量</td><td>收费标准</td><td>金额/元</td><td>序号</td><td>项目名称</td><td>单位</td><td>数量</td><td>收费标准</td><td>金额/元</td></tr>
<tr><td></td><td></td><td></td><td></td><td></td><td></td><td></td><td></td><td></td><td></td><td></td><td></td></tr>
<tr><td></td><td></td><td></td><td></td><td></td><td></td><td></td><td></td><td></td><td></td><td></td><td></td></tr>
<tr><td></td><td></td><td></td><td></td><td></td><td></td><td></td><td></td><td></td><td></td><td></td><td></td></tr>
<tr><td></td><td></td><td></td><td></td><td></td><td></td><td></td><td></td><td></td><td></td><td></td><td></td></tr>
<tr><td></td><td></td><td></td><td></td><td></td><td></td><td></td><td></td><td></td><td></td><td></td><td></td></tr>
<tr><td colspan="4">申请人签章
年　月　日</td><td colspan="4">受理人签章
年　月　日</td><td colspan="4">进货或取货日期</td></tr>
</table>

说明：

1．涉及延伸服务经营者与申请人的责任和权利，按《中华人民共和国经济合同法》办理。

2．延伸服务经营要严格按照物价部门审批的收费项目、标准及费用报价核收费用。

3．用户发现超出国家计委、铁道部、省级物价部门公告的铁路货运价格、收费项目及收费标准的行为和强制服务、强行收费的行为，有权举报。

举报电话：物价部门××××　　铁路部门××××

托运人有延伸服务要求的，应向延伸服务经营者提出填写铁路货运延伸服务订单，一式两份，延伸服务应按托运人所提要求，依照物价部门审批的收费项目及标准，计算各项收费并填写报价金额。托运人对报价无异议时，延伸服务经营者在订单上加盖业务专用戳记，交予托运人 1 份，留存 1 份。

货物运输服务订单及货运延伸服务订单的各项服务内容，由托运人自愿选择。在同一批货物运输中，铁路部门和延伸服务经营者不得对相同的服务项目重复收费。

4.3.2　货物的托运、受理和承运

1. 货物运单

办理铁路货物运输，托运人与承运人应签订运输合同。零担货物、集装箱货物以货物运单作为运输合同。托运人向承运人提出货物运单是一种签订合同的要约行为，表示其签订运输合同的意愿。托运人按货物运单填记的内容向承运人交运货物，承运人按货物运单记载接收货物，核收运输费用，并在运单上盖章后，宣告运输合同成立，托运人、收货人和承运人三方形成权利义务关系。运单由承运人印制，在办理货运业务的车站按规定的价格出售。运量较大的托运人经发站统一，可以按照承运人规定的格式，自行印制运单，货物运单由两部分组成，即货物运单和领货凭证，如表 4.6 和表 4.7 所示。

表 4.6　货物运单

货物指定于　　月　　日搬入　　　　　××铁路局

货位：　　　　　　　　　　　　　　　货物运单

计划号码或运输号码：　　　　　　托运人→发站→到站→收货人

承运人/托运人装车
承运人/托运人施封

运到期限　　日　　　　　　　　　　　　　　　　　　　　货票第　　号

托运人填写					承运人填写				
发站		到站（局）			车种车号		货车标重		
到站所属省（市）、自治区					施封号码				
托运人	名称				经　由	铁路货车篷布号码			
	地址		电话			集装箱号码			
收货人	名称				运价里程				
	地址		电话						
货物名称	件数	包装	货物价格	托运人确定重量/kg	承运人确定重量/kg	计费重量	运价号	运价率	运费
合　计									
托运人记载事项	保险：				承运人记载事项				
注：本单不作为收款凭证，托运人签约须知见背面。规格：350mm×185mm				托运人盖章或签字　年　月　日　到站交付日期戳			发站承运日期戳		

表 4.7　领货凭证

领货凭证	
车种	车号
货票第	号
送到期限	日

发站		
到站		
托运人		
收货人		
货物名称	件数	重量
托运人盖章或签字		
发站承运日期戳		

知识链接

铁路运单

现付运单，为黑色印刷；到付或后付运单，为红色印刷；快运货物运单，也为黑色印刷，仅将票据名称的“货物运单”改印为“快运运单”字样；剧毒品专用运单，样式与现付运单一样，只是用黄色印刷，所以又称为黄色运单，并有剧毒品的标志图形（骷髅图案）。

货物运单填写说明。

（1）“发站”栏和“到站（局）”栏，应分别按《铁路货物运价里程表》规定的站名完整填写，不得填写简称。到达（局）名，填写到达站主管铁路局名的第 1 个字，例如，（哈）、（上）、（广）等，但到达北京铁路局的，则填写（京）字。

（2）“到站所属省（市）、自治区”栏，填写到站所在地的省（市）、自治区名称。托运人填写的到站、到达局和到站所属省（市）、自治区名称，必须相符。

（3）“托运人”栏应详细填写发货人姓名或发货单位的名称、所在地地址及联系电话。

（4）“收货人”栏应详细填写收货人姓名或收货单位的名称、所在地地址及联系电话。

（5）“件数”栏应按货物名称及包装种类，分别记明件数。若是集装箱运输，则以集装箱的个数为准，而不是以货物的件数计算（以下集装箱为国际标准尺寸集装箱）。

① 零担：一批票不能多于 300 件。

② 10 吨箱：一批票不能多于 4 箱。

③ 20 英尺箱：一批票不能多于 2 箱。

④ 40 英尺箱：一批票不能多于 1 箱。

（6）“包装”栏以货物的外包装为准，若是集装箱货物则应在“包装”栏中填写“集装箱”，并注明是几吨箱。

（7）“货物价格”按货物的实际价格计算。

（8）“托运人确定重量/kg”栏，集装箱货物以集装箱的最大载重量计算。

① 1 吨箱是 825kg。

② 5 吨箱是 4 800kg。

③ 6 吨箱是 5 200kg。

④ 10 吨箱是 8 300kg。

⑤ 20 英尺箱是 21 000kg。

⑥ 40 英尺箱是 36 000kg。

当运单内各栏有更改时，应在更改处，对属于托运人填记的事项由托运人盖章证明；属于承运人记载的事项，由车站加盖站名戳记。承运人对托运人填记事项除按《货物运单和货票填制办法》的第 17 条规定的内容可以更改外，其他内容不得更改。

2. 铁路货票

铁路货票是铁路承运人开具的运费结算单据，可以作为承运货物的依据和交接运输的凭证。货票一式四联：甲联为发站存查联；乙联为报告联，由发站报送发站所属铁路局；丙联为报销联；丁联为运输凭证，由发站随货物递交到站，作为完成运输合同的唯一依据。铁路货票如表 4.8 所示。

表 4.8 铁路货票

××铁路局

计划号码或运输号码　　货票　　甲联

货物运到期限　　日　　________　　A00001

发站存查

<table>
<tr><td>发站</td><td></td><td colspan="2">到站（局）</td><td></td><td>车种车号</td><td></td><td>货车标重</td><td></td><td>承运人</td><td rowspan="2">装车</td></tr>
<tr><td rowspan="2">托运人</td><td>名称</td><td colspan="3"></td><td>施封号码</td><td colspan="3"></td><td>托运人</td></tr>
<tr><td>住址</td><td></td><td>电话</td><td></td><td colspan="2">铁路货车篷布号码</td><td colspan="2"></td><td>承运人</td><td rowspan="2">施封</td></tr>
<tr><td rowspan="2">收货人</td><td>名称</td><td colspan="3"></td><td>集装箱号码</td><td colspan="3"></td><td>托运人</td></tr>
<tr><td>住址</td><td></td><td>电话</td><td></td><td>经 由</td><td colspan="3"></td><td>运价里程</td><td></td></tr>
<tr><td rowspan="2">货物名称</td><td rowspan="2">件数</td><td rowspan="2">包装</td><td colspan="2">货物重量/kg</td><td rowspan="2">计费重量</td><td rowspan="2">运价号</td><td rowspan="2">运价率</td><td colspan="3">现付</td></tr>
<tr><td>托运人确定</td><td>承运人确定</td><td>费别</td><td colspan="2">金额</td></tr>
<tr><td></td><td></td><td></td><td></td><td></td><td></td><td></td><td></td><td>运费</td><td></td><td></td></tr>
<tr><td></td><td></td><td></td><td></td><td></td><td></td><td></td><td></td><td>装费</td><td></td><td></td></tr>
<tr><td></td><td></td><td></td><td></td><td></td><td></td><td></td><td></td><td>取送车费</td><td></td><td></td></tr>
<tr><td></td><td></td><td></td><td></td><td></td><td></td><td></td><td></td><td>过秤费</td><td></td><td></td></tr>
<tr><td></td><td></td><td></td><td></td><td></td><td></td><td></td><td></td><td></td><td></td><td></td></tr>
<tr><td></td><td></td><td></td><td></td><td></td><td></td><td></td><td></td><td></td><td></td><td></td></tr>
<tr><td rowspan="2">合计</td><td rowspan="2"></td><td rowspan="2"></td><td rowspan="2"></td><td rowspan="2"></td><td rowspan="2"></td><td rowspan="2"></td><td rowspan="2"></td><td></td><td></td><td></td></tr>
<tr><td></td><td></td><td></td></tr>
<tr><td colspan="2">记事</td><td></td><td></td><td></td><td></td><td></td><td></td><td>合计</td><td></td><td></td></tr>
</table>

发站承运日期戳

经办人盖章

铁路单据传递过程如表 4.9 所示。

表 4.9　铁路单据传递过程

单　据	传 递 过 程
货物运单	托运人→发站→到站→收货人
领货凭证	托运人→发站→托运人→收货人→到站

3. 货物的托运和受理

托运人向承运人提出的货物运单和运输要求，称为货物的托运。托运人向承运人交付货物，应向车站按批提出货物运单一份（所托运货物应符合一批的要求，不得将不能按一批托运的货物作为一批托运）。车站对托运人提出的货物运单进行审查，在符合运输要求的货物运单上签上货物搬入或装车日期后，即为受理。托运人向车站提出货物运单，即说明其正式向铁路运输部门提出书面申请，并愿意遵守铁路货物运输的有关规定，履行义务，且货物已准备就绪，随时可以移交承运人。

4. 进货与验货

托运人凭车站签证后的货物运单，按指定日期将货物搬入货场指定的货位即为进货。托运人进货时，应根据货物运单核对是否符合签证上的搬入日期，品名与现货是否相符。经检查无误后，方准搬入货场。进货验收是为了保证货物运输安全，完成运输及划清承运人与托运人之间的责任归属，检查疏忽则可能使不符合运输要求的货物进入运输过程，造成或扩大货物的损失。检查的内容主要有以下几项：货物的名称、件数是否与货物运单的记载相符；货物的状态是否良好；货物的运输包装、标记及加固材料是否符合规定（托运人托运货物，应根据货物的性质、重量、运输种类、运输距离、气候以及货车装载等条件，使用符合运输要求、便于装卸和保证货物安全的运输包装）；装载整车货物所需要的货车装备物品或加固材料是否齐备。

5. 货物的件数、重量

在铁路运输过程中，保证货物的件数和重量的完整是承运人必须履行的义务。因此，铁路明确规定了货物件数和重量的范围。

按整车运输的货物，原则上按件数和重量承运，但有些非成件货物或一批货物件数过多而且规格不同的，在承运、装卸、交接和交付时，点件费时、费力，只能按重量承运，不再计算件数。只按重量承运，不计算件数的货物有：散堆装货物；以整车运输的规格相同（规格在 3 种以内视为规格相同）、件数超过 2 000 件的货物；规格不同、一批数量超过 1 600 件的成件货物。

整车货物与集装箱货物，由托运人确定重量；零担货物除标准重量、标记重量、有过秤清单及一件重量超过车站衡器最大称量的货物外，均由承运人确定重量，并核收过秤费。货物的重量包括货物的包装重量。对于由托运人确定重量的整车货物、集装箱货物和零担货物，承运人应进行抽查，重量不符时应进行处理并向托运人或收货人核收过秤费。

6. 货票

整车货物装车后（零担货物过秤完毕，集装箱货物装箱后），货运员将签收的运单移交货运室填制货票，核收运杂费。

7. 货物的承运

托运人将货物搬入车站，经验收完毕后，一般不能立即装车，而需要在货场内存放，这就产生了承运前保管的问题。对于整车货物，发站实行承运前保管，从收货完毕填发收货证起即承担承运前的保管责任；对于零担货物和集装箱运输的货物，车站从收货完毕时即承担保管责任。

零担和集装箱运输的货物由发车站接收完毕，整车货物装车完毕，自发车站在货物运单上加盖车站日期戳时起，即为承运。承运是货物运输合同的成立，从承运起，承托双方就要分别履行运输合同的权利、义务和责任。因此，承运意味着铁路负责运输的开始，是承运人与托运人划分责任的时间界限。同时承运标志着货物正式进入运输过程。

8. 标打标志、标记

对于储运过程中有特殊要求的货物，应在包装上标打包装储运图示标志。对于危险货物，还应在包装上按规定标打危险货物包装标志。对于零担货物，还应在包装上标打货物标志，标签上填写的内容必须与运单相应内容一致。

4.3.3 货物的装卸车作业

1. 装卸车责任的划分

承运人在车站公共装卸场所内进行装卸作业，货物装车和卸车的组织工作由承运人负责。有些货物的装卸作业虽在车站公共装卸场所内进行，但由于在装卸作业中需要特殊的技术、设备、工具，故仍由托运人或收货人负责组织。

托运人、收货人装卸的范围。在车站公共装卸场所以外进行的装卸作业，装车作业由托运人负责，卸车作业由收货人负责。此外，由于货物性质特殊，在车站公共场所内的装卸作业也由托运人、收货人负责，其负责的情况有：罐车运输的货物；冻结的易腐货物；未装容器的活动物，如蜜蜂、鱼苗等；一件重量超过 1 吨的放射性同位素；由人力装卸带有动力的机械和车辆。

其他货物由于性质特殊，经托运人或收货人要求，并经承运人同意，也可由托运人或收货人组织装车或卸车。例如，气体放射性物品，尖端保密物资，特别贵重的展览品、工艺品等。货物的装卸不论由谁负责，都应在保证安全的条件下，积极组织，快装、快卸，昼夜不断地作业，以缩短货车停留时间，加速货物运输。

由托运人装车或收货人卸车的货物，超过规定的装卸车时间标准或规定的停留时间标准，承运人向托运人或收货人收取规定的货车使用费。

2. 装车作业

装车的基本要求：货物重量应均匀分布在车的地板上，不得超重、偏压和集重；装载应认真做到轻拿轻放、大不压小、重不压轻，堆码稳妥、紧密，捆绑牢固，在运输中不发生移动、滚动、倒塌或坠落等情况；使用敞车装载怕湿货物时，应堆码成屋脊形，苫盖好篷布，并将绳索捆绑牢固；使用棚车装载货物时，装在车门口的货物应与车门保持适当距离，以防挤在车门或损毁货物；使用罐车、敞篷车、平板车装运货物时，应各按其规定办理。

装卸作业前应向装卸工组详细说明货物的品名、性质，布置装卸作业安全事项，需要准备的消防器材及安全防护用品，装卸剧毒品应通知公安部门到场监护。

装车后需要施封、苫盖篷布的货车由装车单位进行施封、苫盖篷布。装完后应关闭好车门、车窗、盖、阀，整理好货车装备物品和加固材料。

为保证正确运送货物和行车安全，装车后还需要检查下列内容。

（1）检查车辆装载。主要检查有无超重、超限现象，装载是否稳妥，捆绑是否牢固，施封是否符合要求，标示牌插挂是否正确。对装载货物的敞车，要检查车门插销、底开门搭扣和篷布苫盖、捆绑的情况。

（2）检查运单。检查运单有无漏填和错填，车种、车号与运单所载是否相符。

（3）检查货位。检查货位有无误装或漏装的情况。

3. 卸车作业

负责卸车的单位在卸车时，应将货物彻底卸净，卸空后的货车应清扫干净，车门、车窗、端侧板、冷藏车冰箱盖、罐车盖、阀等要关闭妥当。对装过活动物、污秽品等货物的车辆，以及受易腐货物污染的冷藏车和《危险货物运输规则》中规定必须洗刷消毒的货车，由铁路部门负责洗刷并按规定或依照卫生（兽医）人员的要求进行消毒，费用由收货人负担。如收货人有洗刷、消毒设备时，也可由收货人自行进行洗刷、消毒。

收货人组织卸车的货车，未进行清扫或清扫不干净时，车站应通知收货人清扫，如收货人未清扫或仍未清扫干净，车站应以收货人的责任组织人力代为清扫，向收货人核收规定的货车清扫费和货车延期使用费。

4.3.4 运输阻碍的处理

因不可抗力致使行车中断，货物运输发生阻碍时，铁路局对已承运的货物，可指示绕路运输，或者在必要时先将货物卸下，妥善保管，待恢复运输时再行装车继续运输，所需的装卸费用，由装卸作业的铁路局负担。因货物性质特殊，绕路运输或卸下再装，可造成货物损失时，车站应联系托运人或收货人，请其在要求的时间内提出处理办法。超过要求时间未接到答复或因等候答复而将使货物造成损失时，比照无法交付货物处理，所得剩余价款，通知托运人领取。

4.3.5 货物的到达领取

货物在到站应向货物运单内所记载的收货人交付。收货人在到站领取货物时，需要提出领货凭证，并在货票丁联上盖章或签字。

1. 货物的暂存

对到达的货物，收货人有义务及时将货物搬出，铁路部门也有义务提供一定时间的免费保管，以便收货人安排搬运车辆，办理仓储手续。免费保管期间的规定为：由承运人组织卸车的货物，收货人应于承运人发出催领通知的次日（不能实行催领通知或会同收货人卸车的货物为卸车的次日）起算，2 日内将货物搬出。超过上述期间未将货物搬出，对其超过的期间核收货物暂存费。

货物运抵到站，收货人应及时领取。拒绝领取时，应出具书面说明，自拒领之日起 3 日内，到站应及时通知托运人和发站，征求处理意见。托运人自接到通知之日起 30 日内，提出处理意见答复到站。

从承运人发出催领通知次日起（不能实行催领通知时，从卸车完了的次日起），经过查找，满 30 日（搬家货物满 60 天）仍无人领取的货物，或者收货人拒领，托运人又未按规定期限提出处理意见的货物，承运人可按无法交付货物处理。

无法交付货物的范围、保管期限、上报和移交手续、价款处理，应按照国家经济委员会颁发的《关于港口、车站无法交付货物的处理办法》办理。

对不宜进行长期保管的货物，承运人根据具体情况，可缩短通知和处理期限。

2. 票据交付

收货人持领货凭证和规定的证件到货运室办理货物领取手续，在支付费用和在货票丁联上盖章或签字后，留下领货凭证，在运单和货票上加盖到站交付日期戳，然后将运单交给收货人，凭此领取货物。如果收货人在办理货物领取手续时，领货凭证未到或丢失，那么机关、企业、团体应提出本单位的证明文件，个人应提出本人居民身份证、工作证或户口簿，或者服务所在单位（居住所在单位）出具的证明文件。将本人的居民身份证、工作证或户口簿作为证件时，车站应将姓名、工作单位名称、住址及证件号码详细记载在货票丁联上；用证明文件时，应将领取货物的证明文件粘贴在货票丁联上。

货物在运输途中发生的费用（如包装整修费、托运人责任的整理或换装费、货物变更手续费等）和到站发生的杂费，在到站应由收货人支付。

3. 现货交付

现货交付即承运人向收货人点交货物。收货人持货运室交回的运单到货物存放地点领取货物，货运员向收货人点交货物完毕后，在运单上加盖“货物交讫”戳记，并记明交付完毕的时间，然后将运单交还给收货人，收货人凭此将货物搬出货场。

在实行整车货物交付前保管的车站，货物交付完毕后，若收货人不能在当日将货物全批搬出车站，则对其剩余部分：按重量和件数承运的货物，可按件点交车站负责保管；只按重量承运的货物，可向车站声明。

收货人持加盖“货物交讫”戳记的运单将货物搬出货场，门卫对搬出的货物应认真检查品名、件数、交付日期与运单记载是否相符，经确认无误后放行。

子任务四 铁路运输费用

铁路货物运输费用是对铁路运输企业所提供的各项生产服务消耗的补偿，包括车站费用、运行费用、服务费用和额外占用铁路设备费用等。铁路货物运输费用是由铁路运输企业使用“货票”和“运费杂费收据”核收，它由铁道部运价主管部门集中管理。

铁路货物运费的计收依据有：铁路货物运价号表、铁路货物运价率表、电气化附加费费率表、新路新价均摊运费费率表和建设基金费率表。

4.4.1 计收标准及程序

（1）按《铁路货物运价里程表》算出发站和到站的运价里程。

（2）根据货物运单上填写的货物名称查找《铁路货物运输品名分类与代码表》和《铁路货物运输品名检查表》，确定适用的运价号。

（3）整车、零担货物按货物适用的运价号，集装箱货物根据箱型，冷藏车货物根据车重分别在《铁路货物运价率表》中查出适用的发到基价和运行基价。

（4）货物适用的发到基价与按《铁路货物运输规则》确定的计费重量（集装箱为箱数）相乘，计算出发到运费；运行基价与货物的运价里程相乘之积再与按《铁路货物运输规则》确定的计费重量（集装箱为箱数）相乘计算出运行运费。

整车以吨为单位，1 吨以下四舍五入；零担以 10 千克为单位，不足 10 千克的按 10 千克计算；集装箱以箱为单位，每箱运费的尾数不足 1 角时，按四舍五入处理；零担货物的起码运费为每批 2 元。

整车货物每吨运价=发到基价+运行基价×运价千米

零担货物每 10 千克运价=发到基价+运行基价×运价千米

集装箱货物每箱运价=发到基价+运行基价×运价千米

如表 4.10 所示为部分铁路货物运价率表。

表 4.10 铁路货物运价率表

办理类别	运价号	发到基价		运行基价	
		单位	标准	单位	标准
整车	1	元/t	4.60	元/（t·km）	0.021 0
	2	元/t	5.20	元/（t·km）	0.023 9

续表

办理类别	运价号	发到基价		运行基价	
		单位	标准	单位	标准
整车	3	元/t	6.00	元/（t·km）	0.027 3
	4	元/t	6.80	元/（t·km）	0.031 1
	5	元/t	7.60	元/（t·km）	0.034 8
	6	元/t	8.50	元/（t·km）	0.039 0
	7	元/t	9.60	元/（t·km）	0.043 7
	8	元/t	10.70	元/（t·km）	0.049 0
	9	—	—	元/（轴·km）	0.150 0
	冰保	元/t	8.30	元/（t·km）	0.045 5
	机保	元/t	9.80	元/（t·km）	0.067 5
零担	21	元/10kg	0.085	元/（10kg·km）	0.000 350
	22	元/10kg	1.101	元/（10kg·km）	0.000 420
	23	元/10kg	0.122	元/（10kg·km）	0.000 504
	24	元/10kg	0.146	元/（10kg·km）	0.000 605
集装箱	1t 箱	元/箱	7.00	元/（箱·km）	0.031 8
	5t，6t 箱	元/箱	55.20	元/（箱·km）	0.243 8
	10t 箱	元/箱	85.30	元/（箱·km）	0.376 8
	20ft 箱	元/箱	149.50	元/（箱·km）	0.660 3
	40ft 箱	元/箱	292.30	元/（箱·km）	1.290 9

为保持零担货物运价与整车货物运价之间合理的比较关系，避免货物运输中发生运费倒挂、化整为零的现象，凡不足 300 千克/立方米的轻浮零担货物，均将其按体积折合的重量与货物重量相比较，择大确定计费重量。

折合重量（千克）=（300×体积）千克。如某站发送一批零担货物，重 225 千克，体积为 0.82 立方米，在确定计费重量时，其折合重量=300×0.82=246（千克），因此计费重量为 250 千克。

货物的长、宽、高的计算单位为米，小数点后取两位数字（以下四舍五入）。体积的计算单位为立方米，保留两位小数，第 3 位小数四舍五入。

零担货物每批的起码运费：发到运费为 1.60 元，运行运费为 0.40 元。

运输超限货物时，发站应将超限货物的等级在货物运单中“货物名称”栏内注明，并按下列规定计费：

① 一级超限货物按运价率加50%；

② 二级超限货物按运价率加100%；

③ 三级超限货物按运价率加150%；

④ 需要限速运行（不包括仅通过桥梁、隧道、出入站限速运行）的货物，按运价率加150%计费。

（5）杂费按《铁路货物运输规则》中的规定计算。每项杂费不满1个计算单位，均按1个计算单位计算。

（6）货物快运费按《铁路货物运价率表》规定的该批货物运价率的30%计算核收。

（7）计算专用线取送车费的里程，应自车站中心线起算，到交接地点或专用线最长线终端止，里程往返合计，取车不另收费。

【例4.1】 郑州北站发广州东站机器一台，重52.6吨，用一辆50吨的货车装运，计算其运费。

解： 从郑州北站至广州东站里程为1 638千米，查询货物检查表，机器运价号码为8号，再查运价率表，运价号为8号的发到基价为10.7元/吨，运行基价为0.049元/（吨·千米）。

计算重量：52.6吨四舍五入按货车整车53吨载重量计算。

运费=[发到基价+（运行基价×运价里程）]×计费重量

=[10.7+（0.049×1 638）]×53

=4 820.99（元）

【例4.2】 广安门发包头车站灯管4件，重46千克，货物每件长1米，宽0.35米，高0.16米，计算运费。

解： 体积=4×1×0.35×0.16=0.22（立方米）

折合重量=300×0.22=66（千克）

四舍五入后，计费重量为70千克。

查《铁路货物运价里程表》，广安门至包头车站运价里程为798千米；查《铁路货物运价分号表》，灯管的运价号为零担24号；再查《铁路货物运价率表》，发到基价为0.146元/10千克，运行基价为0.000 605元/（10千克·千米），则运费如下。

零担货物每10千克运价=发到基价+运行基价×运价里程

=0.146+0.000 605×798

=0.63（元/10千克）

零担货物运费=零担货物每10千克运价×计费重量÷10

=0.63×70÷10

=4.41（元）

但其发到运费=发到基价×计费重量

=0.146×70÷10

=1.022（元）

低于零担发到起码运费1.60元。

因此该批货物的运费=1.6+0.000 605×798×70÷10

=4.9795（元）≈5.0（元）

【例 4.3】 从攀枝花到重庆北站运送铁矿石，总重 76 吨，总体积 110 立方米，可采用 10 吨箱集装箱装运，也可采用 20 英尺箱装运，已知：20 英尺箱体积约为 28 立方米，问采用哪种集装箱运送合适?

解： 查《铁路货物运价里程表》，从攀枝花到重庆北站的运价里程为 1 064 千米，

10 吨箱所需数量为 76÷10≈8（个）

再查《铁路货物运价率表》，10 吨箱的发到基价为 85.3 元/箱，运行基价为 0.3768（箱•千米），

10 吨箱的运费为（85.3+0.3768×1 064）×8=3 889.72（元）

再查《铁路货物运价率表》，20 英尺箱的发到基价为 149.50 元/箱，运行基价为 0.660 3（箱•千米），

20 英尺箱所需数量为 110÷28≈4（个）

20 英尺箱的运费为=（149.5+0.660 3×1 064）×4=3 408.24（元）

因此，采用 20 英尺箱运送合适。

4.4.2 计算货物杂费

（1）铁路建设基金。用规定的计费重量与运价里程和规定的铁路建设基金费率相乘，算出铁路建设基金。整车化肥、黄磷免征铁路建设基金。其计算公式如下：

铁路建设基金=费率×计费重量（箱或轴数）×运价里程

（2）新路新价均摊运费。

新路新价均摊运费=均摊运价率×计费重量（箱或轴数）×运价里程

（3）电气化附加费。如果货物通过电气铁路区段，那么用通过的电气铁路区段里程与规定的计费重量和电气化附加费率相乘，可计算出电气化附加费。电气化附加费计算公式如下：

电气化附加费=费率×计费重量（箱或轴数）×电气化里程

（4）其他各项杂费。按规定项目和标准计算其他各项杂费，包括长大货车使用费、车辆设备使用费、集装箱使用费、装卸作业使用费、延期使用设备费、换装费等。

（5）货物运杂费总额。将上述运费与杂费相加，得出货物运杂费总额：

铁路运杂费总额=运费+各项杂费

（6）集装箱"一口价"运输。为适应市场需要，铁道部于 1999 年 9 月在全国各集装箱办理站间实行了"一口价"运输：托运人在发站一次付费就包含了进火车站卸卡车—装火车—经铁路运输—到站卸火车—装卡车全过程的所有费用，收货人不必再支付费用。

任务小结

- 任务四：铁路运输实务
  - 子任务一：铁路运输概述
    - 铁路运输发展趋势
    - 铁路运输的特点
      - 铁路运输的优、缺点
      - 铁路运输的技术经济特性
    - 铁路运输的作用
    - 铁路运输的分类
  - 子任务二：铁路运输设备设施
    - 铁路线路
      - 铁路线路的等级
      - 铁路线路的构成
      - 轨道
    - 机车车辆
      - 机车
      - 车辆
    - 信号设备
      - 铁路信号
      - 连锁设备
      - 闭塞设备
    - 车站
      - 中间站
      - 区间站
      - 编组站
      - 客运站和货运站
  - 子任务三：铁路运输流程
    - 货运合同的签订
      - 铁路货物运输服务订单
      - 铁路货运延伸服务订单
    - 货物的托运、受理和承运
      - 货物运单
      - 铁路货票
      - 货物的托运和受理
      - 进货与验货
      - 货物的件数、重量
      - 货票
      - 货物的承运
      - 标打标志、标记
    - 货物的装卸车作业
      - 装卸车责任的划分
      - 装车作业
      - 卸车作业
    - 运输阻碍的处理
    - 货物的到达领取
      - 货物的暂存
      - 票据交付
      - 现货交付
  - 子任务四：铁路运输费用
    - 计收标准及程序
    - 计算货物杂费

职场训练

训练一

【训练目的】熟悉和掌握铁路整车运输运费的计算。

【训练内容】货种是马铃薯（土豆）；采用加冰冷藏车进行整车运输，北京至上海的运距为 1 463 千米，整车运价号为 4 号。

1．根据“价规”确定整车运价号。

2．根据“价规”确定运价率。

3．根据“价规”确定货物计费重量。

4. 计算北京至上海整车运输的运费。

【训练方法】

1. 查出发站至到站的铁路里程。

2. 确定所运输货物适用的运价号。

3. 按整车货物适用的运价号，查出适用的运价率。

4. 确定货物计费重量。

5. 计算铁路货物运费。

6. 填写相关的单证。

训练二

【训练目的】了解集装箱班列运输。

【训练内容】成都至泸州港首班集装箱列车开行。

2014 年 8 月 19 日，伴随一声响亮的汽笛，一列载有 20 节车厢货物的火车缓缓驶出成昆铁路普兴站，这是成都—泸州铁路与水路联运的首班列车。记者从成都铁路局获悉，当天，由成都至泸州港的集装箱班列正式开行，始发站为成昆铁路普兴站（原新津站），终点站为泸州港，全长 319 千米，为单线铁路。集装箱班列初期每周固定开行 1～2 列，班列到达泸州港后可直接换装到上海的集装箱快班轮，一般情况下，成都造的瓷砖、建材之类货物只需 9 天就能到达上海。

“新津是成都的南大门，泸州港是四川第一大港，这条货运线运行起来以后，包括成都、雅安、眉山等地的货物都可以通过‘铁水联运’的方式从长江水道出省。”新津工业园区管委会副主任蔡光根介绍，成都至泸州港集装箱班列不仅面对省内各县市，对贵州、云南等地区也具有辐射作用。成都铁路局负责人透露，除了普兴站装车点外，下一步班列的货源吸引范围将继续扩大，逐步增加城厢、燕岗、乐山等装车点。

“以前我们公司主要采用公路—水路的运输方式，货运量比较小，车辆组织起来也很烦琐。”某集装箱运输公司总经理何孝忠说，首班开行的火车装了 20 个车厢，他们公司就占据了大部分。“举例来讲，以前我们把石材从雅安运到重庆，雇大货车的话一辆车要花费 4 000～5 000 元，一车也就十几吨重，现在用火车运一趟就是几十吨，一车皮最多只要 4 000 元左右，光是成本就能省下不少。”何孝忠表示。

为什么会选择普兴站作为始发站？对此，蔡光根介绍，新津物流园区是成都市四大物流园区之一，聚集的工业企业多达 300 多家，2013 年的年产值达 300 多亿元。

“新津物流园依托天府新区，与青白江物流园南北呼应，是成都的‘南大门’，周边有着丰富的货源。”蔡光根介绍说，普兴站有 1 000 多米的现代化整列装车设备，“货运班列的开通，打通了成都南大门到泸州港的动脉，每年能为园区的企业节约可观的成本。”

而作为四川第一大港口和集装箱码头，泸州港是承接长江黄金水道和成都内陆资源的重要纽带。成都铁路局负责人表示，此趟班列开通后，成都及周边地区通过水路出川去往华东乃至日韩等国家，将会有更高效、便捷、经济的运输选择。

思考：

1. 铁路集装箱应如何组织货源？

2. 集装箱班列的优势？

【训练方法】

1. 学生分组讨论分析案例；每组派代表阐述本组意见；教师进行点评总结。

2. 时间：30 分钟。

3. 地点：教室。

训练三

【训练目的】了解铁路集装箱运输。

【训练内容】UPS 加盟中国铁路货运有何深意。

UPS（United Parcel Service，美国联合包裹公司）近日宣布新增中国至欧洲集装箱整箱铁路货运业务，其中一条线路为中国郑州至德国汉堡。

作为全球著名的物流企业，总部设在美国亚特兰大的 UPS 和肯德基、麦当劳一样，是美国的代名词，其业务网点遍布全球 220 多个国家和地区。它给世人的印象是无处不在，无时不有。它出现在哪里，哪里就一定充满商机。此次 UPS 新开中国至欧洲铁路货运班列包括两大线路：一条是从中国郑州到德国汉堡，另一条是从中国成都到波兰罗兹。铁路货运与 UPS 现有的货运及公路运输服务网络结合之后，速度将比海运快 50%，成本比空运低约 70%。UPS 加盟中国铁路货运意义深刻。

首先，扩大了新丝绸之路的国际影响。郑欧班列从中国郑州至德国汉堡全程平均运行时间为 15 天，比海运更快捷，比空运更经济，现在目的站已覆盖欧洲 12 个国家、34 个城市，国内客户货源地已覆盖我国超半数省份，有效地形成了稳定的珠三角、长三角及环渤海经济圈基础货源地。UPS 新开中国至欧洲铁路货运班列，让新丝绸经济带上又多了一个连接纽带。同时，借助于国际著名物流企业强大的品牌影响力，新丝绸之路更加被世界认可。这就好比好酒遇上了善于吆喝的经销商，实现了强强联手，飞速发展指日可待。

其次，为国内物流企业的发展提供了借鉴。物流企业是经济的晴雨表，业务受市场影响大。现阶段，中国有上万家物流企业，但真正意义上的国际物流企业却寥寥无几。国内物流企业如何发展，怎样打造国际化品牌，是一个现实课题。UPS 精细的市场前期调研，敏锐捕捉商机的能力，高效的工作效率，值得国内的物流企业学习借鉴。

再则，UPS 和中国铁路的“联姻”，有助于中国铁路总公司“三化”目标的实现。建立现代化、市场化、国际化的现代企业，是铁路总公司确定的工作目标。为了实现这一目标，中国铁路总公司积极实施“走出去”战略，仅半年时间就斩获千亿元海外订单。在走出去的同时，也需要大胆引进来，与世界知名的企业加强互动，合作共赢。UPS 的加盟，开了个好头。可以预见，中国铁路的市场化经营将更加娴熟。

思考：

1．UPS 加盟中国铁路货运，实现了双赢，体现在哪些方面？

2．收集资料分析，国际铁路联运的主要条约有哪些？我国铁路运输加入了哪几个条约？对解决国际铁路运输纠纷有哪些影响？

【训练方法】

1．学生分组讨论分析案例；每组派代表阐述本组意见；教师进行点评总结。

2．时间：30 分钟。

3．地点：教室。

职场情境

刘姐对小明说："公司客户的资料你都看了，你把这几份航空运输的单据填一填吧。"经过 4 周的职业生活，小明已经踏实、稳重了很多。于是他接过资料，仔细地填写。航空运单满篇英语，好在小明在大学时过了英语四级，但即使这样，对有些不常用的单词，小明还是使用了"度娘"才看明白。小明填完后又认真检查了一遍，觉得万无一失，把单据交给了刘姐。

刘姐说："小明，你的字迹很工整啊，咱们这行和某些行业不一样，千万不能写'天书'，失之毫厘，谬以千里啊。咦，有个问题，根据这批货的长、宽、高，你看 B737 的舱门能否放进去？还有第 2 批货除了按普通货物运输，能不能按指定商品运输？"

小明觉得学无止境，每每自信心爆棚的时候，又会受到打击。

Mission 任务五 航空运输实务

学习目标

知识目标	能力目标	重点难点
1. 了解航空运输的主要方式	1. 能填写航空货物运单	1. 第五、第六航权概念
2. 理解航权的含义及类型	2. 能完成航空货物运输流程	2. 航空运单的作用
3. 掌握航空运输的进出口业务流程及主要单证	3. 能计算航空运输费用	3. 航空运输单证填写
4. 掌握航空运输货物的运费计算方法	4. 具有航空运输业务管理的能力	4. 航空运费的计算

引入案例

南航货运建立国际化运输服务管控体系

国际航空运输协会在美国迈阿密向中国南方航空公司颁发了 CARGO2000 正式会员资格证书。南航成为国内首家、全球第 19 家 CARGO2000 正式会员航空公司。这是南航货运提升国际竞争力的新突破，标志着南航货运已建立起符合国际化标准的航空运输服务管控体系，将为全球客户提供更优质的航空货运服务。

南航货运部工作人员以客户托运一票从上海至洛杉矶的货物为例，介绍了 CARGO2000 的运行。货物在交运后，信息同步存入南航 CDMP 系统，系统将根据航班起飞、到达时间建立整个运输流程的时间轴：货到交运（上海）—航班起飞（上海）—航班落地（洛杉矶）—抵达仓库（洛杉矶）—通知提货人—提取货物，时间轴上每个环节的完成时间都将被明确标准时限。一旦某个环节发生不正常的情况超出标准时限，系统会发出预警信息，南航将启动"应急处理机制"及时应对。同时，待单票货物运输完成后，货物的实际运输时间和标准运输时间将形成数据留存，进行对比。

"通过运行 CARGO2000，我们可以对货物运输全程进行量化监控和实时追踪，掌握货物从交付、出港至客户提取等每个环节的运输质量，追踪问题发生源，从而不断优化服务。”南航货运部工作人员介绍。据悉，依托CARGO2000，南航货运将通过定期现场内审、外包代理服务商服务品质评价等管控手段，不断提高服务水平。

CARGO2000由国际航协设立，是国际航协和国际航空货运业认可的服务质量标准和管理体系。它既是一个流程标准，也是国际航协首推的流程改进项目，共有19个流程环节，旨在建立可量化的质量管理体系，提高航空公司的运营效率。CARGO2000目前拥有航空公司、空运代理、地面操作代理、卡车公司和IT供应商等88个成员。

思考：

1. 航空公司应如何改善服务以吸引更多的客户？
2. 应如何填写航空运单？
3. 国际航协组织的作用是什么？

子任务一 航空运输概述

5.1.1 航空运输的特点

航空运输是承运人根据旅客或货主的需求，在规定的时间内，利用相关设施，按照某种价格，使用航空器将货物运送到指定目的地的过程。

航空运输虽然起步较晚，但发展异常迅速，特别是受到现代化企业管理者的青睐，其原因之一就在于它具有许多其他运输方式所不能比拟的优越性。概括起来，航空货物运输的主要特征表现在以下几个方面。

1. 运送速度快

从航空业诞生之日起，航空运输就以快速而著称。到目前为止，飞机仍然是最快捷的交通工具，常见的喷气式飞机的经济巡航速度大都在每小时1 400～1 500千米之间，而协和式飞机的时速更是达到了2 100千米。快捷的交通工具大大缩短了货物的在途时间，对于那些易腐烂、易变质的鲜活商品，时效性、季节性强的报刊和时令性商品，抢险、救急品，以及对运输时间和运输质量都有很高要求的参展样品的运输，这一特点显得尤为突出。可以这样说，快速加上全球密集的航空运输网络，才有可能使我们为鲜活商品开辟从前可望而不可即的远距离市场，使消费者享有更多的利益。航空线路不受地面条件的限制，一般可以在两点间直线飞行，航程比地面短得多，而且运程越远，快速的特点越显著，在“时间就是效益”的现代社会，节约时间就可以获得巨大的经济效益和社会效益。

运送速度快，在途时间短，也使货物在途风险降低，因此许多贵重物品、精密仪器也往往采用航空运输的形式。当今的国际市场竞争激烈，航空运输所提供的快速服务也使得供货商可以对国外市场瞬息万变的行情及时做出反应，迅速推出适销产品占领市场，从而获得较好的经济效益。

2. 不受地面条件影响，深入内陆地区

航空运输利用天空这一自然通道，不受地理条件的限制，对于地面条件恶劣、交通不便的内陆地区非常适合，它有利于当地资源的出口，促进当地经济的发展。

航空运输使本地与世界相连，对外的辐射面广，而且航空运输相对于公路运输与铁路运输来说占用土地少，从这个意义上讲，航空运输也可以被称为绿色环保运输。对寸土寸金、地域狭小的地区发展对外交通无疑是十分适合的，如日本，其航空货物周转量在总的货物周转量中所占的比重就是很大的。

3. 安全、准确

与其他运输方式相比，航空运输的安全性较高，尽管飞机失事造成的损失很大，而且一旦发生就可能造成运载器上所有货物的灭失，但是与其他的几种运输方式相比，航空运输的在途时间短，装卸质量高，再加上航空公司的运输管理制度也比较完善，所以货物的破损率较低，若采用空运集装箱的方式运送货物，则更为安全。

4. 节约包装、保险、利息等费用

由于采用航空运输方式的货物在途时间短，周转速度快，企业存货可以相应地减少。这一方面有利于资金的回收，减少利息支出；另一方面，企业的仓储费用也相应降低。现在，对于物流企业提倡的零库存和 JIT（Just in Time，准时制）技术，航空运输作为一种快捷的运输方式无疑在其中起着举足轻重的作用。尽管单从运输费用的支出角度来讲，航空运费相对昂贵，但是从供应链的社会物流层次上分析，由于航空运输在一定程度上减少了企业库存量（从而降低了库存成本和仓储过程中造成的货物损坏），而且显著降低了对资金的占用（从而避免了机会成本），因此从整个物流系统来判断，航空运输的物流成本（不仅仅指运输成本）不见得就比其他速度相对缓慢的运输方式的物流成本高。又由于航空货物运输安全、准确，货损、货差少，因此保险费用较低。与其他运输方式相比，航空运输的包装简单，包装成本减少。这些都构成企业隐性成本的下降，收益的增加。

5. 手续简便

为了体现其快捷便利的特点，航空运输为托运人提供了简便的托运手续，也可以由货运代理人上门取货，并为其办理一切运输手续，还可以通过货运代理人送货上门，提供“从门到门”的运输服务，从而极大地方便了发货人和收货人进行操作。

当然，航空运输也有自己的局限性，主要表现在航空货运的运输费用较其他运输方式更高，不适合低价值货物；航空运载工具——飞机的舱容有限，对大件货物或大批量货物的运输有一定的限制；飞机飞行安全容易受恶劣气候影响等。但总体来讲，随着新技术革命的发展和深化以及经济结构的日益软化，产品的寿命周期日益缩短，产品由厚、长、重、

大向薄、轻、短、小的方向发展，以往大规模、大批量的原材料运输在经济发展中的比重会逐渐降低，相反一些科技含量高、体积小、对运费承受能力高的产品会逐渐成为运输市场的主体，这样航空运输的作用也就日益突出。

5.1.2 航空运输发展趋势

航空运输同其他集中运输方式相比，是比较年轻的运输方式。由于飞行器的体积与载重量的限制，最初航空运输的货物仅仅局限于包裹、邮件等小尺寸、高价值物品。法国于1909年率先创办商业航空运输，随后德国、美国、英国等也相继开办。航空运输作为一种国际贸易运输方式是在第二次世界大战以后才出现的。由于航空运输具有速度快、航线不受地形条件限制、安全准确和手续简便等优点，其在开辟新市场、适应市场需要与变化、及时调整运力等方面具有其他运输方式不可比拟的优越性。因此，自问世以来，发展十分迅速，在整个国际贸易运输方式中所占的地位日益显著，航空货物的周转量也在稳步增长。

航空运输的发展取决于许多因素，概括地说，可以分为外部因素和内部因素两种。外部因素是指航空运输业本身不可左右的因素，如各国国民经济的发展，世界油价的涨落，国际商业与贸易的发展，世界和地区的政治稳定，旅游事业的发展等。内部因素是指航空运输业自身可以控制的因素，如成本和运价，航线网和班次的安排，改善经营管理，提高效率，提高安全和服务质量，提高载运比，合理选择机群，改进地面设施，国际协调和合作，减少盲目竞争等。

国际航空运输未来发展的趋势可以简单概括如下。

1. 管理自由化

自由化主要是指改革国际航空运输的管理体制和方法。在ICAO（International Civil Aviation Organization，国际民航组织）第5次运输大会上提到了自由化在管理方面的7个关键问题，即航空承运人的所有权控制权、市场准入、公平竞争、消费者利益、产品分销、争端解决和透明度。需要进一步说明的是，在一国范围内，在经济全球化和国际航空运输自由化的大环境里，应该树立“行业一体化”的观念，一荣共荣，一损俱损。

2. 产权多元化

20世纪80年代，除北美洲以外，世界上绝大部分航空公司的所有权都是属于本国政府的。私有化是指航空公司的所有人从政府持有转让为公众所有。有的政府全部转让，有的政府仍保留一部分股份。产权多元化有利于寻找战略投资伙伴，以促进航空公司的自身发展，有利于航空公司之间更密切的合作。中国东方、中国南方等航空公司的上市，标志着中国的航空承运人在产权多元化的道路上迈出了一大步。2004年获准筹建的春秋等民营航空公司的成立，为中国民航业注入了新的活力。航空公司上市，外资和民营资本的注入，为民航业的发展注入了活力，也给民航管理带来了新的课题。

3. 产品顾客化

经营国际航空运输的承运人，如果能做到全面服务当然很好，但是大多数航空公司只能是有所为，有所不为。这主要取决于目标市场的定位。产品顾客化是现代市场营销观念的体现，它要求航空公司各个部门都以市场为导向，为产品顾客化各尽其责。

4. 市场全球化

经济全球化必然导致航空运输市场全球化。任何一家航空公司的航线覆盖率都是有限的。但是市场是可以扩张的，目前最有效的方式是代码共享，可以帮助航空公司实现全球化战略。

5. 航线网络化

航线网络化是航线结构发展的第 3 个阶段。20 世纪 40 年代到 20 世纪 70 年代末，是管制市场下的点到点航线；20 世纪 80 年代是放松管制下的枢纽辐射式；20 世纪 90 年代是航空市场呈现全球化趋势，同时又出现了国际航空联盟，航线结构进入了网络化时代，要实现网络化，重要的门户航站枢纽化是必要的，而没有国际航空联盟是难以实现枢纽化的。

6. 企业联盟化

以代码共享为主要内容的航空公司的双边联盟是双赢多赢之路，从发展趋势看，今后的联盟集团将出现三足鼎立的局面，并会相对稳定一段时间。各联盟将会简化管理程序，重点突出联合销售、新产品开发和服务一体化，联盟集团的优势将会得到进一步发挥。

7. 经营数字化

20 世纪，航空公司之间的较量是以资本为主的较量，21 世纪则是信息技术的较量。目前处在由传统经济向新经济转变的时期，新经济的特点之一就是数字化。航空运输本身是高科技行业，航空运输经济必须以信息技术为基础，实现数字化经营，包括营销系统、运行系统、财务和行政管理系统的数字化等。电子分销是航空运输业的第 2 次革命，彻底改变了传统的销售模式。

8. 公司虚拟化

计算机专家预言，数字化使一切虚拟化。实际上，由于互联网的应用，我们的一只脚已经迈进了虚拟世界。未来出现虚拟的航空公司是完全有可能的。这种公司没有自己的飞机，没有维修人员和商务人员，但他们可以通过商业化的方式解决上述问题，经营定期或不定期航班。

5.1.3 航权

1. 航权的内容

“航权”（Traffic Rights）按国际惯例被称为“空中自由”，这一概念起源于 1944 年的“芝加哥会议”，也被称为“空中自由”权（Freedoms of the Air），其法律依据是 1944 年的《国际航班过境协定》（通称“两大自由协定”）和《国际航空运输协定》（通称“五大自由协定”）的规定。

（1）第一航权：领空飞越权。指一国或地区的航空公司不降落而飞越他国或地区领土的权利。例如，北京—纽约，中途飞越日本领空，那就要和日本签订领空飞越权，否则只能绕道飞行，增加燃料的消耗和飞行的时间。第一航权如图 5.1 所示。

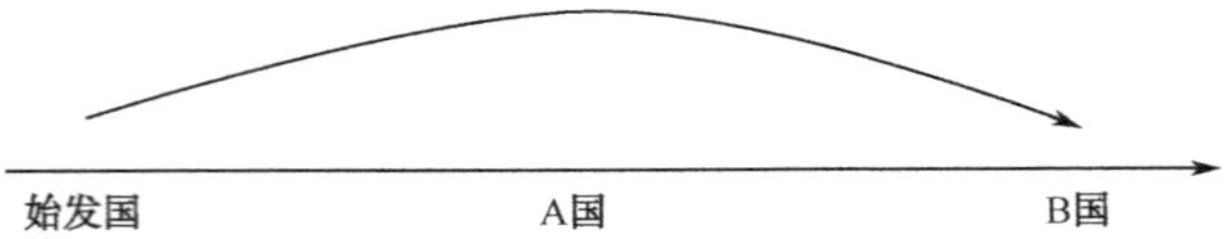

图 5.1　第一航权

（2）第二航权：技术降落权。一国或地区的航空公司在飞至另一国或地区途中，为非营运理由而降落其他国家或地区的权利，如维修、加油，但不允许上下旅客和装卸货物。第二航权如图 5.2 所示。

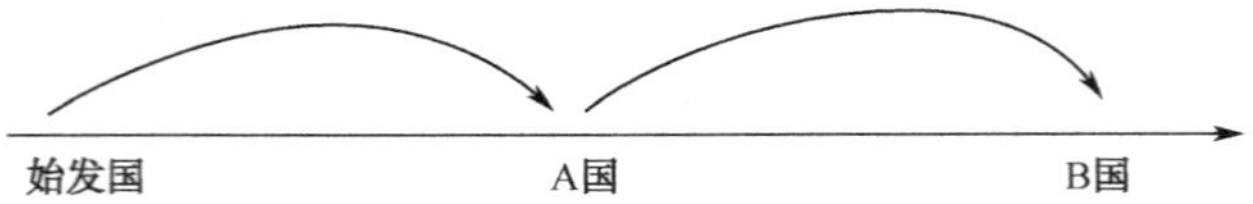

图 5.2　第二航权

（3）第三航权：目的地下客权。某国或地区的航空公司自其登记国或地区载运客货至另一国或地区的权利。例如，北京—东京，日本允许中国民航承运的旅客在东京进港。第三航权如图 5.3 所示。

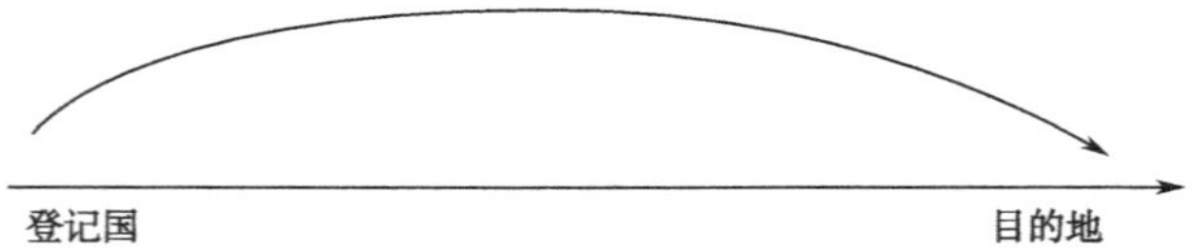

图 5.3　第三航权

（4）第四航权：目的地上客权。某国或地区的航空公司自另一国地区载运客货返回其登记国或地区的权利。例如，北京—东京，日本允许旅客搭乘中国民航的航班出境，否则中国民航只能空载返回。第四航权如图 5.4 所示。

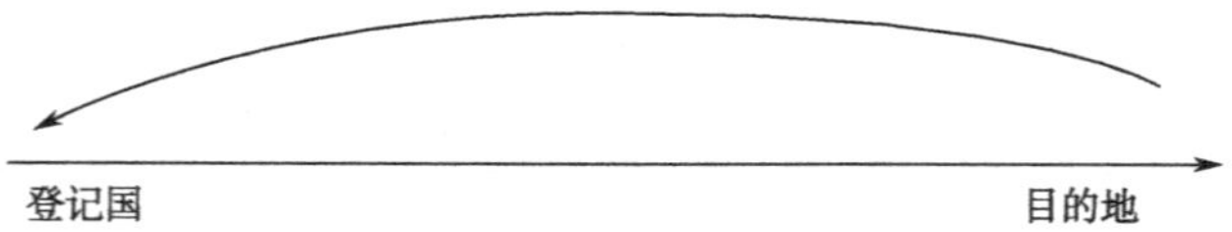

图 5.4　第四航权

（5）第五航权：中间点权或延远权。某国或地区的航空公司在其登记国或地区以外的两国或地区间载运客货，可以先在第三国的地点作为中转站上下旅客，但其班机的起点与终点必须为其登记国或地区。也就是说，第五航权是需要和两个或两个以上的国家进行谈判的。目前我国政府已经向新加坡航空公司有选择地开放了第五航权。以新加坡航空公司的货机为例，它执飞新加坡经我国厦门、南京到美国芝加哥的航线，并在厦门、南京拥有装卸国际货物的权利。第五航权如图 5.5 所示。

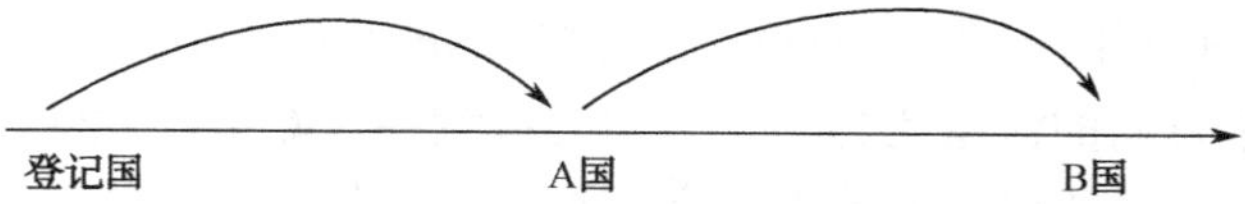

图 5.5　第五航权

（6）第六航权：桥梁权。某国或地区的航空公司在境外两国或地区间载运客货且途经其登记国或地区（此为第三及第四航权的结合）的权利。例如，伦敦—北京—首尔，中国国际航空公司将源自英国的旅客运经北京后再运送到韩国。第六航权如图 5.6 所示。

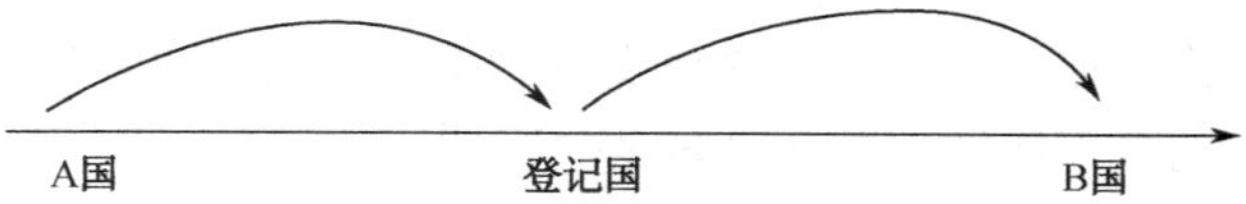

图 5.6　第六航权

（7）第七航权：完全第三国运输权。某国或地区的航空公司完全在其本国或地区领域以外经营独立的航线，在境外两国或地区间载运客货的权利。例如，伦敦—巴黎，由德国汉莎航空公司承运。第七航权如图 5.7 所示。

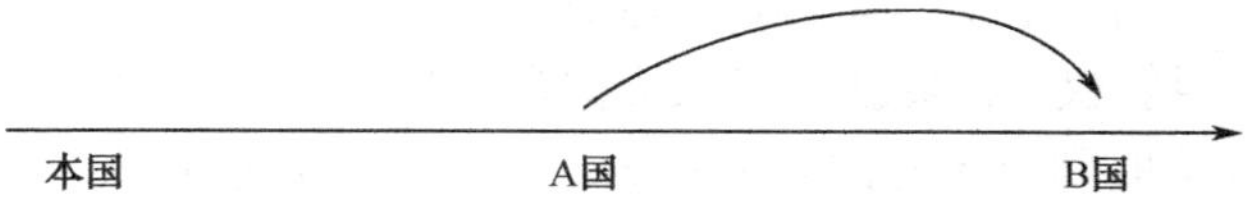

图 5.7　第七航权

（8）第八航权：国内运输权。某国或地区的航空公司在他国或地区领域内两地间载运客货的权利（境内经营权）。例如，北京—成都，由日本航空公司承运。第八航权如图 5.8 所示。

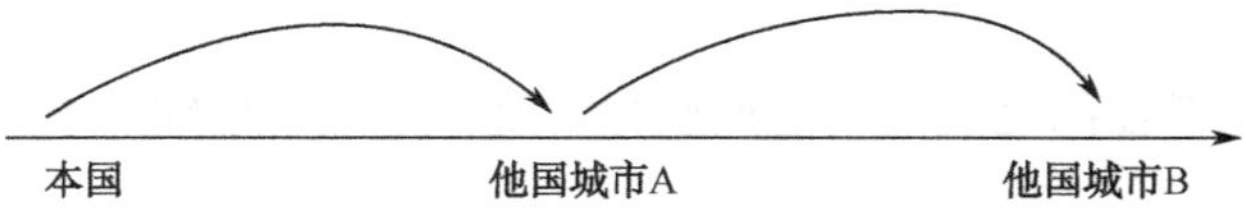

图 5.8　第八航权

2. 开放航权的意义

从航权概念形成的历史背景可以清晰地看出，“航权”是用来保护本国利益的工具。1944 年签订的《芝加哥公约》，是现行的国际航空法基本规则，所形成的国际航空运输管理制度是一种双边体制。但是，由于这一体制的复杂性，在双边谈判过程中，各国都为自己争取更多的航权而讨价还价，往往使谈判处于复杂的境地。在经济全球化的今天，旧的管理体制已经不适应航空运输在新形势下快速发展的需要。

经济全球化的核心是全球市场一体化，要求以“贸易自由化”为基本原则，推动生产要素自由流动，实现资源在全球范围内的优化配置。而国际运输，特别是国际航空运输，是生产要素得以自由流动不可缺少的重要手段。开放的市场环境，是航空货物运输得以发展的必要条件。这是由航空货物运输的特性所决定的。

（1）航空货运具有不同于客运的特点。航空货运的流向一般是不平衡，甚至是“单向”的。许多时候，一个方向的流量比另一个方向的流量要大数倍。此外，这种不平衡可能是地方性的，因为流向同时还受国家或地区之间进出口贸易不平衡的深刻影响。因此，三角运送、经枢纽运送和频繁地调整航线就成了在商业上经营货运的必要手段，航空货运价格也会因运送方向的不同而不同。为了满足这些需要，市场开放政策，包括为全货运航班规定开放的航线结构，等量的定期航班，包机的权利，以及第一～七种航权是必要的。

（2）货物因其属性通常对始发地和目的地之间所用的时间（快件除外）、航线和经停点不像旅客那样敏感。因此，货物可在枢纽集中整合，以便更快捷地运送。出于这一理由，第五种和第七种航权，充分给予了换机型的权利，并允许在单一航空器运行时合并航班号，不限机型或运力，提高了航线灵活性，这对于货物承运方迅速回应市场需求，以及仅靠自有的货运量不能支持的多点航线运营而言是至关重要的。

（3）航空货运倾向于与其他运输方式相结合，使用多种运输方式，这样可以利用偏远和少拥挤的机场进行航空货运。此外，货物要求从包装点运往交付点，对于航空货运提供人来说，拥有有效的地面服务和多式联运权，使其能提供货运服务用户所要求的无间隙服务就十分重要。

第一、第二、第三、第四种航权需要相关两国政府就有关具体问题进行双边谈判，如开放允许进入的航空公司和航班数量等，在达成协议后实施。从各种航权的概念可以看出，如果不开放第三、第四航权，机场就不能成为门户机场；如果不适度开放第五、第六航权，门户枢纽机场就不能争取到更多的国际业务量，不能迅速发展壮大。另外，对于门户枢纽机场来讲，驻机场的海关、边检等部门应适度简化检查程序，使旅客、货物能够迅速通关，实现“一票到底”。

5.1.4 航空货运方式

1. 班机运输

所谓班机运输是指在固定航线上定期航行的航班。班机运输一般有固定的始发站、到达站和经停站。

按照业务对象的不同，班机运输可分为客运航班和货运航班。顾名思义，后者只承揽货物运输，大多使用全货机。但由于到目前为止，国际贸易中经由航空运输所承运的货量有限，所以货运航班只是由某些规模较大的专门的航空货运公司或一些业务范围较广的综合性航空公司在货运量较为集中的航线开辟。对于前者，一般航空公司通常采用客货混合型飞机，在搭乘旅客的同时也承揽小批量货物的运输。

由于班机运输有固定的航线、挂靠港和航期，并在一定时间内有相对固定的收费标准，对进出口商来讲，可以在贸易合同签署之前预测货物的起运和到达时间，核算运费成本，合同的履行也较有保障，因此成为多数贸易商首选的航空货运形式。特别是近年来货运业竞争加剧，航空公司为体现航空货运的快速、准确等特点，不断加强航班的准班率（航班按时到达的比率），强调快捷的地面服务和集疏港速度，在吸引传统的鲜活货物、易腐货物、贵重货物、急需货物的基础上，又提出为企业，特别是跨国企业提供物流服务的观点，正努力成为跨国公司分拨产成品、半成品的得力助手。

但另一方面，班机运输由于多采用客货混合机型，航班以客运服务为主，货物舱位有限，不能满足大批量货物及时出运的要求，往往只能分批运输。而且，不同季节同一航线客运量的变化也会直接影响货物装载的数量，例如，在旅游旺季，航空公司首先要满足的是旅客的运输需求，有限的舱位越发显得不足，从而使得班机运输在货物运输方面存在一定程度的局限性。

2. 包机运输

由于班机运输形式下的货物舱位有限，因此当货物批量较大时，包机运输就成为重要的运输方式。包机运输通常可分为整机包机和部分包机。

所谓整机包机是指航空公司或包机代理公司按照合同中双方事先约定的条件和运价将整架飞机租给租机人（类似远洋运输中的航次租船），从一个或几个航空港装运货物至指定目的地的运输方式。部分包机则是指由几家航空货运代理公司或发货人联合包租一架飞机，或者是由包机公司把一架飞机的舱位分别卖给几家航空货运代理公司的货物运输形式。相对而言，部分包机适合于运送 1 吨以上但货量不足整机的货物，在这种形式下，货物运费较班机运输低，但由于需要等待其他货主备妥货物，因此运送时间要长。

包机运输满足了大批量货物进出口运输的需要，同时包机运输的费用比班机运输的费用低，且随国际市场供需情况而变化，给包机人带来了潜在的利益。但包机运输是按往返路程计收费用的。例如，中国民航包机的运费原则上是按照每飞行 1 千米的固定费率核收，并对空驶里程按照每飞行 1 千米运价的 80%收取空驶费，而货物的运输又在一定程度上存在着流向上的不平衡性，因此包机运输存在着回程空放的风险，这样就潜在地增加了运输成本。

与班机运输相比，包机运输可以由承租飞机的双方议定航程的起止点和中途停靠的空港，因此更具灵活性，但各国政府出于安全的需要，也为了维护本国航空公司的利益，对他国航空公司的飞机通过本国领空或降落本国领土往往大加限制，复杂烦琐的审批手续大大增加了包机运输的固定营运成本，因此目前使用包机业务的地区不多，仅仅局限于中国香港和西欧之间。

3. 集中托运

集中托运指集中托运人（Consolidator）将若干批单独发运的货物组成一整批，向航空公司办理托运，采用一份航空总运单（Master Airway Bill）集中发运到同一目的站，由集中托运人在目的地指定的代理人收货，再根据集中托运人签发的航空分运单（House Airway Bill）分拨给各实际收货人的运输方式，也是航空货物运输中开展最为普遍的一种运输方式，是航空货运代理的主要业务之一。

与货运代理人不同，集中托运人的地位类似多式联运中的多式联运经营人（MTO，Multi-modal Transport Operator）和海运集装箱运输的拼箱经营人。他承担的责任不仅仅是在始发地将货物交给航空公司，还包括在目的地提取货物并转交给不同的收货人，集中托运人承担的是货物的全程运输责任，而且在运输中具有双重角色。他对各个发货人担负货物运输责任，地位相当于承运人，而在与航空公司的关系中，他又被视为集中托运的一整批货物的托运人。

集中托运作为最主要的一种航空货运方式有着鲜明的特征，同时也给托运人带来了极大的便利，主要表现如下。

（1）由于航空运费的费率随托运货物数量的增加而降低，所以当集中托运人将若干小批量货物组成一大批出运时，能够争取到更为低廉的费率。集中托运人会将其中一部分用以支付目的地代理的费用，另一部分会返还给托运人以吸引更多的客户，其余的作为集中托运人的收益。

（2）集中托运人的专业性服务也会使托运人受益，这包括完善的地面服务网络，拓宽了的服务项目，以及更高的服务质量。例如，很多的托运人都能提供“从门到门”的服务，而且只要货主提供相应的单据就能为其办理“一关三检”的相关业务。

（3）因为航空公司的主运单与集中托运人的分运单效力相同，所以集中托运形式下托运人结汇的时间提前，资金的周转加快。集中托运流程如图5.9所示。

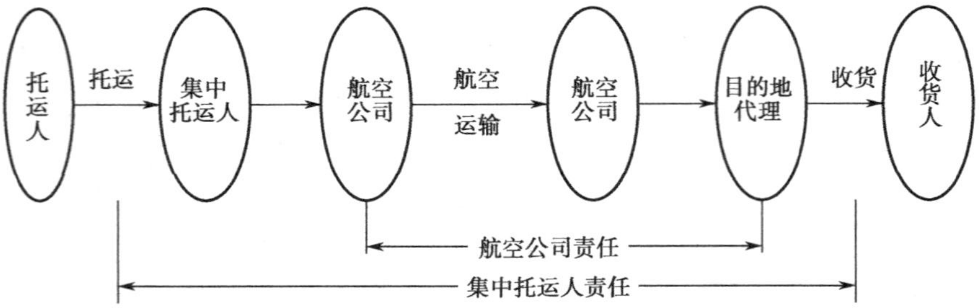

图5.9 集中托运流程

但是，集中托运也有它的局限性。

（1）贵重物品、活动物、危险品、外交信袋等，根据航空公司的规定不得采用集中托运的形式。

（2）由于在集中托运的情况下，货物的出运时间不能确定，所以不适合对易腐烂变质的货物、紧急货物或其他对时间要求高的货物进行运输。

（3）对于能够享受航空公司特种货物运价和等级货物运价的部分货物来讲，采用集中托运的方式不仅不能够享受运费的节省，而且有可能导致托运人的负担加重。

一般来讲，集中托运是按照以下的操作方法开展的。

（1）将每票货物分别制作航空运输分运单，即出具货运代理单 HAWB（House Air Waybill）。

（2）将所有货物区分方向，按照目的地相同的同一国家、同一城市集中，制作航空公司的总（主）运单 MAWB（Master Air Waybill）。总运单的发货人和收货人均为航空货运代理公司或其代理人。

（3）制作总运单项下的货物清单（Manifest），即此总运单项下有几个分运单及其号码，各自的件数、数量等。

（4）把总运单和货物清单作为一票货物交给航空公司。一份总运单可视货物的具体情况随附分运单，如一份 MAWB 内有 10 份 HAWB，说明此总运单内有 10 票货物，发给 10 个不同的收货人。

（5）货物到达目的地机场以后，当地的货运代理公司作为总运单的收货人负责接货、分拨，按照不同的分运单制作各自的报关单据，代为报关，并为实际收货人办理有关接货、送货事宜。

（6）实际收货人在分运单上签收以后，目的地的货运代理公司以此向起运地发货的货运代理公司反馈到货信息。

4. 航空快递

所谓航空快递是指具有独立法人资格的企业将进出境的货物或物品从发件人所在地通过自身或代理的网络运达收件人的一种快速运输方式。

（1）航空快递的产生和发展。航空快件传送（Air Express）是目前国际航空运输中最快捷的运输方式，它不同于航空邮寄和航空货运，由一个专门经营该项业务的公司（通常为航空货运代理公司或航空速递公司）和航空公司合作，派专人以最快的速度在货主、机场和用户之间运输和交接货物。该项业务是在国际上两个航空货运代理公司之间通过航空公司完成的。

（2）航空快递的主要业务形式。

① 门/桌到门/桌（Door/Desk to Door/Desk）。门/桌到门/桌的服务形式也是航空快递公司最常用的一种服务形式。发件人在需要时通知快递公司，公司接到电话后派人上门取件，然后将所有的快件集中到一起，根据目的地进行分拣、整理、制单、报关并发送到目的地，再由当地的分公司或指定代理办理清关、提货手续并送到收货人手中。

② 门/桌到机场（Door/Desk to Airport）。指快件到达目的地机场以后不是由快递公司办理清关提货手续并送达收货人，而是由快递公司通知收货人自己去办理相关手续。采用这种方式的大多是海关当局有特殊规定的货物，代理人无权为其办理清关手续。

（3）航空快递的特点。航空快递在很多方面与传统的航空货运业务、邮政运送业务有相似之处，但作为一项专门的业务它又有独到之处，主要表现在以下几方面。

① 收件的范围不同。航空快递的收件范围主要有文件和包裹两大类。其中文件主要是指商业文件和各种印刷品，对于包裹一般要求毛重不超过 32 千克（含 32 千克），或者外包装单边不超过 102 厘米，三边相加不超过 175 厘米。近年来，随着航空运输行业竞争日益激烈，快递公司为吸引更多的客户，对包裹大小的要求趋于放松。而传统的航空货运业务以贸易货物为主，规定每件货物体积不得小于 5 厘米×10 厘米×20 厘米。邮政业务则以私人信函为主要业务对象，对包裹要求每件重量不超过 20 千克，长度不超过 1 米。

② 经营者不同。经营国际航空快递的大多为跨国公司，这些公司以独资或合资的形式将业务深入世界各地，建立起全球网络。航空快件的传送基本上都是在跨国公司内部完成的，而国际邮政业务则通过万国邮政联盟的形式在世界上大多数国家的邮政机构之间取得合作，邮件通过两个以上国家邮政当局的合作完成传送。国际航空货物运输则主要采用集中托运的形式，或者直接由发货人委托航空货运代理人进行，货物到达目的地后再通过发货地航空货运代理的关系人代为转交到收货人的手中。业务操作中除涉及航空公司外，还要依赖航空货运代理人的协助。

③ 经营者内部的组织形式不同。邮政运输的传统操作理论是接力式传送。航空快递公司大多采用中心分拨理论（或称转盘分拨理论）组织起全球的网络，简单来讲就是快递公司根据自己业务的实际情况在中心地区设分拨中心。将各地收集起来的快件，按所到地区

分拨完毕，装上飞机，当晚各地飞机飞到分拨中心，各自交换快件后飞回。第 2 天清晨，快件再由各地分公司用汽车送到收件人办公桌上。这种方式看上去似乎不太合理，但由于中心分拨理论减少了中间环节，快件的流向简单清楚，减少了错误，提高了操作效率，缩短了运送时间，事实证明这种方式是经济、有效的。

④ 使用的单据不同。航空货运使用的是航空运单，邮政使用的包裹单，航空快递业也有自己独特的运输单据——交付凭证（Proof of Delivery，POD）。交付凭证一式四份，第 1 联留在始发地并用于出口报关；第 2 联贴附在货物表面，随货同行，收件人可以在此联签字表示收到货物（交付凭证由此得名），但通常快件的收件人在快递公司提供的送货记录上签字，而将此联保留；第 3 联作为快递公司内部结算的依据；第 4 联作为发件凭证留存发件人处，同时该联背面印有条款，一旦产生争议可作为判定当事各方权益、解决争议的依据。

⑤ 航空快递的服务质量更高。主要体现在以下方面。

a．速度更快。航空快递自诞生之日起就强调快速的服务，速度又被称为整个行业生存之本。一般洲际快件运送在 1～5 天内完成，地区内部只要 1～3 天，这样的传送速度无论是传统的航空货运还是邮政运输都是很难达到的。

b．更加安全、可靠。因为在航空快递形式下，快件运送自始至终是在同一公司内部完成的，各分公司操作规程相同，服务标准也基本相同，而且同一公司内部信息交流更加方便，客户可以直接登录快递公司的主页随时查询货物在途信息，了解动态。对客户的高价值易破损货物的保护也会更加妥帖，所以运输的安全性和可靠性也更好。与此相反，因为邮政运输和航空货物运输都涉及不止一位经营者，各方服务水平参差不齐，所以较容易出现货损和货差的现象，而且由于在不同经营者之间经常出现信息真空地带，托运人无法在第一时间得到货物的信息，一旦发生货损、货差事故，各个经营人之间经常会出现推诿责任的现象。

c．更方便。确切地说，航空快递不只涉及航空运输一种运输形式，它更像是陆空联运，通过将业务由机场延伸至客户的仓库、办公桌，航空快递真正实现了“从门到门”的服务，方便了客户。此外，航空快递公司对一般包裹代为清关，针对不断发展的电子网络技术又率先采用了 EDI（Electronic Data Interchange，电子数据交换）报关系统，为客户提供了更为便捷的网上服务，而快递公司特有的全球性计算机跟踪查询系统也为有特殊需求的客户带来了极大的便利。

当然，航空快递同样有自己的局限性，如快递服务所覆盖的范围不如邮政运输广泛。国际邮政运输综合了各国的力量，可以说有人烟的地方就有邮政运输的足迹，但航空快递毕竟是靠某个跨国公司的一己之力，所以各快递公司的运送网络只能包括那些商业发达、对外交流多的地区。

子任务二 航空运输设备设施

航空运输的设备设施主要包括航空港、航路和航线、航班和航段等，它们构成了辐射式航线网络。

5.2.1 航空港

航空港是航空运输的经停点，也叫航空站或机场，是飞机起飞、降落、停放，以及组织、保障飞机活动的场所，航空港区域划分如图 5.10 所示。

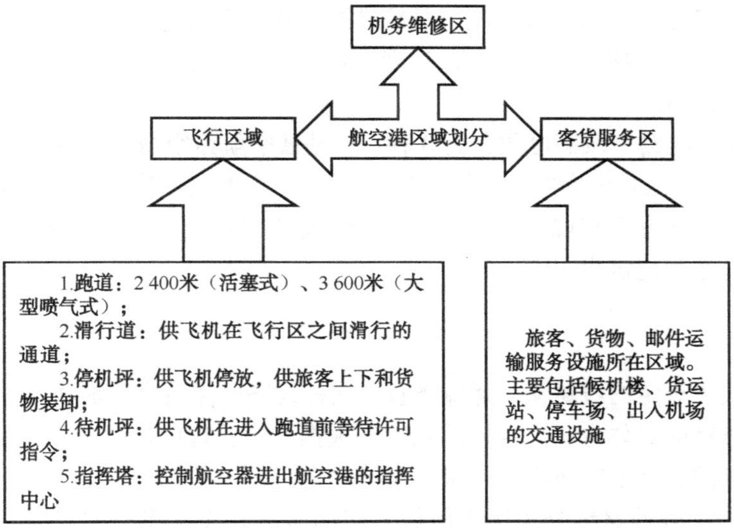

图 5.10 航空港区域划分

知识链接

干线航空港和支线航空港

航空港按照所处的位置分为干线航空港和支线航空港。按业务范围分为国际航空港和国内航空港，其中国际航空港需要经政府核准，可以用来供国际航线的航空器起降营运，空港内配有海关、移民、检疫和卫生机构；而国内航空港仅供国内航线的航空器使用，除特殊情况外不对外国航空器开放。

通常来讲，航空港内配有以下设施。

（1）跑道与滑行道：前者供航空器起降，后者是航空器在跑道与停机坪之间出入的通道。

（2）停机坪：供飞机停留的场所。

（3）指挥塔或管制塔：航空器进出航空港的指挥中心，其位置应有利于指挥与航空管制，维护飞行安全。

（4）助航系统：辅助航空器安全飞行的设施，包括通信、气象、雷达、电子及目视助航设备。

（5）输油系统：为航空器补充油料。

（6）维护修理基地：为航空器做归航以后或起飞以前的例行检查、维护、保养和修理。

（7）货站。

（8）其他各种公共设施：包括水、电、通信交通、消防系统等。

5.2.2 航路和航线

1. 航路

民航运输服务是航空器跨越天空，在两个或多个机场之间的飞行。为了保障飞行安全，必须在机场之间的空中为这种飞行提供相对固定的飞行线路，使之具有一定的方位、高度和宽度，并且在沿线的地面设有无线电导航设施。这种经政府有关当局批准的，飞机能够在地面通信导航设施指挥下沿具有一定高度、宽度和方向在空中进行航载飞行的空域，就称为航路（Air Way）。

在欧美国家，航路空域高度层分为 3 种：一是低空航路空域，宽 16 千米，平均海拔高度在 4 423 米以下；二是中空航路空域，宽 26 千米，平均海拔高度在 4 423～7 320 米；三是高空航路空域，宽度没有规定，高度在平均海拔 7 320 米以上，专供喷气式飞机使用。我国民用航路的宽度规定为 20 千米。

2. 航线

民航必须按照规定的线路从事运输飞行，这种线路叫做航空交通线，简称“航线”。航线不仅确定了航行的具体方向、经停地点，还根据空中管理的需要规定了航路的宽度和飞行的高度层，以维护空中交通秩序，保证飞行安全。

航线按飞机飞行的路线分为国内航线和国际航线。飞机飞行的线路起讫点、经停点均在国内的称为国内航线；飞机飞行的线路跨越本国国境，通达其他国家的航线称为国际航线。

由于国内运输与国际运输的规则不同，使用的一些规章制度以及索赔的赔偿标准也大相径庭，因此必须深刻理解两者的定义。华沙公约（该公约于 1958 年 10 月 18 日正式对我国生效）中对国际运输的定义如下。

国际运输是指根据有关各方所订的合同，不论在运输中是否有间断或转运，其出发地和目的地均是在两个缔约国的领土内，或者是在一个缔约国的领土内，但在另一个缔约国或非缔约国的主权、宗主权、委任统治权或权力管辖下的领土内有一个议定的经停地点的任何运输。在同一缔约国的主权、宗主权、委任统治权或权力管辖下的领土间的运输，如果没有这种议定的经停地点，就本公约而言不得作为国际运输。

3. 航线的开辟

开辟航线属于航线网建设，应有计划、有步骤地进行，它是民航企业经营的大事，在政治上和经济上都具有重大意义。它涉及国民经济中统一运输网的建立，全国机场兼顾民用军需的合理布局，生产力的配置，城市发展规划，国家基建投资，运输工具的类型及运输能力的发展规划等一系列需要进行全面规划与综合考虑的重大问题。一般来讲，开辟航线是指在原有航线网的基础上增辟新线。这需要事先进行深入细致的可行性调查研究分析，主要包括以下 3 个方面。

（1）客观需要的情况。

（2）开辟航次的可能性。

（3）经济效益的预测。

民航运输是为满足国家的政治、经济、国防、外交、科学文化各方面的需要以及人民生活的需要服务的，要以国家的方针、政策和任务为指导，对准备开航的地点进行调查，掌握当地及附近地区对航空运输的需求情况，同时要摸清现有地面运输的客货流量、流向和消长变化规律。开辟航线不但要按客观经济规律办事，而且还要按自然规律办事。若需要修建机场，则需要对当地的气象、地质等情况进行深入的调查，要了解器材、油料的运输条件，对机场建设包括选址、勘测、设计、施工以及建设周期、基建投资额等做出计划。在经营管理方面，要研究适用的机型、班次密度、班期时刻、运价水平，并根据掌握的资料进行业务预测，估算收入和利润。在通盘考虑主、客观条件后，如认为具有开辟航线的必要性和可能性，应报请有关部门批准后执行。

5.2.3 航班和航段

1. 航班

飞机由始发站起飞，按照规定的航线经过经停站至终点站做运输飞行的称为航班。航班分为去程航班和回程航班。班次是指在单位时间内（通常用一个星期计算）飞行的班数，包括去程和回程。在机型不变的情况下，班次增多表明提供的运输能力增强。班次是根据客观需要和主观能力来确定的。

在国际航线上飞行的航班为国际航班，在国内航线上飞行的航班为国内航班。中国国内航空公司的航班号由执行航班任务的航空公司的两个字母代码和 4 个阿拉伯数字组成。如 CA1501，表示中国国际航空公司自北京至上海的航班。

航空公司代码由民航总局规定并公布。后面的 4 位数字第 1 位代表航空公司的基地所在地区，第 2 位表示航班的基地外终点所在地区，第 3、第 4 位表示这次航班的序号，单数为由基地出发向外飞的去程航班，双数表示飞回基地的回程航班。例如，MU5305，上海—广州航班，MU 为中国东方航空公司代码，5 代表上海所在的华东地区，3 代表广州所在的华南地区，05 为序号，单数是去程航班。如表 5.1 所示为我国部分航空公司代码，如表 5.2 所示为国内部分民航地区管理局所在地代码。

表 5.1　我国部分航空公司代码

航空公司名称	代　　码
中国国际航空集团公司	CA
中国东方航空集团公司	MU
中国南方航空集团公司	CZ
上海航空公司	FM
海南航空公司	HU
厦门航空公司	MF

表 5.2　国内部分民航地区管理局所在地代码

民航地区管理局名称	所在地代码
华北管理局	1
西北管理局	2
华南管理局	3
西南管理局	4
华东管理局	5

2. 航段

航段通常分为旅客航段（Segment，简称“航段”）和飞行航段（Leg，通常称为“航节”）。旅客航段指能够构成旅客航程的航段，例如，北京－上海－旧金山航线，旅客航程有 3 种可能：北京－上海、上海－旧金山和北京－旧金山。飞行航段是指航班飞机实际飞行的航段，例如，北京－上海—旧金山航线，飞行航段为北京—上海和上海－旧金山。

5.2.4　航空器

1. 飞机

航空器主要是指飞机。

常见的飞机有螺旋桨式飞机、喷气式飞机和超音速飞机。螺旋桨式飞机与船舶行进的原理类似，就是利用螺旋桨的转动将空气向机后推动，借其反作用力推动飞机前进。所以螺旋桨转速越高，飞行速度越快。但当螺旋桨转速高到某一程度时，会出现空气阻碍（Air Barrier）的现象，即螺旋桨四周已成真空状态，即使加速螺旋桨的转速，飞机的速度也无法提升。喷气式飞机最早由德国人在 20 世纪 40 年代制成，是将空气多次压缩后喷入飞机燃烧室内，使空气与燃料混合燃烧后产生大量气体以推动涡轮，然后于机后以高速将空气排出机外，借其反作用力使飞机前进。它的结构简单，制造、维修方便，速度快，节约燃料费用，装载量大，使用率高（每天可飞行 16 小时），所以目前已经成为世界各国机群的主要机型。超音速飞机是指航行速度超过音速的飞机，如英、法联合研制的协和式（Concorde）飞机。目前由于超音速飞机耗油大、载客少、造价昂贵、使用率低，许多航空公司对它望而却步。又由于它的噪声很大，被许多国家的机场以环境保护为由拒之门外，或者被限制在一定的时间内起降，因而限制了它的发展。

按照用途的不同，飞机可分为客机、全货机和客货混合机。客机主要运送旅客，一般行李装在飞机的深舱。到目前为止，航空运输仍以客运为主，客运航班密度高、收益大，所以大多数航空公司都采用客机运送货物。不足的是，由于舱位少，每次运送的货物数量十分有限。全货机运量大，可以弥补客机的不足，但经营成本高，只限于在某些货源充足的航线使用。客货混合机可以同时在主甲板运送旅客和货物，并根据需要调整运输安排，是最具灵活性的一种机型。

2. 飞机的装载限制

（1）重量限制。飞机制造商规定了每一货舱可装载货物的最大重量限制。在任何情况下，其所装载的货物重量不可以超过此限额。否则，飞机的结构很有可能遭到破坏，飞行安全受到威胁。

（2）容积限制。由于货舱内可利用的空间有限，因此，这也成为运输货物的限定条件之一。轻泡货物因已占满了货舱内的所有空间，故未达到重量限额。相反，高密度货物的重量已达到限额而货舱内仍会有很多的剩余空间无法利用。将轻泡货物和高密度货物混合装载，是比较经济的解决办法。承运人有时会提供一些货物的密度参数作为混运装载的依据，如服装类货物的密度约为 120.0 千克/立方米。

（3）舱门限制。由于货物只能通过舱门进入货舱内，货物的尺寸必然会受到舱门的限制。为了便于确定一件货物是否可以装入散舱，飞机制造商提供了散舱舱门尺寸表，如表 5.3 所示为波音 737 舱门尺寸表，表内数据以厘米/英寸两种计量单位公布。例如，一件尺寸为 240 厘米×70 厘米×60 厘米的货物装载在 B737 散舱内，则货物的长度限额为 241 厘米。

表 5.3 波音 737 舱门尺寸表 **单位：厘米/英寸**

高度（Height）	宽度（Width）								
	12	25	38	50	63	76	88	101	114
	5	10	15	20	25	30	35	40	45
12	492	485	477	472	462	459	429	241	241
5	194	191	188	186	182	181	169	95	95
25	482	477	469	464	452	449	241	241	241
10	190	188	185	183	178	177	95	95	95
30	477	472	467	459	449	444	241	241	241
12	188	186	184	181	177	175	95	95	95
35	472	467	462	457	444	441	241	241	241
14	186	184	182	180	175	174	95	95	95
40	467	462	459	452	441	429	241	241	241

续表

高度（Height）	宽度（Width）								
	12	25	38	50	63	76	88	101	114
	5	10	15	20	25	30	35	40	45
16	184	182	181	178	174	169	95	95	95
45	462	457	454	447	436	241	241	241	241
18	182	180	179	176	172	95	95	95	95
50	457	452	449	441	434	241	241	241	241
20	180	178	177	174	171	95	95	95	95
55	449	444	441	434	416	241	241	241	241
22	177	175	174	171	164	95	95	95	95
60	444	439	436	426	398	241	241	241	241
24	175	173	172	168	157	95	95	95	95
66	436	431	429	414	381	241	241	241	241
26	172	170	169	163	150	95	95	95	95
71	429	421	416	398	363	241	241	241	241
28	169	166	164	157	143	95	95	95	95
76	416	406	403	381	345	241	241	241	241
30	164	160	159	150	136	95	95	95	95
81	396	388	383	355					
32	156	153	151	140					
86	365	360	350	314					
34	144	142	138	124					

（4）地板承受力。飞机货舱内每平方米的地板可承受一定的重量，如果超过它的承受能力，地板和飞机结构很有可能遭到破坏。因此，装载货物时应注意不能超过地板承受力的限额。

在实际操作中，可以按照以下公式计算出地板承受货物的实际压强：

地板承受力=货物的重量/地板接触面积

如果超过飞机的地板承受力的最大限额，应使用 2～5 厘米厚的垫板，加大地面面积，可以按照以下公式计算出所需垫板的最小面积：

垫板面积=货物的重量/地板承受力限额

5.2.5 集装设备

航空运输中的集装设备主要是指为提高运输效率而采用的托盘、集装箱等成组装载设备。为使用这些设施，飞机的甲板和货舱都设置了与之配套的固定系统。

由于航空运输的特殊性，这些集装设备无论从外形构造还是技术性能指标都具有自身的特点。以集装箱为例，就有主甲板集装箱和底甲板集装箱之分。我们在海运中常见的 40 英尺和 20 英尺的标准箱只能装载在宽体飞机的主甲板中。

子任务三 航空运输流程

5.3.1 航空出口货物运输流程

航空货物出口程序是指航空货运代理公司从发货人手中接货，到将货物交给航空公司承运这一过程所需要通过的环节，所需要办理的手续，以及必备的单证。它的起点是从发货人手中接货，终点是将货物交给航空公司。出口业务环节包括：托运受理、订舱、接单接货、制单、进行出口商品的相关检验、出口报关、发运、费用结算、信息传递。

1. 托运受理

托运人即发货人。发货人在货物出口地寻找合适的航空货运代理公司，为其代理空运订舱、报关、托运业务；航空货运代理公司根据自己的业务范围、服务项目等接受托运人委托，并要求其填制航空货物托运书，以此作为委托与接受委托的依据，同时，提供相应的装箱单、发票。

货物托运一般有以下几点规定值得注意。

（1）托运人托运货物一般应在民航营业时间到航空公司市内货运营业处，或者承办航空货运业务的航空代理公司货运部办理。托运人如托运大量、超大、超重、大批贵重易碎及需要特殊照料和赶班机运送的货物，可请托运人或应托运人的要求按约定时间在机场办理。

（2）托运人托运货物凭本人居民身份证或其他有效身份证件，填写货物托运书，向承运人或其代理人办理托运手续。如果承运人或其代理人要求出具单位介绍信或其他有效证明时，托运人也应予以提供。

（3）托运政府规定限制运输的货物，以及需要办理公安和检疫等手续的货物，均应随附有效证明文件。

（4）托运货物的重量、体积、包装、标记等均应符合民航的规定。

（5）在货物中不得夹带政府禁止运输和限制运输的物品和危险品。

（6）每张货物托运书，只能托运到达一个地点、一个收货人的货物。

（7）属于下列情况的，不能用同一张货物托运书托运：运输条件不同的货物，如急救药物和普通货物；不同运价的货物，如动物和普通货物。

（8）个人托运的物品，必须在货物托运书上详列物品的内容和数量。

2. 订舱

订舱指航空货运代理公司向航空公司申请运输并预订舱位的行为。订舱须按发货人的要求和货物本身的特点而定。大宗货物、紧急物资、鲜活易腐物品、危险物品、贵重物品等，必须预订舱位；非紧急的零散货物，可以不预先订舱。

订舱的具体做法和基本步骤：接到发货人的发货预报后，向航空运输部门领取并填写订舱单，写明货物的体积、名称、重量、件数、目的港和要求出运的时间。航空公司根据实际情况安排航班和舱位。

3. 接单接货

接单，就是航空货运代理公司在订妥舱位后，从发货人手中接过货物出口所需的一切单证，其中主要是报关单证。

接货，是指航空货运代理公司把即将发运的货物从发货人手中接过来并运送到机场。

接货与接单同时进行。接货时应根据发票和装箱单清点货物，核对货物的数量、品名、合同号是否与货运单据一致，检查货物外包装是否符合运输要求，有无残损，然后与发货人办理交接手续。

货物接到机场后，或者先入货运代理仓库，或者直接进入航空公司或地面服务公司的仓库。

4. 制单

航空货运代理公司缮制航空货运单，包括总运单和分运单。它是空运出口业务中最重要的环节，运单填写的正确与否直接关系到货物能否及时、准确地运达目的地。

运单号由 11 位数字组成，前 3 位与后 8 位之间间隔一定的距离，前 3 位数字为航空公司的代号，如中国国际航空公司的代号为 999，日本航空公司的代号为 131，法国航空公司的代号为 057；后 8 位数字的前 7 位是顺序号，第 8 位数字为检查号。

货物的实际重量，以在航空公司计量处过磅所取得的重量为准，重量单位用千克或磅来表示。

运价类别一般用“M”、“N”、“Q”、“C”、“R”、“S”等代号来表示。

5. 进行出口商品的相关检验

根据出口商品的种类和性质，按照进、出口国家的有关规定，对其进行商品检验、卫生检验、动植物检验等。

6. 出口报关

出口报关是指发货人或其代理人在发运货物之前，向出境地海关提出办理出口手续的过程。

报关的第一环节是初审，初审通过后，将报关单证交海关审单部门，审单无误后，海关官员即在用于发运的运单正本上加盖放行章，同时在出口收汇核销单和出口报关单上加盖放行章，在发货人用于出口产品退税的单据上加盖验讫章。至此完成出口报关。

7. 发运

发运是向已事先预订好舱位的航空公司交单交货，由航空公司安排航空运输。

交单是将随机单据和应由承运人留存的单据交给航空公司。随机单据包括第 3 联航空运单正本、发票、装箱单、产地证明、品质鉴定书。

交货是把与单据相符的货物交给航空公司。

8. 费用结算

主要涉及同发货人、承运人和国外代理人 3 个方面的结算，即向发货人收取航空运费、地面运费及各种手续费、服务费，向承运人支付航空运费并向其收取佣金，可按协议与国外代理结算到付运费及利润分成。

9. 信息传递

航空货运代理公司在发运货物后，及时将发运信息传递给发货人，向其提供航班号、运单号和出运日期等，并随时提供货物在运输过程中的准确信息。

5.3.2 航空进口货物运输流程

航空货物进口程序是指航空货物从入境到提取或转运的整个过程中所需通过的环节、所需办理的手续以及必备的单证。航空货物入境后，要经过各个环节才能提出海关监管场所，而每经过一道环节都要办理一定的手续，同时，出具相关的单证，如商业单据、运输单据及所需的各种批文和证明等。在入境地海关清关的进口货物，其流程是：到货→分类整理→到货通知→缮制单证→报关→提货→费用结算。

1. 到货

在国外发货之前，由外方将运单、航班、件数、重量、品名、实际收货人及其地址、联系电话等内容通过传真或电子邮件发至目的地，这一过程被称为预报。到货预报的目的是让目的地做好接货前的所有准备工作。对于到货预报，要注意中转航班和分批货物的情况。中转点航班的延误会使实际到达时间和预报时间出现差异；从国外一次性运来的货物在国内中转时，由于国内载量的限制，往往采用分批的方式进行运输。

航空货物入境后，即处于海关监管之下，相应的货物存在海关监管仓内。同时，航空公司根据运单上的收货人发出到货通知。

2. 分类整理

航空货运代理公司在取得航空运单后，根据自己的习惯进行分类整理，其中集中托运货物和单票货物、运费预付和运费到付货物应区分开来。

集中托运货物需要对总运单项下的货物进行分拨，对每一分运单的货物分别进行处理。分类整理后，航空货运代理公司可将每票货物编上公司内部的编号，以便于用户查询和内部统计。

3. 到货通知

航空货运代理公司根据收货人资料寄发到货通知，告知其货物已到港，催促其速办报关、提货手续。货物到目的港后，为减少货主仓储费，避免海关滞报金，应尽早、尽快、尽妥通知货主到货情况，提请货主配齐有关单证，尽快报关。实践中，“早”，是指到货后，第 1 个工作日内就要设法通知货主；“快”，是指尽可能用传真、电话预先通知客户，单证需要传递的，尽可能使用特快专递，以缩短传递时间；“妥”，要求保证在一星期内以电函、信函形式第 3 次通知货主，并应将货主尚未提货情况告知发货人，两个月时，再以电函、信函形式第 4 次通知货主，3 个月时，货物可能已交海关处理，此时再以信函形式第 5 次通知货主，告知货主货物将被处理，提醒货主采取补救办法。

到货通知应向货主提供到达货物的以下信息：运单号、分运单号、货运公司；件数、重量、体积、品名、发货公司、发货地；运单、发票上已编注的合同号，随机已有单证数量及尚缺的报关单证；运费到付数额，地面服务收费标准；集运商及仓库的地址（地理位置图）、电话、传真、联系人；提示货主海关关于超过 14 天报关收取滞报金，以及超过 3 个月未报关货物上缴海关处理的规定。

4. 缮制单证

根据运单、发票及证明货物合法进口的有关批文缮制报关单，并在报关单的右下角加盖报关单位的报关专用章。

5. 报关

将制作好的报关单证连同正本的货物装箱单、发票、运单等递交海关，向海关提出办理进口货物报关手续。海关在经过初审、审单、征税等环节后，放行货物。只有经过海关放行后的货物才能提出海关监管场所。

6. 提货

凭借盖有海关放行章的正本运单到海关监管场所提取货物，并送货给收货人，收货人也可自选提货。在海关监管场所提货时，仓库方面会检验提货单据上各类报关、报验章是否齐全，并登记提货人的单位、姓名、身份证号以确保发货安全。货物交接时须再次检查货物外包装情况，遇有破损、短缺，应向货主交代清楚。对分批到达货物，收回原提货单，出具分批到达提货单，待后续货物到达后，通知货主再次提取。因航空公司责任造成的破损、短缺，应由航空公司签发商务记录。因集运商责任造成的破损、短缺，应由代理公司签发商务记录，并应尽可能会同货主、商检单位尽快在仓库进行商品检验，确定货损程度，避免以后运输中货损情况加剧。

7. 费用结算

货主或委托人在收货时，应结清各种费用，如到付运费、垫付佣金、单证、报关费、仓储费（含冷藏、冷冻、危险品、贵重品特殊仓储费）、装卸费、铲车费、航空公司到港仓储费、海关预录费、检验等代收代付费、关税及垫付佣金等。

5.3.3 航空货运单证

1. 航空运单的性质、作用

航空运单（Air Waybill）与海运提单有很大不同，却与国际铁路运单相似。它是由承运人或其代理人签发的重要的货物运输单据，是承托双方的运输合同，其内容对双方均具有约束力。航空运单不可转让，持有航空运单并不能说明可以对货物要求所有权，因此并不是物权的象征，不能背书转让，提单的抬头只能为记名式，而不能写成“to order”或“to bearer”的字样。

（1）航空运单是发货人与航空承运人之间的运输合同。在传统的远洋运输业务中，提单可以作为运输合同的一部分，但除此之外，托运人与承运人之间通常还要签署一份正式的合同，就一些要约达成共识。与海运提单不同，航空运单不仅证明航空运输合同的存在，而且航空运单本身就是发货人与航空运输承运人之间缔结的货物运输合同，在双方共同签署后产生效力，并在货物到达目的地并交付运单上所记载的收货人后失效。

（2）航空运单是承运人签发的已接收货物的证明。航空运单也是货物收据，在发货人将货物发运后，承运人或其代理人就会将其中一份交给发货人（发货人联），作为已经接受货物的证明。除非另外注明，它是承运人收到货物并在良好条件下装运的证明。

（3）航空运单是承运人据以核收运费的账单。航空运单分别记载着属于收货人负担的费用，属于应支付给承运人的费用和应支付给代理人的费用，并详细列明费用的种类、金额，因此可作为运费账单和发票。承运人往往也将其中的承运人联作为记账凭证。

（4）航空运单是报关单证之一。出口时航空运单是报关单证之一。在货物到达目的地机场进行进口报关时，航空运单也通常是海关查验放行的基本单证。

（5）航空运单同时可作为保险证书。如果承运人承办保险或发货人代办保险，那么航空运单也可用来作为保险证书。

（6）航空运单是承运人内部业务的依据。航空运单随货同行，证明了货物的身份。运单上载有有关该票货物发送、转运、交付的事项，承运人会据此对货物的运输做出相应安排。

航空运单的正本一式三份，每份都印有背面条款，其中一份交发货人（蓝色），是承运人或其代理人接收货物的依据；第二份由承运人留存（绿色），作为记账凭证；最后一份随货同行（粉红色），在货物到达目的地，交付收货人时作为核收货物的依据。

2. 航空运单的分类

航空运单主要分为两大类。

（1）航空主运单（MAWB，Master Air Waybill）。凡是由航空运输公司签发的航空运单就称为主运单，如表 5.4 所示。它是航空运输公司据以办理货物运输和交付的依据，是航空公司和托运人订立的运输合同，每批航空运输的货物都有自己相对应的航空主运单。

表 5.4 航空主运单

ORIGINAL 2（FOR CONSIGNEE）

Shipper's Name and Address | Shipper's Account Number

NOT NEGOTIABLE
Air Waybill
Issued by

IATA

Copies 1, 2 and 3 of this Air Waybill are originals and have the same Validity.

Consigness's Name and Address | Consignee's Account Number

It is agreed that the goods described herein are accepted in apparent good order and condition（except as noted）for carriage SUBJECT TO THE CONDITIONS OF CONTRACT ON THE REVERSE HEREOF.ALL GOODS MAY BE CARRIED BY ANY OTHER MEANS INCLUDING ROAD OR ANY OTHER CARRIER UNLESS SPECIFIC CONTRARY INSTRUCTIONS ARE GIVEN HEREON BY THE SHIPPER,AND SHIPPER AGREES THAT THE SHIPMENT MAY BE CARRIED VIA INTERMEDIATE STOPPING PLACES WHICH THE CARRIER DEEMS APPROPRIATE THE SHIPPER'S ATTENTION IS DRAWN TO THE NOTICE CONCERNING CARRIERS LIMITATION OF LIABILITY Shipper may increase such limitation of liability by declaring a higher value for carriage and paying a supplemental charge if required.

Issuing Carrier's Agent Name and City

Agent's IATA Code | Account No.

Accounting Information

Airport of Departure（Addr of First Carrier）and Requested Routing

To | By First Carrier | Routing and Destination | to | by | to | by | Currency | CHGS Code | WT/Val (PPD, COLL) | Other (PPD, COLL) | Declared Value for Carriage | Declared Value for Customs

Airport of Destination | Flight/Date | Amount of Insurance | INSURANCE-if Carrier offers insurance，and such insurance is requested in accordance with the conditions thereof，indicate amount to be insured in figures in box marked 'Amount of Insurance'.

Handing Information

SCI

No.of Pieces RCP | Gross Weight | kg lb | Rate Class | Commodity Item No. | Chargeable Weight | Rate / Charge | Total | Nature and Quantity of Goods（Incl.Dimensions or Volume）

Prepaid | Weight Charge | Collect

Other Charges

Valuation Charge

Tax

Total other Charges Due Agent

Shipper certifies that the particulars on the face hereof are correct and that insofar as any part of the consignment contains dangerous goods, such part is properly describe by name and is in proper condition for carriage by air according to the applicable Dangerous Goods Regulations.

Total other Charges Due Carrier

Signature of Shipper or his Agent

Total Prepaid | Total Collect

Currency Conversion Rates | CC Charges in Dest.Currency

Executed on（date） at（Place） Signature of Issuing（or its Agent）

For Carrier Use only at Destination | Charges at Destination | Total Collect Charges

（2）航空分运单（HAWB，House Air Waybill）。集中托运人在办理集中托运业务时签发的航空运单被称为航空分运单，如表 5.5 所示。

表 5.5 航空分运单

ORIGINAL 3（FOR SHIPPER）

Shipper's Name and Address | Shipper's Account Number

NOT NEGOTIABLE
港龙航空DRAGONAIR
AIR WAYBILL（AIR CONSIGNMENT NOTE）
ISSUED BY Hong Kong Dragon Airlines Limited
DRAGONAIR HOUSE, 11 TUNG FAI ROAD,
HONG KONG INTERNATIONAL AIRPORT, LANTAU, HONG KONG

Copies 1,2 and 3 of this Air Waybill are originals and have the same Validity.

Consigness's Name and Address | Consignee's Account Number

Telephone：

It is agreed that the goods described herein are accepted in apparent good order and condition（except as noted）for carriage SUBJECT TO THE CONDITIONS OF CONTRACT ON THE REVERSE HEREOF.ALL GOODS MAY BE CARRIED BY ANY OTHER MEANS INCLUDING ROAD OR ANY OTHER CARRIER UNLESS SPECIFIC CONTRARY INSTRUCTIONS ARE GIVEN HEREON BY THE SHIPPER,AND SHIPPER AGREES THAT THE SHIPMENT MAY BE CARRIED VIA INTERMEDIATE STOPPTYING PLACES WHICH THE CARRIER DEEMS APPROPRIATE THE SHIPPERS ATTENTION IS DRAWN TO THE NOTICE CONCERNING CARRIERS LIMITATION OF LIABILITY Shipper may increase such limitation of liability by declaring a higher value for carriage and paying a supplemental charge if required.

Issuing Carrier's Agent Name and City | Accounting Information

Agent's IATA Code | Account No.

Airport of Departure（Addr of First Carrier）and Requested Routing | Reference Number | Optional Shipping Information

To | By First Carrier | Routing and Destination | To | By | To | By | Currency | CHGS Code | WT/VAL (PPD, COLL) | Other (PPD, COLL) | Declared Value for Carriage | Declared Value for Customs

Airport of Destination | Flight/Date | Amount of Insurance | INSURANCE-if Carrier offers insurance，and such insurance is requested in accordance with the conditions thereof，indicate amount to be insured in figures in box marked 'Amount of Insurance'.

Handling Information
（For U.S.A. use only）These commodities,technology or software were exported from the United States in accordance with the Export Administration Regulations. Diversion contrary to USA law prohibited. | SCI

No.of Pieces RCP	Gross Weight	kg lb	Rate Class / Commodity Item No.	Chargeable Weight	Rate / Charge	Total	Nature and Quantity of Goods (Incl.Dimensions or Volume)

Prepaid | Weight Charge | Collect

Other Charges

Valuation Charge

Tax

Total other Charges Due Agent

Shipper certifies that the particulars on the face hereof are correct and that insofar as any part of the consignment contains dangerous goods, such part is properly describe by name and is in proper condition for carriage by air according to the applicable Dangerous Goods Regulations.

Total other Charges Due Carrier

Signature of Shipper or his Agent

Total Prepaid | Total Collect

Currency Conversion Rates | CC Charges in Dest.Currency

Executed on （date） at （Place） Signature of Issuing （or its Agent）

For Carrier's Use only at Destination | Charges at Destination | Total Collect Charges

在集中托运的情况下，除了航空运输公司签发主运单外，集中托运人还要签发航空分运单。此时各方的关系如图 5.11 所示。

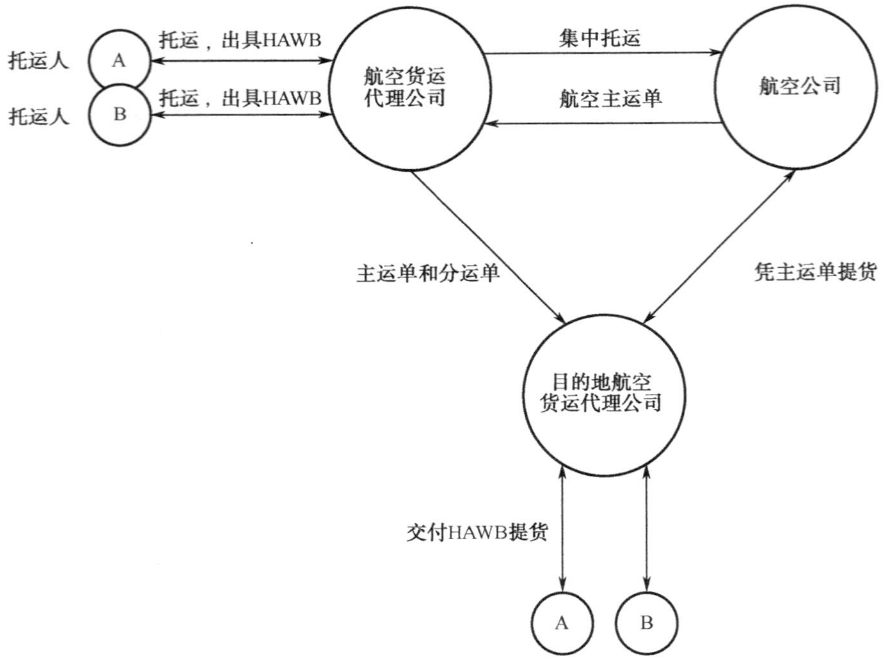

图 5.11　集中托运各方关系

其中，航空分运单作为集中托运人与托运人之间的货物运输合同，合同双方分别为货主 A、B 和集中托运人，而航空主运单作为航空运输公司与集中托运人之间的货物运输合同，当事人则为集中托运人和航空公司。货主与航空运输公司没有直接的契约关系，而在起运地由托运人将货物交付航空公司，在目的地由托运人或其代理人从航空公司领取货物，收货人凭 HAWB 提取自己的货物，从这个意义上讲，货主与航空公司之间也不存在直接的货物交接关系。

3. 航空运单的内容

航空运单与海运提单类似，也有正面、背面条款之分，不同的航空公司也会有自己独特的航空运单格式。所不同的是，航运公司的海运提单可能千差万别，但各航空公司所使用的航空运单则大多借鉴 IATA（International Air Transport Association，国际航空运输协会）所推荐的标准格式，差别并不大。所以我们这里只介绍这种标准格式，也称中性运单。下面就有关需要填写的栏目说明如下。

第 1 栏，始发站机场：需要填写 IATA 统一制定的始发站机场或城市的 3 字代码，这一栏应该和 11 栏相一致。

1A：IATA 统一编制的航空公司代码，如我国的国际航空公司的代码是 999。

1B：运单号。

第 2 栏，发货人姓名、住址（Shipper's Name and Address）：填写发货人姓名、地址、所在国家及联络方法。

第 3 栏，发货人账号：只在必要时填写。

第 4 栏，收货人姓名、住址（Consignee's Name and Address）：应填写收货人姓名、地址、所在国家及联络方法。与海运提单不同，因为空运单不可转让，所以“凭指示”（to order）之类的字样不得出现。

第 5 栏，收货人账号：同 3 栏一样只在必要时填写。

第 6 栏，承运人代理的名称和所在城市（Issuing Carrier's Agent Name and City）。

第 7 栏，代理人的 IATA 代号。

第 8 栏，代理人账号。

第 9 栏，始发站机场及所要求的航线（Airport of Departure and Requested Routing）：这里的始发站应与 1 栏填写的相一致。

第 10 栏，支付信息（Accounting Information）：此栏只有在采用特殊付款方式时才填写。

第 11A 栏，（C，E），去往（To）：分别填入第 1（2、3）中转站机场的 IATA 代码。

第 11B 栏，（D，F），承运人（By）：分别填入第 1（2、3）段运输的承运人。

第 12 栏，货币（Currency）：填入 ISO 代码。

第 13 栏，收费代号：表明支付方式。

第 14 栏，运费及声明价值附加费（WT/VAL，Weight Charge/Valuation Charge）：此时可以有两种情况，预付（PPD，Prepaid）或到付（COLL，Collect）。如是预付则在 14A 中填入“X”，否则填在 14B 中。需要注意的是，航空运输中运费与声明价值费支付的方式必须一致，不能分别支付。

第 15 栏，其他费用（Other）：也有预付和到付两种支付方式。

第 16 栏，运输声明价值（Declared Value for Carriage）：在此栏填入发货人要求的用于运输的声明价值。若发货人不要求声明价值，则填入“NVD（No Value Declared）”。

第 17 栏，海关声明价值（Declared Value for Customs）：发货人在此填入对海关的声明价值，或者填入“NCV（No Customs Valuation）”，表明没有声明价值。

第 18 栏，目的地机场（Airport of Destination）：填写最终目的地机场的全称。

第 19 栏，航班及日期（Flight/Date）：填入货物所搭乘航班及日期。

第 20 栏，保险金额（Amount of Insurance）：只有在航空公司提供代为保险业务而客户也有此需要时才填写。

第 21 栏，操作信息（Handling Information）：一般填入承运人对货物处理的有关注意事项，如“Shipper's Certification for Live Animals（托运人提供活动物证明）”等。

第 22A～22L 栏，货物运价、运费细节。

第 22A 栏，货物件数和运价组成点（No. of Pieces RCP，Rate Combination Point）：填入货物包装件数，如 10 包即填“10”。当需要组成比例运价或分段相加运价时，在此栏填入运价组成点机场的 IATA 代码。

第 22B 栏，（Gross Weight）：填入货物总毛重。

第 22C 栏，重量单位：可选择千克（kg）或磅（b）。

第 22D 栏，运价等级（Rate Class）：针对不同的航空运价共有 6 种代码，它们是 M（Minimum，起码运费）、C（Specific Commodity Rates，特种运价）、S（Surcharge，高于普

通货物运价的等级货物运价）、R（Reduced，低于普通货物运价的等级货物运价）、N（Normal，45 千克以下货物适用的普通货物运价）、Q（Quantity，45 千克以上货物适用的普通货物运价）。

第 22E 栏，商品代码（Commodity Item No.）：在使用特种运价时需要在此栏填写商品代码。

第 22F 栏，计费重量（Chargeable Weight）：此栏填入航空公司据以计算运费的计费重量，该重量可以与货物毛重相同也可以不同。

第 22G 栏，运价（Rate/Charge）：填入该货物适用的费率。

第 22H 栏，运费总额（Total）：此栏数值应为起码运费值或是运价与计费重量两栏数值的乘积。

第 22I 栏，货物的品名、数量，含尺码或体积（Nature and Quantity of Goods Including Dimensions or Volume）：货物的尺码应以厘米或英寸为单位，尺寸分别以货物最长、最宽、最高边为基础。体积则是上述三边的乘积，单位为立方厘米或立方英寸。

第 22J 栏，　该运单项下货物总件数。

第 22K 栏，该运单项下货物总毛重。

第 22L 栏，该运单项下货物总运费。

第 23 栏，其他费用（Other Charges）：指除运费和声明价值附加费以外的其他费用。根据 IATA 规则各项费用分别用 3 个英文字母表示。其中前两个字母是某项费用的代码，如运单费就表示为 AW（Air Waybill Fee）。第 3 个字母是 C 或 A，分别表示费用应支付给承运人（Carrier）或货运代理人（Agent）。例如，AWC 表示应该支付给承运人的运单费用。

第 24～26 栏，分别记录运费、声明价值费和税款金额，有预付与到付两种方式。

第 27～28 栏，分别记录需要付与货运代理人（Due Agent）和承运人（Due Carrier）的其他费用合计金额。

第 29 栏，需要预付或到付的各种费用。

第 30 栏，预付、到付的总金额。

第 31 栏，发货人的签字。

第 32 栏，签单时间（日期）、地点、承运人或其代理人的签字。

第 33 栏，货币换算及目的地机场收费记录。

以上所有内容不一定要全部填入空运单，IATA 也并未反对在运单中写入其他所需要的内容。但这种标准化的单证对航空货运经营人提高工作效率，促进航空货运业向电子商务的方向迈进有着积极的意义。而且随着电子通关在国际贸易中的大规模使用，这种标准化的单证无疑可以提高工作效率，降低错误的发生率，节省制单费用。

子任务四 航空运输费用

5.4.1 航空运输区划

与传统海运里的成本定价及竞争定价不同的是，由于航空运输具有一定程度上的垄断色彩，因此与运费有关的各项规章制度、运费水平都是由国际航协统一协调制定的。在充分考虑了世界上不同国家和地区的社会经济、贸易发展水平以后，国际航协将全球分为 3 个区域，简称“航协区”（IATA Traffic Conference Areas），每个航协区内又分成几个亚区。由于航协区的划分主要从航空运输业务的角度考虑，依据的是不同地区不同的经济、社会及商业条件，因此与我们所熟悉的世界行政区划有所不同。其中，

一区（TC1）：包括北美、中美、南美、格陵兰、百慕大和夏威夷群岛。

二区（TC2）：由整个欧洲大陆（包括俄罗斯的欧洲部分）及毗邻岛屿、冰岛、亚速尔群岛、非洲大陆和毗邻岛屿、亚洲的伊朗及伊朗以西的地区组成。本区也是与我们所熟知的政治地理区划差异最多的一个区，它主要有以下 3 个亚区。

（1）非洲区。含非洲大多数国家及地区，但非洲北部的摩洛哥、阿尔及利亚、突尼斯、埃及和苏丹不包括在内。

（2）欧洲区。包括欧洲国家和摩洛哥、阿尔及利亚、突尼斯 3 个非洲国家和土耳其（既包括欧洲部分，也包括亚洲部分），俄罗斯仅包括欧洲部分。

（3）中东区。包括巴林、塞浦路斯、埃及、伊朗、伊拉克、以色列、约旦、科威特、黎巴嫩、阿曼、卡塔尔、沙特阿拉伯、苏丹、叙利亚、阿拉伯联合酋长国、也门等。

三区（TC3）：由整个亚洲大陆及毗邻岛屿（已包括在二区的部分除外）、澳大利亚、新西兰及毗邻岛屿、太平洋岛屿（已包括在一区的部分除外）组成，具体如下。

（1）南亚次大陆区。包括阿富汗、印度、巴基斯坦、斯里兰卡等南亚国家。

（2）东南亚区。包括中国（含港、澳、台地区）、东南亚诸国、蒙古、俄罗斯亚洲部分及土库曼斯坦等国家，密克罗尼西亚等群岛地区。

（3）西南太平洋洲区。包括澳大利亚、新西兰、所罗门群岛等。

（4）日本、朝鲜区。仅含日本和朝鲜。

5.4.2 航空运输货物的费用和计费重量

1. 航空运输货物的费用和起码运费

（1）运费的概念。航空货物运费是承运人所应收取的一批货物自始发地机场至目的地机场的航空运输费用。运费是由该批货物适用的运价和计费重量两个因素构成的。

（2）起码运费（Minimum Charge，MC）。航空公司在承运一批货物时，即使这一批货物的数量很小，但仍产生一定的固定费用，所以规定了起码运费，低于这个运费，航空公司就不合算。一批货物运费的计算，是使用货物的计费重量乘以所使用的运价，但不管使用哪一种运价，计算出的运费都不能低于公布的起码运费。当运费少于起码运费时，就要收取起码运费。但对指定商品的运价有时例外，对此一般都在有关运价前标明一个特殊号码，说明“一般起码运费不适用”。

所以，起码运费是航空公司承运一批货物所能接受的最低运费，是在两点之间运输一批货物应收取的最低金额，而不考虑货物的重量或体积大小。起码运费的类别代号为 M。

不同的国家和地区有不同的起码运费，中国民航的起码运费是按货物从始发港到目的港之间的普通货物运价 5 千克运费为基础或根据民航与其他外国航空公司洽谈的起码运费率征收的。

2. 计费重量

所谓计费重量就是据以计算运费的货物的重量。

一架飞机所能装载的货物是受飞机的载重量和舱容限制的，重量大、体积小的货物，往往受飞机的载重量的限制，舱容可能装不满，结果就可能产生航空公司再也无法装货的多余容积；而重量轻、体积大的货物，往往会受到飞机舱容的限制，而载重量可能未达到额定限度，结果就会产生航空公司再也无法装货的多余载重量。

鉴于上述情况，航空公司规定：在货物重量大、体积小的情况下，就将该批货物的实际毛重作为计算运费的重量标准；在货物体积大、重量小的情况下，就以该批货物的体积作为计算运费的“重量”标准。

（1）实际重量（Gross Weight）。货物的实际重量是指一批货物包括包装在内的毛重。一般规定每千克（kg）货物的体积小于或等于 6 000 立方厘米或 366 立方英寸的货物；或者 166 立方英寸体积，重量大于 11 磅（b）的货物，以货物的实际重量作为计费重量。

如果货物的毛重以千克（kg）表示，计费重量的最小单位是 0.5 千克。当重量不足 0.5 千克时，按 0.5 千克计算；超过 0.5 千克不足 1 千克时按 1 千克计算。如果货物的毛重以 11 磅表示，那么当货物不足 11 磅时，按 11 磅计算。

有的国家和地区使用的是每千克（kg）货物 7 000 立方厘米或 427 立方英寸或每磅货物 194 立方英寸的标准来判别重货或者是轻货。

（2）体积重量（Measurement Weight）。将货物的体积按一定的比例折合为重量，此重量称为体积重量。每千克（kg）货物的体积超过 6 000 立方厘米或 366 立方英寸，或者 11 磅重量体积超过 166 立方英寸者，以体积重量为计费重量。

体积重量的计算方法如下。

（1）测量出货物的最长、最宽和最高部分的尺寸（单位为厘米或英寸），三者相乘算出体积，尾数四舍五入。

（2）将体积折算成重量。

（3）计费重量。在确定计费重量时，其原则是将实际毛重和体积重量进行比较，把两者之中较高的一个作为计费重量。在一般情况下，依靠实际经验可以判断一批货物属于轻货还是重货，但有疑义时，最好是将实际毛重和体积重量两者算出后进行比较。例如，若一批货物的实际毛重是31.8千克，体积是187 200立方厘米，则体积重量为32千克，货物的计费重量是32千克，而不是31.8千克。

（4）集中托运货物的计费重量。在集中托运货物时，同一运单项下会由多件不同的货物组成，当其中既有轻货又有重货时，货物的计费重量就按该批货物的总毛重或总体积重量中较高的一个计算。也就是先计算这一整批货物总的实际毛重，然后再计算出该批货物的总体积，并求出体积重量，最后对计算出的两个数值进行比较，取其高者作为该批货物的计费重量。

5.4.3 公布的直达运价

1. 公布的直达航空运价的种类

（1）普通货物运价（General Cargo Rate，GCR）。没有特殊规定而为普通货物制定的运价称为普通货物运价，也称为一般货物运价。当一批货物不能适用指定商品运价，也不属于等级货物时，就应该适用普通货物运价。普通货物运价是适用范围最为广泛的一种运价。

普通货物运价针对所承运货物数量的不同规定了几个计费重量分界点，最常见的是将45千克作为分界点，将货物分为45千克以下的货物和45千克以上（含45千克）的货物。45千克以下的货物的运价被称为标准普通货物运价，英文为Normal General Cargo Rate，简称N。航空公司为了吸引更多的货载，对45千克以上的货物，甚至更高的重量点又进一步公布更低的运价，如100千克，300千克，500千克，甚至1 000千克，1 500千克，2 000千克等多档运价，但运价类别均为高货量费率（Quantity Rate），简称Q。运价的数额随运输货物数量的增加而降低，即托运的货物越多，每单位的运价就越低，这与远洋运输业务中的递远递减原则类似。

普通货物运费计算方法：货物的计费重量乘以相应重量等级的运价所得的运费，与较高重量等级的起始重量乘以相应的运价所得运费进行比较，取其低者。以北京—伦敦航线为例，普通货物运价为：

45千克以下	（N）	37.25元/千克
45千克以上	（Q）	26.66元/千克
300千克以上	（Q）	24.30元/千克
500千克以上	（Q）	19.71元/千克
1 000千克以上	（Q）	18.10元/千克

若普通货物一件288千克，从北京运至伦敦，计算运费。

用45千克以上运价计算：26.66×288=7 678.08（元）

用较高一级重量分界点计算：24.3×300 =7 290（元）

两者进行比较取其低者，故该件货物可按300千克以上运价计算运费，收取7 290元运费。

由于较高的重量等级能提供较低运价，所以，当一个较高的重量分界点提供较低的运费时，可使用较高的重量分界点的起始重量作为计费重量，即上述例题中的计费重量是300千克，而不是288千克。

【例 5.1】

Routing（线路）：BEIJING，CHINA（BJS）

to AMSTERDAM，HOLLAND（AMS）

Commodity（商品）：PARTS

Gross Weight（总重量）：38.6kg

Dimension（尺寸）：101cm×58cm×32cm

从北京至阿姆斯特丹的公布运价表如表 5.6 所示。

表 5.6　从北京至阿姆斯特丹的公布运价表

BEIJING（1） Y.RENMINBI（4）	CN（2） CNY（5）	BJS（3） KGS（6）	
AMSTERDAM（7）	NL（8）	M（9）	320.00
		N（10）	50.22
		45（11）	41.53
		300（12）	37.52

说明：

（1）始发国城市全称；

（2）始发站国家二字代码；

（3）始发国城市三字代码；

（4）始发站国家的当地货币；

（5）始发站当地货币代码；

（6）重量单位；

（7）目的站国家城市全称；

（8）目的站国家二字代码；

（9）最低运价；

（10）低于 45 千克的运价；

（11）45 千克以上（包括 45 千克）运价；

（12）300 千克以上（包括 300 千克）运价。

解：

Gross Weight（总重量）：38.6kg

Volume（体积）：101cm×58cm×32cm=187 456cm^3

Volume Weight（体积重量）：187 456cm^3÷6 000 cm^3/kg≈31.2 kg（货物体积重量是指将一份航空运单的货物总体积，按照每 6000 立方厘米折合 1 千克计算所得的重量。）

Chargeable Weight（计费重量）：39.0 kg

Applicable Rate（适用的等级）：GCR N 50.22 CNY/KG

① 货物的计费重量乘以相应重量等级。

Weight Charge（按重量计费）：39.0×50.22=1 958.58

② 较高重量分界点的较低运价与分界点计费重量相乘。

Chargeable Weight（计费重量）：45.0 kg

Applicable Rate（适用的等级）：GCR Q 41.53 CNY/KG

Weight Charge（按重量计费）：45.0×41.53=1 868.85

①与②比较，取运费较低者。

Weight Charge（按重量计费）：CNY1 868.85

航空货运单运费计算栏的填制如表 5.7 所示。

表 5.7 航空货运单运费计算栏

No.of Pieces RCP	Gross Weight	Kg Lb	Q	Rate Class / Commodity Item No.	Chargeable Weight	Rate/ Charge	Total	Nature and Quantity of Goods(Incl Dimension or Volume)
1	38.6	K			45.0	41.53	1 868.85	PARTS 101cm×58cm×32cm

（2）指定商品运价（Special Commodity Rate，SCR）。

① 指定商品运价的分组和编号。指定商品运价是指适用于自规定的始发地至规定的目的地之间，运输特定品名货物而公布的低于普通货物运价的某些特殊指定商品的运价。就其性质而言，该运价是一种优惠性质的运价。指定商品运价在使用时，对于货物的起讫地点、运价使用期限、货物运价的最低重量起点等均有特定的条件。

指定商品运价的原因可归纳为以下两方面：其一，在某特定航线上，一些较为稳定的货主经常或定期托运特定品名的货物，托运人要求承运人提供一个较低的优惠价格；其二，航空公司为了有效地利用其运力，争取货源并保证飞机有较高的运载率，向市场推出一个较具竞争力的优惠价格。有些指定商品运价也公布了不同的重量等级分界点，皆在鼓励货主托运大宗货物，并意识到选择空运的经济性和可行性。

“国际航空运输协会”根据货物的性质、属性及特点等对货物进行分类，共分为 10 大组，每组又分为 10 小组。同时，对其分组形式用 4 位阿拉伯数字进行编号，该编号即为指定商品货物的品名编号，如表 5.8 所示。

表 5.8 指定商品货物的分组及品名编号

品 名 编 号	分 组
0001～0999	Edible animal and vegetable products 食用动物和蔬菜产品
1000～1999	Live animal and inedible animal and vegetable products 活动物和非食用动物及蔬菜产品
2000～2999	Textiles，fibre and manufactures 纺织品、纤维及其制品
3000～3999	Metals and manufactures，excluding machinery vehicles and electrical equipments 金属及其制品，不包括机械、车辆和电器设备
4000～4999	Machinery vehicles and electrical equipments 机械、车辆及电器设备

续表

品名编号	分组
5000～5999	Non-metallic minerals and manufactures 非金属矿产品及其制品
6000～6999	Chemicals and related products 化工品及其制品
7000～7999	Paper，reed，rubber and wood manufactures 纸、芦苇、橡胶和木制品
8000～8999	Scientific，professional and precious instruments，apparatus and supplies 科研和贵重的仪器及其零件
9000～9999	Miscellaneous 其他货物
9700～9799	系列指定商品运价的品名编号

说明：

为了减少常规的指定商品品名的分组编号，IATA 还推出了试验性的指定商品运价，该运价用 9700～9799 的数字编出，其主要特点是一个代号包括了传统指定商品运价中分别属于不同指定商品代号的众多商品代号，如 9753 这个指定商品代号就包括了属于 20 多个传统指定商品运价代号的指定商品。此种编号适用于某些城市之间有多种品名不同而运价相同的指定商品的情况，为公布运价方便而使用。

除 9700～9799 编号外，传统编号中的每一品名代号，一般只代表单一种类的制定商品运价。

从中国始发的常用指定商品代码，如表 5.9 所示。

表 5.9　常用指定商品代码

指定商品代码	商品种类
0007	Fruit，vegetable 水果，蔬菜
0008	Fruit，fresh vegetable 水果，新鲜的蔬菜
0300	Edible fish，seafood （可食用的）鱼，海鲜，海产品
1093	Worms 沙蚕
2195	A：yarn，thread，fibres，cloth，not further processed or manufactured，exclusively in bales，bolts，pieces 成包、成卷、成块的，未进一步加工或制造的纱、线、纤维、布
	B：wearing apparel，textile manufactures 服装、纺织品
2199	A：yarn，thread，fibres，textile 纱、线、纤维、纺织原料
	B：textile manufactures 纺织品
	C：wearing apparel 服装（包括鞋、袜）
2211	Yarn，thread，fibres，not further processed or manufactured，exclusively in bales，bolts，pieces，wearing apparel，textile manufactures 成包、成卷、成块的，未进一步加工或制造的纱、线、纤维、服装、纺织品
7481	Rubber tyres，rubber tubes 橡胶轮胎、橡胶管

② 指定商品运价的使用规则。使用指定商品运价需要满足以下条件：

a．货物的始发地与目的地之间公布有指定商品运价；

b. 托运人所交运的货物，其品名与有指定商品运价的货物品名相吻合；

c. 货物的计费重量满足指定商品运价使用时的最低重量要求。

【例 5.2】

Routing（线路）：BEIJING，CHINA（BJS）

to NAGOYA，JAPAN（NGO）

Commodity（商品）：FRESH ORANGE

Gross Weight（总重量）：EACH47.8kg，TOTAL 6 PIECES

Dimension（尺寸）：128cm×42cm×36cm×6

公布运价表如表 5.10 所示。

表 5.10　公布运价表

BEIJING Y.RENMINBI	CN CNY	BJS KGS
NAGOYA	JP	M　230
		N　37.51
		45　28.13
	0008	300　18.80
	0300	500　20.61
	1093	100　18.43
	2195	500　18.80

解：

Gross Weight（总重量）：47.8×6=286.8kg

Volume（体积）：128cm×42cm×36cm×6=1 161 216cm^3

Volume Weight（体积重量）：1 161 216cm^3÷6 000cm^3/kg=193.54 kg

分析：由于计费重量没有满足指定商品代码 0008 的最低重量要求 300 千克，因此先用普通货物运价计算。

① 按普通货物运价使用规则计算。

Chargeable Weight（计费重量）：287.0 kg

Applicable Rate（适用等级）：GCR/Q45　28.13 CNY/KG

货物的计费重量乘以相应重量等级

Weight Charge（按重量计费）：287.0×28.13=8 073.31kg

② 按指定商品运价使用规则计算。

Actual Gross Weight（实际总重量）：286.8kg

Chargeable Weight（计费重量）：300kg

Applicable Rate（适用等级）：SCR 0008/Q300　18.80 CNY/KG

Weight Charge（按重量计费）：300.0×18.80=5 640.00

①与②比较，取运费较低者。

Weight Charge（按重量计费）：CNY5 640.00

航空货运单运费计算栏的填制如表 5.11 所示。

表 5.11 航空货运单运费计算栏

No.of Pieces RCP	Gross Weight	Kg Lb	C	Rate Class / Commodity Item No.	Chargeable Weight	Rate/ Charge	Total	Nature and Quantity of Goods（Incl Dimension or Volume）
6	287.0	K		0008	300.0	18.80	5 640.00	FRESH ORANGE 128 cm×42 cm×36 cm×6

（3）货物的等级运价（Class Cargo Rate，CCR）。货物的等级运价就是对某种特定商品在一般货物运价的基础上进行提价或优惠的价格。

货物等级运价没有在航空运输协会制定的运价表中，而是在一般货物 N 级运价基础上增减一定百分比构成。当某货物没有指定商品运价可适用时，方可使用合适的等级运价。

货物的等级运价仅适用于国际航空运输协会在一定的业务区内或业务区间运输的少数货物。适用等级运价的货物有活动物、贵重货物、尸体或骨灰、书报杂志类、作为货物运送的行李、机动车辆等。

① 活动物（Live Animals）运价。按照目的机场所处航协区的不同，以及不同的具体货物的差异，对具体航线上的具体货物的运价，各个航空公司都有自己的运价表，要严格按照公布的运价执行。而且针对这样的货物，很多的航空公司仅仅规定了一个基准运费，即不像普通货物那样存在运费的分界点。因此，不论货物的重量如何都按照这一运费，而不能享受大批量货物运输带来的低运价。活动物运价表如表 5.12 所示。

② 贵重货物（Valuable Cargo）运价。贵重货物包括黄金、白金或其他稀有金属（如钯、铱、钛、锇、铑）、白金合金、钻石（包括工业用钻石）、红宝石、蓝宝石、绿宝石、天然珍珠、现钞、有价证券、股票及旅行支票等。在托运时，每笔包括上述一种或几种物品、每千克重量声明价值超过 1 000 美元的，即被视为贵重货物。中国民航规定，凡声明价值为每千克毛重价值人民币 1 800 元或 1 800 元以上的货物，即称为贵重货物。

中国至世界各地的贵重货物，按适用的普通货物 45 千克以下运价的 200%收费。在 1～3 区之间经北、中太平洋（朝鲜至美洲大陆各点除外）托运贵重货物 1 000 千克或 1 000 千克以上，按普通货物 45 千克以下运价的 150%收费。

最低运费按普通货物最低运费的 200%收取，但不得低于 50 美元或其等值货币。

③ 尸体和骨灰（Human Remains）运价。此类货物的运价对不同的航空公司有着不同的规定，有的采用 N 运价，有的按 N 运价的 200%计收。此类货物不得办理运费到付，不得集中托运，即不能作为混装货物运输。

④ 报纸、杂志、定期刊物、目录、盲人读物（Newspaper，Magazine，Periodicals Book，Catalogues，Braille Type Equipment and Talking Books for the Blind）的运价。中国至世界各地的上述货物，按适用的普通货物 45 千克以下运价的 50%收费，但若按 45 千克以上的 Q 运价计算的运费低于按此等级运价计算的运费，则按 Q 运价计收。最低运费按运价手册上公布的适用普通货物最低运费执行，但不附减。

表 5.12　活动物运价表

	IATA AREA（see Rule1.2.2 “Definition of Areas”）													
	Within1				Within2（see also Rule 3.7.1.3）	Within3	Between 1 and 2			Between 2 and 3	Between 3 and 1			
	To/From Canada	To U.S.A	From U.S.A	Other Sectors			To/From Canada	To/From U.S.A	Other Sectors		To/From Canada	To U.S.A	From U.S.A	Other Sectors
ALL LIVE ANIMALS Except: A Baby Poultry less than 72 hours old B.Monkeys and Primates C.Cold blooded animals*	150% of Appl. GCR Except: 12 below	150% of Appl.GCR	110% of Appl.GCR	Normal GCR Except:13 below	150% of Normal GCR Except:2 below	Normal GCR Except:3,4,20 below	150% of Appl.GCR Except:8,15 below	110% of Appl.GCR Except:1,8 below	Normal GCR Except:8,17 below	Normal GCR Except:4,10,19 below	150% of Appl.GCR Except:4 below	110% of Appl.GCR Except:4,9 below	150% of Appl.GCR	Normal GCR Except:4,16, 18 below
A.BABY POULTRY less than 72 hours old	150% of Appl.GCR Except:12 below	150% of Appl.GCR	110% of Appl.GCR	Appl.GCR	Normal GCR Except:5 below	Normal GCR or over 45kg Except:4,20 below	150% of Appl.GCR Except:15 below	110% of Appl.GCR Except:1 below	Normal GCR or over 45kg Except:6,17 below	Normal GCR or over 45kg Except:4,19 below	150% of Appl.GCR Except:4 below	110% of Appl.GCR Except:4,9 below	150% of Appl.GCR	Normal GCR or over 45kg Except:4,16, 18 below
B.MONKEYS and PRIMATES	150% of Appl.GCR Except:12 below	150% of Appl.GCR	110% of Appl.GCR	Appl.GCR	150% of Normal GCR Except:2 below	Normal GCR Except:4,20 below	150% of Appl.GCR Except:15 below	110% of Appl.GCR Except:1 below	Appl.GCR Except:17 below	Normal GCR Except:4,19 below	150% of Appl.GCR Except:4 below	110% of Appl.GCR Except:4,9 below	150% of Appl.GCR	Appl.GCR Except:4,18 below
C.COLD BLOODED ANIMALS*	125% of Appl.GCR Except:11 below	Appl.GCR	Appl.GCR	Normal GCR Except:13 below	150% of Normal GCR Except:2 below	Normal GCR Except:3,4,20 below	125% of Appl.GCR Except:14 below	Appl.GCR Except:7 below	Normal GCR Except:17 below	Normal GCR Except:4,19 below	125% of Appl.GCR Except:4 below	Appl.GCR Except:4 below	Appl.GCR	Normal GCR Except:4,16, 18 below

⑤ 作为货物运送的行李（Baggage Shipped as Cargo）运价。作为货物运送的行李是指旅客本人的衣物和与旅行有关的其他私人物品，包括小型乐器、手提打字机、小型体育用品，但不包括机器、机器零件、货币、有价证券、珠宝、手表、餐具、裘衣、胶卷、照相机、票据、文件、酒类、香水、家具、商品和销售样品等。

中国至三区的国家或地区，以及中国至二区的国家或地区，但不包括美国领土、领地在内的，按照适用的普通货物 45 千克以下运价的 50%收费。按此规定运价的 10 千克运费与适用普通货物的最低运费进行比较，取其高者作为 M 运费。

⑥ 机动车辆（Automotive Vehicles）运价。除电力机动车辆（Electrical Automotive Vehicles）外，运输机动车辆在 IATA 各区与三区之间按适用普通货物运价的 200%收费。

【例 5.3】

Routing（线路）：BEIJING，CHINA（BJS）
to NEW YORK，U.S.A（NYC）

Commodity（商品）：NORTHEAST TIGER

Gross Weight（总重量）：270.0kg

Dimension（尺寸）：240cm×120cm×60cm

公布运价表如表 5.13 所示。

表 5.13 公布运价表

BEIJING Y.RENMINBI	CN CNY	BJS KGS
NEW YORK	US	M 630.00
		N 64.46
		45 48.34
		100 45.19
		300 41.86

解：

查找活动物运价表，从北京运往纽约，属于自三区运往一区的美国，运价的构成形式是“110% of Appl.GCR”。

运费计算如下：

Gross Weight（总重量）：270.0kg

Volume（体积）：240cm×120cm×60cm=1 728 000cm^3

Volume Weight（体积重量）：1 728 000cm^3÷6 000 cm^3/kg=288.0 kg

① 按查找的运价构成形式来计算。

Chargeable Weight（计费重量）：288.0 kg

Applicable Rate（适用等级）：S110% of Applicable GCR 110% ×45.19CNY/KG=49.71 CNY/KG

Weight Charge（按重量计费）：288.0×49.71=14 316.48

② 由于计费重量已经接近下一个较高重量点 300 千克，用较高重量点的较低运价计算。

Chargeable Weight（计费重量）：300kg

Applicable Rate（适用等级）：S110% of Applicable GCR 110% ×41.86CNY/KG=46.05

CNY/KG

Weight Charge（按重量计费）：300.0×46.05=13 815.00

①与②比较，取运费较低者。

Weight Charge（按重量计费）：CNY13 815.00

航空货运单运费计算栏的填制如表 5.14 所示。

表 5.14 航空货运单运费计算栏

No.of Pieces RCP	Gross Weight	Kg Lb	S	Rate Class / Commodity Item No.	Chargeable Weight	Rate/ Charge	Total	Nature and Quantity of Goods（Incl Dimension or Volume）
1	270.0	K		Q110	300.0	46.05	13 815.00	NORTHEAST TIGER 240cm×120cm×60cm

【例 5.4】

Routing（线路）：BEIJING，CHINA（BJS）

to BOSTON，U.S.A（BOS）

Commodity（商品）：GOLD WATCH

Gross Weight（总重量）：32.0kg

Dimension（尺寸）：1piece 61cm×51cm×42cm

公布运价表如表 5.15 所示。

表 5.15 公布运价表

BEIJING Y.RENMINBI	CN CNY	BJS KGS	
BOSTON	US	M	630.00
		N	79.97
		45	60.16
		100	53.19
		300	45.80

解：

运费计算如下。

Gross Weight（总重量）：32.0kg

Volume（体积）：61×51×42=130 662cm^3

Volume Weight（体积重量）：130 662÷6 000 =21.78 kg

按查找的运价构成形式来计算。

Chargeable Weight（计费重量）：32.0 kg

Applicable Rate（适用等级）：S200% of the normal GCR 200% ×79.97CNY/KG=159.94 CNY/KG

Weight Charge（按重量计费）：32.0×159.94=5 118.08

因此，运费为 CNY5 118.08

航空货运单运费计算栏填制如表 5.16 所示。

表 5.16　航空货运单运费计算栏

No.of Pieces RCP	Gross Weight	Kg Lb	S	Rate Class / Commodity Item No.	Chargeable Weight	Rate/ Charge	Total	Nature and Quantity of Goods（Incl Dimension or Volume）
1	32.0	K		N200	32.0	159.94	5 118.08	GOLD WATCH 61cm×51cm×42cm

2. 公布的直达运价的使用和特点

（1）公布的直达运价的使用。

① 在计算航空运费时，应首先适用指定商品运价，其次是等级货物运价，最后是普通货物运价。

② 当按指定商品运价或等级货物运价或普通货物运价计算的货物运费总额低于所规定的起码运费时，按起码运费计收。

③ 承运货物的计费重量可以是货物的实际重量或体积重量，以高者为准；若某一运价要求有最低运量，则以最低运量为计费重量。

④ 若货物可以按指定商品运价计算，但货物重量没有达到指定商品运价的最低重量要求，则将指定商品运价计费与普通货物运价计费的结果相比较，取其低者。

⑤ 若指定商品同时又属于附加等级运价的货物，则只允许将附加等级运价的计费结果与指定商品运价的计费结果相比较，取其低者。

⑥ 若货物属于附减的等级货物，即书报杂志类货物，作为货物运输的行李，则将其按等级运价计费的结果与按普通货物运价计费的结果相比较，取其低者。

（2）航空货物运价的特点。

① 所报的运价是指从始发地机场到目的地机场，而且只适用于单一方向。

② 该运价是指从机场到机场的运价，不包括其他额外费用，如提货、报关、交接和仓储费用等。

③ 运价通常使用当地货币公布。

④ 除起码运费外，公布的直达运价一般都以千克或磅为计算单位。

⑤ 公布的直达运价，通常与飞机飞行的路线无关，但可能因承运人选择的航线不同而受到影响。

⑥ 航空运单中的运价按出具运单之日所适用的运价计。

【例 5.5】

Routing（线路）：BEIJING，CHINA（BJS）

to OSAKA，JAPAN（OSA）

Commodity（商品）：LIVE WORMS

Gross Weight（总重量）：45.0kg

Dimension（尺寸）：1piece 70cm×47cm×35cm

公布运价表如表 5.17 所示。

表 5.17 公布运价表

BEIJING Y.RENMINBI	CN CNY	BJS KGS
OSAKA	JP	M 230.00
		N 37.51
		45 28.13
	0008	300 18.80
	0300	500 20.61
	1093	100 18.43
	2195	500 18.80

解：

因为沙蚕属于冷血动物，既可以使用指定商品运价（代号“1093”），同时又可以使用活体动物运价，因此需要通过计算，取较低者。运费计算如下。

① 等级货物运价。

Gross Weight（总重量）：45.0kg

Volume（体积）：70×47×35=115 150cm^3

Volume Weight（体积重量）：115 150÷6 000 =19.19 kg≈19.5 kg

Chargeable Weight（计费重量）：45.0 kg

Applicable Rate（适用的等级）：S100% of the normal GCR 100% ×37.51CNY/KG=37.51 CNY/KG

Weight Charge（按重量计费）：45.0×37.51=1 687.95

② 指定商品运价。

Chargeable Weight（计费重量）：100.0 kg

Applicable Rate（适用的等级）：C1093/Q100 18.43CNY/KG

Weight Charge（按重量计费）：100×18.43=1 843.00

比较等级货物运价和指定商品运价所计算出来的运费，取其低者。

因此，运费为 CNY1687.95

航空货运单运费计算栏填制如表 5.18 所示。

表 5.18 航空货运单运费计算栏

No.of Pieces RCP	Gross Weight	Kg Lb	S	Rate Class Commodity Item No.	Chargeable Weight	Rate/ Charge	Total	Nature and Quantity of Goods（Incl Dimension or Volume）
1	45.0	K		N100	45.0	37.51	1 687.95	LIVE WORMS 70cm×47cm ×35cm

5.4.4 非公布的直达航空运价

在《TACT Rates》（航空货物运价表）中，如货物的始发地和目的地之间没有可适用的公布直达运价时，可以采用比例运价或分段相加运价的办法，组成最低全程运价，这些统称为组合非公布直达运价。

1. 比例运价（Construction Rate）

（1）比例运价的构成。在运价手册上公布的一种不能单独使用的运价附加数（Add on Amounts），当货物的始发地至目的地无公布的直达运价时，可采用此附加数与已知的公布的直达运价相加，构成非公布的直达运价，此运价就称为比例运价。

我们知道，制定运价的主要依据是航空运输距离及航空运输成本，因此《TACT Rates》中公布了至世界各主要城市的直达运价。但是为了缩短篇幅，《TACT Rates》中不可能将所有城市的运价都公布出来。为了弥补这一缺欠，方便使用者自行构成直达运价，根据运价制定的原则，规定了一个运价的比例范围，只要是运输距离在同一个距离的比例范围内或接近这个范围，就可以采用以某一地点作为运价的相加点，然后用相加点至始发地或目的地的公布运价与相加点至目的地或始发地的运价附加数相加，便可以构成全程直达运价。虽然始发地点不同，或者是目的地不同，但相加的运价附加数都相同。例如，北京至美国长滩无公布的直达运价，但可以采用自纽约至长滩的运价附加数与北京至纽约的直达运价相加，构成北京至美国长滩的全程比例运价。

（2）比例运价的分类。在运价手册中所列的比例运价分为3类。

① 普通货物的比例运价，用“GCR”表示，只能用于组成直达的普通货物运价。

② 指定商品的比例运价，用“SCR”表示，只能用于组成直达的指定商品运价。

③ 集装箱的比例运价，用“ULD”表示，只能用于组成直达的集装箱设备运价。

（3）比例运价的使用规定。

① 比例运价只适合国际货物运输，不适用于国内货物运输。

② 采用比例运价时，必须严格遵守普通货物比例运价只能与普通货物运价相加，指定商品比例运价只能与指定商品运价相加，集装箱的比例运价只能与集装箱运价相加的原则。

③ 采用比例运价构成直达运输时，比例运价可加在公布运价的两端，但每一端不能连加两个或者两个以上的比例运价。

④ 当始发地或目的地可以经不同的运价组成点与比例运价相加组成不同的直达运价时，应采用最低运价。

⑤ 运价的构成不影响货物的运输路线。

（4）适用货币。比例运价表中列有两种货币的比例运价：当地货币的比例运价是为自该国始发构成全程直达运价时使用，可以直接将当地货币相加，构成全程运价；列有美元的比例运价是为自始发地到该目的地国家组成全程直达运价时使用，需将美元按规定比价换算成始发地货币，再与已知的公布直达运价相加使用。

【例5.6】 从上海运至亚历山大普通货物15千克，计算航空运费。

运价资料	上海—开罗
标准普通货物运价	72.93元/千克

开罗—亚历山大
运价附加数　　0.06EGP/千克
1 美元=6.83 元（CNY）
1 美元=5.537 5 埃及镑（EGP）
根据题意，1 埃及镑（EGP）=1.23 元（CNY）
0.06EGP=1.23×0.06=0.07 元（CNY）
亚历山大无直达运价，可按比例运价组成的运价进行计算。
上海—亚历山大运价=72.93+0.07=73（元/千克）
计费重量　15 kg
航空运费　73×15=1 095（元）
上海至亚历山大全程应收运费为 1 095 元。

2. 分段相加运价（Combination of Rate）

所谓分段相加运价是指在两地之间既没有直达运价，同时也无法利用比例运价构成全程直达运价时，可以在始发地与目的地之间选择合适的运价计算点，分别找到始发地至该点，该点至目的地的运价，两段运价相加组成全程的最低运价。

在采用分段相加运价时，应严格遵守运价相加的有关规定，并选择若干不同的运价计算点，相互进行比较，取运价最低者为分段相加运价。

无论是比例运价还是分段相加运价，中间计算点的选择也就是不同航线的选择，它将直接关系到计算出来的两地之间的运价。因此承运人允许发货人在正确使用的前提下，以不同的结果中最低值作为该货物适用的航空运价。

5.4.5 航空附加费

1. 声明价值（Valuation Charges）

航空运输的承运人与海运或铁路运输的承运人一样，都要对托运人承担一定程度的责任，为了限制其经营风险，一般要求将自己的责任限制在一定的范围内。根据《华沙公约》，对由于承运人的自身疏忽或故意造成的货物灭失、损坏或延迟规定了最高赔偿责任限额。

1955 年《海牙议定书》的第 11 条对《华沙公约》的第 22 条规定做了修改，在第 2 条第 1 项中规定：

In the transportation of checked baggage and of goods, the liability of the carrier shall be limited to a sum of 250 francs per kilogram, unless the consignor has made, at the time when the package was handed over to the carrier, a special declaration of the value at delivery and has paid supplementary sum in the case so requires. In that case the carrier will be liable to pay a sum not exceeding the declared sum, unless he proves that the sum is greater than the actual value to the consignor at delivery.在托运行李和货物运输中，承运人对行李或货物的责任以每千克 250 法郎为限，除非旅客或托运人在交运货物时特别声明在目的地点交付时的利益并支付附加费。在后一种情况下，除非承运人证明声明的金额高于在目的地点交付时旅客或托运人的实际利益，否则承运人应当偿付声明的金额。

目前，这一金额一般被理解为每千克 20 美元或每磅 9.07 英镑或其他等值货币。如果货物的价值超过了上述值，即增加了承运人的责任，承运人要收取声明价值费。否则，即使出现超出上述限额的损失，承运人对超出的部分也不承担赔偿责任。

如果托运人托运货物的毛重价值在 20 美元/千克或其等值货币以上时，托运人要求在货物发生货损货差时，得到全额赔偿，托运人可以向承运人办理货物声明价值，并缴纳声明价值附加费。声明价值附加费为货物的声明价值超过承运人赔偿限额部分的 0.5%，并与航空货物运费一同支付。

货物从中国始发，将航空运单上所有表示费用金额的货币规定为人民币，声明价值应该为人民币数额，则声明价值附加费按下式计算：

声明价值附加费=（货物声明价值−货物毛重×20 美元/千克×美元对人民币的汇率）×0.5%

大多数航空公司在规定声明价值附加费费率的同时还要规定声明价值附加费的最低收费标准。如果根据上述公式计算出来的声明价值附加费低于航空公司的最低标准，那么托运人要按照航空公司的最低标准缴纳声明价值附加费。

托运人填制的每份货运单的声明价值一般不超过 10 万美元或其等值货币。如果货物的每千克价值超过 20 美元，那么发货人也可以不办理声明价值，只需要在运单上的有关栏中填上“N.V.D.”（No Value Declared），表示无声明价值即可，但承运人的最高赔偿金额每千克毛重不超过 20 美元。托运人办理货物声明价值时，需要按整批货物办理，不得办理部分声明价值或在整批货物中办理两种不同的声明价值。

【例 5.7】 上海运往科威特一箱重 25 千克的玉雕，声明价值为 12 000 元的货物，请计算航空运输收费。

解： 按 1 美元=6.83 元人民币计算

声明价值附加费为（12 000.00−20×6.83×25）×0.5%=42.93（元）

上海—科威特运价为 47.30 元/千克

运费为 47.30×25=1 182.50（元）

所以总收费应为 1 182.50+42.93=1 225.43（元）

2. 其他附加费

其他附加费包括运费到付手续费（Charges Collect Fee）、危险货物操作手续费（Dangerous Goods Surcharge）、航空运单费（Air Waybill Fee）、货物提取费（Pick Up）、中转手续费（Transit Charges）、地面运输费（Surface Charges）等。

（1）货物地面运输费。货物地面运输费计算公式为：

货物地面运输费=货物重量×货物地面运输费率

货物重量要在货物毛重、货物体积重量之间取其高者。货物体积重量是指将一份航空运单的货物总体积，按照每 6 000 立方厘米折合 1 千克计算所得的重量。

（2）到付运费手续费。到付运费手续费计算公式为：

到付运费手续费=（航空运费+货物声明价值附加费）×计价货币在货物到达目的地当日银行卖出价×5%。

还有一些航空运输服务业务随着航空运输业的发展将逐渐发展起来。例如，国际优先运输货物服务（International Priority Service）、小件货物运输服务（Small Package Service）、代垫付款（Disbursement）等。相应的收费项目和收费规则有待逐步完善。

任务小结

- 任务五：航空运输实务
  - 子任务一：航空运输概述
    - 航空运输的特点
    - 航空运输发展趋势
    - 航权
    - 航空货运方式
  - 子任务二：航空运输设备设施
    - 航空港
    - 航路和航线
    - 航班和航段
    - 航空器
    - 集装设备
  - 子任务三：航空运输流程
    - 航空出口货物运输流程
      - 托运受理
      - 订舱
      - 接单接货
      - 制单
      - 进行出口商品的相关检验
      - 出口报关
      - 发运
      - 费用结算
      - 信息传递
    - 航空进口货物运输流程
      - 到货
      - 分类整理
      - 到货通知
      - 缮制单证
      - 报关
      - 提货
      - 费用结算
    - 航空货运单证
      - 航空运单的性质、作用
      - 航空运单的分类
      - 航空运单的内容
  - 子任务四：航空运输费用
    - 航空运输区划
    - 航空运输货物的费用和计费重量
    - 公布的直达运价
    - 非公布的直达航空运价
    - 航空附加费

职场训练

训练一

【训练目的】熟悉和掌握航空运单的基本填写方法。

【训练内容】根据以下内容，以托运人的身份填写航空运单。

2013 年 10 月 24 日，某货主托运物品自中国广州到美国西雅图，收货人是西雅图塞纳文化交流公司。货物的资料如下。

1．一件 385 千克的景德镇瓷器，运输声明价值 320 000 元。

2．一件纺织品，可用 SCR“2211”代号。

3．一面大型文艺演出鼓，直径 180 厘米，高 150 厘米。

运价资料：GUA—SEA　M：420.00　N：51.69 元/千克　Q_{45} 38.71 元/千克

汇率：1美元=8.136 元

【训练方法】

1. 确定上述货物至少需要几张运输单。
2. 计算瓷器的航空运费。
3. 确定鼓的体积重量。
4. 掌握哪些货物的计费运价低于 GCR。
5. 掌握贵重物品的赔偿限额。

训练二

【训练目的】熟悉和掌握航空运费的计算。

【训练内容】一票从上海运往泰国的整套流水线机器，货运单号为777—89783442，由于机器比较庞大，用了6个大箱子，每箱重量为60千克，整套机器的价值为USD6 000，无声明价值。在终点站接货时，发现一个箱子开裂，经检验，这个箱子的机器已经完全受损，其他5个箱子完好，试问航空公司应该如何赔偿？

【训练方法】

1. 学生分组讨论；每组派一名学生阐述本组讨论结果；教师进行点评总结。
2. 时间：20分钟。
3. 地点：教室。

训练三

【训练目的】熟悉和掌握航空运费的计算。

【训练内容】从上海运往巴黎两箱幼禽，每箱重 25 千克，体积尺寸为 70cm×50cm×50cm，公布运价表，如表5.19 所示，计算航空运费。

表 5.19　公布运价表

SHANGHAI Y.RENMINBI	CN CNY	SHA KGS
PARIS	FR	M　320.00
		N　68.34
		45　51.29
		500　44.21

【训练方法】

1. 学生计算航空运费；选出几名学生进行演示，教师进行点评总结。
2. 时间：20分钟。
3. 地点：教室。

训练四

【训练目的】了解航空运输的类型及创新模式。

【训练内容】“全日达”航空特快在大连起航上线。

2014年6月19日，中国航空物流界300家企业汇集大连世界博览广场共同见证“全日达”航空特快起航上线。至此，大连物流业在细分市场上又多了一个面向更广泛消费者的航空物流服务品牌。

据了解，由于受经济大环境的影响，物流成本居高不下，市场价格持续走低，竞争压力不断加大，每年有 10%的中小物流企业因经营不下去而倒闭。而航空货运市场作为物流领域的细分市场，同样受到企业规模小、市场不规范、标准不统一、承诺难兑现的困扰，久而久之直接影响了高附加值、高技术含量、高品质商品的快速移动和终端消费。例如，大连地区一些名优特的时令商品，由于缺乏便捷的物流通道，无法走出大连开辟更广阔的市场。而乾瀚物流开发上线的“全日达”航空特快恰好满足了这一市场需求。

据介绍，“全日达”航空特快以互联网支持系统为核心，以网络布局为基础，是打破疆域界限的一个从门到门的航空物流服务新产品。“全日达”航空特快旗下的 4 个服务产品分别是：半日达——12 小时送达；一日达——24 小时送达；安全达——48 小时送达；还有按照客户需求的定制达。这些服务产品在服务过程中（无法抗拒的自然灾害除外）只要超过承诺的约定时间即可免收运费。同时，通过智能手机 APP 客户端，可实现线上下单、追踪查询、移动支付等多项增值功能。应该说，“全日达”航空特快是迄今为止，在航空货运领域里首个敢于承诺配送时间的一家物流企业。

南方航空大连分公司副总经理王巡在致辞中谈到，目前，航空货运市场需要进行资源整合，合作发展，南方航空大连分公司愿意与乾瀚物流携手，共同拓展大连航空物流市场业务。目前，乾瀚物流已经在北京、上海、深圳、西安等 10 多个城市建立了分公司，完成了在全国 110 多个空港城市的网络布局，初步形成了一个全覆盖、准时化的从门到门落地服务网络体系。

大连乾瀚国际物流有限公司董事长宋汝祥认为，一个国家实力的强大，离不开发达的物流业。随着大连市经济社会的快速发展和产业结构的不断调整，以及人们生活质量发生的变化，一个全面感知、可靠传输和智能处理的物流新时代已经到来，特别是航空物流作为一个地区发展的重要战略资源，其影响和带动作用巨大。大连作为一个产业集中度高的开放城市，航空物流是不可或缺的重要支撑。宋汝祥说，乾瀚物流之所以在“全日达”这个服务品牌上提出“航空特快、一诺必达”的服务宗旨和“不卖物流卖承诺”的服务诺言，其宗旨就是通过品质服务，差异化发展，让更多的消费者享受到物有所值的服务。

一位客户感受到这种服务带来的惬意。一日上午 9 点，她在家里打电话请“全日达”服务人员上门取 10 千克大樱桃，晚上 6 点她在天津滨海新区居住的儿子，边看电视边吃上了家乡的大樱桃。整个物流过程不到半天时间。其实，这条环环紧扣的全程物流链不仅涵盖了货物起始站的上门取货、包装封箱、预约订舱、办理托运、航空飞行，而且还包括了货物终到站的卸货时间、理货分拨、提货派送等多个环节，这恰好反映了一个企业的整体运营能力和价值所在。

大家知道，航空货邮量与产业结构有着直接的关系。那些高附加值、高技术含量的高档商品、高端样品以及要求高速移动的货物等，都是航空物流市场的重要来源。我们可以从大连与深圳的货邮吞吐量的数据比较中看到差距。2013 年，深圳航空货邮吞吐量达到 91.35 万吨，而大连航空货邮量只有 13.2 万吨，两地相差 6.92 倍，不难看出，大连还有足够的市场空间等待被释放和挖掘。宋汝祥带领自己的团队，凭借对市场的研究和判断，早在几年前就开始了对航空物流项目的市场研发，最后推出的“全日达”航空特快，不仅为自己的企业开拓市场找到了合适的路子，而且也为大连工商贸易企业、农副产品加工企业及广大消费者搭建了更加便捷、更有效率的航空物流服务平台。

思考：

1. 航空物流如何创新模式服务于经济社会的快速发展？

2. 航空特快的优势是什么？

【训练方法】

1. 学生分组讨论分析案例；每组派代表阐述本组意见；教师进行点评总结。

2. 时间：30 分钟。

3. 地点：教室。

职场情境

刘姐对小明说不能坐等客户，要主动出击。于是她给了小明一些客户的电话，让小明主动联系老客户和开拓新客户。

小明两天打了 50～60 个电话，没谈成一单货，有点心灰意冷。刘姐鼓励他："这是常事，我以前甚至打了一周的电话，也没谈成一个。有时候遇到刁蛮的客户，还惹了一肚子气。"小明调整了心态，勉强又打了一个电话，这通电话应验了一句话：坚持就是胜利。这个客户有一批玩具要在 2014 年 11 月 25 日前运到美国的旧金山，抢占圣诞节市场。

小明现在对业务已经很熟练了，他向客户推荐了一些船期，经过几轮沟通，客户终于以一个比较合理的价格接受了。小明终于独立成交了一单货。

Mission 任务六 水路运输实务

学习目标

知 识 目 标	能 力 目 标	重 点 难 点
1. 理解租船运输的分类及其各自的特点	1. 具有为货主选择合适的租船业务的能力	1. 定期租船及航次租船的特点
2. 掌握租船运输程序	2. 具有对货物进行租船运输安排的能力	2. 提单的功能
3. 理解航次租船的相关概念及特点	3. 会填写海运提单	3. 海运单据的填写
4. 掌握航次租船合同的内容	4. 具有签订及管理航次租船合同的能力	4. 班轮运费的计算
5. 掌握定期租船合同的内容		5. 运输单据的流转
6. 理解杂货班轮运输的相关概念及特点		
7. 掌握杂货班轮运输的货运程序		
8. 掌握杂货班轮运输相关单据的制作知识		

引入案例

2M 联盟对中国航运业的影响

在 P3 联盟被中国政府否决之后，全球集装箱班轮业前两大巨头马士基航运（Maersk Line）和地中海航运（MSC，Mediterranean Shipping Company）试图启动新的 10 年期船舶共享协议。新的船舶共享协议被称为"2M"，将涉及 185 艘船舶，21 条航线，总计运力约 210 万 TEU（Twenty-feet Equivalent Unit，20 英尺国际标准箱单位）。

根据马士基集团和地中海航运 2014 年 7 月 10 日发布的公告显示，双方将共享 185 艘船舶，包括马士基航运的 20 艘 3E 级船舶（18 000TEU）。马士基航运将安排 110 艘船，总计运力约 120 万 TEU；地中海航运将安排 75 艘船舶，总计运力约 90 万 TEU。上述船舶将运行于跨大西洋航线、跨太平洋航线和亚洲航线。

双方表示，船舶共享能够降低成本，实现规模经济，控制废气排放量。联盟预计将于 2015 年早期正式启动，但仍需要提交信息和等待相关监管方的批准。

一、没有明确表态"反对"

中国商务部反垄断局局长尚明、中国船东协会常务副会长张守国，近日就2M联盟接受中央电视台《朝闻天下》节目的采访。

尚明的担心是，2M联盟将在欧美、亚美航线占据最大份额，马士基航运、地中海航运将拥有更大话语权。中国进出口企业对航运巨头的议价能力降低，航运市场的运费最后总要加到购买商品的价格中去，所以航运的运费对老百姓有直接的影响，如果一个垄断行为产生了，最后的定价权由2M决定，价格涨了，老百姓当然要承受涨价带来的后果。

张守国预计，2M联盟将进一步增强马士基航运和地中海航运的竞争力，这对中国的航运企业来说，应该是很大的挑战。中国是世界上第一大贸易国，全球排名前10位的港口，有7个在中国。但是，我国航运业的发展，仍然与世界先进水平有很大差距。"那么多外贸进出口货物，我们国家的航运公司承运了多少呢？不到1/3。就是说有七成的货物是由外国公司、外国船舶在承运。"

张守国称，"我们航运每年在服务贸易上造成的逆差是290亿（美元），但实际上我们国家的服务贸易逆差才260亿（美元），主要是我们在航运服务贸易上花的钱多，挣的钱少，那么就造成我们国家在航运上不能满足进出口的需要。"

尚明和张守国没有在采访节目里，对马士基航运、地中海航运筹建2M联盟明确说出"反对"。但是，据节目计算，马士基航运、地中海航运在全球集装箱运输市场的份额分别是14.5%、13.4%，合计为27.9%，超过全球集装箱运力的1/4。在亚洲范围内，马士基航运、地中海航运合并的市场份额可达35.8%，超出1/3。由此可见，2M联盟不容轻视。

二、中国拒绝设立P3联盟

马士基航运、地中海航运、达飞海运是世界上排名前三位的航运巨头，在中国的业务以集装箱运输为主。三巨头在亚欧、亚美航线上设立P3联盟的计划，于2014年6月被中国商务部拒绝。此前，美国、欧盟都同意P3联盟的设立。

《中华人民共和国国际海运条例》第35条规定，经营国际班轮运输业务的国际船舶运输经营者通过协议产生的各类联营体，其服务涉及中国港口某一航线的承运份额，持续1年超过该航线总运量的30%，并可能对公平竞争造成损害的，国务院交通主管部门可对其实施调查。

中国商务部服务贸易和商贸服务业司副司长吕继坚，在2014年7月10日的一个航运论坛上解释，P3联盟试图在亚洲排除、限制竞争，对市场产生的不利影响将大于有利影响，同时也不太符合社会利益。商务部认为这一联盟不符合公平竞争的相关条件，因此予以否决。

马士基航运、地中海航运随机应变，提出在亚欧、跨大西洋、跨太平洋航线上进行为期10年的船舶共享协议。由于马士基航运和地中海航运的英文名称均以"M"打头，该合作便命名为2M联盟。

2M联盟将涉及185艘船舶、210万标准箱的运力、21条航线，规模比P3联盟缩小了25%～30%，承运份额未超过30%这道"红线"，无须中国政府启动调查程序。

2M联盟也不设立共同运营中心，两家公司的人员、船队保持独立运营。如果2M联盟果真仅限于舱位互换等合作，那么就不构成经营者集中，商务部就没有必要进行管辖。

三、联盟是航运业的一大趋势

舆论普遍以为，马士基航运、地中海航运这次卷土重来，成功的概率较大。

有专家建议，马士基航运、地中海航运可以有一个方法缓解中国监管当局的审核，那就是在任何方案中，都要引进一家中国的航运公司，这种包含中国企业、欧洲企业在内的国际化组合，应该不会遭到中国监管部门的反对。

航运专家吴明华认为，中国反垄断法关于经营者集中有3种情形：1.经营者合并；2.经营者通过取得股权或资产的方式取得对其他经营者的控制权；3.经营者通过合同等方式取得对其他经营者的控制权或能够对其他经营者施加决定性影响。只要违反了其中之一就可以认为是经营者集中，结果就是不予批准。

吴明华说，“搞航运联盟的目的实际上都是差不多的，无论是CKYHE联盟（包括中远集运、川崎汽船、阳明海运、韩进海运和长荣海运），还是G6联盟（赫伯罗特、日本邮船、东方海外、美国总统轮船、现代商船、三井商船），其目的主要是通过大家共同投入船舶、共租舱位、共同使用集装箱船（船型、船厂、买卖）的箱位来提高舱位利用率，降低成本，提高运营效率。”

思考：

1．什么是班轮运输？有什么特点？

2．联盟能否降低航运业亏损？

3．联盟之外的中小船运公司将如何应对？

子任务一　水路运输概述

6.1.1　水路运输的定义

水路运输又称为船舶运输，它是利用船舶和其他运载工具在水路上运送旅客和货物的一种运输方式，简称“水运”。水路运输是我国综合运输体系中的重要组成部分，并且正日益显示出它的巨大作用。

6.1.2　水路运输的分类

1．按照航行区域分类

（1）内河运输。是指使用船舶、排筏和其他浮运工具，在江、河、湖、水库及人工水道进行运输的一种方式。我国的江河资源十分丰富，历史上就是世界领先的水运大国。东西向由长江、珠江、黑龙江、淮河、钱塘江、闽江等几大水系组成内河运输体系，其中长江长达6 300多千米，历来有“黄金水道”之称，随着三峡工程和长江上游梯级电站的建设和国家西部大开发战略的实施，长江在内河运输上将发挥更大作用。

（2）海上运输。简称“海运”。海上运输包括远洋运输、近洋运输和沿海运输。远洋运输是指我国与其他国家或地区经过一个或数个大洋的海上运输，我国至北美、南美、澳洲、欧洲等地区之间的运输，都属于远洋运输。近洋运输是指我国与邻近国家或地区的海上运输，如我国到日本、朝鲜、印度尼西亚等地的运输，属近洋运输。沿海运输是指在我国沿海各港口之间的运输。海上运输是开展国际贸易的主要方式，是发展经济和友好往来的主要交通工具之一。

2. 按货物包装分类

按货物的包装状况分为散装货物（无包装）、集装箱、单元滚装运输等。集装箱运输和散杂货物运输是我国水路运输的主要形式。

（1）集装箱运输。集装箱运输是指将货物装在集装箱内进行运送的运输方式，是20世纪50年代以来在全球快速兴起的一种运输方式。在水路运输方面，集装箱化给港口和场站的货物装卸、堆码的全机械化和自动化创造了条件。标准化的货物单元加大，提高了装卸效率，缩短了车船在港口和场站停留的时间。

（2）散杂货物运输。散杂货物运输包括散装货物和件杂货物。

散装货物运输简称“散货运输”，是指货物在装运以前不加包装，而是直接装载在船上的通舱或由货舱隔成的小舱中的块状、颗粒状、粉末状货物，如矿石、煤炭、谷物、糖、油和散运的盐等。散货一般批量较大。

件杂货运输是指除鲜活易腐货物外，包装成件或其本身是可计数的一般货物的总称，如一箱衣服、一辆汽车等。它的品类繁多、性质各异、包装形式不一。

3. 按经营方式分类

（1）定期船运输。定期船运输也称“班轮运输”，是指班轮公司将船舶按事先制定的船期表，在特定航线的各挂靠港口之间，为非特定的众多货主提供规则的、反复的货物运输服务，并按运价或协议运价的规定计收运费的一种营运方式。

班轮公司或无船承运人采取的一套适宜小批量接受货物运送的货运程序及负责货物中转等经营方式，既能为船公司或无船承运人争取货源、提高经营效益，又能为货主提供方便的运输服务。从事班轮运输的船舶，具有固定航线、固定挂靠港、固定船期和相对固定的运价等“四固定”的特点，这是定期船运输与不定期船运输的主要区别。

知识链接

班轮运输的形式

班轮运输可分为两种形式：一是船舶严格按照预先公布的船期表运行的“核心班轮”，即所谓的严格定期定线的班轮运输；二是船舶运行虽有船期表，但船舶到、离港口的时间可有一定的伸缩性，并且航线上虽有固定的始发港和终点港，但中途挂港可视货源情况有所增减，称为“弹性班轮”，即所谓定线不严格定期的班轮运输。

20世纪60年代后期，随着集装箱运输的发展，班轮运输开始分化为传统的杂货班轮运输和集装箱班轮运输。

（2）不定期船运输。不定期船运输也称“租船运输”，是一种既没有事先制定的船期表，也没有固定的航线和挂靠港，而是追随货源，按照货主对运输的要求安排船舶就航的航线，组织货物运输，并根据租船市场行情确定运价或租金水平的一种经营方式。租船运输按照船舶所有人（出租人）与需要运力的租船人（承租人）之间签订的租船合同（Charter Party，C/P）组织运输。根据承租人的不同要求，又分为航次租船、定期租船、包运租船、航次期租船等不同的租船方式。租船运输主要从事大宗物品的运输，如谷物、油类、矿石、煤炭、木材、砂糖、化肥、水泥等，并且经常以整船或整舱的方式装运。

4. 按运输货物性质和特点分类

分为普通大宗货物运输（如煤、砂、矿石等）和特种货物运输（如活植物、活动物、危险品货物、笨重货物、长大货物、易腐货物等）。

5. 按合同的承租期限分类

分为航次租船、定期租船、包运租船。

6.1.3 水路运输的特点

水路运输生产过程相当烦琐复杂，具有点多、线长、面广、分散流动、波动大等特征。它主要承担大数量、长距离的运输，是在干线运输中起主力作用的运输形式。在内河及沿海，水运也经常作为小型运输方式使用，担任补充及衔接大批量干线运输的任务。

1. 水路运输的优点

（1）运能大，能够运输数量巨大的货物，是一些国家国内和国际运输的重要方式之一。例如，一条密西西比河的运能相当于 10 条铁路，一条莱茵河的运能抵得上 20 条铁路。此外，修筑 1 千米铁路或公路占地约 30 000 平方米，而水路运输利用海洋或天然河道，占地很少。在我国的货运总量中，水运所占的比重仅次于铁路和公路运输。

（2）通用性较强，客货两宜。利用天然航道完成运输，航道四通八达，通过能力一般不受自然条件限制。尤其是海上航道，其通过能力几乎不受限制。

（3）越洋运输大宗货品，连接被海洋所分割的大陆，远洋运输是发展国际贸易的强大支柱。

（4）运输成本低，能以最低的单位运输成本提供最大的货运量，尤其在运输大宗货物或散装货物时，采用专用的船舶运输，可以取得更好的技术、经济效果。

（5）平均运输距离长。

2. 水路运输的主要缺点

（1）速度慢。轮船在水中行驶，阻力较大，提高速度比较困难。

（2）适应性差，受气候影响大。内河运输受自然条件的限制很大，如航道水深、航道走向、通航质量、季节性缺水、冬季冰冻等问题。海洋运输也受到港湾的水深、风浪等气候和水文条件的限制。

（3）货物直达性较差。如果托运人或收货人不在航道上，就要依靠公路或铁路运输进行转运。

（4）其他方面。大型船舶投资巨大且回收期长，面临国际化经营的激烈竞争，海运市场受经济的影响较大。

根据水路运输的优点和缺点，它在整个物流运输体系中主要承担以下作业。

（1）承担大批量货物，特别是集装箱的运输。

（2）承担原料、半成品等散货运输，如建材、石油、煤炭、矿石、谷物等。

（3）承担国际贸易运输，即远距离、运量大、不要求快速抵达的国际客货运输。

6.1.4 水路运输发展趋势

近年来我国水路运输事业发展步伐明显加快，港口、船舶运输能力和运输量等位居世界前列，沿海港口作业效率、装备技术达到国际领先水平。但也要充分认识到，水运发展方式比较粗放、运输结构不尽合理、科技创新和信息化支撑能力不足等问题依然存在。要基本实现 2020 年水运现代化的目标，需要加快水运发展方式的转变，优化行业结构，增强行业发展内生动力和创新能力，进一步提升我国在国际海运业中的地位，进一步增强水路交通服务和保障能力，具体包括以下几方面。

1. 加快内河航运发展

全面加快高等级航道网建设，加强长江、西江、京杭大运河等干线和主要支流航道整治，通过干流带动支流发展，通过航道建设、整治带动港口和船舶发展；加快推进内河船型标准化工作；加强主要内河港口现代化、规模化、专业化港区建设，推进建设内河港口集疏运通道和物流园区；健全干支直达、江海联运网络，加强与沿海、远洋运输和其他运输方式的衔接。

2. 加快发展现代航运服务业

抓住世界海运中心向东亚转移的机遇，重点加强软实力建设，全面提高我国海运的国际竞争力和在世界海运界的话语权。推进国际航运中心建设，重点发展包括航运融资、海上保险、航运交易、航运经纪在内的高端航运服务业。积极参与国际航运规则和标准的研究和制定。

3. 加快港口发展模式转变

积极构建大宗散货交易平台、水陆集疏运网络、金融和信息支撑系统三位一体的港口服务体系。统筹老港区功能调整与城市化改造，规划老码头技术改造、能力挖潜与新码头建设，全面推进沿海老码头结构加固改造，提高岸线资源利用率，引导港口从资源性扩张建设向集约型发展方式转变。完善港口集疏运体系，提升主要港口的集装箱铁水联运、水水中转比例。探索整合港口资源新模式，推进区域港口的协调发展。

4. 加快行业结构调整

提高航道养护科技含量，实行建设、养护、管理并重。适应船舶大型化趋势，优化港口布局，加快大型化、专业化码头建设。完善老旧船舶强制报废制度，鼓励老旧船舶、技术状况差的船舶提前淘汰；壮大国轮船队，提高能源等战略物资的运输保障能力。加快建设内贸集装箱、汽车滚装运输服务网络，促进一体化运输的发展。推进港航企业的集约化、规模化、专业化经营，积极培育、引导组建一批跨区域、跨所有制的具有较强竞争力的大型港航企业，鼓励港航企业与大型货主建立战略联盟。

5. 加快促进现代物流发展

依托"大港航"、深航道、大网络、大企业、高标准，推进集装箱、危险货物、大宗货物等重点领域物流发展。大力发展集装箱海铁联运、多式联运。拓展港口的货物存储、分拨和配送功能，延伸服务产业链，推广"前港后厂"模式，在主要港口建立煤炭、矿石等分拨、配送中心；推进区港联动，发展国际采购、国际配送、国际中转、国际加工等业务，提升港口综合服务能力。促进港口口岸通关作业流程和申报手续优化，提升贸易和物流便利化水平。支持大型企业实施"走出去"战略。

6. 加快建设绿色水路交通

充分发挥水运优势，完善水运服务网络，提升水运在综合运输体系中的比重。跟踪国际海运节能减排新动向和新规则，掌握发展主动权。加快建立行业节能减排监测考核体系，鼓励节能环保、经济高效的船舶发展。加强节水、节地、节材等评估审查，在规划、设计、建设等环节，集约利用土地、岸线。

子任务二 水路运输设备设施

水路运输的设备设施包括航道（航线、航标）、船舶和港口 3 个方面。

6.2.1 航道

1. 概念

航道是船舶进出港的通道，是为水上运输而规定或建造的船舶航行通道，航道应具备足够的水深和宽度，以满足设计标准船型的满载吃水要求和船舶的顺利通过。

2. 分类

（1）海上航道。海上航道属于自然水道，其通过能力几乎不受限制。每一海区的地理、水文情况都反映在该区的海图上。船舶每次的运行都是根据海图，结合当时的气候条件、海况和船舶本身的技术性能进行计算并在海图上标出的。

但是，随着船舶吨位的增加，有些海域或狭窄水道会对通航船舶产生一定的限制。例如，位于新加坡、马来西亚和印度尼西亚之间的马六甲海峡，为确保航行安全，防止海域污染，三国限定通过海峡的油船吨位不得超过 22 万吨，龙骨下水深度必须保持 3.35 米。

（2）内河航道。内河航道大部分是利用自然水道加上引航的航标设施构成的。内河航道与海上航道相比，其通行的条件有很大的差别，反映在不同的通航水深、不同的通航时间和不同的通航方式等方面。

世界上内河航道里程较长的国家有俄罗斯、中国、巴西和美国。在内河航道货运密度（每千米航道完成的货物周转量）方面，美国和西欧一些国家高于其他国家，其中尤以美国和德国的水平较高。

美国内河航道已形成以密西西比河为干线的航道网，其干线及主要支流已根据需要实现了渠化，其北部与五大湖相沟通，沿圣劳伦斯海道可东出大西洋，河口同墨西哥湾沿岸运河相连，采用统一的标准水深 2.74 米，长达 9 700 千米，约占干支流总里程的 50%。

（3）人工航道。人工航道是指由人工开凿，主要用于船舶通航的河流，又称运河。人工航道一般开凿在几个水系或海洋的交界处，可以使船舶缩短航程，降低运输费用，方便人们的生产和生活，扩大船舶的通航范围，进而形成一定规模的水运网络。

一些著名的国际通航运河对世界航运的发展和船舶尺寸限制的影响很大，其中有苏伊士运河、巴拿马运河和基尔运河。

我国最古老、最长的人工运河是京杭大运河，全长约 1 794 千米，沟通我国五大水系，是我国国内水运的大动脉。

3. 航道航行的条件

（1）足够的航道深度。航道深度是限制船舶吨位和通过能力的主要因素，航道深度是指全航线中所具有的最小通航保证深度，它取决于航道上关键性的区段和浅滩上的水深。航道深浅是选用船舶吃水量和载重量的主要因素。航道深度增加，可以航行吃水深、载重量大的船舶，但增加航道深度，必然会使整治和维护航道的费用增高。因此，设计航道深度时，应全面考虑。

（2）足够的航道宽度。航道宽度视等级而定。通常单线航行的情况极少，双线航行最为普遍，在运输繁忙的航道上还应考虑三线航行。

（3）适宜的航道转弯半径。航道转弯半径是指航道中心线上的最小曲率半径。一般航道转弯半径不得小于最大航行船舶长度的 4～5 倍。若航道转弯半径过小，将造成航行困难，应加以整治。若受自然条件限制，航道转弯半径最低不得小于船舶长度的 3 倍，而且航行时要特别谨慎，防止事故。

（4）合理的航道许可流速。航道许可流速是指航线上的最大流速。船舶航行时，上水行驶和下水行驶的航线往往不同，下水行驶时应在流速大的主流水区行驶，上水行驶时则应尽量避开流速大的水区而在缓流区内行驶。

（5）符合规定的水上外廓。水上外廓可保证船舶水面以上的部分通过所需要的高度和宽度。水上外廓的尺度按航道等级来确定，通常一、二、三、四级航道上的桥梁等建筑物的净空高度，取 20 年一遇的洪水期最高水位来确定；五、六级航道则取 10 年一遇的洪水期最高水位来确定。

在对航道的要求中，最主要的是航道水深，因为无论江河湖海和水库，只要有足够的水深，船舶航行一般就没有大的问题。因此，在大多数情况下总是根据航道条件来设计港口，选择船舶和组织运输。

4. 航线

航线是指船舶航行起讫点间的线路。狭义的航线是指船舶航行在海洋中的具体航迹线，也包括画在海图上的计划航线。

（1）按航线性质可将航线分为推荐航线、协定航线和规定航线。

推荐航线：是指航海者根据航区不同季节的风、流、雾等情况，在长期航行实践中形成的习惯航线，由航海图书推荐给航海者。

协定航线：是指某些海运国家或海运单位为使船舶避开危险环境，协商在不同季节共同采用的航线。

规定航线：是指国家或地区为了维护航行安全，在某些海区明确过往船舶必须遵循的航线。

（2）按航线所经过的航区可将航线分为大洋航线、近海航线和沿岸航线。

5. 航标

航标又称“助航标志”，是用以帮助船舶定位，引导船舶安全航行，表示警告和指示碍航物的人工标志。为了保证进、出口船舶的航行安全，每个港口、航线附近的海岸均有各种助航设备。永久性航标的位置、特征、灯质、信号等已载入各国出版的海图中。

航标的主要功能：定位，为航行船舶提供定位信息；警告，提供碍航物及其他航行警告信息；交通指示，根据交通规则指示航行方向；指示特殊区域，如锚地、测量作业区、禁区等。

航标分为海区航标和内河航标。

（1）海区航标。是指在海上的某些岛屿、沿岸及港内重要地点所设的用以表示航道、锚地、碍船物、浅滩等，或者作为定位转向的标志。按照工作原理，分为视觉航标、音响航标、无线电航标3种。

① 视觉航标。白天以形状、颜色和外形，夜间以灯光颜色、发光时间间隔、次数、射程及高度来显示，能使驾驶人员通过直接观测迅速辨明水域，确定船位，安全航行，是使用最多、最方便的航标。常见的视觉航标有灯塔、灯船、浮标、灯桩、立标、系碇设备和各种导标。

② 音响航标。能发出规定响声的助航标志。它可在雾、雪等能见度不良的天气中向附近船舶表示有碍航物或危险。包括雾号、雾笛、雾钟、雾锣、雾哨、雾炮等。

③ 无线电航标。利用无线电波的传播特性向船舶提供定位导航信息的助航设施。包括无线电指向标、无线电导航台、雷达应答标、雷达指向标和雷达反射器等。

（2）内河航标。是指设于内河沿岸或内河中，用以准确标出江河航道的方向、界限、水深和水中障碍物，预告汛情，指挥狭窄和急转弯水道的水上交通标志。

内河航标，一般分为三等。在航运发达的河道上设置一等航标，由岸杆和浮标交相组成，夜间全部发光，保证船舶昼夜都能从一个航标看到下一个航标；在航运较为发达的河段上设置二等航标，它的密度较一等稀疏，夜间只有主航道上的航标发光，亮度也较弱；在航运不太发达的河段上设置三等航标，密度稀，夜间不发光，船舶只能利用航标和天然参照物在白天航行。内河航标的种类很多，各国不尽相同。我国内河航标目前分为航行标志、信号标志和专用标志3类，共计19种。

① 航行标志。用于标示内河安全航道的方向和位置等。有过河标、接岸标、导标、过河导标、首尾导标和桥涵标6种。

② 信号标志。用于标示航道深度、架空电线和水底管线位置，预告风讯，指挥弯曲狭窄航道的水上交通标志。有水深信号杆、通行信号杆、鸣笛标、界限标、电缆标、横流浮标、风讯信号杆7种。

③ 专用标志。用于指示内河中有碍航行安全的障碍物。有三角浮标、浮鼓、棒形浮标、灯船、左右通航浮标、泛滥标6种。

6.2.2 船舶

船舶，指的是依靠人力、风帆、发动机等动力，在水上移动的交通手段。另外，民用船一般被称为“船”，军用船被称为“舰”，小型船被称为“艇”或“舟”，其总称为“舰船”或“船艇”。这里介绍的船舶主要是指货船。

1. 分类

（1）干散货船。又称散装货船，干散货船是用以装载无包装的大宗货物的船舶。专用于运送煤炭、矿砂、谷物、化肥、水泥、钢铁等散装物资。目前其数量仅次于油船。按载运的货物不同，又可分为矿砂船、运煤船、散粮船、散装水泥船和运木船等。

（2）杂货船。又称普通货船、通用干货船或统货船，主要用于装载一般包装、袋装、箱装和桶装的件杂货物。由于件杂货物的批量较小，杂货船的吨位也较散货船和油船更小。

（3）集装箱船。又称箱装船、货柜船或货箱船，是一种专门载运集装箱的船舶。其全部或大部分船舱都用来装载集装箱，甲板或舱盖上往往也可堆放集装箱。

（4）液货船。专门载运液体货物的船舶。液体货物主要有油、液化气、淡水和化学药液等。其中运量最大的是石油及其制品。按载运的货物不同，又可分为原油船、成品油船、液体化学品船、液化气船等。

（5）冷藏船。运送肉、鱼、蔬菜和水果等易腐货物的专用船舶。往往设多层甲板，货舱内通常被分隔成若干独立的封闭空间。船上具有大功率的制冷装置，可以在比较恶劣的环境中，使各冷藏货舱内保持货物所需的适当温度。

（6）载驳船。专门载运货驳的船舶，又称母子船，也就是在大船上搭载驳船，驳船内装载货物的船舶。其运输方式与集装箱运输方式相仿，因为货驳亦可视为能够浮于水面的集装箱。

（7）滚装船。利用车辆上下装卸货物的多用途船舶，最初亦称滚上滚下船。将装有集装箱等大件货物的挂车和装有货物的带轮的托盘作为货运单位，由牵引车或叉车直接进出货舱进行装卸。

2. 基本结构

船舶是由许多部分构成的，按各部分的作用，可综合归纳为船体、船舶动力装置、船舶舾装3大部分。

（1）船体。船体是船舶的基本部分，可分为主体部分和上层建筑部分。主体部分一般指上甲板以下的部分，它是由船壳（船底及船侧）和上甲板围成的具有特定形状的空心体，是保证船舶具有所需浮力、航海性能和船体强度的关键部分。船体一般用于布置动力装置、装载货物、储存燃油和淡水，以及布置其他各种舱室。

为保障船体强度，提高船舶的抗沉性和布置各种舱室，通常设置若干强固的水密舱壁和内底，在主体内形成一定数量的水密舱，并根据需要加设中间甲板或平台，将主体水平分隔成若干层。

上层建筑位于上甲板以上，由左、右侧壁，前、后端壁和各层甲板围成，其内部主要用于布置各种用途的舱室，如工作舱室、生活舱室、储藏舱室、仪器设备舱室等。上层建筑的大小、层楼和形式因船舶用途和尺度而异。

（2）船舶动力装置。船舶动力装置包括推进装置，如主机经减速装置、传动轴系以驱动推进器（螺旋桨是主要的形式）；为推进装置的运行服务的辅助机械设备和系统，如燃油泵、滑油泵、冷却水水泵、加热器、过滤器、冷却器等；船舶电站，它为船舶的甲板机械、机舱内的辅助机械和船上照明等提供电力；其他辅助机械和设备，如锅炉、压气机、船舶各系统的泵、起重机械设备、维修机床等。通常把主机及锅炉以外的机械统称为辅机。

（3）船舶舾装。船舶舾装包括舱室内装结构（内壁、天花板、地板等）、家具和生活设施（炊事、卫生等）、涂装和油漆、门窗、梯和栏杆、桅杆、舱口盖等。

在船舶的其他装置和设备中，除推进装置外，还有锚设备与系泊设备，舵设备与操舵装置，救生设备，消防设备，船内外通信设备，照明设备，信号设备，导航设备，起货设备，通风、空调和冷藏设备，海水和生活用淡水系统，压载水系统，液体舱的测深系统和透气系统，船舶电气设备，其他特殊设备（依船舶的特殊需要而定）。

6.2.3 港口

港口是指具有一定面积的水域和陆域，是供船舶出入和停泊，以及货物和旅客集散的场所。港口是水运生产的一个重要节点，船舶的装卸、补给、修理工作和船员的休整等都要在港口进行。因此，港口是水运工作的关键所在。

1. 分类

（1）按地理位置分类。

① 海湾港，濒临海湾，又据海口，常能获得港内水深优势的港口。海湾港具有同一港湾容纳数港的特色，如大连港、秦皇岛港。

② 河口港，位于河口的港口，如上海港、伦敦港。

③ 内河港，居水陆交通的据点，一般与海港有航道相通，如南京港、汉口港等。

（2）按用途目的分类。

① 存储港，一般地处水路联络的要道，交通十分方便，同时又是工商业中心，港口设施完备，便于货物的存储、转运，为内陆和港口货物集散的枢纽。

② 转运港，位于水陆交通衔接处，方便将陆运货物集中转由陆路运入，而港口本身对货物需要不多，主要经办转运业务。

③ 经过港，地处航道要冲，为往来船舶必经之地，途径船舶如有需要，可作短暂停泊，以便添加燃料、补充食物和淡水，继续航行。

2. 港口的通过能力

港口的通过能力是指在一定时期和条件下，利用现有的工人、装卸机械与工艺所能装卸货物的最大数量，取决于以下几个方面。

（1）港口水域面积。该港口同时能接纳的船舶数。

（2）港口深度。该港口所能接纳的船舶吨位。

（3）港口的泊位数。该港口同时能接纳并进行装卸作业的船舶数。

（4）港口作业效率。船舶在该港口的泊港时间，一般需要综合以下各种情况才能做出正确的估算：装卸机械的生产能力、同时作业的舱口数或作业线数、作业人员的工作效率、业务人员的管理水平等。

（5）港口库场的堆存能力。

（6）港口后方的集疏运能力。

子任务三 水路运输流程

6.3.1 班轮运输

1. 班轮运输概述

班轮运输也称为定期船运输，是指班轮公司将船舶按事先制定的船期表，在特定航线的各挂靠港口之间，为非特定的众多货主提供规则的、反复的货物运输服务，并按运价表的规定计收运费的一种营运方式。

班轮运输的特点可以用 5 个字来概括：四定一负责。“四定”指的是航线固定、停靠港口固定、船期固定、运费率固定；“一负责”是指承运人负责装货和卸货。

（1） “四定”的特点是班轮运输最基本的特征。

（2）班轮运价内包括装卸费用，即货物由承运人负责配载装卸，承托双方不计滞期费和速遣费。

（3）承运人对货物负责的时段是从货物装上船起，到货物卸下船止，即“船舷至船舷”或“钩至钩”。

（4）承运双方的权利、义务和责任豁免以签发的提单为依据，并受统一的国际公约的制约。

知识链接

全球班轮公司运力百强最新排名

最新运力数据显示，截至2014年8月1日，全球班轮公司运力100强中排名前3的分别是马士基航运、地中海航运和达飞轮船。第4名到第10名依次为：长荣海运、中远集运、赫伯罗特、中海集运、韩进海运、商船三井、美国总统轮船。全球班轮公司运力10强如图6.1所示。

在上榜的中国大陆班轮公司中，中远集运排名第5位，中海集运排名第7位，海丰国际排名第25位，泉州安盛船务排名第32位，中外运集运排名第34位，中谷新良海运排名第47位，上海海华轮船排名第63位，广西鸿翔船务排名第67位，上海锦江航运排名第70位，宁波远洋排名第95位，中通集装箱班轮有限公司排名第100位。

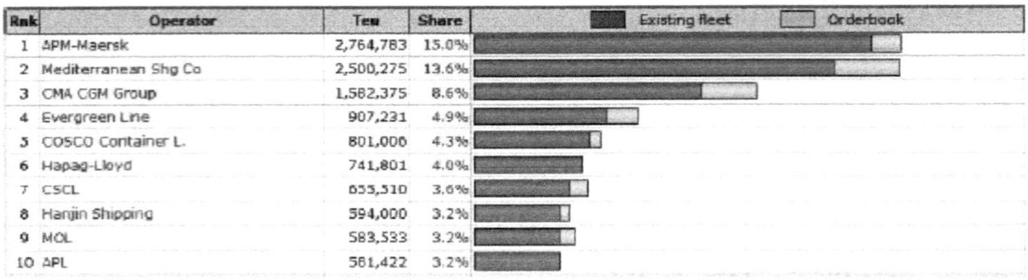

图6.1　全球班轮公司运力10强

2. 班轮运输流程

（1）揽货。揽货是指班轮公司使自己所经营的班轮运输船舶在载重量和舱容上得到充分利用，力争做到“满舱满载”，以期获得最好的经营效益而从货主那里争取货源的行为。揽货的实际成绩如何，直接影响班轮公司的经营效益并关系着班轮经营的成败。

（2）订舱。订舱是指托运人或其代理人向班轮公司或其代理人申请货物运输、申请订舱，班轮公司给予确认并加盖公章的行为。国际海上货物运输合同是一种双方有偿合同、诺成合同。合同订立采用“要约—承诺”方式。

（3）装船。装船是指托运人将其托运的货物送至码头承运人船边并进行交接，然后将货物装到船上的行为。

如果船舶系靠在浮筒或锚地作业，那么船公司或其代理人用自己的或租用的驳船将货物从仓库驳运至船边集中后，按顺序装船。即所谓的“仓库收货，集中装船”。

（4）卸船。卸船是指将船舶所承运的货物在卸货港从船上卸下，并将船舶交给收货人或其代理收货人并办理货物的交接手续。船公司在卸货港的代理人根据船舶发来的到港电报，一方面编制有关单证，约定装卸公司，等待船舶进港后卸货；另一方面还要将船舶预定到港的时间通知收货人，以便收货人做好接收货物的准备工作。

（5）误卸。在卸货时，船方和装卸公司应根据载货清单和其他有关单证认真地组织和实施货物的卸船作业，避免发生误卸的情况，即避免发生原来应该在其他港口卸下的货物卸在本港的“溢卸”，以及原来应该在本港卸下的货物遗漏未卸的“短卸”等情况，船公司或其代理人一旦发现误卸时，应及时向各挂靠港发出货物查询单，查清后应及时将货物运至原定的卸货港。

（6）交付货物。实际业务中船公司凭提单将货物交付给收货人的行为。具体过程是收货人将提单交给船公司在卸货港的代理人，经代理人审核无误后，签发提货单交给收货人，然后收货人再凭提货单前往码头仓库交付货物并与卸货代理人办理交接手续。

交付货物的方式有仓库交付货物、船边交付货物、货主选择卸货港交付货物、变更卸货港交付货物、凭保证书交付货物等。货主选择卸货港交付货物是指货物在装船时货主尚未确定具体的卸货港，待船舶开航后再由货主选定对自己最方便或最有利的卸货港，并在这个港口卸货和交付货物。

（7）保函。保函即保证书。为了方便，船公司及银行都印有一定格式的保证书。其作用包括凭保函交付货物，凭保函签发清洁提单，凭保函倒签预借提单等。在凭保函交付货物的情况下，收货人保证在收到提单后立即向船公司交回全套正本提单，承担应由收货人支付的运费及其他费用的责任；对因未提交提单而提取货物所产生的一切损失承担责任，并表明对于保证内容由银行和收货人一起负连带责任。凭保函签发提单则使得托运人能以清洁提单、已装船提单顺利地进行结汇。关于保函的法律效力，海牙规则和维斯比规则都没有做出规定。考虑到保函在海运中的实际意义和保护无辜的第三方的需要，汉堡规则第1 次就保函的效力问题做出了明确的规定：保函是承运人与托运人之间的协议，不得对抗第三方，承运人与托运人之间的保函，只是在无欺骗第三方意图时才有效；如发现有意欺骗第三方，则承运人在赔偿第三方时不得享受责任限制，且保函也无效。

6.3.2 租船运输

1. 租船运输概述

在目前的水路运输实务中，存在租船运输和班轮运输两种主要的方式，世界上众多的船公司，还是以租船运输方式为主要经营方式。这种运输方式的经营人可能是经营船舶的所有人，也有可能是从其他船公司租进船舶进行租船运输的二船东。也有一些靠租进和租出船舶为业，既不拥有船舶，也不拥有货物的中间租船人或称第二船东，以中间差额为盈利目的从事租船业务。

2. 租船运输方式

船舶各托运人经常采用的租船经营方式有航次租船、定期租船、光船租船和包运租船。

（1）航次租船。航次租船是指由船舶所有人负责提供一艘船舶，在指定的港口之间通过一个航次或几个航次承运租船人指定的货物，租船人向船舶所有人支付相应运费的租船运输方式。

在航次租船的情况下，船舶的营运调出工作仍由船舶所有人负责，并负担船舶的燃料费、物料费、修理费、港口费、淡水费等营运费用，承租人按合同的规定将货物装上船舶后即可在卸货港等待提货。它一般具有下列特点。

① 船舶所有人占有和控制船舶，负责船舶的营运调度工作。负责配备船员，负担船员的工资、伙食费。租船人指定装卸港口和货物。

② 租船人向船东支付运费（Freight），又称为租金（Hire），航次租船的“租金”常称

为运费，运费按货物的数量及双方商定的费率计收。

③ 租船人指定装卸港口和货物，在租船合同中需要订明货物的装卸费用由船舶所有人或由承租人负担。

④ 在租船合同中需要订明可用于装卸货物的时间，以及装卸货物时间的计算办法，并规定延滞费和速遣费的标准。

（2）定期租船。定期租船是指船舶所有人将一艘特定的船舶出租给承租人使用一段时间的租船方式。这种租船方式不是以完成航次数为依据，而是以约定使用的一段时间为限，在此租期内船东收取租金，承租人使用该船的运载能力。

在这个期限内，承租人可以利用船舶的运载能力来安排运输货物。租期的长短完全由船舶所有人同承租人根据实际情况商洽而定，少则几个月，多则一两年或更长时间。

定期租船有以下特点。

① 船员由船舶所有人配备，并负担他们的工资、伙食费，所指派的船长应听从承租人的指挥。

② 船舶的营运调度工作由承租人负责，并负担船舶的燃料费、港口费、货物装卸费和运河通行费等与船舶营运有关的费用，而船舶所有人则负担船舶的折旧费、维修保养费、船用物料费、润滑油费、船舶保险费等费用。

③ 租金按船舶的载货量、租期长短及商定的租金率计算，租金率的确定是以船舶的装卸能力为基础，结合市场行情等因素进行洽谈的。

④ 租船合同中签订有关交船、还船及停租的规定。

（3）光船租船。又称船壳租船。这种租船不具有运输承揽的性质，只相当于一种财产租赁。光船租船是指在租期内船舶所有人只提供一艘空船给承租人使用，而配备船员、供应给养、船舶的营运管理及一切固定或变动的营运费用都由承租人负担的租船。承租人在租期内成为该船临时特定的船东使用船舶。

光船租船有以下特点。

① 船舶所有人只提供一艘空船，全部船员由承租人配备并听从承租人的指挥。

② 承租人负责船舶的经营及营运调度工作，并承担在租期内的时间损失。时间的风险在承租人一边。船舶所有人只按期收取租金，因此船舶的使用效率与船舶所有人毫不相关。

③ 承租人除不承担船舶的投资费用外，承担船舶全部固定的及变动的营运费用。

④ 租金按船舶的装载能力、租期及商定的租金率计算。租金支付方式通常以每月或每半月预付租金率乘以一个月时间为一次预付的租金数。

（4）包运租船。所谓包运租船是指船舶所有人提供给租船人一定吨位（运力），在确定的港口之间，以事先约定的年数、航次周期和每航次较均等的货运量，完成运输合同规定的全部货运量的租船方式。

包运租船有以下特点。

① 包运租船合同中不指定某一船舶及其国籍，仅规定租用船舶的船级、船龄及其技术规范等。船舶所有人必须根据这些要求提供能够完成合同规定每个航次货运量的运力。这给船舶所有人在调度和安排船舶方面提供了方便。

② 由船舶所有人负责船舶的营运调度，并负责有关的营运费用。

③ 运费按船舶实际装运货物的数量及商定的费率计算，按航次结算。

④ 租期的长短取决于运输货物的总运量及船舶的航次周期所需要的时间。

⑤ 运输的货物主要是运量较大的干散货或液体散装货物。承租人通常是货物贸易量较大的工矿企业。

⑥ 航次费用的负担责任划分一般与航次租船方式相同。

3. 租船运输流程

常规情况下，船东和租船人通过经纪人洽谈租船交易，从租船人提出租船要求到最终与船东拍板成交，签署合同需要一个过程，常见的程序如下。

（1）询价。询价又称询盘，通常是指承租人以其期望的条件通过租船经纪人在租船市场上要求租用船舶的行为，即“货求船”。承租人询价所期望的条件一般应包括需要承运货物的种类、货物的数量、装货港、卸货港、装运期限、租船方式或期限、期望的运价（租金）水平和所需用船舶的明细说明等内容。

询价也可以由船舶所有人为承揽货载而先通过租船经纪人向航运交易市场发出求货载信息，即“船求货”。由船舶所有人发出的询价内容包括出租船舶的船名、国籍、船型，船舶的散装和包装容积，以及可供租用的时间和希望承揽的货物种类等。询盘的作用是让对方知道发盘所需要的大致情况，内容简单扼要。

（2）报价。报价又称报盘或发盘，这是船舶出租人对承租人询价的回应，是指当船舶所有人从租船经纪人那里得到承租人的询价后，经过成本估算或比较其他的询价条件后，通过租船经纪人向承租人提出自己所能提供的船舶情况和条件。若船舶所有人先提出询价，则报价由承租人提出。

报价的主要内容除了有对询价的内容做出答复和提出要求外，最主要的是关于租金的水平、选用的租船合同范本及对范本条款的修订和补充等。

报盘又分为实盘和虚盘。实盘为附加时效的硬性报价，报盘条件不可改变；虚盘则是可磋商、修改条件的报价。

在“硬性报价”的情况下，常附有有效期规定，询价人必须在有效期内对报价人的报价做出接受订租的答复，超过有效期，这一报价即告失效。“硬性报价”对报价人也有约束力，在“硬性报价”的有效期内，他不得再向其他询价人报价，也不得撤销或更改已报出的报价条件。

在“条件报价”的情况下，报价人可以与询价人反复磋商、修改报价条件，报价人也有权同时向几个询价人发出报价。当然，从商业信誉出发，当报价人先后接到几个询价人发出的报价时，应遵循“先到先复”的原则。

（3）还价。还价又称还盘，是指在条件报价的情况下，承租人与船舶所有人之间对报价条件的谈判、协商和讨价还价的过程。经常是接受部分内容，对其他条款提出还价。例如，可以这样写，“charters accept owner's offer，except…（租方接受船东报价，但……除外）”，然后，租方在还价中列出还价内容，与船东继续谈判。

还价意味着询价人对报价人报价的拒绝和新的询价开始。因此，报价人收到还价后还需要对是否同意还价条件做出答复，或者再次做出新的报价。这种对还价条件做出答复或再次做出新的报价的行为称为反还价或称反还盘。

（4）接受及编制订租确认书。接受又称受盘，船舶所有人和承租人经过反复多次还盘后，双方对合同主要条款意见达成一致，即最后一次还实盘的全部内容在时限内被双方接受，就算成交。根据国际上通常的做法，接受订租后，双方当事人应签署一份“订租确认书”，就商谈租船过程中双方承诺的主要条件予以确认，对于细节问题还可以进一步进行商讨。由于双方此时只谈妥主要条款，还未对细节进行谈判。因此不论在受盘中，还是在订租确认书中都加有“subject to details（另定细节）”。

（5）接受及编制租船合同。签订确认书只是一种意向合同，正式的租船合同要按租船合同范本予以规范，进行编制，明确租船双方的权利和义务，双方当事人签署后即可生效。在此之后，无论哪一方提出更改或撤销等异议，造成的损失均由违约方承担责任。

租船合同正式签订以后，船舶所有人就可以按照合同的要求安排船舶投入营运。

知识链接

租船签约的形式

签约有两种形式：一是租船人或船东自己签约，二是授权租船代理来签约。租船代理签约时，要说明根据谁的授权，代表当事人（租船人或船东）签约，以及代理人的身份。如果代理人不表明身份，那就可能在发生法律问题时，被认为是当事人，而负有履行租约的责任。

6.3.3 海运货物进口

海运货物进口业务，就是根据贸易合同中有关运输的条件，对国外订货加以组织，通过海运方式运进国内的一种业务。按照 CIF（Cost，Insurance and Freight，成本加保险加运费）或 CFR（Cost and Freight，成本加运费）贸易条件进口的，由卖方负责运输；按照 FOB（Free on Board，离岸价）贸易条件进口的，由买方负责运输。现在以 FOB 贸易条件进口为例，介绍海上运输进口业务流程，如图 6.2 所示。

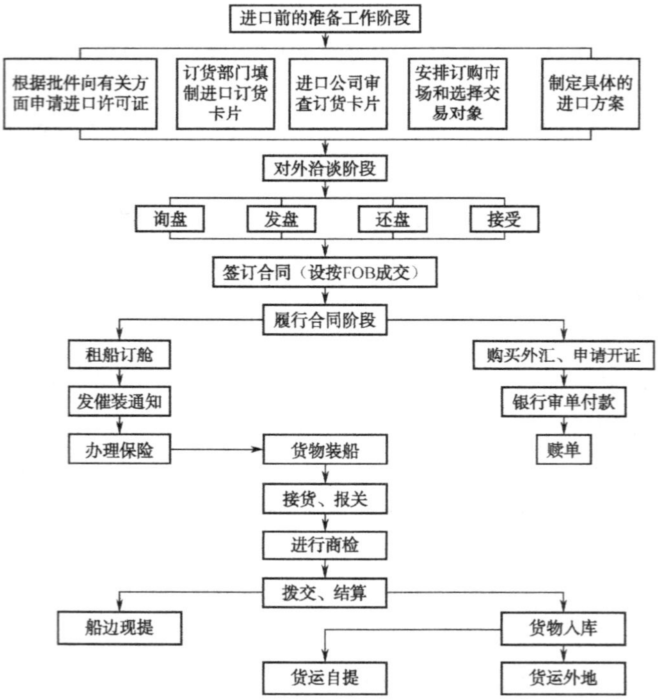

图 6.2　海上运输进口业务流程

6.3.4 海运货物出口

凡以 CIF 条件成交的出口货物，要由卖方安排运输，以信用证方式付款，主要经过货、证、船、款、核、税 6 个环节。海上运输出口业务流程如图 6.3 所示。

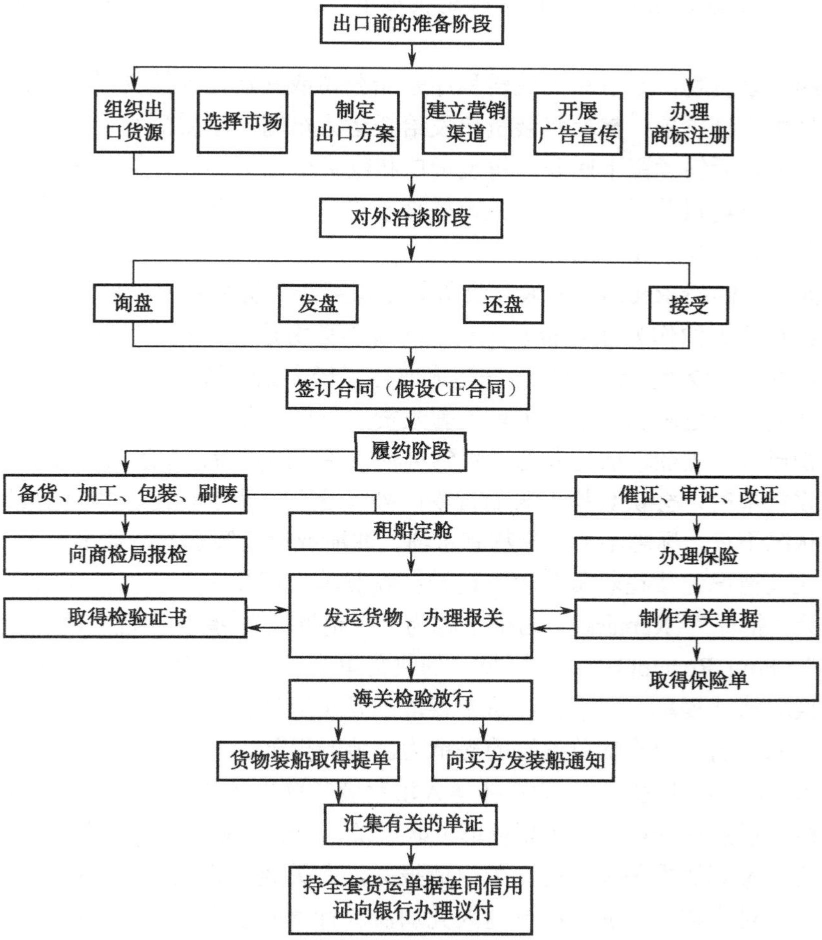

图 6.3 海上运输出口业务流程

6.3.5 水路运输单证

1. 水路货运单证

（1）托运单（Booking Note，B/N）。托运单也称订舱单、订舱申请书，是承运人或其代理人在接受发货人或货物托运人的订舱时，根据发货人的口头或书面申请托运货物的情况，据以安排货物运输而制定的单证。托运单必须经过承运人确认之后才能作为承托双方订舱的凭证。

（2）装货单（Shipper Order，S/O）。装货单，也称下货纸，是托运人填制，交船公司或其代理人，审核并签章后，据以要求船长将货物装船承运的凭证。它是船公司或其代理人签署形成的一份出口货运的书面承诺文件。装货单是托运人办理货物出口报关手续的必备单据之一，经海关查验并在该单上加盖海关放行章后，作为船公司或其代理人接收货物、安排货物装船与出运的依据，因此装货单又被称为“关单”。

装货单是国际航运中通用的单证，一般由 3 联组成，第 1 联为留底联，用于缮制其他货运单证；第 2 联是装货单；第 3 联是收货单，是船方接收货物装船后签发给托运人的收据。

对于传统件杂货物，装货单的流转程序是船公司或其代理人接受托运后，将确定的载运船舶及编号填入订舱单，然后将装货单发给托运人填写，填妥后交回船公司的代理人，经代理人审核无误后签章留下底联，将装货单和收货单（第 2 联、第 3 联）交给托运人前往海关办理出口货物报关手续，经海关审核准予出口，在装货单上加盖海关放行章，便可持其要求船公司将货物装船承运。

（3）收货单（Mate’s Receipt，M/R）。收货单是指某一票货物装上船后，由船上大副（Chief Mate）签署给托运人的作为证明船方已经收到该票货物并已装上船的凭证。所以，收货单又称为“大副收据”或“大副收单”。托运人取得了经大副签署的收货单后，即可凭此向船公司或其代理人换取已装船提单。大副签署收货单有以下作用。

证明货物已经装上船；承运人已经收到货物，并开始负责；托运人凭收货单换取提单；大副在签署收货单时，会认真检查装船货物的外表状况、货物标志、货物数量等情况。如果货物外表状况不良，标志不清，货物有水渍、油渍或污渍等状况，数量短缺，有损坏时，大副就会将这些情况记载在收货单上。这种在收货单上记载有关货物外表状况不良或有缺陷的情况称为“批注”（Remark），习惯上称为“大副批注”。有大副批注的收货单称为“不清洁收货单”（Foul Receipt）；无大副批注的收货单为“清洁收货单”（Clean Receipt）。凭清洁收货单换取清洁提单，不清洁收货单换取的是不清洁提单。因此，收货单是记载货物交接状况最早的证明。由收货单签发的提单为已装船提单。

装货联单的流程（见图 6.4）为：托运人填写装货联单（共 3 联），向船公司申请订舱；船公司经审核无误后接受申请，在装货单（第 2 联）上予以编号并加盖印章进行订舱确认；托运人持装货单及其他报关单证向海关申请报关，海关经查验无误，征税后在装货单上加盖海关放行章，对货物进行放行；托运人凭加盖放行章的装货单要求货物装船；当每票货物全部装上船后，现场理货员即核对理货计数单的数字，在装货单上签注实装数量、船舶位置、装船日期并签名，再由理货长审查并签名，证明该票货物如数装船无误，然后随同收货单（第 3 联）一起交船上大副，大副审核属实后在收货单上签字，留下装货单，将收货单给理货长转交托运人；托运人取得收货单后，即可凭此要求船公司签发提单（B/L）。

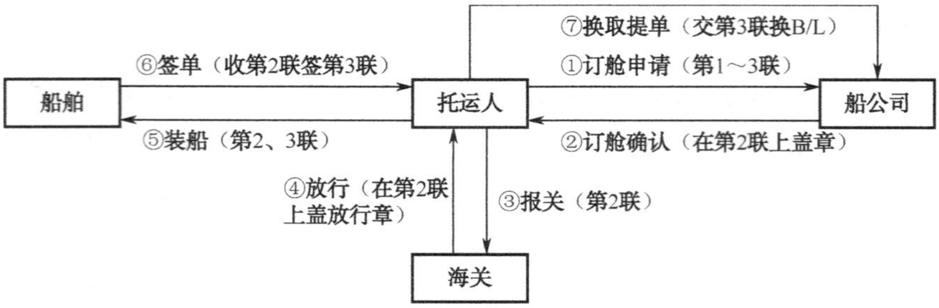

图 6.4　装货联单流程

（4）海运提单（Ocean Bill of Lading，B/L）。海运提单简称“提单”（Bill of Lading，B/L），是指用以证明海上货物运输合同和货物已经由承运人接受或装船，以及承运人保证据以交付货物的凭证。

提单是海上货物运输合同的证明，是证明货物已由承运人接管或已装船的货物收据，是承运人保证凭以交付货物的物权凭证。

（5）装货清单（Loading List，L/L）。装货清单是根据装货联单中的托运单留底联，将全船待运货物按目的港和货物性质分类，依航次靠港顺序排列的装货单的汇总单。装货清单是大副编制积载计划的主要依据，又是供现场理货人员进行理货，港口安排驳运，进出库场，掌握托运人备货及货物集中情况等的业务单据。当有增加或取消货载的情况发生时，船方（通常是船舶代理人）会及时编制“加载清单”或“取消清单”，并及时分送各有关方。

（6）载货清单（Manifest，M/F）。载货清单，也称“舱单”，是在货物装船完毕后，根据大副收据或提单编制的一份按卸货港顺序逐票列明全船实际载运货物的汇总清单。载货清单是国际航运实践中一份非常重要的通用单证。它是船舶办理报关手续时必备的单据；它是海关对进出口船舶所载货物进出国境进行监督管理的单证，如果船载货物在载货清单上没有列明，海关有权依据海关法的规定进行处理；它又是港方及理货机构安排卸货的单证之一。在我国，载货清单还是出口企业在办理货物出口后，申请退税，海关据以办理出口退税手续的单证之一。因此，在船舶装货完毕离港前，船方应由船长签署若干份载货清单，并留下数份随船同行，以备中途挂港或到达卸货港时办理进口报关手续时使用。另外，进口货物的收货人在办理货物进口报关手续时，载货清单也是海关办理验放手续的单证之一。

装货清单与载货清单的区别如表 6.1 所示。

表 6.1　装货清单与载货清单的区别

项　目	装货清单（L/L）	载货清单（M/F）
汇总依据	托运单（B/N）留底	大副收据/收货单（M/R）、提单（B/L）
汇总信息	对待装船货物的汇总	对已装船货物的汇总
制作时间	装船前	装船后
作用	① 为积载计划提供依据； ② 是理货等业务的单据	① 是整艘船舶出口报关的必备单据（装货单是每票货物报关的必备单据）； ② 是出口退税单据之一； ③ 是卸货港安排卸货的单据； ④ 是卸货港海关放行的凭据

（7）货物积载图（Stowage Plan）。在货物装船前，必须就货物装船顺序、货物在船上的装载位置等情况做出一个详细的计划，以指导有关方面安排泊位、货物出舱、下驳、搬运等工作。这个计划是以一个图表的形式来表示的，即用图表的形式表示货物在船舱内的装载情况，使每票货物在船舱内的位置都能得到形象具体的表示。该图表就是通常所称的积载图。

（8）运费清单（Freight Manifest，F/M）。运费清单是根据 B/L 副本、M/R 而编制的出口载货运费清单，一般由船舶代理公司编制。

（9）提货单（Delivery Order，D/O）。提货单，也称“小提单”，是由船舶公司或其代理人签发给提单持有人或其他指定收货人的，要求在规定时间和规定地点提取指定货物的单证。它既是收货人向仓库或场站提取货物的凭证，也是船公司或其代理对仓库或场站交货的通知。提货单的内容包括船名、货名、数量、包装式样、提单号、收货人名称等。

提货单与提单完全不同，它只不过是船公司指令码头仓库或装卸公司向收货人交付货物的凭证，不具备流通及其他作用。因此，提货单上一般标有“禁止流通（Non-negotiable）”字样。

2. 货运单证流程

杂货班轮货运单证流程如图 6.5 所示。

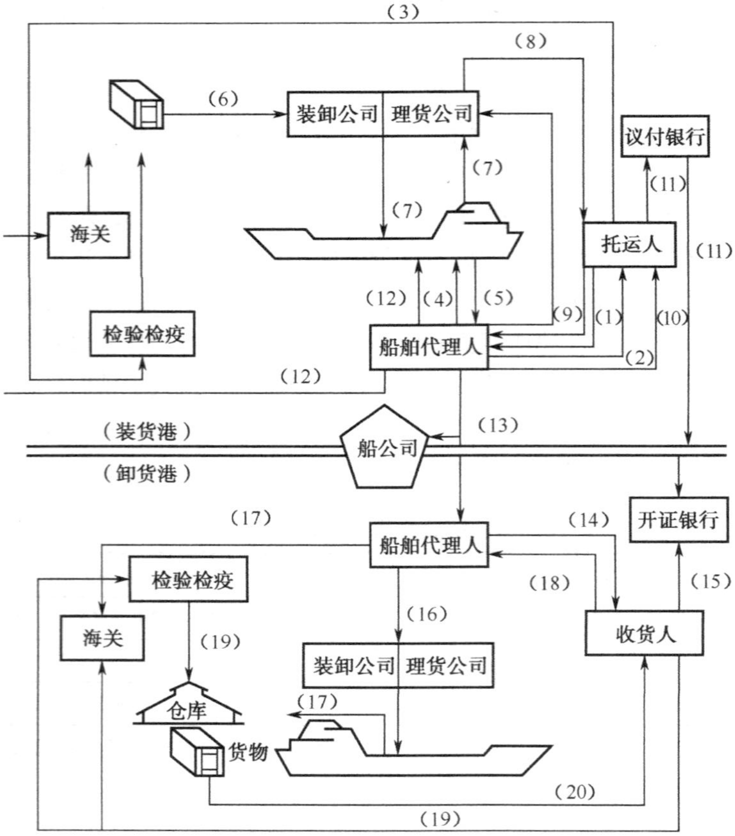

图 6.5　杂货班轮货运单证流程

图 6.5 中的标号为该流程的主要步骤，对其说明如下。

（1）托运人在装货港向船公司或船舶代理人（简称“船代”）提出货物装运申请，递交托运单（B/N），填写装货联单。

（2）船公司同意承运后，其代理人指定船名，核对装货单（S/O）与托运单（B/N）上的内容无误后，将托运单留底联留下，签发装货单（S/O）给托运人，要求托运人将货物及时送至指定的码头仓库。

（3）托运人持装货单（S/O）及有关单证向海关办理货物出口报关、验货放行手续，海关在装货单（S/O）上加盖放行图章后，货物准予装船出口。

（4）装货港船舶代理人根据留底联编制装货清单（L/L）送船舶及理货公司、装卸公司。

（5）大副根据装货清单（L/L）编制货物积载计划（Stowage Plan）交代理人分送理货、装卸公司等按计划装船。

（6）托运人将经过检验验关的货物送至指定的码头仓库准备装船。

（7）货物装船后，理货长将装货单（S/O）交大副，大副核实无误后留下装货单（S/O）并签发收货单（M/R）。

（8）理货长将大副签发的收货单（M/R）转交托运人。

（9）托运人持收货单（M/R）到装货港的船舶代理人处付清运费（预付运费情况下）换取正本已装船提单（B/L）。

（10）装货港的船舶代理人审核无误后，留下收货单（M/R），签发已装船提单（B/L）给托运人。

（11）托运人持已装船提单（B/L）及有关单证到议付银行结汇（在信用证支付方式下），取得货款，议付银行将已装船提单（B/L）及有关单证邮寄至开证银行。

（12）货物装船完毕后，装货港的船舶代理人编制出口载货清单（M/F）送船长签字后向海关办理船舶出口手续，并将载货清单（M/F）交船随带，船舶起航。

（13）装货港的船舶代理人根据已装船提单（B/L）副本或收货单（M/R）编制出口载货运费清单（F/M）连同已装船提单（B/L）副本或收货单（M/R）送交船公司结算代收运费，并将卸货港所需单证寄给卸货港的船舶代理人。

（14）卸货港的船舶代理人接到船舶抵港电报后，通知收货人船舶到港日期，做好提货准备。

（15）收货人到开证银行付清货款，取回已装船提单（B/L）（在信用证支付方式下）。

（16）卸货港的船舶代理人根据装货港的船舶代理人寄来的货运单证，编制进口载货清单（M/F）及有关船舶进口报关和卸货所需的单证，约定装卸公司、理货公司，联系安排泊位，做好接船及卸货准备工作。

（17）船舶抵港后，卸货港的船舶代理人随即办理船舶进口手续，船舶靠泊后即开始卸货。

（18）收货人持正本已装船提单（B/L）向卸货港的船舶代理人处办理提货手续，付清应付的费用后，换取代理人签发的提货单（D/O）。

（19）收货人办理货物进口手续，支付进口关税。

（20）收货人持提货单（D/O）到码头仓库或船边提取货物。

子任务四 水路运输费用

6.4.1 班轮运价

班轮运价是按照班轮运价表的规定计算的，为垄断性价格。不同的班轮公司或不同的轮船公司有不同的运价表，但都是按照各种商品的不同积载系数、不同的性质和不同的价值结合不同的航线加以确定的。班轮运费是由基本费率和附加费（如果有规定的话）两部分构成的。所以，一些港口只查到基本费率，还不一定是实际计算运费的完整单价。

1. 基本费率（Basic Rate）

基本费率是指每计费单位（如1运费吨）货物收取的基本运费，英文也可说成 Freight Unit Price，即航线内基本港之间对每种货物规定的必须收取的费率，也是其他一些百分比收取附加费的计算基础。基本费率有等级费率、货种费率、从价费率、特殊费率和均一费率之分。

2. 附加费（Surcharges）

附加费是为了既能保持在一定时期内基本费率的稳定，又能正确反映各港的各种货物的航运成本，班轮公司在基本费率之外，为了弥补损失又规定了各种额外加收的费用，主要有以下几种。

（1）燃油附加费（Bunker Surcharge or Bunker Adjustment Factor，BAF），在燃油价格突然上涨时加收。

（2）货币贬值附加费（Devaluation Surcharge or Currency Adjustment Factor，CAF），在货币贬值时，船方为实际收入不致减少，按基本运价的一定百分比加收的附加费。

（3）转船附加费（Transhipment Surcharge），凡运往非基本港的货物，需要转船运往目的港，船方收取的附加费，其中包括转船费和二程运费。

（4）直航附加费（Direct Additional），当运往非基本港的货物达到一定的货量，船公司可安排直航该港而不转船时所加收的附加费。

（5）超重附加费（Heavy Lift Additional）、超长附加费（Long Length Additional）和超大附加费（Surcharge of Bulky Cargo），当一件货物的毛重、长度、体积超过或达到运价表规定的数值时加收的附加费。

（6）港口附加费（Port Additional or Port Surcharge），有些港口由于设备条件差或装卸效率低，以及其他原因，船公司加收的附加费。

（7）港口拥挤附加费（Port Congestion Surcharge），有些港口由于拥挤、船舶停泊时间增加而加收的附加费。

（8）选港附加费（Optional Surcharge），货方托运时尚不能确定具体卸港，要求在预先提出的两个或两个以上港口中选择一港口卸货，船方加收的附加费。

（9）变更卸货港附加费，货主要求改变货物原来规定的港口，在有关当局（如海关）准许，船方又同意的情况下所加收的附加费。

（10）绕航附加费（Deviation Surcharge），由于正常航道受阻不能通行，船舶必须绕道才能将货物运至目的港时，船方所加收的附加费。

6.4.2 租船运价

租船运价根据使用船舶的不同，其适航性及适货性均不同，故运费率或租金就应不同。使用船舶不同，它们的技术状况、安全保障状况也不同，故国际上常根据船级来决定运费率或租金及保险费等；使用船舶不同，它们的成本构成项目也不同，故与成本直接有关的运费率或租金也必定不同。

6.4.3 班轮运费的计算及支付方式

班轮运费包括基本运费和附加运费两部分。基本运费是指货物在预定航线的各基本港口之间进行运输所规定的运价，它是构成全程运费的主要部分。

1. 运费的计算标准

（1）按货物的毛重计收，在运价表内用字母“W”表示。

（2）按货物的体积（称为“尺码吨”）计收，在运价表内用字母“M”表示。

（3）按物品的价格计收，即按从价运费计收，在运价表内用“AV”表示。

（4）按货物的毛重或体积计收，由船公司选择其中收费较高的一种计收运费，在运价表内用字母“W/M”表示。

（5）按货物的毛重、体积和价值 3 者中较高的一种计收运费，在运价表内用字母“W/M or AV”表示。

（6）按货物的件数计收。对大宗低值货物，采用船、货双方临时议定运价的办法。

2. 运费计算步骤

（1）选择相关的运价表。

（2）根据货物名称，在货物分级表中查到运费计算标准和等级。

（3）在等级费率表的基本费率部分，找到相应的航线、起运港、目的港，按等级查到基本运价。

（4）再从附加费部分查出所有应收（付）的附加费项目和数额（或百分比）及货币种类。

（5）根据基本运价和附加费计算出实际运价。

（6）运费=运价×运费吨。

【例 6.1】 上海某公司向日本出口鸡肉 23 吨，共需要装 1 200 箱，每箱毛重 20 千克，每箱体积为 20 厘米×20 厘米×25 厘米。该批货物对应的上海到神户航线的运价为 100 美元/运费吨，计费标准为 W/M，应如何计算该批货物的运费？

解：

该批货物的毛重为：$20\times1\,200\times10^{-3}=24$（吨）

该批货物的体积为：$20\times20\times25\times1\,200\times10^{-6}=12$（立方米）

计费标准为 W/M（容重比，单位是吨/立方米，是用来选择计费吨的，即在重量吨或尺码吨中从高收费），因此计费重量为 24 吨。

该批货物的运费=运价×运费吨=100×24 =2 400（美元）

从题中可知没有附加费，因此该批货物的最终运费是 2 400 美元。

【例 6.2】 上海某公司向日本出口鸡肉 23 吨，共需要装 1 200 箱，每箱毛重 20 千克，每箱体积为 20 厘米×20 厘米×25 厘米。该批货物对应的上海到神户航线的运价为 100 美元/运费吨，计费标准为 W/M，另加收燃油附加费 10%，港口附加费 10%，应如何计算该批货物的运费？

解：

该批货物的毛重为：$20\times1\,200\times10^{-3}=24$（吨）

该批货物的体积为：$20\times20\times25\times1\,200\times10^{-6}=12$（立方米）

计费标准为 W/M（容重比，单位是吨/立方米，是用来选择计费吨的，即在重量吨或尺码吨中从高收费），因此计费重量为 24 吨。

该批货物的运费=100×24×（1+10%+10%）=2 880（美元）

【例 6.3】 上海某公司向日本出口鸡肉 23 吨，共需要装 1 200 箱，每箱毛重 20 千克，每箱体积为 20 厘米×20 厘米×25 厘米。该批货物对应的上海到神户航线的运价为 100 美元/运费吨，计费标准为 W/M，另加收燃油附加费 10 美元/运费吨，港口附加费 12 美元/运费吨，应如何计算该批货物的运费？

解：

该批货物的毛重为：$20\times1\,200\times10^{-3}=24$（吨）

该批货物的体积为：$20\times20\times25\times1\,200\times10^{-6}=12$（立方米）

计费标准为 W/M（容重比，单位是吨/立方米，是用来选择计费吨的，即在重量吨或尺码吨中从高收费），因此计费重量为 24 吨。

该批货物的运费=（100+10+12）×24 =2 928（美元）

3. 运费的支付形式

根据支付时间的不同，运费可分为预付运费、到付运费和一部分预付一部分到付等几种形式。

6.4.4 租船运费的计算及支付方式

1. 租船运费的计算

租船合同中有的规定运费率，按货物每单位重量或体积若干金额计算；有的规定整船包价。费率的高低主要取决于租船市场的供求关系，但也与运输距离、货物种类、装卸率、港口使用、装卸费用划分和佣金高低有关。合同中对运费按装船重量或卸船重量计算，运费是预付还是到付，均须订明。特别要注意的是，应付运费时间是指船东收到的日期，而不是租船人付出的日期。

装卸费率的划分方法如下。

（1）船方负担装卸费又称“班轮条件”。

（2）船方不负担装卸费，采用这一条件时，还要明确理舱费和平舱费由谁负担。一般都规定租船人负担，即船方不负担装卸费、理舱费和平舱费条件。

（3）船方“管装不管卸”条件。

（4）船方“管卸不管装”条件。

2. 支付形式

当今国际贸易合同大多是以 CIF 或 CFR 价格条款成交的。在此条件下，卖方负责订舱或租船，且信用证中也常明确“运费预付”，因而很明显运费由托运人支付。但如果买卖合同是以 FOB 价格条件成交的，那么运费基本上是到付，所以在此条件下，运费通常是由买方或收货人支付的。

任务小结

- 任务六：水路运输实务
  - 子任务一：水路运输概述
    - 水路运输的定义
    - 水路运输的分类
    - 水路运输的特点
    - 水路运输发展趋势
  - 子任务二：水路运输设备设施
    - 航道
      - 概念
      - 分类
      - 航道航行的条件
      - 航线
      - 航标
    - 船舶
      - 分类
      - 基本结构
    - 港口
      - 分类
      - 港口的通过能力
  - 子任务三：水路运输流程
    - 班轮运输
      - 班轮运输概述
      - 班轮运输流程
    - 租船运输
      - 租船运输概述
      - 租船运输方式
        - 航次租船
        - 定期租船
        - 光船租船
        - 包运租船
      - 租船运输流程
        - 询价
        - 报价
        - 还价
        - 接受及编制订租确认书
        - 接受及编制租船合同
    - 海运货物进口
    - 海运货物出口
    - 水路运输单证
      - 水路货运单证
      - 货运单证流程
  - 子任务四：水路运输费用
    - 班轮运价
    - 租船运价
    - 班轮运费的计算及支付方式
    - 租船运费的计算及支付方式

职场训练

训练一

【训练目的】熟悉和掌握班轮运输的流程。

【训练内容】A 公司出口科威特文具 1 000 箱，每箱毛重 30 千克，体积 0.5 立方米。货物由大连装中国（外运）轮船，运往科威特港。

【训练方法】按照班轮运输的流程模拟各步操作。

1．学生分组进行角色模拟，教师进行点评总结。

（1）揽货；

（2）订舱；

（3）装船；

（4）卸货；

（5）交付；

（6）保函。

2．时间：30 分钟。

3．地点：教室。

训练二

【训练目的】掌握海运租船业务的操作流程和步骤，熟悉海运租船业务操作各环节的注意事项。

【训练内容】填写一份规范的租船合同。

【训练方法】按照租船运输的流程模拟各步操作。

1．学生分组进行角色模拟，教师进行点评总结。

（1）询盘；

（2）报盘；

（3）还盘；

（4）接受；

（5）签订租船合同。

2．时间：30 分钟。

3．地点：教室。

训练三

【训练目的】班轮运费的计算。

【训练内容】银河号轮船从上海装运 15 吨共 50.16 立方米茶叶到伦敦，要求直航，该航线属于中国—欧洲地中海航线，伦敦是该航线非基本港口，茶叶属于 8 级货物，计算标准是 W/M，基本运费是 90.00 美元（F/T，Freight/Ton，运费/吨），伦敦直航附加费率是 35%，港口附加费率是 7.00 美元（F/T），求运费。

【训练方法】

1．学生计算班轮运费；选出几名学生进行演示，教师进行点评总结。

2．时间：15 分钟。

3．地点：教室。

职场情境

小明所在的物流公司在该市首屈一指，同时网站也做得好。客户通过网上的电话，找到了小明。该客户要移民加拿大埃德蒙顿，家里现有的家具很贵重，因此他想带到国外。小明说："根据您的家具体积，用一个'小柜'就行了，但是需要多式联运。我们到加拿大的货船有停靠海里法克斯港、有停靠温哥华港等，船期不同，您看哪个合适，我再给您报个价。"

Mission 任务七 多式联运实务

学习目标

知识目标	能力目标	重点难点
1. 掌握多式联运的定义和特征 2. 了解多式联运的优点 3. 了解多式联运的形式 4. 掌握多式联运的业务流程	1. 能区别多式联运与一般运输 2. 能完成多式联运的赔偿 3. 根据货运要求，安排合适的多式联运活动的能力	1. 多式联运的定义 2. 多式联运的特征 3. 多式联运的流程

引入案例

美国的集装箱多式联运运作介绍

美国的集装箱运输，大部分都是通过一些大的货主与运输企业根据运输的特殊条件和需要签订的合同来实现的。合同包括运输时间表、货物价值、最小的运量保证等。小货主的运输一般依据第三方物流经营者具有的物流系统管理经验，将小批量货物积少成多而得到低运价的优惠。在美国，铁路集装箱专列平均速度为 70～90 千米/小时，在专用线、编组站等环节疏导很快，基本上不压箱。在港口，进口货在船舶到港之前一般都向海关预申报。它每天的运距可以达到 1 500 千米以上。因而船到港后，当天就可以卸箱装上集装箱货车或铁路车辆（若当天有车辆），或者在第 2 天转运到口岸地区其他集装箱场站。

一、系统的运作标准

在美国，运输企业的竞争能力和货主的需求决定了服务水平。周转时间是服务标准的一项指标。在 1 500 千米的范围内，以铁路为主的多式联运部门在各服务通道上都与采用从门到门服务的汽车运输公司展开竞争。铁路部门的多式联运受多个环节影响，其运送速度相当于公路运输的 50%～70%。公路运输可以从港口实现到货主的从门到门运输，因而避免了货场转运的时间延误。一辆集装箱货车装完两个 TEU 就可以运出，但铁路专列要装完 100 多个 TEU 才能开出，集装箱多式联运的周转时间比仅用集装箱货车实现从门到门运输的时间长。

二、作业环节

美国的多式联运服务大致包括 4 个独立的作业环节。

1. 港口作业。船停港总共3～5天，其中通关作业一般为1～2天。

2. 港口附近周转作业（从港口转到火车上）。

3. 铁路长途运输。多式联运长途运输方式主要是铁路，平均运行速度为60～80千米/小时。一般工作日集装箱在列车出发前3～4小时集中到站场，列车的运输距离可以达每天1 200～1 500千米。

4. 内陆中转站的内陆作业集装箱的停留时间主要取决于物流工作的商业考虑，如集装箱运输过程是由集装箱所有者来控制的。

三、集装箱周转时间

1. 当港口至货主的运距为1 500千米时，采用集装箱货车运输进口货物。集装箱从船上运到集装箱货车后，其运送速度一般为80千米/小时，若配两个驾驶员，则会减少停车时间。在24小时内集装箱最大运输范围可达2 000千米。这样集装箱运到货主手中只需要片刻，返回空箱再用1天，周转时间为4天。对于出口货物公路运输则只需要3天。

2. 进口货物使用多式联运系统送到货主手里共需7天左右（为与公路竞争，加急货物的运送时间可以压缩一半），即利用高效的多式联运系统的总周转时间为6～8天。在各环节配合极为协调，如货主、货车、铁路车次时间等各环节均不耽误的情况下，集装箱总周转时间为5天。对于出口货物，在相同的运距下使用多式联运系统，货物运到船上的时间为5天左右。

思考：

1. 多式联运有什么特点？美国的集装箱多式联运的特点是什么？

2. 美国的集装箱多式联运中集装箱的周转时间是怎样的？你认为怎样才能够缩短这个时间？

子任务一 多式联运概述

国际多式联运是在集装箱运输的基础上发展起来的新型运输方式，实践证明，它不仅是实现“从门到门”运输的有效方式，也是符合客观经济规律，取得较好经济效益的运输方式。

7.1.1 国际多式联运的定义

多式联运，是指在从装运地运输到目的地的过程中包含两种以上的运输方式——海、陆、空、内河等。《联合国国际货物多式联运公约》对国际多式联运所下的定义是：“按照多式联运合同，以至少两种不同的运输方式，由多式联运经营人把货物从一国境内接运货物的地点运至另一国境内指定交付货物的地点。”

例如，从中国上海到南非的约翰内斯堡（Johannesburg），经过了海运（从中国上海到南非德班），再经陆运（从南非德班到约翰内斯堡），这已经算是多式联运了。

但国际贸易意义上的多式联运，不光是要有这样的前提，而且要有“多式联运提单”——也就是“多式联运”合同。而我们平常所做的多式联运虽然是这样的事实，但拿到的一般只是海运提单，而非“多式联运提单”。这样，虽有多式联运之实，但不符多式联运之义。

国际多式联运打破了过去海、铁、公、空等单一运输方式互不连贯的传统做法，是一种以实现货物整体运输的最优化效益为目标的联运组织形式。

从上述定义和理解中，我们可以看出国际多式联运具有以下基本特征。

（1）多式联运经营人与发货人和分段承运人之间的合同关系构成多式联运的主要特征，即经营人与发货人签订一个运输合同，选择最佳的运输方式和运输路线，组织完成全程运输任务，提供一次托运、一次收费、统一理赔、一单到底、全程负责的运输服务。

（2）经营人又与分段承运人签订合同，共同完成全程联运的任务。

（3）多式联运经营人必须对全程运输负责。因为多式联运经营人不仅是订立多式联运合同的当事人，也是多式联运单证的签发人。

（4）多式联运经营人接受的货物必须为经过国际运输的货物，这不仅有别于国内货物运输，而且还涉及国际运输法律法规的限制问题。

（5）多式联运不仅仅使用多种运输方式，而且必须是不同运输方式下的连续运输。

（6）必须是全程单一运费费率。多式联运经营人应制定一个全程单一费率并以包干形式包出去。这种全程单一费率一般包括运输成本（全程各段运输费用的总和）、经营管理费用（如通信、制单及劳务手续费用等）和合理利润。

7.1.2 国际多式联运的优点

随着世界经济一体化与国际贸易的全球化，托运人对国际物流运输服务的要求也发生了新的变化，方便、快速、经济及“从门到门”的运输服务代表了运输业今后的发展方向，国际多式联运以其将各种运输方式进行有机结合的特殊优势，在当今运输业的发展中正扮演着重要角色。与单一海运相比，开展国际多式联运具有许多优越性，主要表现在以下几个方面。

（1）提高运输组织水平，实现合理化运输。对于单一运输方式而言，由于单一运输方式的经营人各自为政，自成体系，因而其经营业务范围受到限制，货运量也相应有限。而一旦由不同的运输经营人共同参与多式联运，其经营的范围可以大大扩展，同时可以最大限度地发挥其现有设备的作用，改善不同运输方式间的衔接工作，选择最佳运输路线，组织合理化运输。

（2）手续简单统一，节省人力、物力，责任单一。主要表现为在国际多式联运方式下，无论货物运输距离有多远，都由几种运输方式共同完成，且不论运输途中货物经过多少次转换，所有一切运输事项均由多式联运经营人负责办理。而托运人只需要办理一次托运，订立一份运输合同，支付一次费用，办理一次保险，从而省去托运人办理托运手续的许多不便。同时，由于多式联运采用一份货运单证，统一收费，因而也可简化制单和结算手续，节省人力和物力。此外，一旦运输过程中发生货损、货差，由多式联运经营人对全程运输负责，也可简化理赔手续，减少理赔费用。

（3）缩短货物运输时间，提高货物运输质量，安全快捷。在国际多式联运方式下，各种运输环节和各种运输工具之间密切配合，衔接紧凑，货物所到之处中转迅速及时，大大减少货物的在途停留时间，从而从根本上保证了货物安全、迅速、准确、及时地运达目的地。同时，多式联运通过集装箱进行直达运输，尽管货物在运送中需要经多次转换，但由于使用专业机械装卸，不涉及箱内货物，因而货损、货差事故大为减少，从而在很大程度上提高了货物的运输质量。

（4）降低运输成本，节省各种费用。由于多式联运可以实现“从门到门”的运输，因此，对于货主来说，在货物交由第一承运人以后即可取得货运单证，并据以结汇，从而提前了结汇时间。这不仅有利于加速货物占用资金的周转，而且可以减少利息的支出。此外，由于货物是在集装箱内进行运输的，因此从某种意义上来看，可相应地节省货物的包装、理货和保险等费用的支出。

（5）便于实现“从门到门”的运输。多式联运通常是以集装箱为载体，便于交接检查，有利于实现“从门到门”的运输。

（6）其他作用。从政府的角度来看，发展国际多式联运具有以下重要意义。

① 有利于加强政府部门对整个货物运输链的监督与管理，保证本国在整个货物运输过程中占有较大的运输收入分配比例。

② 有助于引进先进运输技术。

③ 减少外汇支出。

④ 改善本国基础设施的利用状况。

⑤ 通过国家的宏观调控与指导职能，保证使用对环境破坏最小的运输方式，达到保护本国生态环境的目的。

7.1.3 国际多式联运的形式

国际多式联运是采用两种或两种以上不同运输方式进行联运的运输组织形式，包括海陆、陆空、海空等。这与一般的海海、陆陆、空空等形式的联运有着本质的区别。后者虽然也是联运，但仍是在同一种运输工具之间进行的运输方式。国际多式联运严格规定必须采用两种或两种以上不同的运输方式进行联运，因此，这种运输组织形式可以综合利用各种运输方式的优点，充分体现社会化大生产和大交通的特点。

1. 海陆联运

海陆联运是国际多式联运的主要组织形式，也是远东和欧洲多式联运的主要组织形式之一。目前，组织和经营远东与欧洲海陆联运业务的主要有班轮公会的三联集团、北荷、冠航和丹麦的马士基等国际航运公司，以及非班轮公会的中国远洋运输公司、中国台湾长荣航运公司和德国那亚航运公司等。这种组织形式以航运公司为主体，签发联运提单，与航线两端的内陆运输部门开展联运业务，与陆桥运输展开竞争。

2. 陆桥运输

在国际多式联运中，陆桥运输起着非常重要的作用。它是远东和欧洲多式联运的主要组织形式之一。所谓陆桥运输是指采用集装箱专用列车或卡车把横贯大陆的铁路或公路作为中间“桥梁”，使大陆两端的集装箱海运航线与专用列车或卡车连接起来的一种连贯运输方式。严格地讲，陆桥运输也是一种海陆联运形式，只是因为其在国际多式联运中的独特地位，故在此将其单独作为一种运输组织形式来讲解。

3. 海空联运

海空联运又称为空桥运输。在运输组织方式上，空桥运输与陆桥运输有所不同。陆桥运输在整个货运过程中使用的是同一个集装箱，不用换装，而空桥运输的货物通常要在航空港换入航空集装箱。不过，两者的目标是一致的，即以低费率提供快捷、可靠的运输服务。

海空联运是加拿大航空公司在 20 世纪 60 年代初开创的，当时为了将价值昂贵的日本消费品运往美国东海岸、欧洲和中东地区，他们先将货物集装箱用船运往温哥华，再经陆路运到温哥华国际机场，在机场开箱，把货物分类分装成航空货物交机场续运。这项业务的成功促进了海空联运模式的发展，之后这条线路沿北美太平洋向南发展到西雅图和洛杉矶。

20 世纪 70 年代中期，波音 747 飞机问世之后，海空货物联运业务得到迅速发展。首先是在美国，继而扩展到其他国家和地区，特别是海湾地区，因为该地区飞往欧洲的飞机货舱往往空载，于是航空公司开始向发货人提供极低的回程费率，许多代理人注意到了海空联运的大好机会。

在 20 世纪八九十年代，亚洲经济飞速发展，带动国际货物运输量大幅度增长，从而促进了该地区的海空联运业务，新加坡已经作为世界级海空联运枢纽出现在国际市场上。东南亚和远东大多数国家出口的纺织品通过海空联运运到欧洲，日本和韩国还越来越多地用海空联运将高技术产品（如电子设备）运往欧洲。

7.1.4 多式联运的构成要素

1. 多式联运经营人

多式联运经营人是指经营多式联运业务的企业或机构。我国规定联运企业是运输代理企业，属交通运输部门。

2. 发货人

发货人是指以本人或以其名义或其代表，与多式联运经营人订立多式联运合同，并按多式联运合同将货物交给多式联运经营人的任何人。

3. 实际承运人与契约承运人

根据目前国际运输公约规定，实际承运人是指与货主订立运输合同的人，或者实际完成运输的人。契约承运人是指与货主订立运输合同的人，在多式联运中是指与发货人订立多式联运合同的人（多式联运经营人）。

4. 收货人

收货人是指有权提取货物的人。在国际多式联运中一般是指多式联运提单持有人。在国际多式联运中一般是指合同票据中记名的收货人。

5. 多式联运合同

多式联运合同是指货物托运人与多式联运经营人就运输对象全程联运达成的协议。

6. 多式联运单据（票据）

在国际多式联运中，多式联运单据是指“证明多式联运合同，以及证明多式联运经营人接受货物并按合同条款交付货物的单证”。一般称为多式联运提单。

7. 货物

国际多式联运的货物主要是指集装箱（均指国际标准集装箱）货物，以集装箱为基本运输单元，有时也包括工程货物（大多是项目工程的成套设备等）。

子任务二 多式联运流程

7.2.1 国际多式联运流程

1. 接受托运申请，订立多式联运合同

多式联运经营人根据货主提出的托运申请和自己的运输路线等情况，判断是否接受该托运申请。如果能够接受，那么双方议定有关事项后，在交给发货人或其代理人的场站收据（货物情况可暂时空白）的副本上签章（必须是海关能接受的），证明接受货物托运申请，多式联运合同已经订立并开始执行。

发货人或其代理人根据双方就货物交接方式、时间、地点、付费方式等达成协议填写场站收据（货物情况可暂空），并把其送至联运经营人处编号，多式联运经营人编号后留下货物托运联，将其他联交还发货人或其代理人。

2. 集装箱的发放、提取及运送

多式联运大多数使用集装箱运输。多式联运中使用的集装箱一般应由经营人提供。这些集装箱来源可能有3个：一是经营人自己购置使用的集装箱；二是由公司租用的集装箱，这类集装箱一般在货物的起运地点附近提箱而在交付货物地点附近还箱；三是由全程运输中的某一分运人提供，这类集装箱一般需要在多式联运经营人为完成合同运输与该分运人（一般是海上区段承运人）订立分运合同后获得使用权。

如果双方协议由发货人自行装箱，那么多式联运经营人应签发提箱单或将租箱公司或分运人签发的提箱单交给发货人或其代理人，由他们在规定日期到指定的堆场提箱并自行将空箱托运到货物装箱地点，准备装货。如发货人委托亦可由经营人办理从堆场装箱地点的空箱托运（这种情况需要加收空箱托运费）。

当是拼箱货或是整箱货但发货人无装箱条件不能自装时，由多式联运经营人将所用空箱调运至接受货物的集装箱货运站，做好装箱准备。

知识链接

集装箱货物的交接方式

集装箱货物的交接方式大致有4种：FCL（Full Container Load，整箱货）/FCL、LCL（Less than Container Load，拼箱货）/LCL、FCL/LCL、LCL/FCL，其中以FCL/FCL（整箱货/整箱货）交接效果最好，也最能发挥集装箱的优越性。

在集装箱运输中，根据整箱货、拼箱货的不同，其交接地点可以是装运地发货人的工厂或仓库，以及交货地收货人的工厂或仓库（Door）、装运地和交货地的集装箱堆场（Container Yard，CY）、装运地和卸货地的集装箱货运站（Container Freight Station，CFS）、装运港和卸货港的船边（Hook or Rail）。因此其主要的交接方式可能有下面16种方式。

（1）从门到门交接（Door/Door）：从门到门交接形式习惯上只有一个发货人、收货人，由承运人负责内陆运输，也就是说在发货人工厂或仓库接收货箱后，负责将货箱运至收货人的工厂或仓库，从门到门交接的货物是整箱货。

（2）从门到场交接（Door/CY）：是在发货人的工厂或仓库接收货箱后，由承运人负责运至卸船港集装箱码头堆场交货，目的地的内陆运输则由收货人自己负责安排。

（3）从门到站交接（Door/CFS）：是在发货人的工厂或仓库接收货箱后，由承运人负责运至目的地集装箱货运站交货，即整箱货接收，拼箱货交付。

（4）从门到钩交接（Door/Hook）：是在发货人的工厂或仓库接收货箱后，由承运人负责运至卸货港码头，并在船边交货，通常为整箱货。此时货物的卸船费用多由承运人负担，但也可约定由收货人承担。

（5）从场到门交接（CY/Door）：是指在装船港集装箱码头堆场接收货箱，由承运人负责运至收货人工厂或仓库交货的交接方式，即整箱接收，整箱交付。

（6）从场到场交接（CY/CY）：是在装船港集装箱码头堆场接收货箱，并将其运至卸船港集装箱码头堆场的交接方式。

（7）从场到站交接（CY/CFS）：是在装船港集装箱码头堆场接收货箱，并将其运至目的地集装箱货运站的交接方式。

（8）从场到钩交接（CY/Hook）：是在装货港集装箱码头堆场接受货箱，并将其运至卸货港码头，并在船边交货的交接方式。

（9）从站到门交接（CFS/Door）：是在起运地集装箱货运站接收货箱后，将其运至收货人工厂或仓库的交接方式。

（10）从站到场交接（CFS/CY）：是在起运地集装箱货运站接收货箱后，将其运至卸船港集装箱码头堆场的交接方式。

（11）从站到站交接（CFS/CFS）：是在起运地集装箱货运站接收货物，并将其运至目的地集装箱货运站交付的方式。

（12）从站到钩交接（CFS/Hook）：是在起运地集装箱货运站接收货物，并将其运至卸货港码头，并在船边交付的方式。

（13）从钩到门交接（Hook/Door）：是在起运港码头船边接收货箱，并将其运至目的地收货人工厂或仓库交付的方式。

（14）从钩到场交接（Hook/CY）：是在起运港码头船边接收货箱，并将其运至卸货港集装箱场站堆场交付的方式。

（15）从钩到站交接（Hook/CFS）：是在起运港码头船边接收货箱，并将其运至卸货港集装箱货运站交付的方式。

（16）从钩到钩交接（Hook/Hook）：是在起运港码头船边接收货箱，并将其运至卸货港码头，在船边交付的方式。

在不同的交接方式下，承托双方的责任是不一样的，要分清责任。

在集装箱水路运输中，集装箱货物的交接地点通常为CY或CFS，而且（CY/CY）是最常见的一种。

3. 出口报关

若联运从港口开始，则在港口报关；若从内陆地区开始，则应在附近的海关办理报关。一般应由托运人办理，也可委托多式联运经营人代办。报关时应提供场站收据、装箱单、出口许可证等有关单据和文件。

4. 货物装箱

（1）自行装箱。若发货人自行装箱，则发货人或其代理人提取空箱后在自己的工厂和仓库组织装箱，装箱工作一般要在报关后进行，并请海关派人员到装箱地点监装和办理加封事宜。如需要理货，还应请理货人员现场理货并与之共同制作装箱单。

（2）委托多式联运经营人或货运站装箱。若发货人不具备装箱条件，则可委托多式联运经营人或货运站装箱（指整箱货情况），发货人应将货物以原来形态运至指定的货运站由其代为装箱。若是拼箱货物，则发货人应负责将货物运至指定的集装箱货运站，由货运站按多式联运经营人的指示装箱。无论装箱工作由谁负责，装箱人均需要制作装箱单，并办理海关监装与加封事宜。

（3）多式联运的配积载。

① 货物配积载的含义。货物配积载是指根据货物种类、特性、数量、流向等多种货物的既定运输任务，通过合理配装以充分利用运输工具的容积及载重能力的作业环节。它是联合运输的一项重要的、技术性较强的工作，相应工作人员应对运输程序、货物调运方法、车船性能及容积或载重量、货物拼配、拼装条件等情况清楚明了。

② 配积载的要求。掌握发运顺序。做到先急后缓，先重点后一般，先计划内后计划外，先远后近，先进先出，后进后出。掌握不同货物的拼配范围，确保货物安全。掌握轻重配积载原则，提高车船容积利用。尤其是零担货物的配积载，因零担整车的运价是按拼配货物最高的运价等级计收运费，故应尽量将运价等级相同或相近的货物拼配在一起。

③ 配积载的形式。

见单配积载。是在货物提交联合运输时，先集中托运单据，后集中货物。也就是在见到托运单据时先对货物进行配积载计划，待确定装车、装船期限时，再将货物运到车站码头。见单配积载工作比较主动，一般不占用流动性的仓库，车站、码头货位的利用率高，但遇到大量货物发运时，短途运输压力较大。

见货配积载。是把需要联合运输的货物先集中到流转性的仓库、车站或码头货位上，再根据货物的流量、流向进行配积载。见货配积载可方便货主，减少货主负担，装车、装船的时间有保证，短途运输压力小，但易造成仓库堵塞不畅。

5. 接收货物

对于由货主自装箱的整箱货物，发货人应负责将货物运至双方协议规定的地点，多式联运经营人或其代理人（包括委托的堆场业务员）在指定地点接收货物。若是拼箱货，则经营人在指定的货运站接收货物。验收货物后，代表联运经营人接收货物的人应在场站收据正本上签章并将其交给发货人或其代理人。

6. 核收多式联运费用

多式联运费用主要包括运费、杂费、中转费和服务费。

7. 订舱及安排货物运送

经营人在合同订立之后，即应制订合同涉及的集装箱货物的运输计划，该计划包括货物的运输路线，区段的划分，各区段实际承运人的选择确定，以及各区段衔接地点的到达、起运时间等内容。这里所说的“订舱”泛指多式联运经营人按照运输计划安排各区段的运输工具，与选定的各实际承运人订立各区段的分运合同。这些合同的订立由经营人本人（派出机构或代表）或委托的代理人（在各转接地）办理，也可请前一区段的实际承运人作为代表向后一区段的实际承运人订舱。

8. 办理保险

在发货人方面，应投保货物运输保险。该保险由发货人自行办理，或者由发货人承担费用，由经营人代为办理。货物运输保险可以是全程的，也可以分段投保。在多式联运经营人方面，应投保货物责任险和集装箱保险，由经营人或其代理人向保险公司办理，或者以其他形式办理。

9. 签发多式联运提单，组织完成货物的全程运输

多式联运经营人的代表收取货物后，经营人应向发货人签发多式联运提单。在把提单交给发货人前，应注意按双方议定的付费方式、内容及数量向发货人收取全部应付费用。

多式联运经营人有完成和组织全程运输的责任和义务。在接收货物后，要组织各区段实际承运人、各派出机构及代表人共同协调工作，完成全程中各区段的运输及各区段之间的衔接工作，以及运输过程中所涉及的各种服务性工作，运输单据、文件和有关信息等的组织协调工作。

10. 货物交付

当货物运至目的地后，由目的地代理人通知收货人提货。收货人凭多式联运提单提货，经营人或其代理人按合同规定收取收货人应付的全部费用。收回提单后签发提货单（交货记录），提货人凭提货单到指定堆场（整箱货）和集装箱货运站（拼箱货）提取货物。

11. 运输过程中的海关业务

按惯例，国际多式联运的全部运输（包括进口国内陆段运输）均应视为国际运输。因此该环节工作主要包括货物及集装箱进口国的通关手续、进口国内陆段保税（海关监管）运输手续及结关等内容。如果陆上运输要通过其他国家海关和内陆运输线路时，还应包括这些海关的通关及保税运输手续。

这些涉及海关的手续一般由多式联运经营人的派出机构或代理人办理，也可由各区段的实际承运人作为多式联运经营人的代表办理，由此产生的全部费用应由发货人或收货人负担。

如果货物在目的地港口交付，那么结关应在港口所在地海关进行；如果货物在内陆交货，那么应在口岸办理保税（海关监管）运输手续，海关加封后方可运往内陆目的地，然后在内陆海关办理结关手续。

12. 货运事故处理

如果全程运输中发生了货物灭失、损害和运输延误，无论是否能确定发生的区段，发（收）货人均可向多式联运经营人提出索赔。多式联运经营人根据提单条款及双方协议确定责任并做出赔偿。当能确知事故发生的区段和实际责任者时，可向其进一步进行索赔。若不能确定事故发生的区段，则一般按在海运区段发生处理。如果已对货物及责任投保，那么存在要求保险公司赔偿和向保险公司进一步追索的问题。若受损人和责任人的意见不能取得一致，则需要通过在诉讼时效内提起诉讼和仲裁来解决。

7.2.2 国际多式联运单证

多式联运单证是由承运人或其代理人签发的，其作用与海运提单相似，既是货物收据也是运输契约的证明，在单据做成指示抬头或不记名抬头时，可作为物权凭证，经背书可以转让。

多式联运单证表面上和联运提单相仿，但联运提单承运人只对自己执行的一段负责，而多式联运承运人则对全程负责。联运提单由船公司签发，包括海洋运输在内的全程运输，多式联运单据则由多式联运承运人签发，也包括全程运输，但在多种运输方式中，可以不包含海洋运输。

1. 国际多式联运单证的定义

《联合国国际货物多式联运公约》中对多式联运单证有着明确的定义：多式联运单证是指证明多式联运合同，以及多式联运经纪人接管货物并负责按照多式联运合同条款交付货物的单证。因此，多式联运单证不是运输合同，而是合同的证明；多式联运单证是多式联运经营人收到货物的收据和凭以交付货物的凭证。

2. 国际多式联运单证的主要内容

多式联运单证是各当事人之间进行国际多式联运业务活动的凭证。因此，要求单据内容必须正确、清楚、完整。其主要内容包括：

（1）货物品类、标志，危险货物的性质、包数或件数，货物的毛重，这些事项由发货人提供；

（2）货物的外表状况；

（3）联运人的名称和地址；

（4）发货人的名称；

（5）收货人的名称；

（6）联运人接管货物的地点和日期；

（7）联运人或经其授权人的签字；

（8）每种运输方式的运费，或者应由收货人支付的运费；

（9）预期经过的路线、运输方式和转运地点；

（10）在不违背签发多式联运单据所在国法律的情况下，双方同意列入多式联运单据的任何其他事项。

多式联运单证所记载的内容，通常由货物托运人填写，或者由多式联运经营人或其代表根据托运人提供的有关托运文件制成。但在多式联运经营人接管货物时，被认为货物托运人或发货人已向多式联运经营人保证其在多式联运单证中所提供的货物品类、标志、尺码、数量等情况准确无误。

如果货物的灭失、损坏是由发货人或货物托运人在单证中所提供的内容不准确或不当造成的，那么发货人应对多式联运经营人负责，即使在多式联运单证已转让的情况下也不例外。当然，如果货物的灭失、损坏是由多式联运经营人在多式联运单证中列入不实资料，或者漏列有关内容所致，那么该多式联运经营人无权享受赔偿责任限制，而应按货物的实际损坏负责赔偿。

7.2.3 国际多式联运经营人

1. 多式联运经营人应具备的条件

多式联运经营人是指本人或通过其代表与发货人订立多式联运合同的任何人，他是事主，而不是发货人的代理人或代表，或者参加多式联运的承运人的代理人或代表，他负有履行合同的责任。作为多式联运经营人，他必须具备以下基本条件。

（1）多式联运经营人本人或其代表必须就多式联运的货物与发货人本人或其代表订立多式联运合同，而且至少使用两种运输方式完成全程货物运输，合同中的货物是国际间的货物。

（2）从发货人或其代表那里接管货物时起，即签发多式联运单证，并对接管的货物开始负有责任。

（3）承担多式联运合同规定的与运输和其他服务有关的责任，并保证将货物交给多式联运单证的持有人或单证中指定的收货人。

（4）对运输全过程所发生的货物灭失或损害，多式联运经营人首先对货物受损人负责，并应具有足够的赔偿能力。

（5）多式联运经营人应具有与多式联运要求相适应的技术能力，对自己签发的多式联运单证确保其流通性，并作为有价证券在经济上有令人信服的担保程度。

2. 多式联运经营人的责任形式

由于国际多式联运打破了“从港到港”的货物交接方式，因此，原有的有关承运人的责任形式已不能满足其要求。随着新的责任形式的不断形成，在目前的国际多式联运业务中，多式联运经营人的责任形式主要有以下两种。

（1）统一责任制。又称“同一责任制”，就是多式联运经营人对货主负有不分区段的统一原则责任，也就是说经营人在整个运输中不使用同一责任向货主负责，即经营人对全程运输中货物的灭失、损坏或延期交付负全部责任，无论事故责任是明显的还是隐蔽的，是发生在海运段还是发生在内陆段，均按一个统一原则由多式联运经营人按约定的限额进行赔偿。但是，如果多式联运经营人已尽了最大努力仍无法避免，或者确实证明是货主的故意行为等原因所造成的灭失或损坏，那么经营人可免责。统一责任制是一种科学、合理、手续简化的责任制度，但这种责任制度对联运经营人来说负担较重，因此，目前还未在世界范围内广泛采用。

（2）网状责任制。所谓网状责任制是指由签发多式联运提单的人对全程运输负责，但其损害赔偿与统一责任制不同，它是按造成该货损的实际运输区段的责任制予以赔偿的。在各运输区段中依据的法律有：

公路运输——根据《国际公路货物运输合同公约》或国内法；

铁路运输——根据《国际铁路货运公约》或国内法；

海上运输——根据《海牙规则》或国内法；

航空运输——根据《华沙运输公约》或国内法。

知识链接

网状责任制

网状责任制是介于全程运输负责制和分段运输负责制之间的一种责任制，又称混合责任制。也就是该责任制在责任范围方面与统一责任制相同，而在赔偿限额方面则与区段运输形式下的分段运输负责制相同。目前，国际上大多采用的是网状责任制。

3. 多式联运经营人的赔偿责任限制

（1）赔偿责任限制基础。已通过的《联合国国际货物多式联运公约》对多式联运经营人所规定的赔偿责任的基础仿照了《汉堡规则》，规定如果货物的灭失、损害或延迟交货所引起的损失发生在货物由多式联运经营人掌管期间，那么多式联运经营人应对此负赔偿责任，除非多式联运经营人能证明其本人、受雇人、代理人或其他有关人，为避免事故的发生及其后果已采取了一切符合要求的措施。如果货物未在议定的时间内交付或虽没有规定交货时间，但未按具体情况在一个勤勉的多式联运经营人所能保障的合理的时间内交货，那么构成延迟交货。

《联合国国际货物多式联运公约》采用的是完全过失责任制，即多式联运经营人除对由于其本人所引起的损失负责赔偿外，对于他的受雇人或代理人的过失也负有赔偿责任。

在《国际货物运输公约》中，对延迟交货责任一般都有明确的规定，只是有的规定较明确，有的则相反。如海上货物运输，由于影响运输的原因较多，很难确定在什么情况下构成延迟交货，因此，《海牙规则》中对延迟交货未做任何规定。

《联合国国际货物多式联运公约》对在延迟交货下的多式联运经营人的赔偿责任规定有以下两种情况：未能在明确规定的时间内交货；未能在合理的时间内交货。

对于如何理解一个勤勉的多式联运经营人未在合理时间内交货，要根据具体情况加以判断。如在货物运输过程中，为了船和货的安全发生绕航运输；又由于气候影响，不能装卸货物，这些情况的发生，都有可能构成延迟交货。但显然上述情况的发生，即使是再勤勉的多式联运经营人也只能是心有余而力不足。在延迟交货的情况下，收货人通常会采取这样的处理方法：接受货物，再提出由于延迟交货而引起的损失赔偿；拒收货物，提出全部赔偿要求。

（2）赔偿责任限制。所谓赔偿责任限制是指多式联运经营人对每件或每货损单位负责赔偿的最高限额。

《海牙规则》对每件或每货损单位赔偿的最高限额为 100 英镑；《维斯比规则》则为 10 000 金法郎，或者毛重每千克 30 金法郎，两者以较高者计。此外，《维斯比规则》对集装箱、托盘或类似的装运工具在集装运输时的情况也进行了规定，若在提单上载明这种运输工具中的件数或单位数，则按载明的件数或单位数负责赔偿。《汉堡规则》规定每件或每货损单位为 835 个特别提款权（国际货币基金组织规定的记账单位），或者按毛重每千克 2.5 个特别提款权，两者以较高者计。《汉堡规则》对货物用集装箱、托盘或类似的其他载运工具在集装时所造成的损害赔偿也有与《维斯比规则》相似的规定。对于延迟交货的责任限制，《汉堡规则》规定赔偿应相当于该延迟交付货物应付运费的 2.5 倍，但不超过运输合同中规定的应付运费总额。

已通过的《联合国国际货物多式联运公约》规定，货物的灭失、损害赔偿责任按每件或每货损单位计，不得超过 920 个特别提款权，或者毛重每千克 2.75 个特别提款权，两者以较高者计。如果货物是用集装箱、托盘或类似的装运工具运输，那么赔偿按多式联运单证中已载明的该种装运工具中的件数或包数计算，否则，这种装运工具的货物应视为一个货运单位。

（3）赔偿责任限制权力的丧失。为了防止多式联运经营人利用赔偿责任限制的规定而对货物的安全掉以轻心，致使货物所有人遭受不必要的损失，从而影响国际贸易与国际航运业的发展，若经证明货物的灭失、损害或延迟交货是由于多式联运经营人有意造成，或者明知有可能造成而由毫不在意的行为或不作为所引起，则多式联运经营人无权享受赔偿责任限制的权益。

此外，对于多式联运经营人的受雇人、代理人或为多式联运合同而服务的其他人有意造成，或者明知有可能造成而由毫不在意的行为或不作为所引起的货物灭失、损害或延迟交货的情况，该受雇人、代理人或其他人无权享受有关赔偿责任限制的规定。

子任务三 多式联运运费

7.3.1 多式联运运价

目前在有些国际班轮航线上，如泛太平洋航线及泛大西洋航线，班轮公会实际上实行的是“从点到点”的运费率，大多数国际集装箱海上承运人还没有真正采用“从门到门”的运费率形式。然而，随着国际集装箱运输及多式联运的迅速发展，采用“从门到门”运价正变得越来越普遍，这种费率形式的大规模应用只是时间问题。因此，有必要在此就制定国际集装箱多式联运运价的基本原则及运费计收方式等方面的问题进行讨论。

作为国际集装箱多式联运经营人的两种主要类型——无船承运人和有船承运人，在很多方面具有不同的特征。然而，从多式联运运价表的内容与结构来讲，这两种多式联运经营人却并无大的区别。任何一个多式联运经营人，在制定多式联运运价表之前，首先必须确定具体的经营线路，并就有关各运输区段的各单一运输方式做好安排，在此基础上，依据各单一运输方式的运输成本及其他有关运杂费，估算各条营运线路的实际成本，从而制定一个真正合理的多式联运运价表。

国际集装箱多式联运运价表从结构上讲，可采用以下两种形式。

（1）城市间“从门到门”费率。这种费率结构可以是以整箱货或拼箱货为计费单位的货物等级费率，也可以是按 TEU（Twenty-feet Equivalent Unit，20 英尺标准集装箱）或 FEU（Forty-feet Equivalent Unit，40 英尺标准集装箱）计费的包箱费率。这是一种真正意义上的多式联运运价。

（2）与海运运价表相似，是“从港到港”费率加上内陆运费率。这种费率结构形式较为灵活，但从竞争的角度来看，由于这种形式将海运运价与内陆运价分开，故不利于竞争。

在多式联运运价分为海运运价和内陆运价两部分的情况下，应注意运价表的内陆运价部分必须包括以下一些内容。

（1）一般性条款，如关税及清关费用、货物的包装、无效运输，以及更改运输线路与方向等。

（2）公路、铁路及内河运输的装箱时间及延滞费。

（3）额外服务及附加费的计收，如因货主原因而使用有关设备等。

内陆运价应真实反映各种运输方式的成本状况及因采用集装箱运输而增加的成本项目。同时，在确定内陆运价时，既要考虑集装箱的装载能力，也要考虑运输工具的承载能力。这在有些时候会发生货主利益与承运人利益相互冲突的情况。例如，由于集装箱载重能力或内容积的限制，承运人在运输集装箱货物时不能达到运输工具所允许的最大承载能力，进而给承运人造成一定的亏载损失。

由于目前国际集装箱多式联运运价的制定倾向于只限定在特定的一些运输线路上，即从海港到内陆消费中心或生产中心，因此在制定内陆运价时可以考虑在不影响整个费率结构及其水平的情况下，采用较为优惠的内陆集装箱运输费率，对处于区位劣势的港口给予一定的补偿，从而提高这些港口的竞争力，促进这些港口腹地的国际集装箱多式联运的发展。

根据国际集装箱运输市场运价的变化及时调整费率水平，确保国际集装箱多式联运运价始终处于一种最新的状态，是多式联运经营人一项十分重要的任务。通常，内陆运费率及有关费用的变化，相比海上运费率要频繁得多。因此，当内陆运费率及有关费用发生变化时，多式联运运价也必须尽快做出相应的变化。

如果内陆运输成本上升而多式联运运价仍保持在原有的水平，那么，多式联运经营人的盈利就会减少。相反，如果内陆运输费用降低，而多式联运运价不相应降低，多式联运经营人的竞争地位就会受影响。

为充分发挥国际集装箱多式联运的优越性，国际多式联运运价应该比分段运输的运价对货主更具吸引力，而绝对不能是各单一运输方式运费率的简单叠加，因为这将使得多式联运经营人毫无竞争力可言。众所周知，运输时间和运输成本是与多式联运经营人竞争力密切相关的两个因素。对于组织、管理水平较高的多式联运经营人来说，运输时间是比较容易控制的。在此，重要的是如何降低运输成本。

目前，多式联运经营人，主要是无船承运人大多采用所谓的“集并运输”（Consolidation）方式来减少运输成本。集并运输有时也称为“组装化运输”（Groupage），它是指作为货运代理人的无船承运人将起运地几个发货人运往同一目的地的几个收货人的小批量、不足一箱的货物汇集起来，拼装成整箱货托运。货物运往目的地后，由当地集并运输代理人将它们分别交付各个收货人。其主要目的是从海上承运人较低的整箱货运费率中获益，从而降低海上运输成本。多式联运经营人降低海上运输成本的另一个途径是采用前述的运量折扣费率（Time-volume Contracts，TVC）形式，通过与海上承运人签订 TVC 合同，获取较低的海运运费率。此外，多式联运经营人还可以通过向非班轮公会会员船公司托运货物的方式降低海运成本，因为相比之下，非会员船公司的费率水平通常要比会员船公司的低。

除海上运输外，国际集装箱多式联运经营人也可采用类似的方法来降低内陆运输（包括航空运输）成本，如采用运量折扣费率。此外，还可以通过加强与公路、铁路等内陆运输承运人之间的相互合作，获得较低的优惠费率。实际上，这种有效的合作对双方都是有利的。对于公路或铁路运输承运人来说，由于采用集装箱运输，车辆在一定时期内完成的周转次数比散件运输要多得多。或者说，运输同样数量的货物，采用集装箱运输所需的车辆数量要少得多，因而可以减少公路或铁路运输承运人的资金成本。

7.3.2 多式联运运费的计收方式

如前所述，国际集装箱多式联运全程运费是由多式联运经营人向货主一次计收的。目前，多式联运运费计收方式主要有单一运费制和分段运费制两种。

1. 按单一运费制计算运费

单一运费制是指集装箱从托运到交付，所有运输区段均按照一个相同的运输费率计算运费。在西伯利亚大陆桥（Siberian Landbridge，SLB）运输中采用的就是这种计费方式。

单一的联运=运输成本+经营管理费用+合理利润

（1）运输成本。因交货条件和运输路线的不同而不同，主要包括以下几个方面。

① 国内段费用，如空箱运费、重箱运费、装卸车费，内陆铁路或内河运输费、装挂箱费、堆场费、保管费、港务费及报关手续费等。

② 国际海上段、国际铁路段、国际空运段的运费，以及在国外港站的中转费等。

③ 国外段费用。与国内段大体相同，但要加上国外代理人的交接手续费及过境费用等。

（2）经营管理费用。包括通信、水电、房租、员工薪酬、奖金、生产设备折旧等营业性开支。

（3）合理利润。利润的多少受多种因素的制约。应坚持的原则为合理收费、薄利多运。灵活运用优惠政策，国际上惯常的做法有：根据数量的多寡给予优惠；根据不同地区给予优惠；根据不同的商品给予优惠；根据双方的合作关系给予优惠。

2. 按分段运费制计算运费

分段运费制是按照组成多式联运的各运输区段，分别计算海运、陆运（铁路、汽车）、空运及港站等各项费用，然后合计为多式联运的全程运费，由多式联运经营人向货主一次计收。各运输区段的费用，再由多式联运经营人与各区段的实际承运人分别结算。目前大部分多式联运的全程运费均采用这种计费方式，如欧洲到澳大利亚的国际集装箱多式联运，日本到欧洲内陆或北美内陆的国际集装箱多式联运等。

任务小结

- 任务七：多式联运实务
  - 子任务一：多式联运概述
    - 国际多式联运的定义
    - 国际多式联运的优点
    - 国际多式联运的形式
    - 多式联运的构成要素
  - 子任务二：多式联运流程
    - 国际多式联运流程
      - 接受托运申请，订立多式联运合同
      - 集装箱的发放、提取及运送
      - 出口报关
      - 货物装箱
      - 接收货物
      - 核收多式联运费用
      - 订舱及安排货物运送
      - 办理保险
      - 签发多式联运提单，组织完成货物的全程运输
      - 货物交付
      - 运输过程中的海关业务
      - 货运事故处理
    - 国际多式联运单证
      - 国际多式联运单证的定义
      - 国际多式联运单证的主要内容
    - 国际多式联运经营人
      - 多式联运经营人应具备的条件
      - 多式联运经营人的责任形式
      - 多式联运经营人的赔偿责任限制
  - 子任务三：多式联运运费
    - 多式联运运价
    - 多式联运运费的计收方式
      - 按单一运费制计算运费
      - 按分段运费制计算运费

职场训练

项目一

【训练目的】熟悉和掌握多式联运出口操作。

【训练内容】某市轻工进出口公司 A 向智利某公司 B 出口 1 000 吨纸板，出口港为天津新港，目的港为圣安东尼奥，目的地为圣地亚哥，共计 52 个 20 英尺集装箱，试安排其运输。

【训练方法】

1．学生分组进行角色模拟；填写相关单证；完成整个业务流程；教师进行点评总结。

（1）列出整个出口业务流程。

（2）标明办理每步业务的注意事项。

（3）整理每步业务所需的单证。

（4）画出业务流程图。

2．时间：30 分钟。

3．地点：教室。

项目二

【训练目的】了解和掌握国际多式联运。

【训练内容】自贸区格局下中国航运业的风险和挑战。

上海自贸区在船舶登记、航运市场开放等领域突破了诸多限制，提升了中国航运的对外开放水平，将对中国航运的未来产生重大的影响：一方面，将对吸引外商投资中国航运业，借鉴国际先进管理经验起到良好的推动作用；另一方面，由此引发的风险与挑战也不容小觑。

沿海运输权限加剧竞争。“实施意见”提出允许中资公司拥有或控股拥有的非五星旗船，先行先试外贸进出口集装箱在国内沿海开放港口和上海港之间的沿海捎带业务，将引发一系列的沿海运输权限问题：其一，这将打破中国现行的沿海运输权规定，对国内沿海运输企业产生较大冲击；其二，政府对国内沿海运输的调控难度将加大，导致国内运输市场运力过剩，加剧竞争。此外，WTO（the World Trade Organization，世界贸易组织）服务贸易原则要求不能因“内外有别”和“外外有别”而进行歧视。但在上海自贸区航运政策下，中资和外资五星旗船都属于中国籍船舶，却得到了不同沿海运输权限，这明显违背了 WTO 服务贸易的非歧视性原则。

起运港退税或诱发连锁反应。“实施意见”提出扩大起运港退税政策试点范围，在现有试点港口和运输企业的基础上，进一步促使积极性高、信誉好的港口和运输企业加入试点，以扩大制度效应。

起运港退税可能诱发某些连锁反应：第一，中国多数港口仍以公路为主要集疏运手段，铁路系统尚未完善，而受基础设施条件等诸多限制，“水水中转”目前在费用、时间、运力等方面尚不具备竞争力；第二，“入世”后，根据 WTO 相关规则的要求，中国出口退税率持续下降，起运港退税政策的效果也不断缩水；第三，沿海港口竞争激烈，一些港口为了排名，宁可将外贸箱运至国外港口中转，也拒绝交给国内的竞争对手中转；第四，为了能够加快货物出境流程，很多企业选择到上海进行中转，这将增加其海运物流运输成本，加重上海港口负担，如果相关措施未能及时跟进，将会造成洋山和外高桥港区的拥堵。未来中国可以选取更多的沿海港口作为起运港退税的中转港，以达到最佳的综合经济效益。但是，过多的中转港会造成过度竞争、资源浪费的情况，达不到理想的经济效益，因此此项措施只能有限地在部分港口进行推广。在这种形势下，未来围绕中转港的竞争会日益激烈。

从航运管理角度看，上海自贸区的航运管理方法和手段大都具有可借鉴性。自贸区航运制度的创新重心在于扩大开放。虽然这些制度创新的实施暂时会对中国当前航运市场造成一定的波动甚至冲击，但从长期来看，这将会转化为中国航运业持续改革的动力。

思考：

1．上海自贸区的航运政策对多式联运的影响有哪些？

2．如何加强国际多式联运？

【训练方法】

1．学生分组讨论并分析案例；每组派代表阐述本组意见；教师进行点评总结。

2．时间：30分钟。

3．地点：教室。

职场情境

刘姐对小明说："你这个孩子还是很聪明好学的，现在基本的业务流程你都懂了，下一步是要提升你的综合业务素质。这有一个长春的客户，有电子零件要出口马来西亚。电子零件有5种规格，每种规格的体积、重量数据在这里。你帮他设计一个合适的运输方案。"

小明现在考虑问题比较全面了，不再是"愣头青"了。他问刘姐："客户最在意什么？是希望时间最短，距离最短，还是运费最少？客户对这批货物的运输还有什么额外的要求？需要我什么时候完成这个方案？"

Mission 任务八 运输管理决策

学习目标

知识目标	能力目标	重点难点
1. 掌握运输方式的合理选择方法 2. 掌握运输计划制订的原则 3. 掌握运输计划和调度制订的方法 4. 掌握运输路线的优化策略	1. 具有选择合适的运输方式的能力 2. 具有制订公路运输计划的能力 3. 具有制订班轮调度计划的能力 4. 具有对运输路线进行优化的能力	1. 表上作业法 2. 图上作业法 3. 节约里程法

引入案例

日本佐川急便的运输体制

佐川急便株式会社是日本名列前茅的物流企业，年营业收入是7 000亿日元，居日本物流行业第2位。

一、佐川急便的5个运输要素

构成佐川急便的运输要素有5个。

（1）据点网。在日本全国各地有400多个据点（1998年）。

（2）收集和递送体制。各据点的收集和递送体制是用户服务的重要因素，各地都有因地制宜的收集和递送体制。

（3）道路网。连接据点和据点的是道路运输网。佐川急便不分昼夜地利用这个道路网。

（4）信息网。在运输中，有必要建立可整理和综合各种信息的信息系统。佐川急便开发各种各样的系统，在全国范围内使用。对于一年处理10亿件以上货物的佐川急便来说，这个信息系统还被称为保障的生命线。

（5）营业驾驶员。营业驾驶员是佐川急便最大的生命线和最大的商品。

二、佐川急便的据点网用"两店"、"两中心"对12个区域6 000多个据点进行管理

佐川急便将日本全国分为12个区域进行管理，分块的理由，除了与公司发展历史有关以外，还与日本的气候风土、商业文化圈密切相关。

1. 主营店

在各区域设立几家核心的主营店，以这些店为中心，管理附近的小型店。主营店的特征是设施规模非常大，是运输过程中不可缺少的重要基地。主营店管理本店和周围小店每天的现金业务，且是独立的法人。大规模的主营店配有100多辆车，设在行政要地或交通发达的地区，连接周围小店货物的到达和发送。

2. 小型店

在主营店的周围，行星般散布着小型店，有些小型店配置的车辆还不到10辆，但为了扩大营业覆盖面而遍及全国，企业在配置上的考虑可谓非常周密。这些店的货物到达量和发送量都不大，有些业务还委托主营店开展。但有很多独具特色的店，如适合寒冷地带的店、租用大型仓库的店等。全国大部分地区由这些店来覆盖，大多数小型店附近都有卫星城市或郡部，是公司需要强化的店。

3. 运输中转中心

运输中转中心主要完成货物的分拣、集运等功能。由于日本的劳动力很贵，有必要实现机械化，以削减劳动力用量。又因为城市近郊的地价非常昂贵，所以运输中转中心设计为高位立体仓库，且站台的面积很小，这就使货物到达后的分类变得非常繁杂，必须运用EDI（Electronic Data Interchange，电子数据交换）、条形码技术等来实施作业。

4. 佐川物资流通中心

全国共有23家佐川物资流通中心，其主要功能是受托开展顾客货物的保管、加工、发送等业务，遇到业务量大时，还积极利用外部的仓库。流通中心的目标是满足顾客的所有要求，满足从简单的保管业务到大规模的第三方物流业务。因货物的周转率很高，按单位面积的营业额计算，佐川急便称得上日本第一。

三、佐川急便的不分昼夜地利用道路运输网的5类车辆

1. 直达车

直达车是指连接店与店之间直达货物的车。这种形式对货物的拖延或损坏很少，是理想的送货方式。

2. 路过一个店的车

这种方式只适合于有一定规模的店之间采用，并且路过店必须在中间的理想位置。

在这种路线方式中终点只有一个，可实施接近于直达车的制度。但同时也存在一些问题，如有时在第1个发货店的装载量过多，或者在第2个发货店出现较多货物装不下的可能性。因为每天的发货量是由顾客决定的，截止到发货时间之前无法完全掌握每个到达地的货物量，且在全国范围内每天都约有350万件货物在移动，要保证顾客运输的可得性必须依靠先进的信息系统。

3. 路过数家店的路线车

这种方式是从一个店发车，在按顺序路过数家店的同时卸货。这需要在货箱内按每个中间停车店分好货物，因此会降低货物装载量；还因为在中途停车卸货，加上交通堵塞，所以到达第2个店、第3个店时会出现晚点现象。采用这种方式要求路线车一到停车店就快速卸货，以便能早点开往下一个店铺。在离大型店较远的据点发货时经常采用这种方式。

4. 由数家店集中货物发直达车

当单用自家店的货物无法构成直达货物或路过货物时，可集中几个店的货物再组成直达货物。这种方式的优点是：集中几个店铺的货物比较容易吸收货物数量的波动，与路过货物相比可降低整体成本；对货物量较多的店铺来说，一天会发送好几次货物，所以早发送的货物早到达目的地的可能性会增多。缺点是：货物必须数次装卸，需要多次分类，故需要大规模的分类设备，经营成本会增加。此外，分类失误及货物受损的可能性增大。

5. 数家店的货物集中到达车

这种方式是将货物从具有一定送货量的店铺发送到主营店或母店等区域内具有横向路线的据点，再转送到最终目的店的方式。其优点是可以缓和发货一方的集中作业量；缺点是除了集中发货的多次装卸以外，当发货时间出现晚点时，晚到终点的可能性加大。

四、信息网——佐川急便的生命线

佐川急便每天利用近 400 个物资流通中心及城市中心的大规模中转站等进行据点间的运输，还有店对店、区域对区域也进行着各种方式的据点间运输，保证这些运输网络顺利运作的就是佐川急便的信息网。以输入送货单数据的扫描仪为核心，签发送货确认，领取送货证明等佐川急便的信息系统，其水平在日本国内是一流的。

思考：

佐川急便的运输网络中有哪些物流节点，它是怎样将这些节点连接起来的？

子任务一 运输方式的选择

运输方式的选择，是指在物流活动中，当发、到货地点之间具有多种运输方式时，物流管理人员从物流运输合理化的角度出发，充分考虑各种相关因素，选择一种或多种尽可能充分满足客户需要的“最佳运输方式”的行为。

现代运输主要有铁路、公路、水路、航空和管道 5 种方式。各种运输方式的成本结构比较如表 8.1 所示。

表 8.1　各种运输方式的成本结构比较

运输方式	固定成本	变动成本
铁路	高（车辆及轨道）	低
公路	高（车辆及修路）	适中（燃料、维修）
水路	适中（船舶、设备）	低
航空	低（飞机、机场）	高（燃料、维修）
管道	最高（敷设管道）	最低

从表 8.1 中可以看出，单纯地从定性角度出发，若是运输量比较大的货物，在运输方式上应多选择铁路或水路；而对于运输量相对较小，产品价值又很大的货物，常常会选择航空运输。

进一步深化，将几种运输方式的技术经济特点进行比较，如表 8.2 所示。在表格中，使用打分法对各种运输方式的营运特征进行评价。

表 8.2 几种运输方式的技术经济特点比较

运输方式	投资	运量	运价	速度	灵活性	连续性	稳定性	生产效率	运输对象
铁路	5	2	3	2	3	2	1	3	中长距离货运和客运
公路	4	4	4	3	1	1	2	5	短途客运和货运
河运	2	3	2	5	4	5	3	2	长距离大宗货运
海运	1	1	1	4	5	4	5	1	长距离大宗货运
航空	3	5	5	1	2	3	4	4	以客运为主

注：1=最优。

可以看出，按照给定的打分，若没有权重的影响，分值越低，效果越好。5 种基本运输方式可以自由组合，形成不同的综合运输，各种运输方式都有其特定的运输路线、运输工具、运输技术、经济特性及合理的使用范围。所以只有熟知各种运输方式的效能和特点，结合商品的特性、运输条件、市场需求才能合理地选择和使用各种运输方式，获取较好的运输绩效。

1. 运输方式选择的影响因素

影响消费者选择物流运输方式的因素很多，其中主要有以下几个方面：货物特征、运输时间、运输能力、运输的安全性、运输质量、货主的需要等。但是，大量的研究表明，在消费者心中，并非所有的因素都同样重要，排在前几位的要素如下。

（1）价格。运输服务价格=运输货物的在途运费+提供额外服务的所有附加费（运输端点费用）。如果是使用受雇运输，那么运输服务的总成本就是在物流两节点之间收取的货物运输费用加上所有附加费，如保险费、装卸费、终点的送货费等。如果是自用运输，那么运输服务成本就是分摊到该次运输中的相关成本，如燃油成本、人工成本、维修成本、设备折旧和管理成本等费用。

不同的运输方式，其运输成本相差很大。具体比较在表 8.1 中已显示出来，但是由于其只是一个定性的比较，所以在实际运营中，必须根据实际运费、运输时间、货物的性质及运输安全等因素进行综合比较。

（2）运输时间。运输时间通常指货物从起点运输到终点所耗费的平均时间。这是一个重要的运输服务指标，但其稳定性不是很好。起止点相向，每次使用同样运输方式的运输时间，可能会由于天气、道路情况、中途暂停次数等原因造成不同。

（3）安全性。在运输过程中，货物是否能够安全到达最终用户手中，是消费者最关心的问题，虽然货物发生灭失或毁损，承运人会进行赔付，但是有些情况并不能弥补托运人的损失，所以，安全性是一个很重要的因素。

2. 选择运输方式

各种运输方式和运输工具都有各自的特点，不同种类的货物对运输的要求也不尽相同。选择运输方式时必须进行综合考虑，要权衡运输系统所要求的运输服务和运输成本，可以使用单一运输方式，也可以将两种以上的运输手段组合起来使用。因此，合理选择运输方式是合理组织运输，保证运输质量，提高运输效益的一项重要内容。

在决定运输方式时，应以运输方式的服务特性作为判断的基准。一般要考虑以下因素：

（1）运费——高低；

（2）运输时间——到货时间长短；

（3）频度——可以运、配送的次数；

（4）运输能力——运量大小；

（5）货物的安全性——运输途中的破损及污染等；

（6）时间的准确性——到货时间准确性；

（7）适用性——是否适合大型货物运输；

（8）伸缩性——是否适合多种运输需要；

（9）网络性——和其他运输方式的衔接；

（10）信息——货物实时位置的信息。

在这些因素中必须根据不同的运输需要来确定，一般认为运费和运输时间是最为重要的选择因素，具体进行选择时应从运输需要的不同角度综合加以权衡。从物流运输功能来看，速度快是货物运输的基本要求，但是速度快的运输方式，其运输费用往往较高。同时，在考虑运输的经济性时，不能只从运输费用本身来判断，还要考虑因运输速度加快，缩短了货物的备运时间，使货物的必要库存减少，从而减少了货物保管费的因素。若要保证运输的安全、可靠、迅速，成本就会增多。这里必须注意的是运输服务与运输成本之间、运输成本与其他物流成本之间存在“效益背反”关系。所以在选择运输方式时，应当以总成本作为依据，而不能仅考虑运输成本。最佳运输方式或运输工具的选择，应该是在综合考虑上述各种因素后做出的，最重要的是如何平衡运输服务的速度和成本。

3. 运输方式的定量分析

所谓定量分析，就是对所选择的运输方式的各种指标进行量化，对其绩效进行评分，给出衡量值，然后物流运输管理部门根据各项指标的重要程度给出不同的权重，用权重乘以运输方式的绩效衡量值就得到运输方式在该评估因素中的等级，将个别因素等级积累起来就得到这种运输方式的总等级。如果绩效的衡量值和权重分值越低，表示绩效越好，评估指标越重要，那么总等级分值较低的运输方式较好。通过定量分析，将指标量化，使所选择的运输方式的优劣可以一目了然。

例如，我们以选择运输中间商或承运人来说明这种定量分析的方法，如表 8.3 所示。

表 8.3 选择承运人评估标准

评 估 因 素	相对重要性	承运人绩效	承运人等级
成本	1	1	1
中转时间	3	3	9
中转时间可靠性	1	2	2
能力	2	2	4
可达性	2	2	4
安全性	2	3	6
承运人等级分	26		

这里我们选择一个 3 分制的评定标准，承运人绩效的评定范围为：1——绩效好，2——绩效一般，3——绩效差。各评估指标的权重值范围为：1——高度重要，2——一般重要，3——低度重要。这样，我们可以计算出该表中的承运人的总等级分为 26。按此方法，承运人的总等级分最低的就是最佳承运人。

在目前的物流环境中，由于各种新的运输方式不断出现，各种承运方式能够提供的服务和能力也在不断增长，这就使运输方式的选择比过去更加复杂，各种因素的评估也变得更加困难。因此企业必须慎重考虑诸多因素，对其进行定性和定量分析以选择最佳的运输方式。

8.1.1　运载工具的选择

如何选择适当的运载工具是物流运输方式选择决策的重要内容。一般来讲，应根据物流系统要求的服务水平和允许的物流成本来决定。可以使用一种运载工具，也可以使用联运方式。

具体来说，在进行运载工具决策时，一般要考虑的基本要素包括以下几种。

1. 品种（Brand）

在运输物品种方面，物品的形状、单件重量容积、危险性、变质性等都成为运载工具决策的制约因素。在运量方面，一次运输的批量不同，选择的运输方式也不同。一般来说，原材料等大批量的货物运输适合进行铁路运输或水路运输。货物运输距离的长短直接影响运载工具的选择，一般来说，公路比较适合于中短距离的运输。货物运输时间长短与交货时间有关，应该根据交货期来选择适合的运载工具。物品价格的高低关系到承担运费的能力，也成为选择运输方式的重要考虑因素。

2. 时间（Time）

运输期限必须与交货日期相联系，应保证运输时限。必须调查各种运载工具所需要的运输时间，然后根据运输时间来选择运载工具。运输时间的快慢顺序在一般情况下依次为航空运输、汽车运输、铁路运输、船舶运输。各运载工具可以按照它的速度编组来安排日程，加上它的两端及中转的作业时间，就可以计算出所需的运输时间。在商品流通中，要研究这些运载工具的现状，进行有计划的运输，实现准确的交货日期是基本的要求。

3. 距离（Distance）

从运输距离看，一般情况下可以依照以下原则选择运载工具：300 千米以内，用汽车运输；300～500 千米的区间，用铁路运输；500 千米以上，用铁路、船舶（有条件的地方）运输。这样的选择是比较经济合理的。

4. 数量（Quantity）

再看一下运输数量的影响。因为大批量货物的运输成本低，应尽可能使商品集中到最终消费者附近。选择合适的运载工具进行运输是降低成本的良策。一般来说，15～20 吨以下的商品用汽车运输；15～20 吨以上的商品用铁路运输；数百吨以上的原材料之类的商品，应选择铁路、船舶运输。

5. 费用（Cost）

虽然货物运输费用的高低是决策运载工具时要重点考虑的内容，但在考虑运输费用时，不能仅从运输费用本身出发，还必须从物流总成本的角度联系物流的其他费用进行综合考虑。除了运输费用外，还有包装费用、保管费用、库存费用、装卸费用及保险费用等。在决策最为适宜的运载工具时，应保证在客户满意的服务水平下，实现总成本最低。

当然，在具体决策运载工具的时候，往往受到当时特定的运输环境的制约，因而必须根据运输货物的各种条件，通过综合判断加以确定。

8.1.2 成本比较决策

如果不考虑各种运输方式之间的竞争因素，那么能使所提供的服务与花费的成本相平衡的运输服务就是最佳的服务方案，即运输的速度和可靠性会影响托运人和买方的库存水平（订货库存和安全库存）以及他们之间的在途库存水平。如果选择速度慢、可靠性差的运输服务，那么物流渠道中就需要更多的库存。这样，就需要考虑库存持有成本可能升高，以此来抵消运输服务成本降低的情况。因此在各种被选方案中，最合理的应该是，既能满足客户需求，又能使总成本最低的方案。

下面以一个比较经典的例子来进行说明。

【例 8.1】 某公司欲将产品从坐落于位置 A 的工厂运往坐落于位置 B 的公司自有仓库，年运量 D 为 700 000 件，每件产品的价格 C 为 30 元，每年的存货成本 I 为产品价格的 30%，各种运输服务的有关参数如表 8.4 所示。

表 8.4 各种运输服务的有关参数

运输服务方式	运输费率（元/件）R	运达时间（天）T	每个储存点的存货量（件）Q
铁路运输	0.1	21	100 000
驼背运输	0.15	14	50 000
卡车运输	0.2	5	50 000
航空运输	1.4	2	25 000

其中，采购成本和运输时间的变化忽略不计。

选择不同的运输方式将影响货物的在途时间。在途货物可以用年需求量 D 的一定比例（T/365）表示，其中 T 表示平均运达时间，因此，在途库存的持有成本为 $ICDT$/365。

销售渠道两端的平均库存大约是 Q/2。每单位货物的库存成本为 IC，但产品价值 C 在不同地点是不同的。例如在工厂，C 是产品的出厂价值；而在仓库，C 是产品的出厂价值加上运输费率。

用运输费率乘以年需求量，就得到每年的运输成本 RD。根据 4 种运输方式计算相关成本的结果如表 8.5 所示。

表 8.5　成本计算表

单位：元

成本	计算公式	铁路运输	驼背运输	卡车运输	航空运输
运输成本	RD	0.1×700 000=70 000	0.15×700 000=105 000	0.2×700 000=140 000	1.4×700 000=980 000
在途成本	$ICDT/365$	（0.3×30×700 000）×（21/365）=362 466	（0.3×30×700 000）×（14/365）=241 644	（0.3×30×700 000）×（5/365）=86 301	（0.3×30×700 000）×（2/365）=34 521
工厂库存成本	$IC'Q/2$	（0.3×30×100 000）/2 =450 000	(0.3×30×50 000×0.93②)/2 =209 250	(0.3×30×50 000×0.84②）/2 =189 000	(0.3×30×25 000×0.8②)/2 =90 000
仓库库存成本	$ICQ/2$	(0.3×30.1×100 000）/2 =451 500	(0.3×30.15×50 000×0.93②)/2 =210 296	(0.3×30.2×50 000×0.84②)/2 =190 260	(0.3×31.4×25 000×0.8②)/2 =94 200
总成本		1 333 966	766 190	605 561	1 198 721

注：① R=运输费率、D=年需求量、I=库存持有成本（%/年）、C=产品在工厂的价值、C'=产品在仓库的价值（$C+R$）、T=运达时间、Q=每个储存点的库存量；

② 考虑了运输服务与货物发运次数的年增长量。

从表中的结果可以看出，运输费率最低的是铁路运输。经过计算，在航空运输时，产品在工厂的库存成本最低，而最终总成本最低的运输方式为卡车运输。所以最终我们选择卡车运输。

8.1.3　竞争因素的衡量

选择合适的运输方式有助于创造有竞争力的服务优势，如果供应渠道中的买方可以从多个供应商处购买商品，那么服务就会和价格一样影响买方对供应商的选择；相反，如果供应商针对各自的销售渠道选择不同的运输方式，那么就可以控制其物流服务的各项要素，进而影响买方的购买。

对买方来说，良好的运输服务（较短的运达时间和较少的运达时间变动）意味着可保持较低的存货水平和较确定的运作时间表。买方的行为是将更大的购买份额转向能提供较好运输服务的供应商，供应商可以使用通过交易额扩大而得到的更多利润去支付由于最佳的运输服务而增加的成本，从而鼓励供应商去寻求更适合于买方需要的运输服务方式，而不是单纯地追求低成本。

这样，运输服务方式的选择成了供应商和买方共同的决策。当然，当一个供应商为了争取买方而选择最佳的运载工具时，参与竞争的其他供应商也可能做出竞争反应，而他们会做出怎样的竞争反应就很难估计了。因此下面的例子说明的是在不考虑供应商竞争对手反应的情况下，买方向能提供最佳运输服务的供应商转移更多交易份额的程度。

【例 8.2】 位于美国匹茨堡的一家设备制造商需要从两个供应商那里购买 3 000 箱塑料配件，每箱配件的价格是 100 美元。目前从两个采购商那里采购的数量是一样的。两个供应商都采用铁路运输，平均运送时间也相同。但如果其中一个供应商能将平均交付时间缩短，那么每缩短一天，制造商会将采购订单的 5%（150 箱）转给这个供应商。如果不考虑运输成本，供应商每卖出一箱配件可以获得 20%的利润。

供应商 A 正在考虑，如果将铁路运输方式改为航空或卡车运输，是否可以获得更多的收益。各种运输方式下每箱配件的运输费率和平均运送时间如表 8.6 所示。

表 8.6　基本数据

运 输 方 式	运输费率（美元/箱）	平均运送时间（天）
铁路运输	2.5	7
公路运输	6.00	4
航空运输	10.36	2

供应商 A 仅根据可能得到的潜在利润进行选择。表 8.7 从供应商 A 的角度列出了不同运输方式下可获得的利润。

表 8.7　不同运输方式下供应商 A 的利润对比

运 输 方 式	销售量（箱）	毛利润（美元）	运输成本（美元）	纯利润（美元）
铁路运输	1 500	30 000	3 750	26 250
公路运输	1 950	39 000	11 700	27 300
航空运输	2 250	45 000	23 310	21 690

如果该设备制造商能够恪守承诺，供应商 A 应该转而采用公路运输。当然，供应商 A 应该注意供应商 B 可能采取的任何反击手段，一旦对手采取相应措施可能会导致优势消失。

从例 8.2 中，我们可以看出以下一些影响因素是决策者不能控制的。

（1）如果供应商和买方对彼此的成本有一定了解或有过合作的基础，将促进双方进一步进行有效合作。但供应商和买方如果是相互独立的经济、法律实体，二者之间又没有某种形式的信息交流，双方就很难获得对方完全的成本信息。但从一般意义上讲，在任何情况下，合作都应该朝着更密切关注对方对运输服务选择的反应或对方购买量变化的方向发展。

（2）如果分销渠道中有相互竞争的供应商，买方和供应商都应该采取合理的行动来平衡运输成本和运输服务，以获得最佳收益。当然，谁也无法保证各方都会理智行事。

（3）运输服务水平对价格的影响。假如供应商提供的运输服务优于竞争对手，他很可能会提高产品的价格来补偿（至少是部分补偿）增加的成本。因此，买方在决定是否购买时应同时考虑产品价格和运输绩效。

（4）运输费率、产品种类、库存成本的变化和竞争对手可能采取的应对措施等，这些都增加了问题的动态因素，在此并没有直接涉及。但这些因素在不同环境、不同时间内都可能产生一定程度的影响，有些甚至是决定性的。

（5）这里没有考虑运载工具的决策对供应商存货的间接作用。供应商也会和买方一样由于运载工具变化而改变运输批量，进而导致库存水平的变化。供应商可以用调整价格来反映这一变化，反过来又影响运输服务的选择。

8.1.4　综合因素的考虑

1. 评价因素的确定

在商品生产的市场经济体制中，各种运输方式之间进行着激烈的竞争，根据人们对货物运输的安全、迅速、经济和便利要求，评价体系可以从经济性因素、迅速性因素、安全性因素和便利性因素 4 个方面来考虑。

（1）经济性因素。主要表现为费用（运输费、装卸费、包装费、管理费等）的产生，在运输过程中，总费用支出越少，竞争性越好。

（2）迅速性因素。指货物从发货地至到货地所需要的时间，即货物的在途时间，时间越短，迅速性越好。

（3）安全性因素。安全程度通常指货物的完整程度，以货物的破损率表示，破损率越低，安全性越好。

（4）便利性因素。各种运输方式的便利性的定量计算比较困难，一般情况下，可以近似地利用发货人所在地至装车地之间的距离来表示，距离越近，便利性越好。

运输方式的选择应满足运输的基本要求，即经济性、迅速性、安全性和便利性，定量的方法有很多种，但由于运输问题影响因素复杂，很难用一种计算方法来决定一切。目前，专家比较倾向于使用层次分析法这种综合评价方法。

2. 评价体系的建立

根据以上分析的因素，可建立综合评价的递阶层次结构图，如图 8.1 所示。

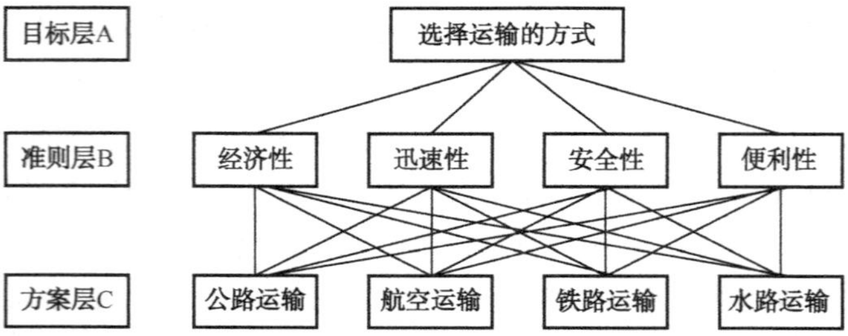

图 8.1　综合评价的递阶层次结构图

3. 确定指标权重

层次分析法因具有简单直观、使用方便和将定性讨论转化为定量分析的特点，在多目标准则决策领域中得到广泛的应用。它通过对各个指标的相对重要性的两两比较，给出模糊判断，如同等重要、略微重要等，根据层次分析法标度量化表进行量化，如表 8.8 所示。

表 8.8　层次分析法标度量化表

评价结果	得分	评价结果	得分
要素 S_i 比要素 S_j 极为重要	9	要素 S_i 比要素 S_j 极为次要	1/9
要素 S_i 比要素 S_j 重要得多	7	要素 S_i 比要素 S_j 次要得多	1/7
要素 S_i 比要素 S_j 重要	5	要素 S_i 比要素 S_j 次要	1/5
要素 S_i 比要素 S_j 稍重要	3	要素 S_i 比要素 S_j 稍次要	1/3
要素 S_i 和要素 S_j 一样重要	1	当需要取折中值时	取两相邻判断的中值

两两因素的重要程度比较完毕之后，可以得到如下的判断矩阵：

$$A=\begin{bmatrix} a_{11} & a_{12} & \cdots & a_{1n} \\ a_{21} & a_{22} & \cdots & a_{2n} \\ \vdots & \vdots & \vdots & \vdots \\ a_{n1} & a_{n2} & \cdots & a_{nn} \end{bmatrix}$$

式中，$a_{ij} \geqslant 0$、$a_{ij}=\dfrac{1}{a_{ji}}(i,\ j=1,\ 2,\ \cdots,\ n)$。

（1）对 $\boldsymbol{A}$ 按列规范化：

$$\overline{a}_{ij}=\frac{a_{ij}}{\sum_{i=1}^{0} a_{ij}} \quad (i,\ j=1,\ 2,\ \cdots,\ n)$$

（2）按行相加，得和数 $\overline{w_i}$：

$$\overline{w_i}=\sum_{j=1}^{n} a_{ij}$$

（3）再规范化，得权重系数 w_i：

$$w_i=\frac{\overline{w_i}}{\sum_{i=1}^{n}\overline{w_i}}$$

4. 一次性检验

由于判断矩阵是人为赋予的，故需要进行一致性检验，即评价判断矩阵的可靠性。

（1）计算成对比较矩阵 $\boldsymbol{A}$ 的最大特征值 λ：

$$\lambda=\frac{1}{n}\sum_{i=1}^{n}\frac{(AW)_I}{w_i}$$

（2）计算一致性指标 CI：

$$CI=\frac{\lambda-n}{n-1}$$

（3）计算一致性比率 CR：

$$CR=\frac{CI}{RI}$$

式中，RI 为随机一致性指标，RI 的取值可由表 8.9 确定。

表 8.9 *RI* 取值表

n	3	4	5	6	7	8	9	10	11
RI	0.58	0.90	1.12	1.24	1.32	1.41	1.45	1.49	1.51

当 $CR<0.1$ 时，认为判断矩阵的一致性可以接受；否则，需要反馈给专家重新进行判断，对 $\boldsymbol{A}$ 加以调整，重新计算。

5. 评价的实施

假定准则层次所有元素 B_1、B_2、…、B_M 的权重已经完成，得到 b_1、b_2、…、b_m 与 B_j 对应的方案层次元素 C_1、C_2、…、C_N，单排序的结果为 c_{1j}、c_{2j}、…、c_{nj}，得到方案层总排

序权重，通过比较，即可得最优方案。层次性总排序计算表如表 8.10 所示。

表 8.10　层次性总排序计算表

准则层	B_1	B_2	B_3	B_4	方案 C 总排序权重
方案层	b_1	b_2	…	b_m	
C_1	C_{11}	C_{12}	…	C_{1m}	$\sum_{j=1}^{m} b_j c_{1j}$
C_2	C_{21}	C_{22}	…	C_{2m}	$\sum_{j=1}^{m} b_j c_{2j}$
…	…	…	…	…	…
C_n	C_{n1}	C_{n2}	…	C_{nm}	$\sum_{j=1}^{m} b_j c_{nj}$

【例 8.3】 某一物流公司将运输一批货物，经过对准则层的安全性因素（B_1）、经济性因素（B_2）、迅速性因素（B_3）和便利性因素（B_4）进行综合权衡，确定运输该货物安全性最为重要，其次为经济性，再次为迅速性，最后为便利性，其判断矩阵如表 8.11 所示。

表 8.11　准则层 B 权重指标表

B	B_1	B_2	B_3	B_4	$\overline{w_i}$
B_1	1	3	5	7	2.081
B_2	1/2	1	3	5	1.188
B_3	1/5	1/3	1	1	0.497
B_4	1/7	1/5	1/3	1	0.234

归一化后得到权重系数向量为：

$$\boldsymbol{W}=(w_1,w_2,w_3,w_4)^{\mathrm{T}}=(0.520,0.297,0.124,0.059)^{\mathrm{T}}$$

计算成对比较矩阵 $\boldsymbol{A}$ 的最大特征值 λ：

$$\lambda=\frac{1}{n}\sum_{i=1}^{n}\frac{(\boldsymbol{AW})_I}{w_i}=\frac{1}{4}\left(\frac{2.147}{0.520}+\frac{1.224}{0.297}+\frac{0.504}{0.124}+\frac{0.233}{0.059}\right)=4.066$$

CI=0.022、CR=0.024<0.1，所以判断矩阵一致性较好，$\boldsymbol{W}$ 是可以接受的。

同理，再分别计算每一准则层指标下方案层中各具体方案的权重和一致性比率，C_1 代表铁路运输方案，C_2 代表公路运输方案，C_3 代表航空运输方案，C_4 代表水路运输方案，其结果分别如表 8.12、表 8.13、表 8.14 和表 8.15 所示。

表 8.12　方案层对指标 B_1 的权重指标表

B_1	C_1	C_2	C_3	C_4	W_i	CR
C_1	1	7	2	4	0.508	0.040<0.1 可以接受
C_2	1/7	1	1/5	1/2	0.065	
C_3	1/2	5	1	3	0.308	
C_4	1/4	2	1/3	1	0.119	

表 8.13 方案层对指标 B_2 的权重指标表

B_2	C_1	C_2	C_3	C_4	W_i	CR
C_1	1	3	6	1/3	0.274	0.046<0.1 可以接受
C_2	1/3	1	3	1/5	0.119	
C_3	1/6	1/3	1	1/7	0.054	
C_4	3	5	7	1	0.553	

表 8.14 方案层对指标 B_3 的权重指标表

B_3	C_1	C_2	C_3	C_4	W_i	CR
C_1	1	2	1/3	5	0.231	0.021<0.1 可以接受
C_2	1/2	1	1/6	3	0.123	
C_3	3	6	1	8	0.592	
C_4	1/5	1/3	1/8	1	0.054	

表 8.15 方案层对指标 B_4 的权重指标表

B_4	C_1	C_2	C_3	C_4	W_i	CR
C_1	1	1/3	2	2	0.209	0.007<0.1 可以接受
C_2	3	1	5	5	0.572	
C_3	1/2	1/5	1	1	0.109	
C_4	1/2	1/5	1	1	0.109	

则方案层总排序权重计算如表 8.16 所示。

表 8.16 方案层 C 总排序权重计算表

准则层	B_1	B_2	B_3	B_4	方案层 C 总排序权重
方案层	0.520	0.297	0.124	0.059	
C_1	0.508	0.274	0.231	0.209	0.386
C_2	0.065	0.054	0.123	0.572	0.118
C_3	0.308	0.119	0.592	0.109	0.255
C_4	0.119	0.553	0.054	0.109	0.239

由此可见，该物流公司运输货物首先选择铁路运输，然后依次为航空运输、水路运输、公路运输。

子任务二 布局运输节点

运输节点一般具有运输组织与管理、中转、换乘、换装、装卸储存、多式联运和信息流通等功能，对所在区域的综合运输网络的高效运转具有重要的作用，因此运输节点的布局是一项重要的决策。

8.2.1 运输节点选址的条件和原则

物流运输系统的节点选址是指对物流运输网络中的运输节点的数量、位置、大小进行优化，以实现整个物流系统的效率最大化。在实际的节点选址过程中，应当着重考虑两个方面的因素，即经济效益和社会效益。除此之外，还要考虑下面一些基本条件和原则。

1. 节点选址应考虑的条件

（1）客户条件。要有充足的客户需求潜力，或者临近大型工业、商业企业。

（2）自然地理条件。水电通畅，基础条件良好等。

（3）运输条件。方便运输，便于配送，基础设施良好，最好靠近各种运输方式的运输据点或多种运输方式的中转点，并应在交通主干道附近。

（4）用地条件。满足需求，留有余地，适当超前。最好能预留出第2期物流工程用地，地价应在能承受的投资能力范围内。

（5）环境条件。周围区域的环境条件较好，没有或有较少的不利影响。

（6）法规制度。国家及本地区的经济发展方针、政策及相关法律有利于运输节点目前及今后的建设和发展。

2. 节点选址原则

（1）经济性原则。节点选址不同，未来物流活动辅助设施的建设规模、建设费用及运费等是不同的，选址应以费用最低作为重要的原则。

（2）整体性原则。应从供应链的角度考虑节点地址的选择，综合权衡费用的大小。有些节点的选择对于运输路线选择来讲是最优的，但对整个供应链来说不是最优的，这时应加以调整。

（3）利益均衡性原则。节点的选择应考虑有关各方的利益，并对因节点选择而受到损害的有关各方采取适当的补偿措施。

（4）协调性原则。如果所选择的节点与供应链上、下游企业存在间隙，会大大影响供应链的整体竞争力。只有通过节点将物流、信息流、商流、资金流等有效地结合起来，整个供应链及其相关企业才会在竞争中取得最大的利益。

（5）战略性原则。节点选址应符合企业整体发展战略，同时在节点建设上要有前瞻性，制定长远规划，对今后的发展留有余地。

3. **反复性原则**

节点的选址及确定要经历一个定期的评价、重新选址和多次反复的过程。

8.2.2 运输节点选址的决策模型

在运输节点选址的实践中，人们使用了许多定性和定量的方法，并建立了一些模型，如重心法、成本分析法、运输规划方法、混合整数规划选址等。本节将重点介绍重心法选址决策模型。

在物流实践中，如何将一新节点布置到一个与现存运输节点有关的二维空间中去呢？如果运费是很重要的因素，而且多种货物由各个现有节点供应，那么可根据重心法确定新址位置。

重心法是一种模拟方法，它将物流系统中的需求点和资源点看成分布在某一平面范围内的物流系统，将各点的需求量和资源量分别看成物体的重量，物体系统的重心作为物流网点的最佳设置点，利用求物体系统重心的方法来确定物流网点的位置。设有 A，B，C，…，n 个企业，第 i 个企业的坐标为（x_i，y_i）（i=1，2，…，n），物流量为 w_i，单位物资单位里程运费为 c_i，设物流网点坐标（x，y）。重心原理：重力矩等于各质点重力矩之和。

注意：

$$x \cdot \sum_{i=1}^{0} c_i w_i = \sum_{i=1}^{0} c_i w_i x_i$$

$$y \cdot \sum_{i=1}^{0} c_i w_i = \sum_{i=1}^{0} c_i w_i y_i$$

解出：

$$x = \frac{\sum_{i=1}^{0} c_i w_i x_i}{\sum_{i=1}^{0} c_i w_i}$$

$$y = \frac{\sum_{i=1}^{0} c_i w_i y_i}{\sum_{i=1}^{0} c_i w_i}$$

物流量 w_i 是一定时间内的统计数据（或计划数），一般以一年为统计周期，各企业在相同时间内进行统计。

各点坐标应在同一坐标系内，一般只关心几个重点大企业就行，不必太精确。我们假设要在某一区域中建一配送中心 P（x，y）向 n 个企业送货，设第 i 个企业的坐标（x_i，y_i）（i=1，2，…，n），物流量为 w_i，单位物资单位里程运费为 c_i，求出物流配送中心的总物流费用 F。

（1）求使总费用 F 最小的 x，y。求偏导数等于 0。

（2）用迭代法。

任意给定（x_0，y_0）代入计算，求出新（x_1，y_1），若不等，将（x_1，y_1）作为（x_0，y_0）重新进行计算，直到相等为止。

初始解选取：原则上任意值均可，但影响迭代次数，一般选重心坐标值为初始解。

【例 8.4】 某物流区域中有 A、B、C、D、E 5 个企业，为便于物流运作，使总物流费用最低，配送中心应建在何处？

5 个企业的物流参数详见表 8.17。

表 8.17　A、B、C、D、E 5 个企业的物流参数

企　业	A	B	C	D	E
坐标（x_i，y_i）千米	（3，8）	（8，2）	（2，5）	（6，4）	（8，8）
物流量 w_i 吨	2 000	3 000	2 500	1 000	1 500
运价 c_i（元/吨千米）	0.5	0.5	0.75	0.75	0.75

用重心法通过几次迭代得到如表 8.18 所示的结果。

表 8.18　重心法每次迭代结果

迭 代 次 数	x_k	y_k	总　运　费
0	5.16	5.18	215 000
1	5.04	5.06	214 310
2	4.99	5.03	214 270
3	4.97	5.03	214 260
4	4.95	5.04	214 250
…	…	…	…
29	4.91	5.06	214 250
30	4.91	5.06	214 250

由迭代结果得最优配送中心坐标：（4.91，5.06）

子任务三　运输计划与调度

在运输计划与调度中经常碰到的问题是如何确定行车路线和时刻表。当在实际生活中解决这两个问题时会遇到很多的限制条件：

（1）在每个站点既要取一定量的货，又要送一定量的货；

（2）使用多部车辆，每部车的载货重量和容积都不同；

（3）司机的总驾驶时间达到一定上限时，就必须休息至少 8 个小时（运输部门的安全限制）；

（4）每个站点每天只允许在特定的时间内取货或送货（Time Windows，时间窗口）；

（5）途中只有在送货后才能取货；

（6）允许驾驶员每天在特定的时间休息和用餐。

8.3.1　运输计划的制订原则

运输计划的制订可以遵循以下原则。

（1）安排车辆负责相互距离最接近的站点的货物运输。公路运输的行车路线围绕相互靠近的站点群进行计划，以使站点之间的行车时间最短。如图 8.2（a）所示的是安排车辆装运时应避免的划分方式，如图 8.2（b）所示的是比较合理的划分方式。

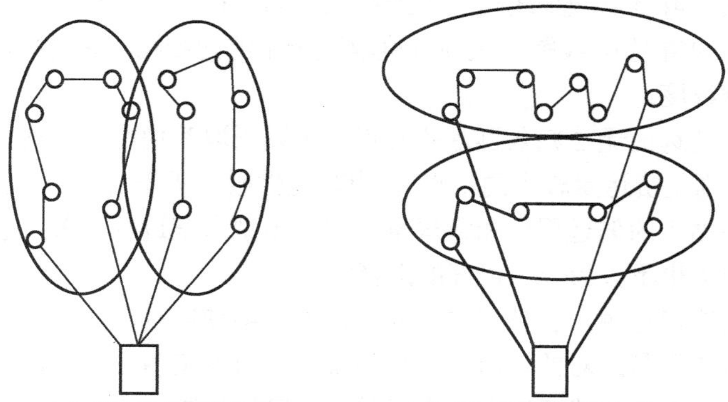

（a）不合理的划分方式　　（b）合理的划分方式

图 8.2　划分站点群以分派车辆

（2）安排车辆隔日途经的站点时，应注意使站点群更加紧凑。如果一周内隔日服务的站点不同，就应该对一周内每天的路线和时刻表的问题分别进行站点群的划分。隔日站点群的划分应避免重叠，这样可使为所有站点提供服务所需的车辆数降至最低，同时使一周内卡车运行的时间和距离最短。

（3）从距仓库最远的站点开始设计路线。要设计出有效的路线，首先要划分距仓库最远的站点周围的站点群，然后逐步找出仓库附近的站点群。一旦确定了最远的站点，就应该选定距该核心站点最近的一些站点形成站点群，分派载货能力能满足该站点群需要的卡车。然后，从还没有分派车辆的其他站点中找出距仓库最远的站点，分派另一车辆。如此反复，直到所有的站点都分派有车辆。

（4）卡车的行驶路线应呈水滴状。在安排行车路线时，各条线路之间应该没有交叉，且呈水滴状，线路规划举例如图 8.3 所示，时间窗口和送货之后才能取货的限制条件可能会造成线路交叉。

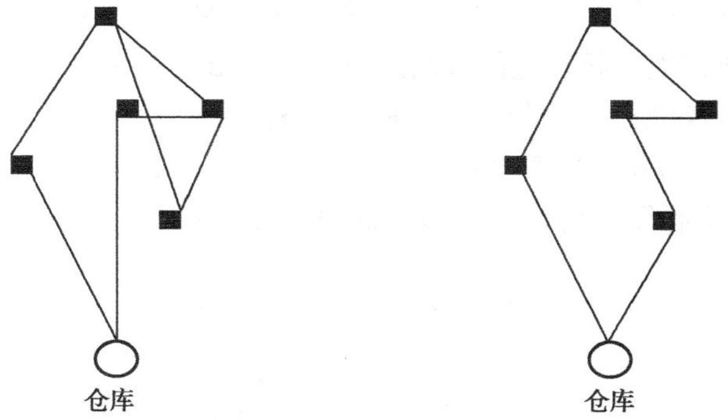

（a）不合理的线路规划　　（b）合理的线路规划

图 8.3　线路规划举例

（5）尽可能使用载重量最大的车辆进行运送，这样设计出的路线最有效。在理想状况下，用一辆足够大的卡车运送所有站点的货物将使总的行车距离或时间最短。因此，在车辆可以实现较高的利用率时，应该首先安排车队中载重量最大的车辆。

（6）取货、送货应该混合安排，不应该在完成全部送货任务之后再取货。应该尽可能地在送货过程中安排取货以减少线路交叉的次数（如果在完成所有送货任务之后再取货，就会出现线路交叉的情况）。线路交叉的程度取决于车辆的结构、取货数量和货物堆放对车辆装卸出口的影响程度。

（7）对因过于遥远而无法归入群落的站点，可以采取其他配送方式。那些孤立于其他站点群的站点（特别是货运量较小的站点），为其提供服务所需的运送时间较长，运送费用较高。考虑到这些站点的偏远程度和货运量，采用小型卡车进行服务可能更经济。此外，利用外租的运输服务也不失为一个很好的选择。

（8）避免时间窗口过短。各站点的时间窗口过短会使得行车路线偏离理想模式。因为时间窗口的限制常常不是绝对的，所以如果因某个站点或某些站点的时间窗口限制而导致整个路线偏离期望的模式，就应该重新协议时间窗口的限制，最后放宽该限制。

操作人员很容易掌握这些原则，他们可以在制订运输计划时找到比较合理的解决方法。

8.3.2 运输计划与调度的制订方法

随着限制条件的增加，制订最优的运输计划和调度成了越来越困难的工作，时间窗口、载重量和容积各不相同的车辆，司机途中总驾驶时间的上限要求，不同地区对速度的不同需要，途中的障碍（湖泊、迂回的道路、山脉），司机的休息时间等都是实际路线设计中需要考虑的因素。

知识链接

车辆调度工作的主要任务

车辆调度工作的主要任务是确保旅客运输、物资调运计划和运输生产计划的完成。在完成上述任务的过程中，应充分发挥车辆运用效率，使企业取得较好的经济效益。

1. 节约里程法

节约里程法又称 VSP（Vehicle Scheduling Program，车辆调度计划）规划法。

（1）节约里程法的基本思路。节约里程法的基本思路如图 8.4 所示，P 为配送中心所在地，A 和 B 为客户所在地，相互之间道路距离分别为 a、b、c。最简单的配送方法是利用两辆车分别为 A 和 B 客户送货，此时，如图 8.4（b）所示，车辆运行距离为 $2a+2b$；然而，如果按图 8.4（a）所示改用一辆车巡回送货，运行距离为 $a+b+c$，如果道路没有什么特殊情况，可以节约车辆运行距离为 $(2a+2b)-(a+b+c)=a+b-c>0$。

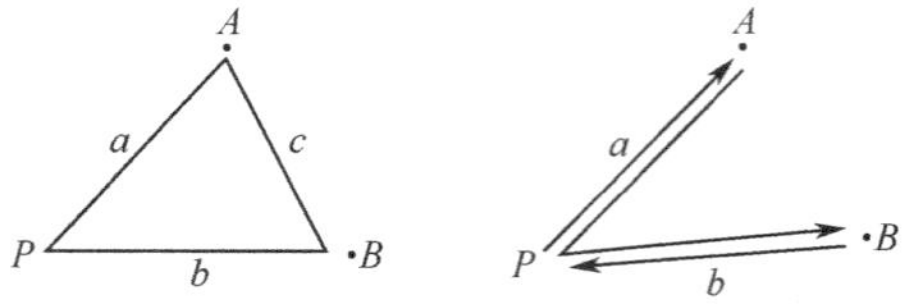

（a）利用一辆车送货　（b）利用两辆车送货

图 8.4　节约里程法的基本思路

在实际操作时，需要运送货物的客户数量多，应首先计算包括配送中心在内的相互之间的最短距离，然后计算各客户之间的可节约运行距离，按照节约运行距离的长短顺序连接各配送地，最后规划运输路线。但是，VSP 规划法所求出的运输路线并不一定都是最优解，有时可能是近似解。不过对于客户多、规模大的情况，它比人工计算要快得多。为了更好地掌握和运用 VSP 规划法，现举例进行计算。

【例 8.5】 如图 8.5 所示为一配送网络，*P* 为配送中心所在地，*A*～*J* 为客户所在地，括号内的数字为配送量，单位为吨(t)，线路上的数字为两地间的最短距离，单位为千米(km)。为了尽量缩短车辆的运行距离，必须求出最佳配送路线。现有可以利用的车辆是最大装载量为 2 吨和 4 吨的两种厢式货车，并限制车辆一次运行距离在 30 千米以内。

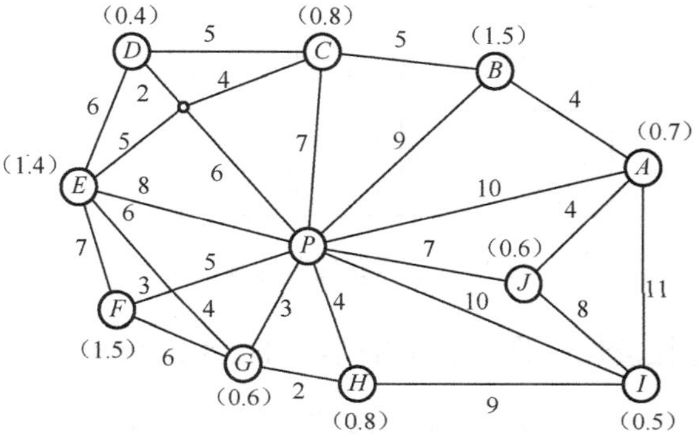

图 8.5　配送中心的配送网络

解：

第 1 步，首先计算各地之间的最短距离，根据图 8.5 中配送中心至各用户之间、用户与用户之间的距离，得出配送路线最短距离的矩阵，如图 8.6 所示。

	P									
A	10	*A*								
B	9	4	*B*							
C	7	9	5	*C*						
D	8	14	10	5	*D*					
E	8	18	14	9	6	*E*				
F	8	18	17	15	13	7	*F*			
G	3	13	12	10	11	10	6	*G*		
H	4	14	13	11	12	12	8	2	*H*	
I	10	11	15	17	18	18	17	11	9	*I*
J	7	4	8	13	15	15	15	10	11	8

图 8.6　配送路线最短距离矩阵

第 2 步，从最短距离矩阵中计算出各用户之间的节约行程，如图 8.7 所示。

例如，计算 *B*—*E* 的节约距离。

P—*B* 的距离：*PB*=*a*=9

P—E 的距离：$PE=b=8$

B—E 的距离：$BE=c=14$

节约距离为：$a+b-c=9+8-14=3$

	A	B	C	D	E	F	G	H	I
B	15								
C	8	11							
D	4	7	10						
E	0	3	6	10					
F	0	0	0	3	9				
G	0	0	0	0	1	5			
H	0	0	0	0	0	4	5		
I	9	4	0	0	0	1	2	5	
J	13	8	1	0	0	0	0	0	9

图 8.7　配送路线节约行程图

第 3 步，对节约行程按长短顺序进行排列，如表 8.19 所示。

表 8.19　配送线路节约行程排序表

序　号	连 接 点	节 约 行 程	序　号	连 接 点	节 约 行 程
1	A～B	15	13	F～G	5
2	A～J	13	13	G～H	5
3	B～C	11	13	H～I	5
4	C～D	10	16	A～D	4
4	D～E	10	16	B～I	4
6	A～I	9	16	F～H	4
6	E～F	9	19	B～E	3
6	I～J	9	19	D～F	3
9	A～C	8	21	G～I	2
9	B～J	8	22	C～J	1
11	B～D	7	22	E～G	1
12	C～E	6	22	F～I	1

第 4 步，按照节约行程排序表 8.19，组合成配送路线图。

初始解：如图 8.8 所示，从配送中心 P 向各个用户配送。配送路线 10 条，总运行距离为 148 千米。

二次解：按照节约行程的长短顺序连接 A—B、A—J、B—C，如图 8.9 所示，配送路线 7 条，总运行里程为 109 千米，需要 2 吨车 6 辆，4 吨车 1 辆。从图中可以看出，规划的配送路线Ⅰ，装载量为 3.6 吨，运行距离为 27 千米。

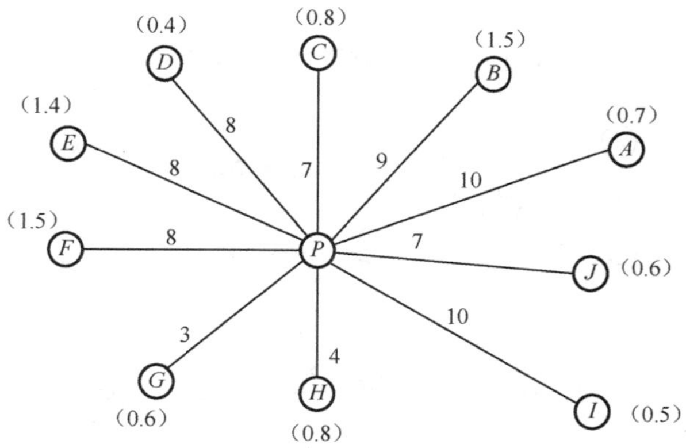

图 8.8　初始解

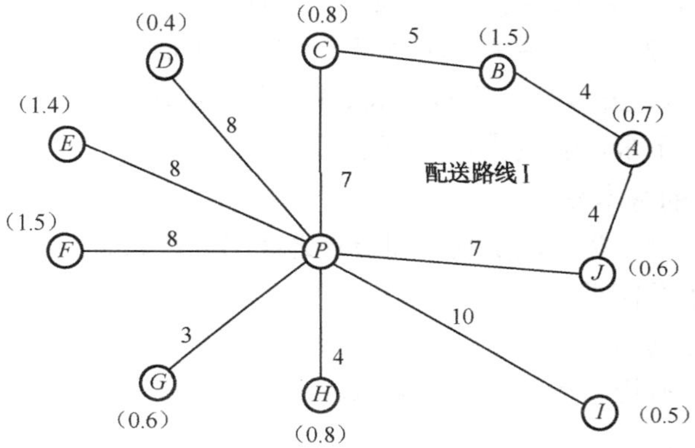

图 8.9　二次解

三次解：按照节约行程长短顺序，应该是 *C*—*D* 和 *D*—*E*，*C*—*D* 和 *D*—*E* 都有可能连接到二次解的配送路线Ⅰ中，但是受车辆装载量和每次运行距离这两个条件的限制，配送路线Ⅰ不能再增加用户，因此不再连接 *C*—*D*，而连接 *D*—*E*，组成配送路线Ⅱ，该路线装载量为 1.8 吨，运行距离为 22 千米。此时，配送路线共 6 条，总运行距离为 99 千米，需要 2 吨车 5 辆，4 吨车 1 辆。

四次解：接下来的顺序是 *A*—*I*，*E*—*F*，由于已将用户 *A* 组合到配送路线Ⅰ中，而且该路线不能再扩充用户，所以不再连接 *A*—*I*；连接 *E*—*F* 并入配送路线Ⅱ中，配送路线Ⅱ的装载量为 3.3 吨，运行距离为 29 千米。此时，配送路线共有 5 条，运行距离为 90 千米，需要 2 吨车 3 辆，4 吨车 2 辆。

五次解：按节约行程顺序排列接下来应是 *I*—*J*，*A*—*C*，*B*—*J*，*B*—*D*，*C*—*E*，但是，这些连接均由于包含在已组合的配送路线中，不能再组成新的配送路线。接下来可以将 *F*—*G* 组合到配送路线Ⅱ中，这样配送路线Ⅱ的装载量为 3.9 吨，运行距离为 30 千米，均未超出限制条件，此时，配送路线只有 4 条了，运行距离 85 千米，需要 2 吨车 2 辆，4 吨车 2 辆。

最终解：接下来的节约行程长短顺序为 *G*—*H*，由于受装载量和运行距离的限制，不能再组合到配送路线Ⅱ内，所以不连接 *G*—*H*，而连接 *H*—*I* 组成新的配送路线Ⅲ，如图 8.10 所示。

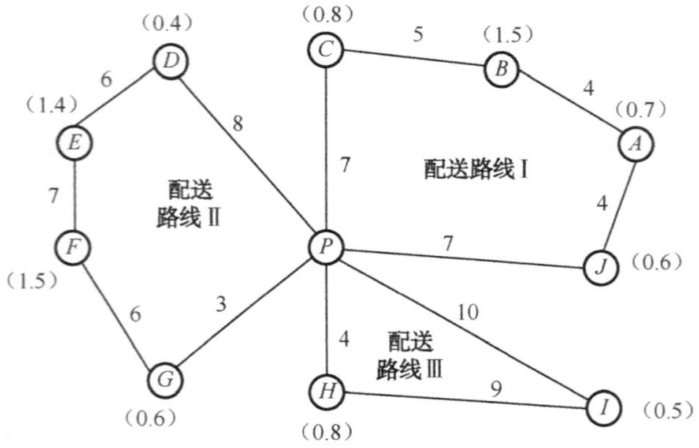

图 8.10　最终解——配送中心最佳配送路线

至此，完成了全部的配送路线的规划设计，共有 3 条配送路线，运行距离 80 千米，需要 2 吨车 1 辆，4 吨车 2 辆。其中配送路线Ⅰ：4 吨车 1 辆，运行距离 27 千米，装载量为 3.6 吨；配送路线Ⅱ：4 吨车 1 辆，运行距离 30 千米，装载量为 3.9 吨；配送路线Ⅲ：2 吨车 1 辆，运行距离 23 千米，装载量为 1.3 吨。

（2）VSP 规划法的基本规定。

① 运送的是同一种或类似的货物，即货物之间不存在忌装性。

② 各用户的位置及需求已知。

③ 运输方有足够的运输能力。

④ 方案能满足所有用户的到货时间要求。

⑤ 不使车辆超载。

⑥ 每辆车每天的总运行时间及里程满足规定的要求。

⑦ 每个用户都只有一条运输线路通过。

（3）使用 VSP 规划法的注意事项。

① 适用于顾客需求稳定的配送中心。

② 对于需求不固定的顾客，采用其他途径配送，或者并入有富裕的配送路线中去。

③ 最终确定的基本路线要充分听取司机及现场工作人员的意见。

④ 要充分考虑道路运输状况。

⑤ 各配送路线的负荷量尽量调整平衡。

⑥ 预测需求的变化及发展。

⑦ 不可忽视在送达用户后需要停留的时间。

⑧ 要考虑司机的作息时间及指定的交货时间。

⑨ 因为交通状况和需求变化影响配送线路，最好利用仿真模拟技术研究对策及实施措施。

⑩ 对于 VSP 规划法，几乎所有的计算机应用程序软件包都是比较完备的，特别是规模较大的配送网络应用计算机进行规划设计。

2. 扫描法（the Sweep Method）

调度员要在接到有关站点和各站点货运量的最新数据后 1 个小时内给出相关的调度计

划，这对于调度员来说，是一项工作量很大的工作。目前采用的比较简单的解决方法为扫描法。虽然扫描法存在一定的缺陷，但是由于其使用方便，手工和计算机都可以使用，误差率相对较低的特点，还是被众多调度人员所采用。

扫描法的过程如下。

（1）在地图或方格图上确定所有站点（含仓库）的位置。

（2）自仓库开始，沿任一方向向外画一条直线，沿顺时针或逆时针方向旋转该直线直到与某站点相交。考虑如果在某线路上增加该站点，是否会超过车辆的载货能力。如果没有，继续旋转直线，直到与下一个站点相交。再次计算累计货运量是否超过车辆的运载能力（先使用载重量最大的车辆）。如果超过，就剔除最后的那个站点，并确定路线。随后，从不包含在上一条路线中的站点开始，继续旋转直线以寻找新的路线。继续该过程直到所有的站点都被安排到路线中。

排定各路线上每个站点的顺序使行车距离最短。排序时可以使用“水滴”法等任何算法。

3. 运输路线的排序

制定每条路线后，假设每条路线上只有一台车辆。若路线较短，那么在剩余时间内此车辆的利用率就很低。本着最优调度的原则，在完成一条路线之后，车辆应该承运第 2 条路线。因此，将所有运输路线首尾相连，按顺序排列，使车辆的空闲时间最短，就可以决定所需要的车辆数，并排出一天的车辆调度计划。在排定计划时，需要多次尝试，才能得到最终比较好的那个结果。

8.3.3 船舶运输计划与调度

1. 班轮航线配船决策

船舶运输企业在班轮营运中经常面临这样一类决策，即如何最合理地将班轮船队中不同类型、吨级的船舶配置到每条航线上，完成船舶的调度工作。做好这项工作，不仅要满足每条航线的技术、营运方面的要求，而且要能够使船舶运输企业取得良好的经济效益，这类问题被称为航线配船决策。

航线配船时首先要做到船舶的技术指标、营运性能与航线的运输任务、货物条件相适应，这主要包括以下几个方面。

（1）船舶的尺度和性能要适应航道水深、泊位水深、码头和船闸的尺度要求。

（2）船舶的结构性能、装卸性能和船舶设备等应满足航线货物、港口装卸条件的要求。

（3）船舶的航行性能要适应航线营运条件。

（4）船舶航速应满足航线班期和船期表的要求。

在充分考虑了航线与船舶之间的技术、营运适应性的前提下，要对不同的配船方案进行比选，再根据经济效益优化水平，进行最终决策。通常应用线性规划方法对班轮航线配船方案进行比选并优化决策。

班轮航线配船的线性规划模型如下。

目标函数：

$$\min C=\sum_{i=1}^{m}\sum_{j=1}^{m}C_{ij}X_{ij}+\sum_{j=1}^{n}P_jY_j$$

约束条件：

$$\sum_{j=1}^{n}\frac{1}{n_{ij}}X_{ij}\leqslant m_i \qquad (i=1,\ 2,\ \cdots,\ m)$$

$$\sum_{i=1}^{m}N_iX_{ij}+Y_j=Q_j \qquad (j=1,\ 2,\ \cdots,\ n)$$

$$X_{ij}\geqslant 0, Y_j\geqslant 0 \qquad (i=1,\ 2,\ \cdots,\ m; j=1,\ 2,\ \cdots,\ n)$$

式中 C——系统总成本（元）；

i——1，2，…，m，为船型编号；

j——1，2，…，n，为航线编号；

X_{ij}——i 型船舶在 j 航线上每季度完成的往返航次数，它是决策变量（次/季度）；

Y_j——航线上未被船舶承运的集装箱数量（TEU），它也是决策变量；

C_{ij}——一艘 i 型船在 j 航线上完成一个往返航次所花费的成本（元/次）；

P_j——j 航线每个 TEU 的机会成本（元/TEU）；

N_{ij}——每艘 i 型船在 j 航线上每季度可以完成的最大往返航次数（次/季度）；

N_i——i 型船舶集装箱装载能力（TEU）；

M_i——i 型船的船舶数（艘）；

Q_i——航线的正向运量（TEU）。

在此模型中，目标函数追求系统总成本最小，系统总成本包括船舶运输成本和机会成本。在约束条件中，第 1 个约束条件是船队能力约束，它表示分配到所有航线的 i 型船的数量不能超过该船的船舶总数；第 2 个约束条件是运输需求约束，它表示了航线上所有船舶完成的运输量加上未被承运的部分正好等于该航线的运输任务。各条航线上的机会成本是指由于运力不足，一部分集装箱货源不能被本公司船舶所承运，船舶公司将在某航线上承运每个 TEU 集装箱所能获得的净利润定义为该航线的单位机会成本值。

2. 不定期船舶航次运行决策

不定期船舶运输是指在国际海运中，海运经营者根据海运需求在时间、地点和内容上所发生的变化，不断变更航线和货种的一种营运方式。

在不定期船舶市场中，供给与需求双方的市场交易通过各种合同的签订与履行来完成。这些合同可以分为两大类：一类是货物运输合同，另一类是船舶租赁合同。前者以货物为合同标的，报酬的方式为运费；后者以船舶为合同标的，报酬的方式为租金。

对于单航次租船或连续航次租船，在具体营运调度时，应考虑当前航次（若连续航次租船则考虑最后一个航次）结束的港口或该港口附近地区是否能找到下一航次的适当货载。要尽量减少船舶的空航时间和非生产性停泊时间，要尽量减少船舶的空驶里程。

要经常进行航次估算，做出具体船舶的选线决策及具体航次的选船决策。为了尽可能减少航次营运费用的支出，应选用合理的航行速度，选择合理的燃料供应点。

对于具有中途挂靠港的复杂航次，在制订航次计划时必须根据具体情况进行挂港决策，以求得良好的经济效益。所谓复杂航次挂港决策，是指对下述问题进行决策：在复杂航线上，当某航次有些货的起运港或送达港不包含在该航线原定的挂港序列时，要根据当时的具体情况做出决策，首先要决定这些货应不应该承运，其次要决策若承运应采用何种方式。

承运方式通常有两种：直达或中转。所谓直达是指通过临时增加挂靠港，将不属于该航线固定挂靠港的“起运港”或“送达港”纳入该具体航次的挂港序列，来达到完成这些货物运输的目的；中转则是使用其他船舶（或其他运输工具）将不属于该航线原定挂靠港的“起运港”或“送达港”和航线上的某个原定挂靠港（通常取距离最近的）联系起来。通过转运达到完成货物全程运输的目的。

复杂航次挂港决策过程如图 8.11 所示。由图可知，应该不应该承运是前阶段的决策问题，而采用何种方式承运是后阶段的决策问题，决策的逻辑过程应从前阶段向后阶段进行，即在做出承运的决定后再进行直达还是中转的决策，而决策的实际计算过程应从后阶段向前阶段递报，因为前阶段的决策依据取决于对后阶段问题的求解结果。例如，在进行承运人承运决策时，首先要知道承运方案下直达与中转两种方式的经济效益比较，取其优者作为承运方案的经济效益，将其与不承运方案的经济效益相比才能做出承运还是不承运的决策。

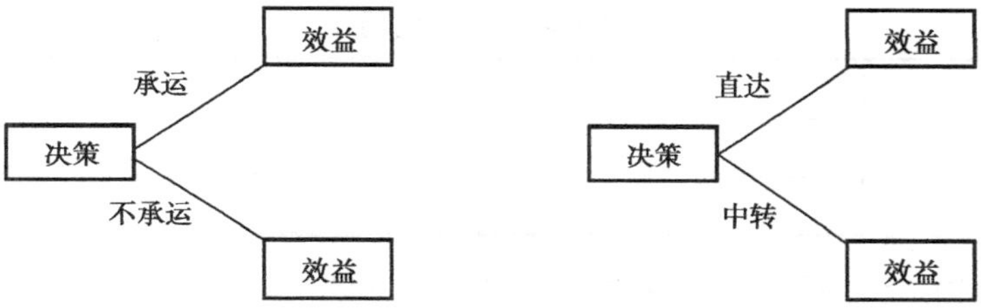

图 8.11　复杂航次挂港决策过程

由于在实际决策中，不承运方案的经济效益为零，因此承运方案若有盈利，则应取承运方案，承运方案若是亏损，则应取不承运方案。盈亏值是由因承运而增加的额外运费收益和为了承运而增加的成本支出（包括机会损失）之差决定的。直达与中转方案可以看做是一样的，所不同的是费用的支出，故可取费用指标作为方案优劣的评判标准，成本低者为优。

假设由于承运其中途港的货物而增加的实际收入（运营收入减去营业税等）为 R，为了承运这些货物而增加的费用支出为 C_1（采用直达方式承运）或 C_2（采用中转方式承运），C 取 C_1 及 C_2 中的较低者，即 $C=\min(C_1,C_2)$，当 $R>C$ 时，应决策承运，且选择成本低的承运方式来完成中途港的货物运输任务；当 $R<C$ 时，应选择不承运方案。

3. 船舶航线和船期计划

这类问题的特点是在满足不同港口约定的装卸日期的条件下，尽量减少所需要船舶的数量。假设始发港和目的港之间的运力充足，各港口之间的航行时间已知，可以利用线性规划中的运输问题来处理这类问题。

【例 8.6】 某欧洲炼油企业沿欧洲海岸线有 3 个炼油厂（卸货点 D_1、D_2、D_3），所用原油来自中东的两个港口（装货点 L_1、L_2）。装货港和卸货港之间采用油轮运输原油。以天数计算港口间的航行时间加装卸时间，相关数据如表 8.20 所示。

表 8.20　数据表

卸货点	D_1	D_2	D_3
航行时间加卸货时间（装货点 L_1，单位：天）	21	19	13

为简化问题，假定港口间的航行时间与航行方向无关，且装卸时间相等，根据以后两个月的需求情况，炼油厂对货物的运输要求如表 8.21 所示（从当前开始计算）。

表 8.21　运输要求

自装货点	L_2	L_1	L_1	L_2
到卸货点	D_3	D_1	D_2	D_3
到达时间（天）	12	29	15	12

根据给出的装货时间和航行时间，要满足卸货日期的要求，必须在如表 8.22 所示的时间装货。

表 8.22　装货时间

到卸货点	D_1	D_2	D_3
自装货点 L_1（天）	8	32	—
自装货点 L_2（天）	—	—	0 和 9

该企业希望知道为满足上述时间要求，需要多少艘油轮，每艘油轮的航行路线是多少。

求解这个问题，有两种方法：一是采用运筹学中的求解方法；二是将所有数据输入 Excel 表中，用“工具”|“加载宏”|“规划求解”进行解决。

最后求得需要两艘油船，有两条路线需要运输，一条是 L_2、0→D_3、12→L_1、32→D_2，51；另一条路线是 L_1、8→D_1、29→L_2、49→D_3，61。

子任务四　运输路线优化决策

物流运输中涉及多种优化决策问题，运输线路的选择就是其中一种，虽然这只是一个小问题，但是由于实际环境的复杂性，这个问题变得越来越复杂。在本任务中我们来讨论运输业务中的路线优化问题。

8.4.1　运输问题及其模型

在实践中，为了满足人们对消费品的需求，经常会出现各种运输活动。例如，粮、棉、煤等物资从全国生产基地运到各个消费区；某市的产品从配送中心送到各个销售地点；某厂的原材料从仓库运往各个生产车间，各车间的产品又分别运到成品库等。

这些运输活动一般都有若干发货地点，简称“产地”；有若干收货地点，简称“销地”；各产地拥有一定供货量，简称“产量”；各销地对产品有一定的需求量，简称“销量”。如何组织调运，才能满足各销地的需求，又使总的运输费用（或时间等）最少，就是我们所研究的运输问题。

运输问题的一般提法是：

设某种物资有 m 个产地 A_i（i=1，2，…，m），其产量分别为 a_i，有 n 个销地 B_j（j=1，2，…，n），其销量分别为 b_j；从 A_i 到 B_j 的运价为 C_{ij}；运输里程为 L_{ij}（i=1，2，…，m，j=1，2，…，n），X_{ij}（i=1，2，…，m，j=1，2，…，n）表示从 A_i 到 B_j 的商品运量。请问如何组织调运才能使总运费最少？

一般的运输问题可分为以下几种类型。

（1）产销平衡问题——总产量等于总销量。

即 $\sum_{i=1}^{m} a_i = \sum_{j=1}^{n} b_j$ ，此时，约束条件为：

$$s.t\begin{cases}\sum_{j=1}^{n} X_{ij} = a_i & i=1,\ 2,\ \cdots,\ m \\ \sum_{i=1}^{m} X_{ij} = b_j & j=1,\ 2,\ \cdots,\ n \\ X_{ij} \geqslant 0 \end{cases}$$

（2）产销不平衡问题。

① 产大于销。即 $\sum_{i=1}^{m} a_i > \sum_{j=1}^{n} b_j$ ，此时，约束条件为：

$$s.t\begin{cases}\sum_{j=1}^{n} X_{ij} \leqslant a_i & i=1,\ 2,\ \cdots,\ m \\ \sum_{i=1}^{m} X_{ij} = b_j & j=1,\ 2,\ \cdots,\ n \\ X_{ij} \geqslant 0 \end{cases}$$

② 产小于销。即 $\sum_{i=1}^{m} a_i < \sum_{j=1}^{n} b_j$ ，此时，约束条件为：

$$s.t\begin{cases}\sum_{j=1}^{n} X_{ij} = a_i & i=1,\ 2,\ \cdots,\ m \\ \sum_{i=1}^{m} X_{ij} \leqslant b_j & j=1,\ 2,\ \cdots,\ n \\ X_{ij} \geqslant 0 \end{cases}$$

当 X_{ij} 满足上述各约束条件时，目标函数同时使总的运费或运输吨千米最小。所以目标函数为：

$$\min f(x)=\sum_{i=1}^{m}\sum_{j=1}^{n}C_{ij}X_{ij} \text{ 或 } \min f(x)=\sum_{i=1}^{m}\sum_{j=1}^{n}L_{ij}X_{ij}$$

我们以最简单的产需平衡问题为例，进行线路优化的求解。

8.4.2 图上作业法

图上作业法就是利用商品产地和销地的地理分布和交通路线示意图，采用科学的规划方法，制定合理的商品运输方案，以求得商品运输最小吨千米的方法。图上作业法适用于交通路线为线状、圈状，而且对产销地点的数量没有严格限制的情况。图上作业法的原则可以归纳为：流向划右方，对流不应当；里圈、外圈分别算，要求不过半圈长；如若超过半圈长，应甩运量最小段；反复求算最优方案。

【例 8.7】 有物资 7 吨，由发出点 A_1、A_2、A_3 发出，发量分别为 3、3、1（吨），运往收点 B_1、B_2、B_3、B_4，收量分别为 2、3、1、1（吨），收发量平衡，其交通图如图 8.12 所示，请问应如何调运才能使总周转量最小？

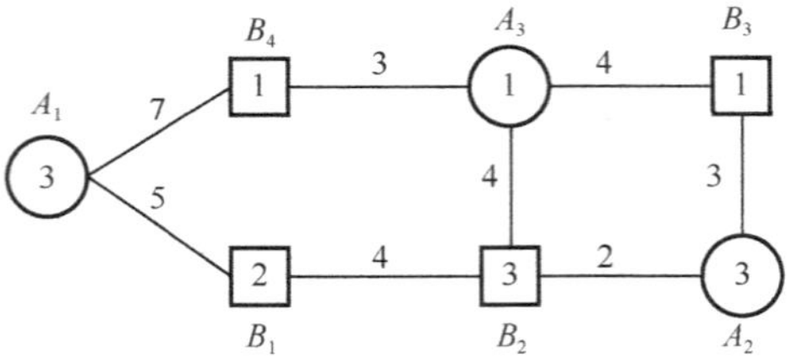

图 8.12 交通图

解：

（1）做一个没有对流的流向图，用“去线破圈”的方法，去一线破一圈，有几个圈去掉几条线，把有圈的交通图，化为不成圈的交通图。一般是先去掉最长的交通线，如去掉 A_1B_4（7 千米），破 $A_1B_1B_2A_3B_4$ 圈，再去掉 A_3B_3 线（4 千米），破 $B_2A_2B_3A_3$ 圈。这样，原来有圈的交通图，变成了不成圈的交通图。

然后先从各个端点开始，在图上做一个没有对流的流向图。其初始解如图 8.13 所示。

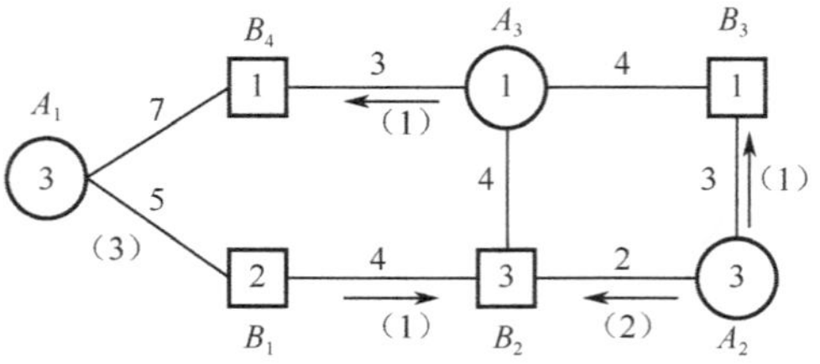

图 8.13 初始解

（2）检查有无迂回。

检查内、外流长是否超过全圈周长的一半。

内流量：顺时针方向的运量；内流长：顺时针方向的运量所对应的运输距离。

外流量：逆时针方向的运量；外流长：逆时针方向的运量所对应的运输距离。

$A_1B_1B_2A_3B_4$ 圈的周长=5+4+4+3+7=23（千米）

$A_1B_1B_2A_3B_4$ 圈周长的一半=11.5（千米）

内流长=0<周长的一半 11.5 千米，不需要调整。

外流长=5+4+3=12（千米）>周长的一半 11.5 千米，需要调整。

$B_2A_2B_3A_3$ 圈的周长=2+3+4+4=13（千米）

$B_2A_2B_3A_3$ 圈的周长的一半=6.5（千米）

内流长=3 千米<周长的一半 6.5 千米，不需要调整。

外流长=2 千米<周长的一半 6.5 千米，不需要调整。

（3）调整。

若内、外流长超过周长的一半，则需要调整。调整方法如下。

选择该圈流向线中流量最小的一段进行调整，在超过全圈总长 1/2 的内（或外）圈各段流向线上减去最小的运量，然后再在相反方向的外（或内）圈流向线和原来没有流向线的各段，加上同样数量的运量，直到内、外圈长度小于周长的一半。

现在需要调整 $A_1B_1B_2A_3B_4$ 圈的外流长。调整后的运量为二次解，如图 8.14 所示。

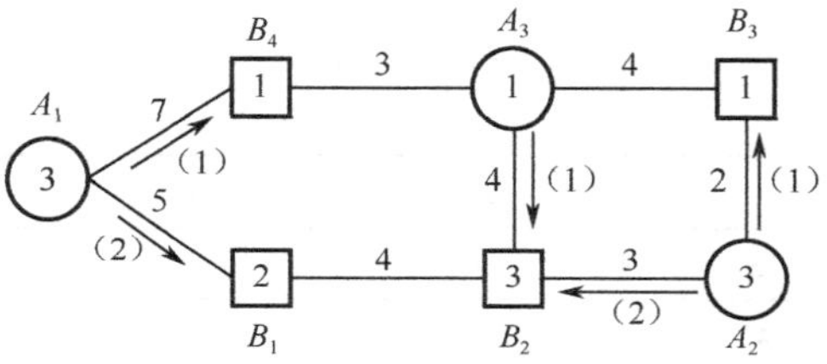

图 8.14　二次解

（4）按步骤（2）的方法继续检查内、外流长是否超过周长的一半，若超过，则按步骤（3）进行调整；若没超过周长的一半，则是最优解。

$A_1B_1B_2A_3B_4$ 圈的周长=5+4+4+3+7=23（千米）

$A_1B_1B_2A_3B_4$ 圈周长的一半=11.5（千米）

内流长=7+4=11 千米<周长的一半 11.5 千米，不需要调整。

外流长=5 千米<周长的一半 11.5 千米，不需要调整。

$B_2A_2B_3A_3$ 圈的周长=2+3+4+4=13（千米）

$B_2A_2B_3A_3$ 圈的周长的一半=6.5（千米）

内流长=3 千米<周长的一半 6.5 千米，不需要调整。

外流长=2+4=6 千米<周长的一半 6.5 千米，不需要调整。

所以，最小周转量（吨·千米）=2×5+1×7+1×4+2×3+1×2=29（吨·千米）

8.4.3　表上作业法

表上作业法是指用列表的方法求解线性规划问题中运输模型的计算方法。当某些线性规划问题采用图上作业法难以进行直观求解时，就可以将各元素列成相关表格，作为初始方案，然后采用检验数来验证这个方案，否则就要采用闭回路法、位势法或矩形法等方法进行调整，直至得到满意结果为止。这种列表求解方法就是表上作业法。

1. 最小元素法基本思路

表上作业法的基本思路如下：

（1）建立供需平衡运价表；

（2）用最小元素法求出初始调运方案；

（3）用位势法检验初始调运方案；

（4）用闭合回路法调整初始调运方案；

（5）重复步骤 3、4，直到出现最优调运方案为止；

（6）计算最少总运费。

【例 8.8】 设有 A_1、A_2、A_3、A_4、A_5 5 个产地和 B_1、B_2、B_3、B_4 4 个销地的运输问题，它们的供应量和需求量及单位运价如表 8.23 所示。试计算其最小运输成本。

表 8.23　基础数据表

单位运价（元）＼销地 产地	B_1	B_2	B_3	B_4	供应量（吨）
A_1	10	20	5	7	10
A_2	13	9	12	8	20
A_3	4	15	7	9	30
A_4	14	7	1	0	40
A_5	3	12	5	19	50
需求量（吨）	60	60	20	10	150

解：（1）该案例属于供需平衡的运输问题，下面直接用最小元素法求出初始调运方案。

① 在所有运价中，找出最小运价为 0，该运价对应的需求量为 10，供应量为 40，即需求量可以得到全部满足。将调运数量和 A_4、B_4 的剩余供需数量在表上做出记号，同时由于 B_4 的需求量已经得到满足，可以划去该列其他的各个运价。第 1 步调运结果如表 8.24 所示。

表 8.24　第 1 步调运结果

单位运价（元）＼销地 产地	B_1	B_2	B_3	B_4	供应量（吨）
A_1	10	20	5	7	10
A_2	13	9	12	8	20
A_3	4	15	7	9	30
A_4	14	7	1	0/10	40/30
A_5	3	12	5	19	50
需求量（吨）	60	60	20	10/0	150

② 在剩下的运价中，最小运价为 1，第 2 步调运结果如表 8.25 所示。

表 8.25 第 2 步调运结果

单位运价（元） 销地 / 产地	B_1	B_2	B_3	B_4	供应量（吨）
A_1	10	20	5	7	10
A_2	13	9	12	8	20
A_3	4	15	7	9	30
A_4	14	7	1/20	0/10	40/30/10
A_5	3	12	5	19	50
需求量（吨）	60	60	20/0	10/0	150

③ 在剩下的运价中，最小运价为 3，第 3 步调运结果如表 8.26 所示。

表 8.26 第 3 步调运结果

单位运价（元） 销地 / 产地	B_1	B_2	B_3	B_4	供应量（吨）
A_1	10	20	5	7	10
A_2	13	9	12	8	20
A_3	4	15	7	9	30
A_4	14	7	1/20	0/10	40/30/10
A_5	3/50	12	5	19	50/0
需求量（吨）	60/10	60	20/0	10/0	150

④ 其余按照第 2 步和第 3 步调运结果的操作继续进行，最终得到初始调运方案如表 8.27 所示。

表 8.27 初始调运方案

单位运价（元） 销地 / 产地	B_1	B_2	B_3	B_4
A_1	10	20/10	5	7
A_2	13	9/20	12	8
A_3	4/10	15/20	7	9
A_4	14	7/10	1/20	0/10
A_5	3/50	12	5	19

（2）用位势法检验初始调运方案是否为最优。

① 设有调运数量的运价 $D_{ij}=U_i+V_j$，i 为行数，j 为列数。可以列出如下方程组。

$$20=U_1+V_2$$

$$9=U_2+V_2$$
$$4=U_3+V_1$$
$$15=U_3+V_2$$
$$7=U_4+V_2$$
$$1=U_4+V_3$$
$$0=U_4+V_4$$
$$3=U_5+V_1$$

设 $U_4=0$，分别求出 U_1～U_5 和 V_1～V_4，位势数据如表 8.28 所示。

表 8.28 位势数据

产地＼销地	B_1	B_2	B_3	B_4	
A_1	10	20/10	5	7	$U_1=13$
A_2	13	9/20	12	8	$U_2=2$
A_3	4/10	15/20	7	9	$U_3=8$
A_4	14	7/10	1/20	0/10	$U_4=0$
A_5	3/50	12	5	19	$U_5=7$
	$V_1=-4$	$V_2=7$	$V_3=1$	$V_4=0$	

② 设没有调运量的运价为 C_{ij}，如果 C_{ij} 不小于 U_i+V_j，那么检验通过；否则在该运价上做记号，等待下一步调整。最终检验结果如表 8.29 所示。

表 8.29 最终检验结果

初始方案	B_1	B_2	B_3	B_4	
A_1	10	20/10	5	7	$U_1=13$
A_2	13	9/20	12	8	$U_2=2$
A_3	4/10	15/20	7	9	$U_3=8$
A_4	14	7/10	1/20	0/10	$U_4=0$
A_5	3/50	12	5	19	$U_5=7$
	$V_1=-4$	$V_2=7$	$V_3=1$	$V_4=0$	

③ 按照“最小运量，加减加减”的原则，使用闭回路法进行多次调整。最终得到如表 8.30 所示的结果，经过检验，所有的 C_{ij} 均大于 U_i+V_j，此调运方案为最优方案。

表 8.30 最优方案

最优方案	B_1	B_2	B_3	B_4
A_1	10	20	5/10	7
A_2	13	9/20	12	8
A_3	4/30	15	7	9
A_4	14	7/30	1	0/10
A_5	3/30	12/10	5/10	19

最小总运输成本=5×10+9×20+4×30+7×30+0×10+3×30+12×10+5×10=820（元）

$A_1 \rightarrow B_3$：10 吨，$A_2 \rightarrow B_2$：20 吨，$A_3 \rightarrow B_1$：30 吨；

$A_4 \rightarrow B_2$：30 吨，$A_4 \rightarrow B_4$：10 吨，$A_5 \rightarrow B_1$：30 吨；

$A_5 \rightarrow B_2$：10 吨，$A_5 \rightarrow B_3$：10 吨。

2. Vogel 法（伏格尔法，两最小元素差值法）

用最小元素法给定初始方案只从局部观点考虑就近供应，可能造成总体不合理。Vogel 法的步骤是从运价表上分别找出每行与每列最小的两个元素之差，再从差值最大的行或列中找出最小运价，确定供需关系和供应数量。

【例 8.9】 设有 A_1、A_2、A_3 3 个产地和 B_1、B_2、B_3、B_4 4 个销地的运输问题，它们的产量和销量及单位运价如表 8.31 所示。试计算其最小运输成本。

表 8.31 基础数据表

单位运价（元）/ 销量 / 产地	B_1	B_2	B_3	B_4	产量（吨）
A_1	3	11	3	10	7
A_2	1	9	2	8	4
A_3	7	4	10	5	9
销量（吨）	3	6	5	6	

解题步骤：

（1）找出每行和每列两个最小元素，求出两最小元素的差值；

（2）从两最小元素的差值中找出最大的一个差值；

（3）在差值最大的元素所对应的行（列）中选运费最小的，先满足它的供需关系；

（4）以此类推，完成所有运量的分配。

其调运方案如表 8.32 所示。

表 8.32 调运方案

单位运价（元）/ 销量 / 产地		B_1	B_2	B_3	B_4	产量（吨）	两最小元素的差			
							1	2	3	4
A_1		3	11	⑤3	②10	7	0	0	0	7
A_2		④1	9	2	①8	4	1	1	1	6
A_3		7	⑥4	10	③5	9	1	2		
销量（吨）		3	6	5	6					
两最小元素的差	1	2	5	1	3					
	2	2		1	3					
	3	2		1	2					
	4			1	2					

最小运输成本=3×5+10×2+1×4+8×1+4×6+5×3=86（元）

Vogel 法的解有可能是最优解，也可能是次优解。虽然有可能不是最优解，但是这种方法求解简单，而且可以在较短的时间内获得一个较优解，属于简便易得的一种表上作业法。

任务小结

- 任务八：运输管理决策
  - 子任务一：运输方式的选择
    - 运载工具的选择
    - 成本比较决策
    - 竞争因素的衡量
    - 综合因素的考虑
  - 子任务二：布局运输节点
    - 运输节点选址的条件和原则
    - 运输节点选址的决策模型
  - 子任务三：运输计划与调度
    - 运输计划的制订原则
    - 运输计划与调度的制订方法
    - 船舶运输计划与调度
  - 子任务四：运输路线优化决策
    - 运输问题及其模型
    - 图上作业法
    - 表上作业法

职场训练

训练一

【训练目的】熟悉和掌握表上作业法的计算。

【训练内容】

某公司有 3 个工厂生产某种商品，并运往 4 个调运站。工厂 1、2、3 每月分别生产 12、17、11 批商品，而每一调运站每月均需接收 10 批商品。各厂至各调运站的运输距离（千米）如表 8.33 所示。已知每批商品的运费是 100 元加上每千米 0.5 元。请问，应如何调运才能使总运费最少？

表 8.33 运输距离（单位：千米）

工厂＼调运站	1	2	3	4
1	800	1 300	400	700
2	1 100	1 400	600	1 000
3	600	1 200	800	900

【训练方法】

1．学生分组计算；每组派一名学生阐述计算结果；教师进行点评总结。

2．时间：15 分钟。

3．地点：教室。

训练二

【训练目的】熟悉和掌握图上作业法的计算。

【训练内容】

某地区物资供应情况如图 8.15 所示，其中“○”表示起运站，“□”表示目的地，线路间括号中的数字表示起运站与目的站之间的距离（单位：千米）。求物资调运最优方案。

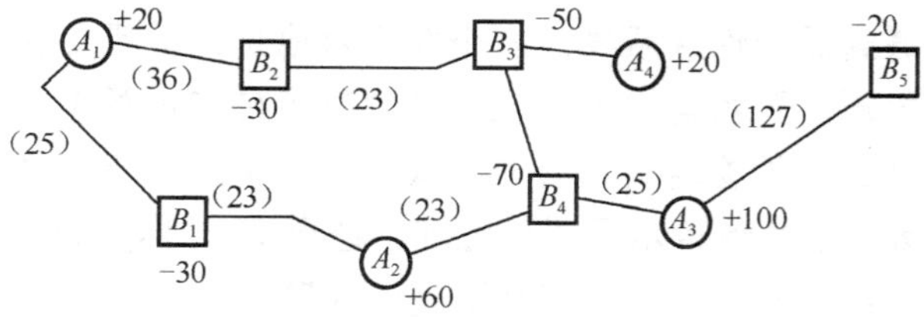

图 8.15　物资供应情况

【训练方法】

1．学生分组计算；每组派一名学生阐述计算结果；教师进行点评总结。

2．时间：15 分钟。

3．地点：教室。

训练三

【训练目的】如何选择恰当的运输方式。

1．掌握运输方式选择的基本流程。

2．掌握运输方式选择时各环节的基本要求。

【训练内容】

位于云南省的某茶叶公司的主要目标市场分别为省会昆明、首都北京、俄罗斯的莫斯科和日本的东京，请为该公司产品销往上述 4 个城市的具体运输方式做出恰当的选择，并提交相应的分析报告。

【训练方法】

1．预习运输管理的相关知识。

2．准备一份世界地图。

3．将学生分为若干任务执行小组。每个任务执行小组先内部学习、讨论本次任务所涉及的专业理论知识和任务执行步骤，然后由每个小组的负责人进行具体分工，按照实训任务要求进行操作。

4．教师进行点评总结。

5．时间：20 分钟。

6．地点：教室。

职场情境

小明有个好习惯，无论多晚下班，他都要把当天的工作日记写完，把客户的资料整理好。另外，小明把工作 QQ 号的聊天记录都保存下来，如果某个客户再来联系，上次谈到哪儿了，怎么报的价，只要查一下聊天记录，就一目了然了。小明是个有心人，因此在同批入职的新人中，很快脱颖而出。

但这一天，小明遇到了一件麻烦事：有个客户对他说，运费要压一批付一批，也就是在第 1 批货物运到目的地，开始运输第 2 批货物的时候再支付第 1 批货物的运费。小明知道这样做有风险，有可能将货物运到目的地却收不到运费。但是这批货物数量比较大，有风险的同时利润也很大，于是他请示了部门经理。经理说："你先查查客户的信誉资质，然后再找我们公司的法务部门研究一下如何规避运输风险。"

Mission 任务九 运输商务运作

学习目标

知识目标	能力目标	重点难点
1. 了解货运客户的特征 2. 掌握货运客户的类型 3. 掌握运输合同的谈判、订立和解除的流程 4. 掌握运输代理的类型	1. 能对运输客户进行分类 2. 具有管理运输合同的能力 3. 具有解决运输纠纷的能力	1. 货运客户分类 2. 运输合同的特征 3. 运输纠纷的类型 4. 运输纠纷的解决

引入案例

"黄台"站与"黄石"站

李华是鼎盛公司的采购主管。2013 年 10 月，李华到山西考察期间，在山西运城某供应商处订购了一批教学模拟设备，准备通过铁路将该批设备以棚车装运至鼎盛的山东分公司。他作为发货人填写在货物运单"到站"栏里的到站名称是"济南铁路局'黄台'站"。李华办理完托运手续，交付一切费用，考察期也刚好结束，于是他带着"领货凭证"返回单位等候催领通知。但李华在运到期限内未收到货，经电话查询得知货物的下落：这批货物被发到了湖北"黄石"。经过一番折腾，李华终于收到这批价值 23 万元的货物。但货物运到时间比正常时间晚了 20 天，而且货物表面有擦痕。

如果你是李华，会怎样挽回自己的损失？

子任务一 运输市场营销

运输市场营销是运输执行的开端，它表现为两种营销渠道：货运客户服务渠道与货物运输代理服务渠道。

9.1.1 货运客户的特征

客户是接受企业服务和使用产品的个人或团体。客户又有现实客户和潜在客户之分。货运客户是指接受货运服务的组织或个人。具体来说，货运客户是指具有购买能力，对货运服务有购买需求，了解货运信息及购买渠道，能立即为货运企业带来收入的个人或团体。

货运客户是决定货运企业生存和发展的重要因素，服务于客户并满足他们的需要是企业生存的前提。为此，货运企业必须知道谁是自己的客户，他们的需要是什么。了解这两点一般是通过确定企业的目标客户群，并在此基础上进一步明确他们的需要来实现的。企业目标客户群的确定过程通常分两步进行：第一，通过市场分析和调查进行市场细分来明确各个层次客户及其需求；第二，在前一步的基础上，根据企业自身的能力和目标确定企业的目标客户群。以下是对货运客户的一些认识，它有助于货运企业员工树立正确的客户观：

（1）货运客户是企业最重要的相关方；

（2）货运客户不依靠企业，反之企业需要依靠客户；

（3）货运客户决定企业的兴衰；

（4）货运客户不是对企业工作的打扰，而恰恰是企业工作的目的所在；

（5）货运客户的光顾是帮企业的忙；

（6）货运客户不是统计数字，他们和我们一样是有感受和感情的人；

（7）货运客户带着需要来到企业，企业的工作是满足客户的要求；

（8）货运客户值得企业给予最大的关注和最彬彬有礼的接待；

（9）货运客户有需求，所以企业的员工才有工作；

（10）货运客户有选择的权利，企业成为客户的最佳选择才能留住他们；

（11）货运客户很敏感，企业对客户要贴心；

（12）货运客户的需求是很个性化的，所以企业在策划服务时要有弹性。

9.1.2 货运客户的分类

货运客户就是委托企业承担物品运输，实现其空间位置移动的委托企业或个人。根据合作时间、运输业务量和运输形式等的不同有不同的类型。

1. 按物品所有权分类

根据物品所有权的不同，货运客户可分为货主和运输中介。但对于货运企业来说，不管是物品所有人还是运输中介都是客户。物品所有人或中介都是货运企业的直接客户，被委托的中介办理人是货运企业的间接客户。货运企业的服务承诺和物品运输安全只对直接客户而言。如果货运企业与中介特别约定，运输代理中介只向货主或货运企业收取一定的佣金，其运输费用由货主和货运企业直接结算，那么，运输代理中介、货主都是直接客户。如果收货人不是运输委托人，而是委托人指定的其他企业和个人，那么，被指定的收货人也是货运企业的直接客户。

2. 按合作期限分类

按合作期限的不同可将货运客户分为长期客户与临时客户。长期委托货运企业为委托人进行物品运输的客户是长期客户，偶尔几次委托货运企业为委托人进行物品运输的客户是临时客户。关键客户和合适客户都产生于长期客户，长期客户是货运企业的稳定业务来源。一般客户大都为临时客户。一般客户数量多于关键客户和合适客户，但一般客户的价值少于关键客户和合适客户。不过，千万不要忽视一般客户和临时客户，因为一般客户和临时客户群中的部分客户很可能转变为关键客户和合适客户。况且，一般客户的“积少成多”优势也是货运企业利润来源的一部分。

3. 按客户层次分类

按客户层次的不同，货运客户可划分为以下类型，如表 9.1 所示。

表 9.1 按客户层次分类

客户层次	比　重	档　次	利　润	目标性
一般客户	80%	低	5%	客户满意度
潜力客户	15%	中	15%	客户价值
关键客户	5%	高	80%	财务利益

第 1 类客户是常规客户或称一般客户，企业主要通过不同市场机会时的价格变化，使客户获得满意度，而客户也主要希望从企业那里直接获得好处，获取满意的客户价值。他们是经济型客户，购买具有随机性，看重价值优惠，是货运企业与客户关系的主要部分，可以直接决定企业的短期现实收益。

第 2 类客户是潜力客户或称合适客户，他们希望从与企业的关系中增加价值，从而获得附加的财务利益和社会利益。他们重视较长期的业务关系，特别重视货运企业定制式服务。潜力客户的交易量比一般客户大，价格也比较高。

第 3 类客户是头顶客户或称关键客户。他们除了希望从企业那里获得直接的客户价值外，还希望从企业那里得到社会利益，如成为客户俱乐部的成员等，从而得到一定的精神满足。他们是企业长期稳定的客户，他们的业务与企业密切相关，如大型外贸企业与港口运输企业间的关系、货物代理企业与货运企业的关系等。

9.1.3 客户分类对货运客户服务的作用

将客户分为一般客户、潜力客户、关键客户有以下作用。

（1）任何一个货运企业的资源都是有限的，因此不可能为所有客户提供同等满意的产品和服务。货运企业应当以有限的资源主要满足关键客户和潜力客户的需要，求得最大化客户价值与最大化企业价值的平衡，这是货运企业营销管理的杠杆。

（2）对于关键客户和潜力客户来说，其价格杠杆作用是次要的，关键在于长期的战略关系。客户分类有助于货运企业尽量提高水平，一对一地为客户服务，使一般客户也能得到更广泛的服务，从而促进客户整体价值的提高，这是货运企业营销管理的社会责任所在。

（3）有利于货运企业根据关键客户和潜力客户的需要进行客户化设计和服务，使货运客户的个性化需求得到满足，使客户价值最大化。这是客户的需要，也是营销管理的动力之源。对一般客户的服务主要取决于市场状况，当市场低迷时，可以降低价格；在市场高涨时，可以适当提高价格。

9.1.4 货运客户服务与管理

1. 货运客户服务的要素

从服务的过程来看，货运客户服务要素可分为交易前要素、交易中要素和交易后要素。

（1）交易前要素是指在货运销售前为客户提供服务的各项要素，如制定和宣传客户服务政策，完善客户服务组织，使之能够按客户的要求提供各种形式的帮助。

（2）交易中要素是指货物从供应方向客户实际运送过程中的各种服务要素，这些服务与客户有着直接的关系，并且是制定客户服务目标的基础。因此，这些服务对客户满意程度具有重要影响。其中包括快速装运、系统准确性、办理运输业务的方便性及服务的替代性等。

（3）交易后要素是指货物在销售和运送后，根据客户要求所提供的后续服务的各项要素，如货物的装卸，处理客户投诉及退货等服务活动。

2. 货运客户服务的作用

随着货运企业竞争的加剧，人们越来越认识到货运客户服务已经成为货运系统乃至整个货运企业成功运作的关键，它是增强企业货运服务的差异性，提高货运服务竞争优势的重要因素。货运企业客户服务的作用主要表现在以下 3 个方面。

（1）提高营业收入。客户服务通常是货运企业经营的要素，它直接关系着企业的市场营销。通过运输活动提供时间与空间效用来满足客户需求，是货运企业的产出或最终产品。无论是面向生产的运输，还是面向市场的运输，其最终产品是提供某种满足客户需求的服务。

目前存在这样一种不断发展的趋势，即期望通过服务使产品差异化，通过为客户提供增值服务从而有效地使自己与竞争对手有所区别。在许多情况下，客户对企业所提供的服务水平的变化与对产品价格的变化一样敏感。一般来说，提高客户服务水平，可以增加货运企业的营业收入，提高市场占有率。

（2）提高客户满意程度。货运客户服务是由货运企业向购买其服务的人或组织提供的一系列活动。从现代市场营销观念的角度来看一切服务，对满足消费者需求来说，应具有以下3个层次的含义，即核心含义、形式含义和延伸含义。

① 货运客户服务的核心含义是指服务可提供给客户的基本效用或利益，这是客户要求的中心内容。

② 货运客户服务的形式含义即服务本体，是指服务向市场提供的实体和劳务的外观，是扩大化了的核心服务，也是一种实质性的东西。它的标志主要有服务的质量、形式和特点。

③ 货运客户服务的延伸含义（也称“增值服务”），是指客户购买服务时得到的其他利益的总和，这是企业额外附加的服务，它能给客户带来更多的利益和更大的满足。其所带来的效用是对有形产品的一个必要补充，如维修服务、咨询服务、交货安排等能够吸引客户的东西。从这个意义上说，货运客户服务是一种增值服务，增加购买者所获得的效用。客户关心的是所购买的全部服务，即不仅仅是服务的实物特点，还有服务的附加价值。货运客户服务就是提供这些附加价值的重要活动，对于客户和客户满意程度产生重要影响，这与价值和其他实物特点所产生的作用是相似的。从本质上来说，货运功能是买卖交易的最后阶段，顾客服务的水平在交易进行时自动产生，良好的客户服务会提高产品的价值，提高客户的满意程度。因此，许多企业都将客户服务作为企业货运的一项重要功能。

（3）留住客户。过去，许多企业把经营重点过于放在赢得新客户上，而很少放在留住现有客户上。但是，最近的研究表明留住现有客户具有越来越重要的战略意义。保留现有客户和公司利润率之间有着非常高的相关性，这是因为保留现有客户可以保留业务；摊销在客户的销售、广告上的成本比较低；为老客户服务成本较少；对服务满意的客户会提供业务中介；不少对服务满意的客户愿意支付溢价。货运企业需要记住的最重要的问题是：一个对服务提供者感到不满的客户将被竞争对手获得。留住客户已成为企业的战略问题，货运领域的高水平的顾客服务能够吸引客户并留住客户。因为对于客户来说，频繁地改变服务供应来源会增加其经营成本及风险性。

运输企业处于动态发展环境中，现代运输企业的竞争已是全方位的，不仅运输企业之间存在着竞争，而且各种运输方式之间的竞争也十分激烈。因此，进行市场开拓，增强发展后劲是运输企业必然的选择。

子任务二 运输合同及管理

9.2.1 运输合同的含义与特征

在现代物流运输中，无论是企业还是其他行业，不可能也没必要完全由自己来完成运输需求，因此，外包、合作、购买运输服务的合作业务形式随之出现。由此，物流运输提供者与需求者在有关投资、承诺、退出、合作方式，以及保险等方面会产生一些矛盾。而避免这些矛盾的最好办法就是签订协议与合同，以法律的形式来明确双方的权利、义务与责任。

《中华人民共和国合同法》于 1999 年 10 月 1 日起正式实施，该法第二百八十八条至第二百九十二条是关于运输合同的一般规定；第三百零四条至第三百一十六条是货物运输合同；第三百一十七条至第三百二十一条是多式联运合同。

1. 运输合同的含义

运输合同是双方当事人根据自愿原则签订的，确保货物有效位移的，具有法律约束力的文件。合同规定了双方当事人的权利、义务、责任和豁免，明确了双方当事人的经济与法律关系。任何一方违反合同的规定都要承担相应的法律责任。货物运输合同，是指承运方将货物运送至约定的地点，由托运方向承运方支付运费的合同。货物运输合同是由承运人开展运送业务的法律形式。运输的承运人是指直接承运人，即直接承运货主货物的企业或部门。它可以是某种运输方式的管理者，如铁路局各个货运站；也可以是第三方，如货运企业、托运企业及第三方物流企业。从企业营销的角度讲，运输是为贸易、商品销售服务的，因此，运输合同通常是为了履行贸易合同而签订的。在签订运输合同时，企业应以贸易合同为依据，使运输合同条件符合贸易条件，以保证贸易合同的顺利履行。在签订运输合同时，企业还应充分考虑各个方面的问题，使合同条款完整、明确、合理和切实可行，从而保证运输任务的顺利完成。运输合同的含义可以从以下 4 个方面来理解。

（1）合同当事人主体双方。一方为承运人，另一方为托运人。双方合同一经订立，合同的主体法律地位即成立生效。承运人、托运人均享有规定和合同约定赋予的权利，并履行其责任义务。

（2）合同双方对等关系。承运人负责为托运人提供运输服务行为，而托运人应向承运人支付运费。

（3）承运人收取运输费用。运输费用不仅仅指承运人为提供货物运输所发生的费用，在实际运输过程中，有时还包括加固绑扎费及必要的中途垫款费用。运输费用不包括“规费”（港务费、船舶停泊费、航道养护费），这两者是不同性质的费用，前者为经营性收费，后者为行政性收费。

（4）承运人提供运输服务。承运人负责完成货物的位移，将货物从一地运至另一地。

2. 运输合同的特征

货物运输合同除具有合同普遍的法律特征外，还具有其自身特征。

（1）运输合同的标的是运输服务行为。这种标的不同于其他类别的经济合同，它是当事人双方权利、责任、义务共同指向的对象。从表面上看是围绕货物，而实际上是围绕运送行为实现货物的位移。

（2）运输合同是双方有偿合同。货物运输合同的双方当事人负有义务，承运人将货物从一地运送到另一地，托运人或收货人须向承运人支付运输费用，双方的义务具有对等性，因此，运输合同为双方合同；承运人为托运人提供运输服务，而托运人向承运人支付运输费用，所以运输合同为有偿合同。

（3）运输合同是诺成合同。根据《中华人民共和国合同法》的规定，合同成立一般经过要约与承诺两个阶段，承诺生效时合同成立。运输合同为诺成合同，即双方意思表示一致时合同成立，不以是否交付货物为判断合同成立的条件。

（4）运输合同是涉及第三者利益的合同。运输合同订立双方为承运人和托运人，《中华人民共和国合同法》和《国内水路货物运输规则》明确规定了收货人的权利和义务，即运输合同涉及第三方收货人的利益。收货人享有提货的权利，同时还应履行其相关的义务，如不能拒绝提货和延迟提货等。

3. 运输合同的分类

运输合同按不同的标准可分成不同的种类。

（1）按运输的对象不同可以分为客运合同和货运合同。其中货运合同又可以按如下几种方式划分。

① 按运输方式的不同可以分为铁路货物运输合同、公路货物运输合同、水路货物运输合同、航空货物运输合同与管道货物运输合同。这是最常见的划分货物运输合同的标准，其中以国际海运合同最为复杂。下面简单介绍铁路货物运输合同与水路货物运输合同。

铁路货物运输合同是指铁路货物运输的托运人与经营铁路运输的企业签订的明确双方权利义务关系的货物运输的协议。承运方由从事铁路货物运输的企业担任。

水路货物运输合同是指在水路货运中，承运人与托运人为确定双方权利义务关系的协议。水路货物运输合同的主要内容是承运人应使用自己的船舶，通过国家确定的航线把托运人的货物运到一定地点，交付收货人，而托运人应支付承运人规定的运费。

② 按合同期限划分，可分为长期合同和短期合同。长期合同是指合同期限在1年以上的合同；短期合同是指合同期限在1年以下的合同，如年度（1年以内包含1年）、季度、月度合同。

③ 按所运货物不同，可分为普通货物运输合同、危险货物运输合同与鲜活货物运输合同。

④ 按货物数量划分，可分为批量合同和运次合同。批量合同一般是一次托运货物数量较多的大宗货物运输合同；运次合同一般是托运货物较少，一个运次即可完成的运输合同。

知识链接

运次

运次是指完成包括准备、装载、运输、卸载4个主要工作环节在内的一次运输过程。

⑤ 按合同格式划分，可分为书面合同和契约合同。书面合同是指签订正式书面协议的合同，主要是租船合同；契约合同是指托运人按规定填写货物运输托运单或货单，这些单证具有契约性质，承运人要按托运单或货单要求承担义务，履行责任，包括海洋提单运输、铁路运输、公路运输、航空运输都是以货物运输单据作为运输合同的契约合同。

（2）按运送方式可分为单一运输合同和联合运输合同。单一运输合同是指以一种运送工具进行送运时签订的合同；联合运输合同是指以两种及两种以上的运送工具进行同一运输活动时签订的合同。其中联合运输合同又可分为国内联运合同和国际联运合同。

4. 运输合同的主要内容

签订运输合同必须按照有关规定，写明以下内容：

（1）货物的名称、性质、体积、数量及包装标准；
（2）货物起运和到达地点、运距、收发货人名称及详细地址；
（3）运输质量及安全要求；
（4）货物装卸责任和方法；
（5）货物的交接手续；
（6）批量货物运输的起止时间；
（7）年、季、月度合同的运输计划；
（8）运杂费计算标准和结算方式；
（9）变更、解除合同的期限；
（10）违约责任；
（11）双方商定的其他条款。

9.2.2 运输合同的订立与履行

1. 运输合同订立的原则

运输合同的签订是指承托双方经过协商后用书面形式签订的有效合同。其签订的基本原则如下。

（1）合法规范的原则。合法规范是指签订运输合同的内容和程序必须符合法律的要求。只有合法规范才能得到国家的承认，具有法律效力，当事人的权益才能得到保护，从而达到签订运输合同的目的。

（2）平等互利的原则。在签订运输合同中，承托双方当事人的法律地位一律平等；在合同内容上，双方的权利和义务必须对等。

（3）协商一致的原则。合同是双方的法律行为，双方意愿经过协商达到一致，彼此均不得把自己的意志强加于对方，任何其他单位和个人不得非法干预。

（4）等价有偿原则。合同当事人都享有同等的权利和义务，每一方从对方得到利益时，都要付给对方相应的代价，不能只享受权利而不承担义务。

2. 运输合同订立的程序

《中华人民共和国合同法》第十三条规定："当事人订立合同，采取要约、承诺方式。"依照这一规定，当事人订立合同要经过要约和承诺这一过程。

（1）要约。要约是希望和他人订立合同的意思表示，即合同当事人的一方提出签订合同的提议，提议的内容包括订立合同的愿望、合同的内容和主要条款。要约一般由托运人提出。

（2）承诺。承诺是指受要约人同意要约的意思表示，即承运人接受或受理托运人的提议，对托运人提出的全部内容和条款表示同意。受理的过程包括双方协商一致的过程。承诺一旦生效，合同即告成立。

3. 运输合同的履行

货运合同签订之后，即具有法律的约束力，合同当事人必须按照合同规定的条款认真履行各自的义务。

（1）托运人应按合同规定的时间准备好货物，及时发货、收货；装卸地点和货场应具备正常通车条件；按规定做好货物包装和储运标志。

（2）承运人应按合同规定的运输期限、货物数量和起止地点组织运输，保质、保量地完成运输任务。在货物装卸和运输过程中，承托双方应办理货物交接手续，做到责任分明，并分别在发货单和运费结算凭证上签字。

9.2.3 运输合同的变更和解除

1. 运输合同变更和解除的含义

运输合同的变更和解除是指在合同尚未履行或没有完全履行的情况下，遇到特殊情况而使合同无法履行，或者需要变更时，经双方协商同意，在合同规定的变更、解除期限内办理变更或解除手续。任何一方不得单方擅自变更、解除双方签订的运输合同。变更合同是指对合同部分内容和条款的修改补充；解除合同是指解除由合同规定的双方的法律关系，提前终止合同的履行。

2. 运输合同变更和解除的条件

凡发生下列情况之一者，允许变更和解除运输合同。

（1）由于不可抗力使运输合同无法履行。

（2）由于合同当事人一方的原因，在合同约定的期限内确实无法履行运输合同的。

（3）合同当事人违约，使合同的履行成为不可能或不必要。

（4）经合同当事人双方协商同意解除或变更，承运人提出解除运输合同的，应退还已收的运费。

在货物运输过程中，因不可抗力造成交通阻塞而导致阻滞，承运人应及时与托运人联系，协商处理。若发生货物装卸、接运和保管费用，则按以下规定处理。

（1）接运时，货物的装卸、接运费用由托运人负担，承运人收取已完成运输里程的运费，退回未完成运输里程的运费。

（2）回运时，收取已完成运输里程的运费，回程运费免收。

（3）托运人要求绕道行驶或改变到达地点时，收取实际运输里程的运费。

（4）货物在受阻处存放，保管费用须由托运人负担。

9.2.4 运输合同管理

在运输组织中推行合同运输，要抓好以下几方面工作。

（1）建立健全货运合同管理制度，实现货运合同管理制度化。有关合同管理制度的内容主要包括合同审核制度、归档保管制度、履行检查制度、总结报告制度等。

（2）加强合同运输的推广工作。对于适宜签订合同进行运输的货物，原则上均应采用合同运输。运输市场放开后，许多货源单位与运输单位之间建立了承托关系，但是，往往只是口头协议，没有纳入合同运输范畴，由此引出的经济纠纷也很多，影响了整个货运行业的形象和货运市场秩序。管理部门应加强合同运输实施工作，把货运行为引向法制的轨道。

（3）运输行政管理部门需要依据国家有关经济法规，对合同运输进行监督检查，防止出现假运输合同及各类危害社会经济运行的违法行为的发生。

（4）运输行政管理部门应将合同履行情况的检查作为建立和完善运输市场机制的重要工作来抓，形成定期检查货运合同的工作体系，针对有关问题，及时做好协调工作，使货运业管理逐步走上法制化轨道。

子任务三 运输纠纷

9.3.1 运输纠纷的类型

托运人把货物交给承运人后，承运人会根据双方订立的合同和行业的惯例履行运输的义务，将货物安全、及时地送交收货人。无论是海运、公路运输、铁路运输还是航空运输，承运人都应认识到货运质量对企业发展的重要性。虽然加强货运质量管理在某种程度上可以防止运输纠纷的发生，但由于运输途中存在各种情况，货运事故、运输纠纷的发生难以完全避免，所以纠纷的及时、妥善解决也是运输服务的延伸，更是整个物流链中不可缺少的一部分。

运输纠纷可能是因承运人经营管理不善、意外、过失等原因造成的货物损失，也可能是由货方的原因造成的承运人损失。概括起来，运输纠纷可分为以下几大类。

1. 货物灭失纠纷

造成货物灭失的原因很多，但其后果均是货方受到损失。绝大多数情况是收货人未能收到货物，也有的是托运人在未转移货物所有权的情况下，无法取回货物。

（1）因交通事故造成货物灭失。货物交付承运人后装上指定的运载工具进行运输，此时承运人往往无法直接掌控运载工具，可能由于承运人的运载工具发生事故，如船舶沉没、触礁，飞机失事，车辆发生交通事故等，使得货物连同运载工具一起灭失。而上述交通事故既可能是由于无法避免的风险，如突如其来的恶劣气候、其他车辆的过失等所造成的；也有可能是由于承运人的过失所造成的，如车辆或船舶等在未出行前就存在不安全因素、不适航状况，因未采取措施而导致在途事故的发生，或者因为承运人所雇用的驾驶人员的过失引起碰撞、倾覆或飞机失事。因此，对交通事故引起的货物灭失，承运人承担的责任往往根据实际情况的不同而不同。

另外，还有因为货物本身的原因导致运载工具发生事故，从而造成货物全部灭失的情况。如精选矿粉的运输，大部分精选矿粉是由水浮选矿法从压碎的矿石中分离出来的，所以这种精矿粉本身即含有很多水分，若因露天存放而受雨淋则含水量更高，尤其是袋装的会吸入很多雨水又难以漏出，然后再在货舱内拆袋散装，其水分也一并进入舱内。此外在装货过程中为了防止粉尘飞扬而不断地喷水，就更增加了货物的含水量。人们往往在装舱时看不出精矿粉中含有多大水分，但在航行中由于船身受风浪影响而不断摇摆、震动、颠簸，表层的精矿粉便慢慢地下沉至中层，并把水分挤出上托，使精矿粉表层之上形成一层水的自由面，各货舱大面积自由液面对船舶的稳性安全有很大的威胁。另一种情况是由于精矿粉含水量较大而使表层形成类似糖浆的精矿粉流，它对稳性安全的威胁也是很大的。再一方面，因水层不断地左右摇晃而使精矿粉被冲刷至一舷，使船体发生横倾，直至倾覆。风平浪静的条件下也发生过此类事故，因此遇有大风浪时，上述悲剧会发生得更快。另外，除了风浪使船摇摆与震动外，船舶的主机与辅机的振动也会导致同样的悲剧。

（2）因政府法令禁运、没收和战争行为造成货物灭失。目前，世界局部地区的战争还时有发生，战争的突发会造成民用运输工具被误伤，可能导致货物的灭失。另外，有些国家为了保护本国的动物、植物和居民的卫生状况而对到境的货物实施没收或禁运。2004年年初，有些国家发生了禽流感，为了防止疫情的扩散、传播，未发现疫情的国家就通过政府法令形式没收有关货物，造成货物的全部灭失。

【例9.1】 2004年2月19日，经加拿大卫生部证实，加拿大西部不列颠哥伦比亚省的一个养鸡场发生了禽流感，疑为H7病毒禽流感，并将进行进一步诊断。对此，2004年2月22日，中国国家质检总局发出公告，暂停直接或间接从加拿大进口禽类及其产品，以防止新近发生于该国的禽流感疫情传入中国。

公告要求，暂停签发从加拿大进口禽类及其产品的《中华人民共和国进境动植物检疫许可证》，撤销已经签发的《中华人民共和国进境动植物检疫许可证》。加拿大禽类及其产品已运抵我国口岸尚未报检的，一律退回或销毁；已经接受报检的，增加禽流感检测项目，检验结果合格方可放行。禁止邮寄或旅客携带来自加拿大的禽类及其产品进境，一经发现，一律退回或销毁。

公告提出，对途经我国或在我国停留的国际航行船舶、飞机和火车等运载工具，如发现有来自加拿大的禽类及其产品，一律封存。交通员工自养自用的禽鸟，必须装入完好的笼具中，不得带离运输工具；其废弃物、泔水等，一律在出入境检验检疫机构的监督下做无害化处理，不得擅自抛弃。

对海关、边防等部门截获的走私入境的来自加拿大的禽类及其产品，一律移交就近的出入境检验检疫机构，并在其监督下销毁。

其后，中国又对来自其他国家的禽类及其产品采取了相同的措施。虽然相关法令中允许将货物退回，但在实际情况中，往往由于退回也同样无法处理，而采取销毁措施。货主会由此遭受货物全部灭失的损失。造成这类货物灭失的原因往往是相关人员无法控制的。

（3）因盗窃造成货物灭失。货物处于承运人掌控时，涉及的环节较多，其间可能因遭受偷盗而致损。

（4）因承运人的管理货物过失造成灭失。由于装运积载不当而使货物毁损、集装箱落海也是货物灭失的重要原因之一。另外，由于管理货物的过失，如相关手续混乱造成错装错卸，而使一部分货物无法交给正确的收货人的情况也视为灭失。

【例9.2】 2007年6月，某运输公司与进出口公司、贸易中心签订三方协议，运输公司承担500吨木浆在青岛口岸的进口港清关、代运业务。协议明确约定，货物所有权为进出口公司所有，并规定青岛港的该批货物如有出库，凭进出口公司有关出库单或出库说明方可提货。按照运输公司的操作流程，业务人员应该对货权人出库单或出库说明核实无误后方可放货。但该公司具体经办人在严重违反业务操作流程且没有按照协议约定的情况下，仅凭以往的合作经验，听信并接受了贸易中心出具的保函，办理了货物出库手续。

当进出口公司按照协议约定提货时发现运输公司已无货可发，由此产生纠纷。经海事法院审结，判决运输公司全额承担赔偿责任。当运输公司随后通过法律途径追索贸易中心时，贸易中心已经被工商局吊销营业执照，其法定代表人下落不明。此案给运输公司造成经济损失 80 万元。

（5）故意行为。是指由于承运人故意、恶意毁坏运载工具以骗取保险，从而造成所运输的货物全部灭失的情况。而目前更多发生的，则是利用运输进行诈骗活动，或者利用单证骗取货物，令货主受损或令承运人承担货物灭失的责任。

2. 货损、货差纠纷

货损包括货物破损、水湿、汗湿、污染、锈蚀、腐烂变质、焦损、混票和虫蛀鼠咬等，在运输过程中致使货损的原因很多，归纳起来主要有以下几种。

（1）在未装船、车等运载工具前已受损或已存在了潜伏的致损因素。例如，据 UK 船东保赔协会（英国）专家们研究，玉米的水分含量在高于安全运输的限度时就会先发热后发霉，而与在运输途中通风还是不通风无关。货损的主要原因是散谷原先含水量过高，而不是不通风。在发达国家中，散谷装入筒仓时要除尘去湿，故其散谷在海运过程中很少发生因不通风而引起的货损。这说明干燥的散谷是不需要通风的，散谷的货损往往是由其本身原因所致。

（2）在装卸作业中受损。某收货人在检验运抵火车站的货物时，发现有 5 箱货物的外包装严重破损，内货外露，39 号锡林筒脱位，34 号锡林筒被刮伤，29 号机头倾斜，降轴、左手轮轴、变速箱弯曲变形，并有不少缺件。经查货损原因系在运输过程中粗鲁装卸、碰撞挤压所致，同时几方当事人也认识到鉴于卖方包装标记不清，使野蛮装卸成为可能，托运人（卖方）也应对货损负一定责任。

（3）受载场所条件不符合要求。受载场所不仅包括船舶、汽车、火车和飞机等运载工具，还包括由承运人提供的积载工具，如目前较为常用的集装箱。集装箱空箱交接的标准是箱体完好、“水密”（集装箱箱门四周的胶条使雨水无法进入箱内）、无漏光、清洁、干燥、无味，箱号及装载规范清晰，且有合格的检验证书。如果承运人供箱不适货，所致货损应由承运人负责。

【例 9.3】 2012 年，发货人中国土产畜产进出口公司浙江茶叶分公司，委托浙江省鸿运对外贸易运输公司将 750 箱红茶从上海出口运往德国汉堡港。鸿运对外贸易运输公司又转委托被告中国对外贸易运输总公司上海分公司（以下称“上海分公司”）代理出口。上海分公司接受委托后，通过上海外轮代理公司申请舱位。作为被告广州远洋运输公司（以下称“广州公司”）代理人的上海外轮代理公司指派了 3 个集装箱。由于运输条件是 FCL，所以上海分公司作为发货人的代理人全权负责对货物的点数、积载，以及对集装箱的检查、铅封。2012 年 10 月 15 日，上海外轮代理公司收到 3 个满载集装箱后，代船方签发了清洁提单。货物运抵德国汉堡，收货人拆箱后发现部分茶叶串味变质，即向原告在汉堡的代理人申请查勘。检验表明，250箱红茶受精萘污染。

案件诉至上海海事法院后，经查明，被告广州公司提供的其中一只集装箱在前一航次从法国到上海的途中装载的是精萘，而本航次装载在该集装箱内的正好是250箱红茶，应认定该集装箱前一航次残留的精萘气味是本航次250箱红茶串味污染的唯一污染源。法院判决广州公司违背有关规定和国际惯例，疏忽大意，提供了不适载的集装箱，致使茶叶污染；上海分公司未能按照常规认真检查箱体，因过于自信或疏忽大意致使茶叶的污染成为事实。广州公司应承担较大的赔偿责任，上海分公司相应承担一定的赔偿责任。

（4）运载工具上积载不当。

【例9.4】 2006年1月8日，“樱桃花”号轮装载纤维棉和地毯编织机械设备30箱，由美国运往中国的上海和天津。该轮于2006年2月抵达上海卸下部分纤维棉，剩余部分连同地毯编织机械设备于2006年3月1日抵达天津新港。根据船方签具的清洁提单，这些货物在美国装船时是完好无损的，但卸货过程中发现地毯编织机械设备有22箱严重残损。2006年3月20日，中国外轮理货公司制作22箱货物残损清单，船方也予以签认。卸货后，收货人北京燕山石油化工总公司请天津进出口商品检验局进行鉴定。鉴定结果为由于“樱桃花”号轮货舱没有分层隔板，货箱不适当地装载于货垛中层，货箱遭受上层货物的重压而致货损。

（5）装运后的途中及卸货前的期间保管不当。例如，途中的通风不当。假设船舶在气温很高、相对湿度很大的港口装货后开航，若沿途不通风而又驶抵温度很低的水域，则舱内空气中的水汽很可能在寒冷的船壳板上凝结成小水珠。反之，在气温很低的港口装货后开航，若沿途不通风而又驶抵湿度很高、相对温差很大的港口，骤然开舱或强力通风，则舱外空气中的水汽就会在寒冷的货物表面凝结成小水珠。这些水珠就会使货物受潮霉烂、发热自燃、加速腐败，造成货损。

（6）自然灾害。由于自然灾害，如台风、海啸、泥石流等人力无法控制和预测的灾害造成的运输货物受损。

（7）其他。除上述原因以外，还有其他导致货损的因素，如船内热量导致的散谷货损等。在过去多数船的货舱中，与机舱、燃油舱相邻的舱壁与舱底板是有木护板覆盖的，但现在的船舱内很少见到木护板了，一是木板难以在冲洗后干燥，二是木板容易生虫，往往使验舱不能通过，所以不能装散谷，散谷货损也正是因此而产生。

货损纠纷是各类运输中最为常见的，损失发现的时间也根据不同的运输方式而稍有差异，损失金额也可大可小。

而货差即货物数量的短缺，可能由以下原因造成。

（1）货物固有缺陷。众所周知，海上货物运输的承运人承运的货物种类繁多（特别是大宗散货运输），各类货物都有自己的特性，其内在的分子结构也不尽相同。经过远距离运输有些货物会蒸发水分，有些货物会吸收水分，蒸发水分的货物到达目的地后肯定会发生短少现象。

（2）水尺计重产生的误差。水尺计重是我国普遍采用的一种计重方法，它能避免装卸损耗误差，扩大散货运输，降低成本，提高运输效率，加快运输周转和流通，促进对外贸易的发展，但其精确度在客观上受到一定的限制。水尺计重的精确度受诸多因素的影响，如船舶拱陷变形、定量备料变动、港口风浪等，其准确度在5‰以内。根据国际惯例，公证鉴定机构规定水尺计重的允许误差为不超过5‰，故水尺计重本身就存在误差。

（3）计重方式不同产生的误差。通常海上运输的货物，在国外起运港装货时一般采取衡器计重方法测量货物重量，而在目的港中国一般都采取水尺计重方法来测量货物重量。衡器计重比水尺计重精确 2‰，在大宗散货运输中，对货物数量的精确计算是很难的，即便是装卸两港同为衡器计重或水尺计重，也允许有不超过 2‰的误差。

（4）承运人疏于确定装船数量（卸货数量）和装卸过程中飞扬造成的损耗。由于提单上记载的货物重量是根据过磅和做水尺而得出的，而过磅计重和水尺计重本身就有误差，故提单上记载的重量与实际装卸的重量也有差异。同时，在装卸过程中由于天气和机械作业的原因，散装货物或多或少地会发生一些洒漏情况。

另外，在交付承运人之前货物的数量就与运输凭证不符，承运人因无法计数而只能按照托运人所报数据开具相关单证。

3. 货物延迟交付纠纷

货物延迟交付纠纷即因承运货物的交通工具发生事故，或者因承运人在接受托运时未考虑本班次的载货能力而必须延误到下一班期才能发运，或者在货物中转时因承运人的过失使货物在中转地滞留，或者承运人为了自身的利益绕航而导致货物晚到卸货地的情况。在航空货运中，经常会由于机械故障、天气原因和海关扣关等原因造成货物的延迟交付。

【例 9.5】 2007 年 1 月 6 日，H 公司与 S 公司通过传真方式签订运输协议，约定 H 公司承运 S 公司所有的 1 420 吨钢坯，由大连鲅鱼圈港至广西防城港；包干运费每吨人民币 297 元；H 公司保证货物运输安全，如出现丢失及损坏，依照购货发票价格赔偿。双方未就钢坯运抵防城港的卸货时间达成一致，亦未在该协议中加以约定。协议签订后，钢坯于 2007 年 2 月 12 日离港起运。此后，H 公司传真通知 S 公司称，钢坯在正常情况下预计将于 2007 年 2 月 24 日（正负一天）到达广西防城港，同时告知 S 公司由于恰逢春节期间，且船载货物为两港卸货，如抵港时间有所变动将实时通知 S 公司。由于运输船舶在运输途中挂靠其他港口卸载协议外货物，最终于 2007 年 3 月 6 日到达广西防城港。事后，S 公司除已经支付 H 公司部分运费外，尚欠 H 公司运费合计人民币 329 440 元。上述钢坯系 S 公司供应 K 钢铁公司的货物，并约定每吨价格为人民币 3 610 元，2006 年 12 月月底前全部到货完毕；如果 S 公司未按约定日期交货，那么扣除 S 公司每月每吨人民币 80 元的货款。由于 S 公司无法按照与 K 公司的约定按时交货，后经协商，K 公司同意将交货日期延长至 2007 年 2 月 28 日。S 公司最终于 2007 年 3 月 9 日将上述 1 420 吨钢坯交付 K 公司，但以每吨人民币 3 066.83 元的价格与 K 公司结算了货款。2007 年 6 月 14 日、7 月 19 日，S 公司两次致函 H 公司，要求 H 公司赔偿其与 K 公司结算钢坯货款的差价损失。H 公司回函 S 公司拒绝了上述索赔要求。2007 年 8 月 17 日，H 公司向上海海事法院提起诉讼，要求 S 公司支付拖欠的运费人民币 329 440 元。S 公司提出反诉，要求 H 公司赔偿由于延迟交付货物而造成的货款差价损失。

4. 单证纠纷

单证纠纷是指承运人未及时签发提单，或者托运人未要求签发提单而造成托运人受损的，承运人应托运人的要求倒签、预借提单，从而影响收货人的利益，收货人在得知后向承运人提出索赔，继而承运人又与托运人之间发生纠纷；或者因承运人（或其代理人）在单证签发时的失误引起承托双方的纠纷；此外也有因货物托运过程中的某一方伪造单证引起的纠纷。

【例 9.6】 德意外贸公司倒签提单案。

德意外贸公司与瑞士斯坦尼公司签订出售农产品合同，共计 700 吨，价值 11 万英镑，装运期为 2013 年 12 月至次年 1 月。因原定船舶发生故障，改由南美外轮公司的另一艘外轮装货，使得货物在 2014 年 2 月 11 日才装完。德意外贸公司请求南美外轮公司将提单的日期改为 2014 年 1 月 31 日。货物到港后，斯坦尼公司对装货日期提出异议，要求德意外贸公司提供装船证明，德意外贸公司坚持提单正常无须提供证明。斯坦尼公司聘请律师上船，检查船长的航行日志，证明了提单日期是伪造的。斯坦尼公司凭律师拍摄的证明向当地法院起诉，法院审理后发出通知扣留船舶。

问题：德意外贸公司是否应承担赔偿责任？德意外贸公司和南美外轮公司的行为符合职业道德与企业伦理的要求吗？

5. 其他纠纷

运输中，除了与货物直接相关的纠纷以外，还会有运费、租金等纠纷，如因承租人或货方的过失或故意，未能及时或全额交付运费或租金；承租的运载工具的技术规范因达不到原合同的要求而产生的纠纷；由于运输市场行情变化，导致交易一方认为原先订立的合同使其在新的市场情况下受损，故毁约而产生的纠纷；因双方在履行合同过程中对其他费用如滞期费、装卸费等发生纠纷；因托运人的过失，造成对承运人的运载工具，如船舶、集装箱、汽车、火车及航空器等的损害引发的纠纷。

9.3.2 运输纠纷的处理

1. 运输责任的划分

要使运输纠纷得到合理的解决，首先必须弄清托运人、承运人及收货人各自的权利、义务和责任。

（1）托运人的权利、义务和责任。

① 托运人的权利。是指要求承运人按照合同规定的时间把货物运送到目的地。货物托运后，托运人需要变更到货地点或收货人，或者在取消托运时，有权向承运人提出变更合同的内容或解除合同的要求，但必须在货物未运到目的地之前通知承运人，并按有关规定付给承运人所需费用。

② 托运人的义务。托运人应按约定向承运人交付运杂费，否则，承运人有权停止运输，并要求支付违约金。托运人对托运的货物，应按照规定的标准进行包装，遵守有关危险品运输的规定，按照合同中规定的时间和数量交付托运货物。

③ 托运人的责任。托运人未按合同规定的时间和要求提供托运的货物，或者应由托运人负责装卸的货物，超过合同规定装卸时间所造成的损失，或者货物运抵后无人收货或收货人拒绝收货，造成承运人车辆放空、延滞及其他损失，托运人应负赔偿责任。

由于托运人发生下列过错造成事故，致使承运人的车（船）及装卸机具和设备损坏、腐蚀或人身伤亡，以及涉及第三者物质的损失，应由托运人负赔偿责任。

a．在普通货物中夹带、匿报危险品或有其他违反危险品运输规定的行为。

b．错报笨重货物重量、规格、性质等导致吊具断裂、货物摔损、吊机倾翻、爆炸、腐蚀等事故。

c．因货物包装缺陷产生破损，致使其他货物或运载工具、机械设备被污染、腐蚀、损坏，造成人身伤亡；或者因货物包装不良，而无法从外部发现货物损坏。

d．因未按规定制作图示、标志而造成货物或运载工具的损坏。

e．在托运人专用线或在港、站公用线，专用线自装的货物，到站卸货时，在车辆铅封完好或无异状的情况下发现的货损、货差。

f．因不如实填写运单，错报、误填货物名称或装卸地点，而造成承运人错送、装货落空以及由此引起的损失，或者因未随车附带规格质量证明或化验报告，造成收货人无法卸货而引起的损失。

（2）承运人的权利、义务和责任。

① 承运人的权利。承运人有权向托运人、收货人收取运杂费用。如果收货人不交纳或不按时交纳各种规定的运杂费用，承运人对其货物有扣压权；查不到收货人或收货人拒绝提取货物的，承运人应及时与托运人联系，在规定期限内负责保管并有权收取保管费用；对于超过规定期限仍无法交付的货物，承运人有权按有关规定予以处理。

② 承运人的义务。在合同规定的期限内，将货物运到指定地点，按时向收货人发出货物到达的通知。负责托运货物的安全，保证货物无短缺、无损坏、无人为的变质，如有上述问题，应承担赔偿义务。在货物到达以后，在规定的期限内负责保管。

③ 承运人的责任。承运人未按合同规定的要求和运输期限将货物运送到目的地的，应负违约责任。由于承运人发生下列过错，致使托运人或收货人的货物损失，应由承运人负赔偿责任：

a．不按合同规定的时间和要求配车（船）、发运，造成货物逾期送达；

b．将货物错运到货地点或接货人，造成货物延误送达；

c．运输过程中的货物灭失、短少、变质、污染、损坏；

d．经核实确属故意行为造成的事故。

但是，在符合法律和合同规定条件下的运输，由于下列原因造成的货物灭失、短少、变质、污染、损坏的，承运人不承担违约责任：

a．不可抗力；

b．货物本身的自然属性；

c．货物的合理损耗；

d．托运人或收货人本身的过错。

（3）收货人的权利、义务和责任。

① 收货人的权利。在货物运到指定地点后有以凭证领取货物的权利。必要时，收货人有权向到站或中途货物所在站提出变更到站或变更收货人的要求，以及签订变更协议的要求。

② 收货人的义务。在接到提货通知后，按时提取货物，结清应付费用；超过规定提货时，应向承运人交付保管费。

③ 收货人的责任。若合同中规定收货人组织卸车（船），由于收货人的责任导致卸车

（船）迟延，线路被占用影响承运人按时送达，或者承运前取消运输，或者因临时计划外运输致使承运人违约造成其他运输合同不能落实的，则收货人应承担赔偿责任。由于收货人原因导致运载工具、设备或第三者的货物损坏，由收货人按实际损失赔偿。

2. 货运事故

货运事故是指在货物运输过程中发生的货物毁损或灭失。货运事故和违约行为发生后，承托双方及有关方应编制货运事故记录。在货物运输途中发生交通肇事造成货物损坏或灭失的，承运人应先行向托运人赔偿，再由其向肇事的责任方追偿。

在货运事故处理过程中，收货人不得扣留车辆，承运人不得扣留货物。扣留车、货而造成的损失由扣留方负责赔偿。货运事故赔偿数额按以下规定办理。

（1）货运事故赔偿分限额赔偿和实际损失赔偿两种。法律、行政法规对赔偿责任限额有规定的，依照其规定执行；尚未规定赔偿责任限额的，按货物的实际损失赔偿。

（2）在保价运输中，货物全部灭失，按货物保价声明价格赔偿；货物部分毁损或灭失，按实际损失赔偿；货物实际损失高于声明价格的，按声明价格赔偿；货物能修复的，按修理费加维修取送费赔偿。保险运输按投保人与保险公司商定的协议办理。

（3）未办理保价或保险运输，且在货物运输合同中未约定赔偿责任的，按货物的实际损失赔偿。

（4）货物损失赔偿费包括货物价格、运费和其他杂费。货物价格中未包括运杂费、包装费及已付的税费时，应按承运货物的全部或短少部分的比例加算各项费用。

（5）货物毁损或灭失的赔偿额，当事人有约定的，按照其约定；没有约定或约定不明确的，可以达成补充协议；不能达成补充协议的，按照交付或应当交付时货物到达地的市场价格计算。

（6）由于承运人责任造成货物灭失或损失，以实物赔偿的，运费和杂费照收；按价赔偿的，退还已收的运费和杂费；被损货物尚能使用的，运费照收。

（7）丢失货物赔偿后又被查回的，应送还原主，收回赔偿金或实物；原主不愿接受失物或无法找到原主的，由承运人自行处理。

（8）承托双方对货物逾期到达、车辆延滞、装货落空都负有责任时，按各自责任所造成的损失相互赔偿。

3. 货运事故处理程序

（1）货运事故发生后，承运人应及时通知收货人或托运人。收货人、托运人知道发生货运事故后，应在约定的时间内，与承运人签注货运事故记录。收货人、托运人在约定的时间内不与承运人签注货运事故记录的，或者无法找到收货人、托运人的，承运人可邀请两名以上无利害关系的人签注货运事故记录。

货物赔偿时效从收货人、托运人得知货运事故信息或签注货运事故记录的次日起计算。在约定运达时间的30日后未收到货物的，视为灭失，自第31日起计算货物赔偿时效。未按约定的或在规定的运输期限内送达交付的货物，为迟延交付。

（2）当事人要求另一方当事人赔偿时，须提出赔偿要求书，并附运单、货运事故记录和货物价格证明等文件。要求退还运费的，还应附运杂费收据。另一方当事人应在收到赔偿要求书的次日起，60日内做出答复。

（3）承运人或托运人发生违约行为，应向对方支付违约金，违约金的数额由承托双方约定。

（4）对承运人非故意行为造成货物迟延交付的赔偿金额，不得超过所迟延交付的货物全程运费数额。

4. 纠纷与索赔的解决

承运人、托运人和收货人三方在履行货物运输合同中发生纠纷时，应及时协商解决。协商不一致时，任何一方均可向合同管理机关申请调解或仲裁，也可以直接向人民法院起诉。

（1）纠纷解决的方法。货物运输中产生纠纷以致引起诉讼的事常有发生，如前所述，一方面，货主可能会因为货物在运输途中发生的各种损失向承运人索赔；另一方面，承运人也可能会因为未支付的运费或其他应付款项而向货主索赔。要正确解决纠纷，除应找到真正的过失方外，还要清楚承运人、托运人和收货人究竟谁应对过失负责。这是一个复杂的工作，其中不仅牵扯到货物运输法，往往还会涉及代理法、合同法等其他法律规范。

目前，我国解决运输纠纷的途径一般有4种：当事人自行协商解决、调解、仲裁和诉讼。其中仲裁和诉讼由司法或准司法解决。运输纠纷出现后，在多数情况下，纠纷双方会考虑多年或良好的合作关系和商业因素，互相退让，争取友好协商解决，同时为以后的合作打下基础。但也有的纠纷因双方之间产生的分歧较大，无法友好协商解决，双方可以寻求信赖的行业协会或组织进行调解，在此基础上达成和解协议，解决纠纷。但还会有一部分纠纷经过双方较长时间的协商，甚至在行业协会或其他组织介入调解后仍然无法解决的，双方只能寻求司法或准司法途径解决。

① 仲裁。仲裁是指纠纷双方在纠纷发生前或纠纷发生后达成协议，自愿将纠纷提交给第三方做出裁决的一种解决纠纷的方法。

仲裁是解决纠纷的一种重要方式，具有当事人自愿、程序简便、迅速等特点。仲裁主要分为两种：机构仲裁和临时仲裁。如果纠纷双方在纠纷发生后一致同意就该纠纷寻求仲裁，或者在双方订立运输合同时已选择仲裁作为纠纷解决机构，那么可以就该纠纷申请仲裁。仲裁申请人向约定的仲裁机构提出仲裁申请，并按仲裁规则指定一名或多名仲裁员，仲裁员通常是与该行业有关的商业人士或专业人士。

仲裁员根据仲裁规则对该纠纷做出的裁决对双方都具有约束力，而且只要仲裁过程符合仲裁规则，该裁决就是终局。用仲裁解决纠纷，由于仲裁员具有该行业的专业知识、经验和相应的法律知识，因此所做出的裁决通常符合商业精神，而且仲裁速度较快，费用也较法院诉讼低。

仲裁的主要问题包括仲裁协议的有效性、仲裁程序的合法性、仲裁的司法监督等。目前，我国调整仲裁的法律主要有1994年颁布的《中华人民共和国仲裁法》。

由于仲裁的裁决是终局的，因此根据仲裁裁决执行是解决纠纷的最后一步。在我国，仲裁裁决相对容易得到执行，而我国仲裁裁决在国外执行和外国仲裁裁决在我国执行则相对复杂。目前关于仲裁裁决在国外执行的公约是《承认及执行外国仲裁裁决公约》（《纽约公约》）。我国与加入该公约的其他国家之间仲裁裁决的执行，应依据公约的规定进行；我国与没有加入该公约国家之间仲裁裁决的执行是按对等原则进行的。

② 诉讼。诉讼是指法院在双方当事人和其他诉讼参与人参加下，审理和解决纠纷（案件）的活动，以及由这些活动中所产生的诉讼法律关系的总和。

如果承托双方未对纠纷的解决方法进行约定，或者事后无法达成一致的解决方法，那么通过法院进行诉讼是解决纠纷最终的途径。各种运输纠纷可以按照我国的诉讼程序，由一方或双方向有管辖权的法院起诉，然后由法院根据适用法律和事实进行审理，最后做出判决。如果某一方乃至双方对一审判决不服，那么可以根据诉讼法进行上诉、申诉。通常由法院诉讼解决纠纷，既耗时又费钱。

（2）索赔时效和诉讼时效。如果各种纠纷必须诉之于司法或准司法机构，那么索赔时效和诉讼时效是重要概念。索赔时效是指合同双方彼此之间依据法律规定要求赔偿损失的时间范围；而诉讼时效则是指合同双方权利人行使权利，维护自身被损害利益的法定提起诉讼时间范围。在此期限内，权利人如不行使其权利，就会丧失请求法院依诉讼程序强制义务人履行义务的权利。

诉讼时效是指权利人持续行使民事权利而于期间届满时丧失请求法院保护其民事权利的法律制度。

规定时效是为了促进当事人及时行使自己的权利，早日消除不确定的法律关系，而由法律规定的一段特定的时间。如果一方当事人超过时效才行使自己的诉讼请求和索赔要求，那么通常会丧失胜诉权。

① 公路运输的索赔时效。在公路运输纠纷中，承、托双方彼此之间要求赔偿的时效，从货物运抵到达地点的次日起算，不超过 180 日。赔偿要求应以书面形式提出，对方应在收到书面赔偿要求的次日起 60 日内处理。违约金、赔偿金应在明确责任后 10 日内偿付，否则按逾期付款处理；任何一方不得自行用扣发货物或扣付运费来充抵。

② 铁路运输的索赔时效。铁路运输纠纷中，承运人同托运人或收货人相互间要求赔偿或退补费用的时效期限为 180 日（要求铁路支付运到期限违约金的时效期限为 60 日）。托运人或收货人向承运人要求赔偿或退还运输费用的时效期限，由下列日期起算：货物灭失、短少、变质、污染、损坏，为车站交给货运记录的次日；货物全部灭失未编有货运记录的，为运到期限满期的第 16 日，但鲜活货物为运到期限满期的次日；要求支付货物运到期限违约金，为交付货物的次日；多收运输费用，为核收该项费用的次日；承运人向托运人或收货人要求赔偿或补收运输费用的时效期限，由发生该项损失或少收运输费用的次日起算；承运人与托运人或收货人相互提出的赔偿要求，应自收到书面赔偿要求的次日起 30 日内（跨及两个铁路局以上运输的货物为 60 日内）进行处理，答复赔偿要求人。索赔的一方收到对方的答复后，如有不同意见，应在接到答复的次日起 60 日内提出。

③ 水路运输的索赔时效。在水路运输纠纷中，承运人与托运人或收货人彼此之间要求赔偿的时效，是从货运记录交给托运人或收货人的次日起算不超过 180 日。赔偿要求应以书面形式提出，对方应在收到书面赔偿要求的次日起 60 日内进行处理。但在海上运输纠纷中，《中华人民共和国海商法》规定，就海上货物运输向承运人要求赔偿的请求权，时效期间为 1 年，自承运人交付或应当交付货物之日起计算；在时效期间内或时效期间届满后，被认为负有责任的人向第三人提起追偿请求的，时效期间为 90 日，自追偿请求人解决原赔偿请求之日起计算。有关航次租船合同的请求权，时效期间为 2 年，自知道或应当知道权

利被侵害之日起计算。承、托运双方相互索取各项违约金、滞纳金、速遣费或滞期费的索赔时效，按有关具体规定办理。

④ 航空运输的索赔时效。在航空运输纠纷中，托运人或收货人要求赔偿时，应在填写货运事故记录的次日起 180 日内，以书面形式向承运人提出，并随附有关证明文件。承运人对托运人或收货人提出的赔偿要求，应在收到书面赔偿要求的次日起 60 日内处理。对于航空运输的索赔时效，《华沙公约》分为货物损害和货物延迟的情况区别对待。前者的索赔时效是 7 天，后者的索赔时效是 14 天。但《海牙议定书》对此做了全面的修改，将货物损害索赔时效延长至 14 天，将货物延迟的索赔时效延长至 21 天。

子任务四 运输代理

9.4.1 运输代理的类型

所谓运输代理是指以完成货物全过程位移为目的，为一种运输方式或多种运输方式的衔接与联系提供各种运输中介服务的行为。由于运输代理商的存在，承、托运双方并不直接接触，而是通过代理商进行运输活动。这种运输代理人在承、托双方之间发挥着重要的桥梁作用。运输代理在货物托运和交付过程中的桥梁作用如图 9.1 所示。

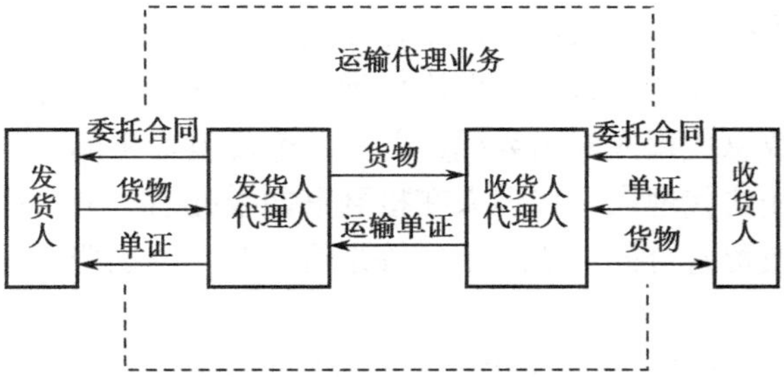

图 9.1 运输代理在货物托运、交付中的桥梁作用

运输代理归纳起来共有 4 种，即租船代理、船务代理、货运代理和咨询代理。

1. 租船代理

租船代理又称租船经纪人。他的主要业务活动是在市场为租船人寻找合适的运输船舶或为船东寻找货运对象，他以中间人的身份使船租双方达成租赁交易，从中赚取佣金。因此，根据他所代表的委托人身份的不同，又分为船东代理人和租船代理人。有些租船代理人还兼办船舶买卖、船舶代理业务。

（1）租船代理的主要业务。

① 按照委托人的指示要求，为委托人提供最合适的对象和最有利的条件并促使租赁交易完成，这是租船代理最主要的业务。

② 根据双方洽谈确认的条件制成租赁合同并按委托方的授权代签合同。

③ 提供委托人航运市场行情、国际航运动态及有关资料信息等。

④ 为当事人双方斡旋调解纠纷，取得公平合理的解决方案。在执行合同中往往会发生一些纠纷，租船代理人以中间人的身份从中进行调解，对解决纠纷起到一定的作用。这也是考核和衡量租船代理人是否得力和称职的重要标准之一。

（2）租船代理的佣金。租船代理的佣金按照惯例是由运费或租金收入方支付的，代理佣金一般按租金的1%～2.5%在租船合约中加以规定。

2. 船务代理

船务（船舶）代理是指接受承运人的委托，代办与船舶有关的一切业务的人。

（1）船务代理的业务范围。船务代理的业务范围很广，主要包括以下几个方面的业务。

① 船舶进出港业务。办理船舶进出港口的各项手续，包括引水、拖轮、靠泊、报关等；办理船舶检验、修理、熏舱、洗舱、扫舱及海事的处理。

② 货运业务。安排组织货物装卸、检验、交接、储存、转运、理货等；办理揽货、订舱和代收运费等；编制有关运输单据。

③ 供应工作。代办船用燃料、淡水、物料及食品供应；代办绳索垫料等。

④ 其他服务性业务。办理船员登岸或出境手续；安排船员医疗、住宿、交通、参观等。

（2）船务代理种类。船务代理关系根据委托方式的不同可分为两种。

① 航次代理。航次代理是指对不经常来港的船舶，在船舶每次来港前由船公司向代理人逐船、逐航次办理委托，并由代理人逐船、逐航次接受该委托所建立的代理关系形式。

船公司逐船、逐航次向代理人委托航次代理时，须在船舶抵港前，以书面形式向船舶到达港的船舶代理人或总代理人提出委托，并在船舶抵港前将船舶规范、租约等运输合同及货运单证寄达所委托的代理人。代理人在接到书面委托后，应查明船舶国籍，审核查明船舶规范、运输合同或贸易合同、货运单证等是否齐全，明确费用的分担和费用的结算对象，航次代理关系即告建立。

② 长期代理。长期代理是船公司根据船舶营运的需要，在经常有船前往靠泊的港口为自己选择适当的代理人，通过一次委托长期有效的委托方式，负责照管到港的属于自己所有的全部船舶的代理关系形式。在长期代理情况下，船公司不需要按船逐航次地进行委托代理。长期代理关系一经建立，只要没有发生所规定的可成为中止长期代理关系的事项，代理关系就可以继续保持下去。通常可成为中止长期代理关系的事项主要有：由于政治原因不宜继续保持长期代理关系；由于委托人企业倒闭等财务方面的原因；由于委托人长期无船来港而要求终止关系；代理人企业倒闭等财务方面的原因。

建立长期代理关系的前提条件是作为委托人的船公司所属的船舶经常抵靠某一港口，在这种情况下，长期代理可以简化委托手续和财务往来结算手续。

3. 货运代理

货运代理是接受货主的委托，代表货主办理有关的货物报关、交接、仓储、调拨、检验、包装、转运、订舱的人。他与货主的关系是委托和被委托的关系，在办理代理业务中，他是以货主的代理人身份对货主负责，并按代理业务项目和提货的劳务向货主收取代理费。货运代理又可进行如下分类。

（1）按业务过程可分为：定舱揽货代理、货物报关代理、货物装卸代理和集装箱代理。此外，还有转运代理、理货代理、储存代理等。

（2）按货运方式可分为：海运代理、空运代理、陆运代理和多式联运代理。

4. 咨询代理

咨询代理是指专门从事咨询工作，按委托人的需要，提供有关咨询情报、资料、数据和信息服务而收取一定报酬的人。这类代理人不仅拥有研究人员和机构，而且与有关方面存在广泛的联系。代理的内容包括设计研究方案，选择合理经济的运输方式和路线，核算运输成本，研究解释规章制度及调查有关企业的信誉等。

以上所列代理类别，仅仅是从他们各自业务的侧重面加以区别。在实际中，他们之间的业务范围划分得并不是很清楚，往往有交叉。

5. 运输代理的再代理

运输代理的再代理是经营运输代理的企业，根据需要，可以在适当的地方委托有关方面进行再代理。组织再代理的，大都是独立从事运输经营的企业。国外的许多运输代理公司承运的货物在运到其他国家或地区后，许多业务问题都要处理，而自己在当地又无业务机构，就需要委托适当的企业进行再代理。长江干线和沿海轮船公司的业务一般都由港口企业代理，而港口企业为了扩大服务面，也往往在一些站点委托别人进行再代理。再代理是运输代理的补充和完善，绝不是搞“买空卖空”的转手承包。

随着国际、国内贸易和交通运输业的发展，运输代理及其业务都得到迅速发展。推行和完善运输代理制，在世界范围内已成为交通运输领域中十分重要的工作。它可以有利于综合利用各种运输工具，挖掘运输潜力，加速商品的运输，有利于交通运输领域的专业化和社会化，提高整个运输行业的工作效率和经济效益，从而使交通运输业的经营方式更好地适应社会经济发展的需要。

由于联运经营人的主要业务活动与运输代理（特别是独立从事运输经营业务的运输代理）在法律地位、业务内容、范围和方式上都有很大的一致性。因此，理解货运代理制是认识多式联运运作机制的基础。

9.4.2 国际货运代理

1. 国际货运代理的基本概念

国际货运代理协会联合会对货运代理的定义是，根据客户的指示，为客户的利益而揽取货物的人，其本人并非承运人。货运代理也可以这些条件从事与运送合同有关的活动，如储货、报关、验收、收款。

我国《国际货物运输代理业管理规定实施细则》对此的定义是，国际货物运输代理企业既可以作为进出口货物收货人、发货人的代理人，也可作为独立经营人从事国际货运代理业务。

国际货运代理企业作为代理人从事国际货运代理业务，是指国际货运代理企业接受进出口货物收货人、发货人或其代理人的委托，以委托人或自己的名义办理有关业务并收取代理费或佣金的行为。

国际货运代理企业作为独立经营人从事国际货运代理业务，是指国际货运代理企业接受进出口货物收货人、发货人或其代理人的委托，签发运输单证，履行运输合同并收取运费和服务费的行为。

2. 国际货运代理的性质

从国际货运代理人的基本性质看，国际货运代理人主要是接受委托方的委托，就有关货物运输、转运、仓储、保险，以及与货物运输有关的各种业务提供服务的一个机构。国际货运代理既代表货方，保护货方的利益，又协调承运人进行承运工作，其本质就是“货物运输中间人”。国际货运代理的这种中间人性质在过去尤为突出。

另外，国际货运代理是社会产业结构中的第三产业，是科学技术、国际贸易、国际运输方式发展的产物。随着信息化的发展和客户需求的不断提高，传统的货运代理已纷纷摆脱“中间人身份”的局限性，通过拥有设施及拓展服务内容等，从中获取“附加价值”或“附加收益”，向独立运输经营人转变，从而使传统国际货运代理的性质发生变化。

3. 国际货运代理的服务对象

国际货运代理所从事的业务服务对象主要有以下几种。

（1）为发货人服务。货运代理代替发货人承担在不同货物运输中的任何一项手续：以最快、最节省的运输方式，安排合适的货物包装，选择货物的运输路线；向客户建议仓储与分拨；选择可靠的、效率高的承运人，并负责缔结运输合同；安排货物的计重和计量；办理货物保险；货物的拼装；装运前或在目的地分拨货物之前把货物存仓；安排货物到港口的运输，办理海关和有关单证的手续，并把货物交给承运人；代表托运人/进口商承付运费、关税税收；办理有关货物运输的相关外汇交易；从承运人那里取得各种签署的提单，并把它们交给发货人；通过承运人与货运代理在国外的代理联系，监督货物运输进程，并使托运人知道货物的去向。

（2）为海关服务。当货运代理作为海关代理办理有关进出口商品的海关手续时，他不仅代表他的客户，而且代表海关当局。事实上，在许多国家，他得到了这些当局的许可办理海关手续，并对海关负责。

（3）为承运人服务。货运代理向承运人及时订舱，议定对发货人、承运人都公平合理的费用，安排适当时间交货，以及以发货人的名义解决和承运人的运费账目等问题。

（4）为航空公司服务。货运代理在空运业务上充当航空公司的代理。在国际航空运输协会以空运货物为目的而制定的规则上，他被指定为国际航空协会的代理。在这种关系上，他利用航空公司的货运手段为货主服务，并由航空公司付给佣金；同时，作为一个货运代理，他通过提供适于空运的服务方式，继续为发货人或收货人服务。

（5）为班轮公司服务。货运代理与班轮公司的关系随业务的不同而不同。近几年来，由货代提供的拼箱服务，即拼箱货的集运服务已建立了与班轮公司及其他承运人（如铁路）之间较为密切的联系。

（6）提供拼箱服务。随着国际贸易中集装箱运输量的增长，引进了集运和拼箱的服务，在提供这种服务时，货运代理人担负起委托人的作用。对于拼箱货物来说，由货运代理人签发提单，即把提单或其他类似收据交给每票货的发货人；目的港的货运代理人，凭初始的提单交给收货人。拼箱的收、发货人不直接与承运人联系。对于承运人来说，货运代理人是发货人，而货运代理人在目的港的代理是收货人。因此，承运人给货运代理人签发的是全程提单或货运单。如果发货人或收货人有特殊要求的话，货运代理人也可以在出运地和目的地从事提货和交付的服务，提供“从门到门”的服务。

（7）提供多式联运服务。在货运代理人的作用方面，集装箱化的一个更深远的影响是它介入了多式联运。这时货运代理人充当了主要承运人并承担了组织一个单一合同下通过多种运输方式进行“从门到门”的货物运输。他可以以当事人的身份，与其他承运人或其他服务提供者分别谈判并签约。但是，这些分拨合同不会影响多式联运合同的执行，也就是说，不会影响发货人的义务和在多式联运过程中对货损及灭失所承担的责任。货运代理人作为多式联运经营人时，通常需要提供包括所有运输和分拨过程的一个全面的“一揽子”服务，并对他的客户承担一个更高水平的责任。

4. 国际货运代理的责任与权利

（1）基本责任。

① 作为承运人完成货物运输并承担责任（由其签发货运单据，自己运输，或者委托他人完成货物运输，并收取运费）。

② 作为承运人完成货物运输，不直接承担责任（由他人签发货运单据，使用掌握运输工具，或者租用他人的运输工具，或者委托他人完成货物运输，并不直接承担责任）。

③ 根据与委托方订立的协议或合同的规定，或者根据委托方指示进行业务活动时，货运代理人应以通常的责任完成此项委托，尤其是在授权范围之内。

④ 如实汇报一切重要事项。在委托办理业务中，向委托方提供的情况、资料必须真实，如有任何隐瞒或因提供的资料不实而造成的损失，委托方有权向货运代理人追索并撤销代理合同或协议。

⑤ 承担保密义务。货运代理过程中所得到的资料不得向第三者泄露；同时，也不得将代理权转让他人。

（2）责任期限。从接收货物开始至在目的地将货物交给收货人为止，或者根据指示将货物置于收货人指示的地点，作为代理任务已完成并已履行合同中规定的交货义务。

（3）对合同的责任。国际货运代理人应对自己因没有执行合同所造成的货物损失负赔偿责任。

（4）对仓储的责任。国际货运代理应在接受货物准备仓储时，在收到货后给委托方收据或仓库证明，并在货物仓储期间尽其职责，根据货物的特性和包装，选择不同的储存方式。

（5）权利。委托方应支付货运代理人因货物的运送、保管、投保、报关、签证、办理单据等及为委托方提供其他服务而引起的一切费用；同时，还应支付由于货运代理人不能控制的原因致使合同无法履行而产生的其他费用。若货物灭失或损坏属于保险人承保范围之内，则货运代理人赔偿后，从货物所有人那里取得代位求偿权，从其他责任人那里得到补偿或偿还。当货运代理人对货物全部赔偿后，有关货物的所有权便转为货运代理人所有。

（6）除外责任。除外责任包括以下几方面：

① 由于委托方的疏忽或过失；

② 由于委托方或其他代理人在装卸、仓储或其他作业过程中的过失；

③ 由于货物的自然特性或潜在缺陷；

④ 由于货物的包装不牢固、标志不清；

⑤ 由于货物送达地址不清、不完整、不准确；

⑥ 由于对货物内容申述不清楚、不完整；

⑦ 由于不可抗力、自然灾害、意外原因。

若能证明货物的灭失或损害是由货运代理人过失或疏忽所致，则货运代理人对该货物的灭失、损害应负赔偿责任。

任务小结

- 任务九：运输商务运作
  - 子任务一：运输市场营销
    - 货运客户的特征
    - 货运客户的分类
    - 客户分类对货运客户服务的作用
    - 货运客户服务与管理
  - 子任务二：运输合同及管理
    - 运输合同的含义与特征
    - 运输合同的订立与履行
    - 运输合同的变更和解除
    - 运输合同管理
  - 子任务三：运输纠纷
    - 运输纠纷的类型
    - 运输纠纷的处理
  - 子任务四：运输代理
    - 运输代理的类型
    - 国际货运代理

职场训练

训练一

【训练目的】根据下面的背景资料编制一份运输合同。

【训练内容】

石家庄正大有限公司将一批货物运往衡阳正大有限公司，打算采用铁路进行运输，在北京铁路局石家庄铁路分局办理托运，请根据以下资料编制一份运输合同，同时填写相应的货物托运单。

1．地址

王成	张正阳
地址：石家庄正大有限公司	地址：衡阳正大有限公司
电话：0311—856489**	电话：0734—879563**

2．货物的基本情况

玉米：40 千克/袋、1 250 袋、1.6 元/千克、保价 8 万元。

四季豆：22.3 千克/筐、600 筐、3.2 元/千克、保价 43 000 元。

凸版纸：428 千克/件、140 件、2 100 元/件、保价 30 万元。

3．运输要求

保证货物的质量，防止变质，其中四季豆怕压；

承运人装货；

合同签订 6 天后发货，8 天运到；

衡阳正大有限公司凭领货凭证在货款交清后取货；

如发生时间上的违约，除可免责条件外，其余违约均按运费的 3%进行赔偿；

如有货物损失，按实际损失进行赔偿（注意保价）。

4．运费支付

运费预付 40%：银行汇付，在合同签订 3 天后付款并交货，货物运输完成后结清全部货款

承运方开户行：石家庄商业银行　账号：94004600010043*****　承运方代表：李超

托运方开户行：石家庄建设银行　账号：62270001307100*****

5．合同签订日期：2014 年××月××日。

【训练方法】

1．学生分组编制运输合同。

2．两小组互相检验。

3．教师进行点评总结。

4．时间：30 分钟。

5．地点：教室。

训练二

【训练目的】熟悉和掌握运输合同责任的划分。

【训练内容】

某飞机制造厂通过某进出口公司在 A 国发动机制造厂购买了 50 台 WLC/1/5 型发动机，分装成 10 箱，由 A 国发动机制造厂在 2013 年 8 月 21 日以国际联运的方式在 B 站办理了到站为中国某地、收货人为某飞机制造厂的托运手续，并按合同约定付清了发动机的运送及换装费用，货物于当日发出，C、D、E 等站各方在换装交接时都没有异议。

同年 9 月 29 日，货物到达我国×××站，中蒙铁路工作人员办理交接时发现 1880 号运单项下 10 箱货物短少 1 箱，箱号 21，系 WLC/1/5 型发动机，证实短少责任在蒙古铁路方面。我口岸站当即做了商务记录，随后其余 9 箱货物继续运输，同年 10 月 10 日到达某地站，经核对物资状态与×××站商务记录一致，原告某飞机制造厂支付了运输费用后，持运单及商务记录向铁路局提出赔偿请求。铁路局根据《国际铁路货物联运协定办事细则》的规定将全部索赔资料寄至蒙古乌兰巴托铁路局，蒙古铁路局未明确答复。时过 6 个月，原告在未得到处理结果的情况下，向铁路运输中级法院提起诉讼，要求赔偿损失 100 万元。

【训练方法】

1．学生分组讨论；每组派一名学生阐述本组讨论结果；教师进行点评总结。

2．时间：20 分钟。

3．地点：教室。

训练三

【训练目的】熟悉和掌握运输纠纷的产生和解决。

【训练内容】

福建省某大理石石材厂与某汽车运输公司是长期业务关系，多次订立货物运输合同。最近大理石石材厂要求运输部分荒料到某石材加工厂。合同签订后，运输公司派汽车队到其处承运，办理手续时，汽车队队长要求大理石石材厂出具主管机关颁发的准运证明，大理石石材厂厂长说以前从未办理过准运证明，汽车队长坚持称荒料必须办理准运证明，否则不予承运，双方协商不成，遂起纠纷。

试对上述运输业务进行分析，提出你的处理意见。

【训练方法】

1．学生分组讨论；每组派一名学生阐述本组讨论结果；教师进行点评总结。

2．时间：20 分钟。

3．地点：教室。

职场情境

半年过去了，小明现在已经是公司的业务骨干，他非常感谢刘姐。刘姐不能说完全没有“教会徒弟，饿死师傅”的私心，但总体来说对他是尽心尽责的。当小明骄傲地翘起尾巴时，刘姐适时地点醒他；在他遇到打击心灰意冷时，刘姐不断地鼓励他；当他业务不甚熟练出现错误时，刘姐及时地指点他。小明能迅速成长，除了自身的努力，刘姐也功不可没。

2014 年 3 月，马来西亚航空公司的飞机失事，给小明提了个醒：运输保险万万不能省。

Mission 任务十 运输保险业务

学习目标

知识目标	能力目标	重点难点
1. 掌握与运输相关的保险 2. 了解陆上与航空运输保险 3. 掌握海上保险货物损失的类型 4. 掌握运输保险业务管理流程	1. 具有货物运输保险业务管理的能力 2. 具有判定运输保险类型及解决损失的能力	1. 海上风险 2. 推定全损 3. 单独海损与共同海损的区别 4. 共同海损成立的条件

引入案例

嘉桐外贸公司保险理赔案

2010 年，嘉桐外贸公司与远通物流公司签订货物运输协议，由远通物流公司为嘉桐外贸公司运输货物。2010 年 1 月 5 日，嘉桐外贸公司要求远通物流公司运输 5 件塑胶模具到上海，运输车辆牌号为沪 A 56×××。同日，嘉桐外贸公司与华泰保险公司签订“国内水路、陆路货物运输保险单”，约定华泰保险公司承保嘉桐外贸公司 5 件塑胶模具，险种为综合险，自桐乡运往上海，装载工具是牌号为沪 A 56×××的车辆，起运时间是 2010 年 1 月 7 日。在运输途中，该车辆因转弯速度过快而发生事故，造成装载的模具损坏。事故发生后，嘉桐外贸公司为修理模具支付了修理费 6 万元，华泰保险公司支付了嘉桐外贸公司 6 万元保险金，嘉桐外贸公司于 2010 年 3 月下旬，向华泰保险公司出具了“权益转让书”，称收到 6 万元赔款，并将取得赔款部分保险标的的权益转让给华泰保险公司，由华泰保险公司向责任方追偿。2010 年 11 月，华泰保险公司向法院起诉，称远通物流公司系模具承运人，有义务保证其所承运货物的安全，遂要求远通物流公司赔偿 6 万元。在法庭上，远通物流公司辩称模具损坏是由于被保险人对托运货物未进行绑扎固定造成的，嘉桐外贸公司应承担部分损失，并表示不愿意认同华泰保险公司的诉请。法院认为，嘉桐外贸公司与远通物流公司间的货物运输合同、嘉桐外贸公司与华泰保险公司间的保险合同均合法有效。远通物流公司作为承运人依法应对运输过程中的货物损毁、灭失承担损害赔偿责任。华泰保险公司支付保险金后，有权在其赔偿范围内向远通物流公司请求赔偿。针对托运货物未进行绑扎固定的辩称，法院认为远通物流公司作为货物运输的经营者，应对运输途中货物的安全承担义务，而嘉桐外贸公司不是专业的货物运输机构，无法对运输途中可能出现的情况有所预见，对货物运输途中的损毁没有过错。法院遂做出了由远通物流公司向华泰保险公司赔偿6万元的判决。

思考：

1. 货物的运输保险有哪些类型？
2. 运输保险的作用是什么？

货物运输保险是以运输过程中的多种货物作为保险标的的保险。在货物运输过程中，遇到自然灾害或意外事故而使货物受到损失是难以避免的。对这种损失给予补偿的经济行为就是货物运输保险。

子任务一 运输保险的类型

10.1.1 运输保险的意义

1. 从社会观点分析

保险是一种经济补偿制度，它按约定的合同计收保险费，集中多数单位和个人的保险金建立保险基金，利用“分散危险，分摊损失”的办法，对参加保险的少数被保险人由于特定灾害事故所造成的损害给予经济补偿，或者对人身伤亡给付保险金。

2. 从法律观点分析

从法律角度分析，保险是一种补偿性的契约关系。一方面被保险人必须向保险人提供一定的代价，即按合同的规定缴纳保险费；另一方面保险人应对被保险人将来可能遭受的某些损失依合同规定承担经济赔偿责任。在保险合同履行的各个环节中，保险合同双方始终受到合同的约束。

补偿灾害的方式有两种：一种是物质形态上的补偿，即通过建立物资后备对损失进行补偿；另一种是价值形态上的补偿，即建立资金后备对损失进行补偿。保险补偿损失是价值形态补偿的一种方式。

10.1.2 运输保险的作用

运输保险的作用是保障企业经营的正常进行，企业可以把保险费支出列入成本。如果货物在运输途中遭受损失，企业可以获得保险公司的经济补偿，减少灾害的损失，有利于企业经营活动的正常进行。

10.1.3　与运输相关的保险

1. 海上保险

海上保险是以海上财产，如船舶、货物，以及与之有关的利益，如租金、运费和与之有关的责任，如保赔责任作为保险标的的保险。具体有海洋船舶保险、海洋货物运输保险、海上石油开发保险、保障和赔偿保险等。

2. 货物运输保险

货物运输保险是以运输途中的货物作为保险标的的保险。保险人对运输途中的各种保险货物因保单承保风险造成的损失负赔偿责任。分为海洋货物运输保险、陆上货物运输保险、航空货物运输保险、邮包运输保险等。

3. 火灾保险

火灾保险是以各种处于固定地点，或者存放于固定地点处于静止状态的物质财产及有关的利益作为保险标的的保险。保险人对各种运输工具因保单中规定的承保风险造成的损失负赔偿责任。该类保险险种繁多，如汽车保险是以汽车、驾驶员、乘客及第三者责任为保险对象的保险，具体可分为：车辆损失险、第三者责任险、盗窃险、车上责任险、玻璃破碎险、自然损失险等。飞机保险是以飞机、机上乘客及第三者责任为保险对象的保险，通常分为机身险、乘客意外伤害险、第三者责任险等。船舶保险可分为国内船舶保险和海上船舶保险等。国内船舶保险是以各种非远洋航行的船舶，指内河、湖泊及近海的各种船舶为保险对象的保险。船舶保险分为船舶损失险、乘客意外伤害险等。铁路车辆保险是以在铁路上运行的机车及车辆作为保险标的的保险。

子任务二　海上货物运输保险

在各种运输方式中，海运货物风险较大，故在此进行重点介绍。

海运货物保险保障的范围包括海上风险、海上损失与费用，以及外来原因所引起的风险损失。国际保险市场对上述各种风险与损失都有特定的解释。

10.2.1　风险

海运保险是各类保险中发展最早的一种，这是由于商船在海洋航行中风险大，海运事故频繁所致。海上运输货物的风险主要分为海上风险和外来风险。

1. 海上风险

海上风险又称海难，一般是指船舶或货物在海上运输过程中发生的或随附海上运输所发生的风险，包括自然灾害和意外事故两种。在保险业务中，海上风险有特定内容。

（1）自然灾害是指不以人的意志为转移的由自然界力量所引起的灾害，如雷电、地震、火山爆发、浪击落海，以及其他人力不可抗拒的自然灾害。

知识链接

自然灾害

在海上保险中，自然灾害并不泛指一切由于自然力量所造成的灾害，而且在不同国家（或地区）、同一国家（或地区）的不同时期对自然灾害的解释也有所不同。根据我国现行海洋运输货物保险条款规定，所谓自然灾害仅指恶劣气候、雷电、海啸、地震、洪水及其他人力不可抗拒的灾害，但不包含浪击落海这项风险。而1982年1月1日开始使用的英国协会货物保险条款规定："属于自然灾害的风险有雷电、地震、火山爆发、浪击落海，以及海水、潮水、河水进入船舶、驳船、运输工具、集装箱、大型海运箱或储存处所等。"

上述自然灾害风险的主要含义如下。

① 恶劣气候。一般是指海上飓风、大浪引起船舶颠簸、倾斜造成船舶的船体和机器设备的损坏。例如，当船舶遇到大风时，为了躲避风浪，如需要转向，会因离心力或水对船体的压力作用，迫使船舶倾斜严重，甚至造成倾覆。在实务上，保险人对"恶劣气候"一词也没有统一明确的定义，往往根据风险的具体情况来解释。例如，我国对暴风的解释为风力在8级以上，风速在17.2米/秒以上。

② 雷电。雷电为积雨云中、云间或云地之间产生的放电现象。海上风险之雷电是指雷电造成的灾害，即保险标的在保险有效期内由雷电所直接造成的，或者由雷电引起火灾造成的损失。例如，因雷电击中船上桅杆造成倒塌而压坏船舱，致使海水浸入，货物受海水浸泡受损，均属于雷电责任。

③ 海啸。这是指由于海底地壳发生变异，有的地方下陷，有的地方上升，引起海洋剧烈震荡而产生巨大波浪，致使货物和船舶受损害或灭失。海啸的破坏力很大，尤其是袭击某一拥挤港口或地区，会使船舶相互碰撞，船只沉没，甚至把一些大船冲向海滩，退潮时发生搁浅等。

④ 地震或火山爆发。这是指直接或归因于地震或火山爆发所致货物或船舶的损失。陆地上发生的地震虽不会影响船舶在海上的航运，但可能影响停泊在港口的船货。例如，船舶停泊在港口等待卸货，或者货物在转运港口装卸时，如果发生地震，船货就有可能遭受破坏或灭失。事实上，海下发生地震的频率高于地上，海下地震可引起海面波涛汹涌，影响潮汐或海流，引起海啸危及航运。世界上有两大地震带：环太平洋地震带和地中海-喜马拉雅山地震带。

⑤ 洪水。山洪暴发、江河泛滥、潮水上岸及倒灌致使保险标的遭受浸泡、冲散、冲毁等损失都属于洪水责任。但对于那些由规律性的涨潮落潮、自动灭火设施漏水及在正常年份水位以下或地下渗水、水管爆裂等造成的保险标的的损失，则在洪水的责任范围之外。

⑥ 其他人力不可抗拒的灾害。通常包括浪击落海和海水、湖水、河水进入船舶、驳船、运输工具、集装箱或大型海运箱及储存处所等。

浪击落海是指舱面货物受海浪冲击落海而造成的损失，不包括在恶劣气候下船身晃动而造成货物落海的损失。海水等进入船舶的风险，不仅包括由于海水，而且还包括由于湖水和河水进入船舶等运输工具和储存处所而造成的损失。此外，对储存处所的理解可包括陆上一切永久性的或临时性的、有顶篷的或露天的储存处所。

（2）意外事故是指由于偶然的、难以预料的原因造成的事故，如搁浅、触礁、沉没、碰撞、失踪、倾覆、火灾、爆炸，以及暴力盗窃或海盗，投弃，船长、船员的疏忽、过失或恶意行为，核装置或反应堆发生的故障或意外事故，或其他类似事故。

① 搁浅。这是指船舶在航行或停泊中遭遇意外，使船舶底部与海底、河床紧密接触，船舶处于静止状态，失去继续航行能力，并造成停航 12 小时以上或损坏。船舶搁浅时，如果保险货物已载于船上，保险人应对该货物由此而遭受的损失负赔偿责任，即使其损失的原因并非搁浅，保险人仍应负责。

例如，某船发生搁浅，经救助脱浅，在避难港发现船舱里的保险货物受损，而该船舶在搁浅后遭到恶劣气候，到达目的港后发现货物损失加重。后面这种损失是否归因于搁浅，并不清楚，但被保险人如果以船舶曾经搁浅为由向保险人提出索赔，保险人必须负责赔偿，因为船舶发生搁浅时，货物已装在船上。

船舶在河道浅淤地区或枯水季节航行，因擦触河底沙渍而造成船底、舵或车叶受损（此种情形称为“擦浅”），由于擦伤时船舶仍在运动中，所以不属于搁浅责任。

另外，船舶在港口停泊或装卸货时遭遇退潮搁浅（此种情形称为“坐浅”），因船方对港内水位深浅、潮汛涨落等情况都能在事先充分掌握，而且退潮也有一定的时间规律，故保险人对此损失也不负责任。

② 触礁。这是指船舶擦过水中岩礁或其他坚硬障碍物而仍能继续航行的一种状态。构成触礁的前提条件是船舶接触水中障碍物后仍能继续移动，这也是与搁浅的区别之处。触礁与搁浅一样，必须是不可预料的一种情况，如果船舶经常在某处发生与触礁类似的情况，那么不能视为触礁事故。

触礁和搁浅有时很难区别，一般来说，船舶与水下障碍物接触的事故发生后，若船舶存在着沉没的危险，则属触礁；反之则属搁浅。

③ 沉没。这是指船体的全部或大部分已经浸入水面以下，并失去继续航行能力的一种状态。凡船舶因遭受自然灾害或意外事故，致使船身全部沉没水中，或者虽未构成船身沉没，然而大大超过规定的吃水标准，使应浮于水面的部分浸入水中无法继续航行，由此造成保险船货的损失，属于保险责任。

④ 碰撞。这是指船舶在航行中与其他运动中或固定的物体发生猛烈接触。换言之，碰撞是指船舶与船舶或非船舶的其他物体相撞。在海上保险中，我国货物保险条款对碰撞的解释与英美等国是一致的。如我国海洋运输货物保险条款规定“由于运输工具遭受搁浅、触礁、沉没、互撞、与流冰或其他物体相撞……造成货物的全部或部分损失”，保险人予以负责。《伦敦协会货物保险条款》（Institute Cargo Clauses，ICC，1982）规定保险人应负责“运载船舶、驳船或其他运输工具与除水以外的外界任何物体的触撞”。

但在船舶保险中，我国与英、美等国对碰撞的概念是不一样的。我国远洋船舶保险条款规定，保险人对于“碰撞、触碰任何固定、浮动物体或其他物体”，造成保险船舶的损失负责赔偿。《伦敦协会船舶保险条款》（Institute Time Clauses Hulls，ITC，1983）规定，船舶因与他船碰撞造成的损失，保险人负责赔偿，但与码头、作为水上饭店的驳船、沉船或防洪堤的碰撞，不属于碰撞事故。

总之，船舶构成碰撞事故必须具备 3 个条件：要有碰撞事实存在，即要有船与船，或者船与他物之间的实际接触，若船舶的损失是因另一艘路过的船舶卷起的波浪造成的（此种情形称为“浪损”），则不属于碰撞损失；碰撞和损失要有必然的因果关系；碰撞必须以船舶在水上航行为前提。如果船舶在港内修理时发生碰撞事故，那么保险人不予负责。

⑤ 失踪。这是指船舶在海上航行，与有关部门失去联络超过合理期限的一种情况。所谓“合理期限”是一个事实问题，各国可根据自己的情况确定。保险船舶一旦宣告失踪，除非保险人能证明失踪是因战争风险所致，否则就要作为海上风险损失负责赔偿。若保险人赔偿后船舶重新出现，则该船的所有权应归保险人。

⑥ 倾覆。这是指船舶在航行中遭受意外，导致船体翻倒或侧倾，失去正常状态，非经施救或救助不能继续航行。在海上保险中，保险人的保险责任有时还延伸到陆上运输过程，这时，保险人还承保了陆上运输工具的倾覆损失。

⑦ 火灾。火灾是指在时间或空间上失去控制的燃烧造成的灾害。构成火灾责任必须同时具备 3 个条件：有燃烧现象，即有热、有光、有火焰；偶然、意外发生的燃烧；燃烧失去控制并有蔓延扩大的趋势。

海上保险的火灾责任包括保险标的物被烧毁、烧焦、烧裂、烟熏，以及救火行为所致的损失，但货物本身自燃或瑕疵引起的火灾致自身损失除外。海上保险承保的火灾，通常是指因下列原因引起的火灾而造成的损失：雷电起火；爆炸引起火灾，或者起火引起的爆炸；船长或船员过失引起的火灾；货物本身的特性受到外界气候、温度等影响而自燃引起的火灾；其他原因不明的火灾。

⑧ 爆炸。这是指由于物体在物理原因或化学原因的作用下，物质结构的温度和压力急剧升高所形成的能量释放现象对于保险标的所造成的破坏。在海上运输过程中，爆炸造成损失的情形很多，如船舶锅炉爆炸致使船货受损，货物因气候影响产生化学作用而引起爆炸造成船货损失。

⑨ 暴力盗窃或海盗。这是指来自船外的人员以暴力方式抢劫船舶或货物的行为，通常是海盗的行为。暴力方式不一定作用于人身，包括以强制暴力手段盗抢船货，即属暴力偷盗。但暴力偷盗不包括暗中偷窃行为，也不包括船员和旅客的偷窃。承运人对运输货物负有安全责任，非但其监守自盗行为要受到法律制裁，若外人偷盗致货物损失，承运人也需要负适当的赔偿责任。

⑩ 投弃。投弃也叫抛弃，是指当航行中的船舶遭遇海难，船货等均处于紧急危险时，船长为了船货的共同安全，下令将船上的部分货物或设备投弃入海的情形。投弃的损失是共同海损牺牲的一种典型情况。海上保险人对投弃的损失负责赔偿。但按国际保险市场上的习惯，若无特别约定，甲板货、危险品、腐败物的抛弃，不属于投弃损失。

⑪ 船长、船员的疏忽、过失或恶意行为。这是指由于船长、船员不可预料的疏忽、过失所造成的损失，或者因船长、船员的非法行为致使船东、租船人或货主的利益遭受损失。具体内容包括以下几点。

a. 装卸或移动货物或燃料时发生的意外事故（如火灾、爆炸等）。

b. 船舶机件或船壳的潜在缺陷。保险人对船壳或机器潜在缺陷本身的损失和修理费不负责，但对保险船舶由于潜在缺陷造成的损失负责赔偿。

c. 船长、船员有意损害被保险人利益的行为。这些行为包括：船长、船员未经船东、货主或保险人同意，擅自将船货诈售或抵押给他人侵占价款；从事走私；故意穿越封锁线，致使船货遭受扣押或被没收；恶意弃船、纵火焚烧或将船凿沉等。这些不法行为所侵犯的是被保险人的利益，被保险人作为受害人可向保险人索赔。但是保险人对于这种索赔的受理是以被保险人没有纵容、授意船长和船员做出不法行为为前提条件的。

d. 船长、船员和引水员、修船人员及租船人（不含光船租船人）的疏忽行为。主要是指上述人员在驾驶船舶、引航或修理过程中，没有采取适当措施，或者采取某种行为却没有充分考虑因此而引起的后果等，造成船舶的损失。

e. 任何政府当局为防止或减轻因承保风险造成保险船舶损坏而引起的污染所采取的行动。

⑫ 核装置或反应堆发生的故障或意外事故。核装置或反应堆是指船舶航行时所使用的核动力，非军事用途。

2. 外来风险

外来风险是指除海上风险以外的由其他外来原因而引起的风险，即意外的、事先难以预料的外来或外部因素导致的风险。因此，类似自然损耗和本质缺陷等必然发生的损失，都不应该包括在外来风险引起的损失之列。

外来风险又可分为一般外来风险和特殊外来风险两种。例如，淡水雨淋、短量、偷窃、污损、渗漏、破碎、受潮、受热、串味、锈损和钩损等为一般外来风险。一般外来风险是由没有明显突变的自然因素和运输工具所造成的意外事故的现象，是海上保险的一种责任的扩大；此外，海上保险人还可特约承保由于军事、政治、国家政策法令及行政措施等特殊外来原因所引起的风险，如战争、罢工、交货不到和拒收等属于特殊外来风险。

外来风险虽然不是由船货遭受海上自然灾害和意外事故所引起的，但在海上运输过程中经常发生。为了保障被保险人的利益，一般经过事先协商制定，保险人对此类风险予以承保。

海上保险保障的风险如图 10.1 所示。

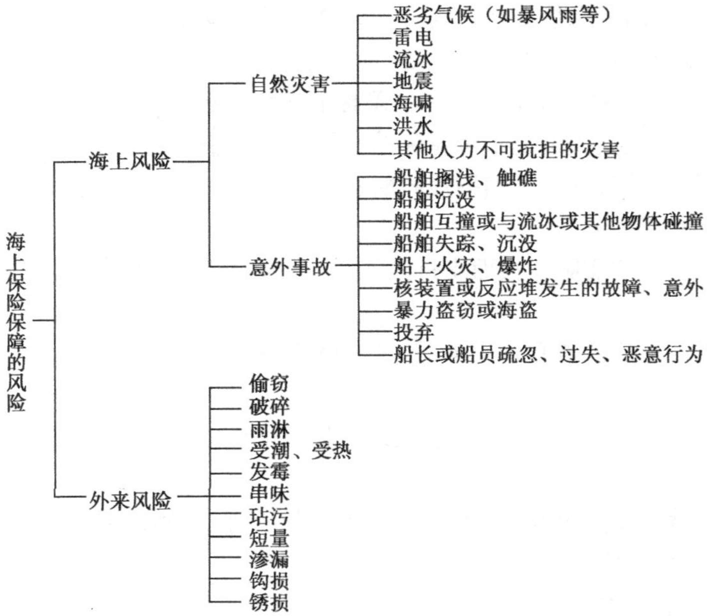

图 10.1　海上保险保障的风险

10.2.2 损失和费用

海上损失简称“海损”，是指被保险货物在海运过程中，由于海上风险所造成的损坏或灭失。通常表现为两种形式：一种是货物本身遭到损失或灭失；另一种是为营救货物而支出的费用。按各国保险业的习惯，海上损失和费用也包括与海运相连接的陆上或内河运输中所发生的损失和费用。一般按其损失的程度可分为全部损失或部分损失。

1. 全部损失

全部损失简称“全损”，是指整批或不可分割的一批被保险货物在运输途中全部遭受损失。全部损失又分为实际全损、推定全损、协议全损和部分全损。

（1）实际全损。实际全损是指货物全部灭失，或者完全变质，或者不可能归还给被保险人。如载货船舶失踪，经过一定时间（如2个月）后仍没有获知其消息，视为实际全损。被保险货物在遭受实际全损时，被保险人可按其投保金额获得保险公司的全部损失赔偿。实际全损包括下面3种情形。

① 保险标的完全灭失。例如，船舶因恶劣气候或碰撞后沉入海底，无法打捞；货物因火灾而全部烧毁。实际全损必须是保险标的实体上的完全灭失。

② 保险标的已丧失原有的用途或商业价值。例如，水泥或肥皂经海水浸泡后变成硬块，失去原有用途；船舶碰撞后船体严重扭曲变形，无法继续用于航运。尽管这些标的物的实体还存在，但已无法表现出原有的性质和属性，即保险标的原有的商业用途已完全丧失。

③ 被保险人不可挽回地丧失了保险标的。例如，货物被海盗掠走，船舶被政府没收等。虽然保险标的物的实体还存在，但被保险人对该标的物的所有权已被剥夺，且无法恢复。

（2）推定全损。这是与实际全损相对称的一种全损，是指保险标的在遭受保险事故后，虽未达到全部灭失、损毁或变质状态，但完全灭失将不可避免，或者恢复、修复该标的的费用或施救费用、救助费用估计将达到其实际价值或保险价值。

保险标的可视为推定全损的情形主要有以下几个。

① 保险标的实际全损已无法避免。保险标的在海上运输中遭遇保险事故后，虽未达到灭失状态，但估计完全灭失将是不可避免的。例如，船舶在某水域搁浅后恰遇台风来袭，其他船只无法对其实施救助。虽然搁浅时船货并未完全灭失，但因无法进行救助，船货的完全灭失无法避免。

② 为避免保险标的实际全损而支付的费用，如救助费用、施救费用等估计将超过保险标的的价值。

③ 保险船舶受损后的修复费用（不包括残骸价值）和救助费用，分别或两项费用之和估计将超过保险价值。

④ 保险货物受损后，修复费用加上续运到原目的地的费用，估计将超过货物到达目的地的完好价值。

⑤ 保险标的遭受保险事故，使被保险人失去其所有权，收回这个所有权的费用估计将超过保险标的的实际价值。

⑥ 保险船舶失踪达到一定的期限。

在保险标的构成推定全损的条件下，被保险人可向保险人发出书面的委付通知，要求按全损索赔。所谓委付是指保险标的发生推定全损时，投保人或被保险人将保险标的的一切权益转移给保险人，而请求保险人按保险金额全数赔付的行为。委付是构成推定全损索赔的前提条件。

委付是一种放弃物权的法律行为，在海上保险中经常被采用。委付的成立必须具备一定的条件。

第一，委付必须由被保险人向保险人提出。《中华人民共和国海商法》第二百四十九条第一款规定："保险标的发生推定全损，被保险人要求保险人按全部损失赔偿的，应当向保险人委付保险标的。保险人可以接受委付，也可以不接受委付，但是应当在合理的时间内将接受委付或不接受委付的决定通知被保险人。"委付通知是被保险人向保险人做出推定全损索赔之前必须提交的文件，被保险人不向保险人提出委付，保险人对受损的保险标的只能按部分损失处理。

第二，委付应是就保险标的的全部提出请求。由于保险标的的不可分性，所以被保险人请求委付的应是保险标的的全部。若仅委付保险标的的一部分，而其余部分不委付，则容易产生纠纷。但如果保险标的由独立可分的部分组成，且只有其中一部分发生委付原因，可仅就该部分保险标的请求委付。

第三，委付不得附有条件。《中华人民共和国海商法》明确规定："委付不得附带任何条件。"例如，船舶失踪构成推定全损，被保险人请求委付时，不得提出附加条件，如日后船舶被寻回，将返还其受领的保险赔偿金而取回该船舶。因为这会增加保险合同关系的复杂性，从而增加保险人与被保险人之间发生纠纷的可能性。

第四，委付必须经过保险人的同意。被保险人向保险人发出的委付通知，必须经保险人的同意才能生效。保险人可以接受也可以不接受委付，因为委付不仅将保险标的的一切权益转移给保险人，同时也将被保险人对保险标的的所有义务一起转移给保险人。《中华人民共和国海商法》第二百五十条规定："保险人接受委付的，被保险人对委付财产的全部权利和义务转移给保险人。"因此，保险人在接受委付之前需要慎重考虑，权衡利弊，即受损保险标的物的残值能否大于由此而需要承担的各种义务和责任风险所产生的经济损失。

还需要指出，被保险人提出委付后，保险人应当在合理的时间内将接受或不接受委付的决定通知被保险人。如果超过合理的时间，保险人对是否接受委付仍保持沉默，那么应视为不接受委付的行为，但被保险人的索赔权利并不因此而受影响。在保险人做出接受委付的意思表示之前，被保险人可随时撤回委付通知。但保险人一经接受委付，委付即告成立，双方均不得撤销，保险人必须以全损赔付被保险人，同时取得保险标的物的权利和义务。

（3）协议全损。在某些情况下，保险标的所受损害既不是实际全损，又没有达到推定全损的要求，但从维护保险人与被保险人良好业务关系等因素考虑，双方均认为，如以全损为基础进行赔偿，更有利于对保险合同条款的理解，有利于业务的开展，因此保险人应被保险人的要求对此按全损赔付。可以认为，这是保险人对某些损失赔偿灵活处理的一种方式。

（4）部分全损。部分全损是指在海上运输货物中可以分割的一部分保险标的发生全部损失的情形。例如，货物在装卸或仓储转运过程中一件或数件的全部损失。根据英国《1906年海上保险法》的规定："若合同是可以划分的，则被保险人对于任何可划分部分的全部损失可以得到赔偿。"但若受损货物不可划分，则这种损失只能是部分损失，而不能按全部损失处理。在海上保险中，部分全损主要是针对货物而言的，因为船舶的全部损失，无论是实际全损还是推定全损，都是以整艘船为单位来衡量的。

对于部分全损的范围，保险人应载明在保险单上。目前，在国际海上保险市场上，保险人对下列几种情形可按部分全损负赔偿责任。

① 同一张保单载有两项以上的保险金额，其中一项发生全部损失。

② 同一张保单承保两种以上不同货物，其中有一种货物发生全部损失。

③ 在装卸货物或转船时，整件货物发生全部损失。

④ 货物使用驳船运输时，同一驳船上的全部货物发生损失。

2. 部分损失

部分损失也叫局部损失，是全部损失的对称，是指保险标的遭受一部分的损失。凡保险标的没有达到全损程度的损失，均属部分损失。所以，任何损失要么是全部损失，要么是部分损失。部分损失按其性质可分为单独海损和共同海损。

（1）单独海损。单独海损是指因保险事故发生而造成的，不能列入共同海损的部分损失，有船舶的单独海损、货物的单独海损和运费的单独海损。例如，载货的船舶在海上航行致使部分货物受损，即属货方的单独海损。《伦敦协会货物保险条款（A、B、C）》中，已不再使用“单独海损”这个术语，但在海上保险实务中，它仍被用来表示共同海损以外的一切损害。

从概念可知，构成单独海损的条件有两个：

第一，必须是意外的、偶然的或其他承保风险直接导致的损失；

第二，必须是船方、货方或其他利益方单方面所遭受的损失。

单独海损发生后，保险人是否负责赔偿，除了要判定损失是否由承保风险造成外，还需要视保单上如何约定而定，假如保险双方约定单独海损不赔，则保险人不负赔偿责任。根据国际海上保险市场的惯例，保险人对单独海损的赔偿方式一般有下列几种。

① 单独海损绝对不赔。这种规定常用于海上船舶保险，如我国的远洋船舶保险的全损险。

② 不赔偿某些特定风险造成的单独海损。如我国海上运输货物保险的平安险规定，对于自然灾害（恶劣气候、雷电、海啸、地震、洪水）造成的单独海损不赔。

③ 单独海损未达到约定的百分比不赔，已达到约定百分比的全赔。国外水渍险条款对单独海损的赔偿规定便属于这种情况。

④ 单独海损未超过约定金额不赔，超过约定金额的，赔偿超过部分。

⑤ 凡是单独海损均予赔偿。

（2）共同海损。长期以来，人们对共同海损从法律条文、案例判决、理论分析等方面做过各种解释。如英国法官劳伦斯于 1801 年针对某一案件，认为共同海损是“为保全船舶与货物所做出的非常牺牲与费用，其结果所导致的一切损失均属于共同海损。这种损失必须由全体受益人比例分担”。

美国保险学家温特在其著作《海上保险》（1952 年第 3 版）中，对共同海损所做的解释是：“共同海损的损失是指处于危险状态中，纯粹为了保全公共利益的目的，在意外的情况下所做出牺牲一部分船体或货物，或者是自愿消耗的费用所导致的结果。”

英国《1906 年海上保险法》第六十六条对共同海损的规定比较具体，其内容如下。

① 共同海损损失是由共同海损的行为或共同海损行为直接引起的后果所造成的损失，包括共同海损牺牲和共同海损费用。

② 所谓共同海损的行为，是指在航海冒险中，如船货发生共同危险，为了保护处于危险中的财产，主动而合理地做出或产生的任何特殊牺牲和费用。

③ 如果发生共同海损损失，依照海商法的规定，其他有关利益方应与遭受损失的一方一起承担比例分摊责任，这种分摊称为共同海损分摊。

《1974 年约克—安特卫普规则》指出："所谓共同海损行为，只限于在共同海上冒险时遭遇海难，为共同安全以保存船货为目的，故意而合理做出或发生的任何非常牺牲或费用。"根据上述各种解释，我们可以将共同海损表述为：共同海损是指在同一海上航行中，船舶、货物或其他财产遭遇共同危险，船长为了船货各方的共同安全，有意地、合理地采取措施所直接造成的特殊牺牲和支付的特殊费用。例如，船舶在搁浅时，为使船舶脱离危险，保证船、货的共同安全，船长下令将一部分货物投弃海中，以减轻船舶的负荷，被投弃的货物在物质上做出了牺牲，属共同海损。如果货物被投弃后，船舶仍未起浮，用拖轮拖曳才脱离危险，所支出的重新起浮费等费用也计入共同海损。

由于共同海损的牺牲和费用是为船货的共同安全而做出的，因此这种损失应由获得保全利益的船货各方共同分摊。如果船货分别投保了船舶险和货运险，那么应由各自的保险人承担赔偿。

（3）单独海损和共同海损的区别。综上所述，虽然单独海损和共同海损同属部分损失，但二者在损失发生的原因和损失承担方式上存在差别。

① 从造成损失的原因看，单独海损是因意外的、偶然的事故所直接导致的损失，如船舶载货航行中因遭遇恶劣气候而造成货物湿损，是货物的单独海损；而共同海损则是由于人为的、故意的措施导致的损失，是海上危险危及船货的共同安全时，为解除共同危险采取某些人为措施所产生的损失。

② 从承担损失的方式看，单独海损一般由受损方承担（若涉及第三方的过失，则由过失方负责赔偿），如果受损方投保了海上保险，其损失应由保险人依约赔偿；共同海损是为船货的共同利益而发生，所以应由获益的各关系方按获益的比例进行分摊，如果各关系方投保了相应的海上保险，那么保险人对被保险人应承担的共同海损分摊额负赔偿责任。

3. 费用损失

海上灾害事故除了可能使保险标的本身遭受损失外，还可能导致费用上的损失。海上保险承保的费用损失主要有施救费用、救助费用、特别费用和额外费用等。

（1）施救费用。施救费用是指保险事故发生后，被保险人为防止或减少保险标的的损失，采取各种必要的措施所支付的必要的、合理的费用。保险合同通常规定，保险事故发生后，被保险人有义务积极抢救保险标的，防止损失进一步扩大。被保险人为抢救保险标的所支出的合理费用，不同于保险标的本身遭受的损失，它有利于保护社会财富，有利于保险人对保险标的损失的赔偿额，因而，这种费用应由保险人赔偿。《中华人民共和国保险法》第四十一条规定："保险事故发生时，被保险人有责任尽力采取必要的措施，防止或减少损失。保险事故发生后，被保险人为防止或减少保险标的的损失所支出的必要的、合理的费用，由保险人承担；保险人所承担的数额在保险标的的损失赔偿金额以外另行计算，最高不超过保险金额的数额。”

在处理施救费用赔偿时应注意下面几个问题。

① 施救费用必须产生于保险事故发生之后，其目的是防止或减少保险标的的损失。例如，船舶所载保险货物受海水泡浸，被保险人及时对货物进行抢救并对救出的货物进行分拣、晾晒、整理等，避免损失扩大，在此过程中支出的费用属施救费用。但如果在暴风雨来临前将置于甲板上的货物转移到船舱，这一过程发生的费用则不属于施救费用，换言之，在保险事故发生前所支出的防灾、防损费用不能列入施救费用的范围。

② 施救费用的支出必须是必要的、合理的。这首先要求施救的措施是必要的。如某一舱保险货物发生火灾，积极组织灭火并将烧坏、湿损的货物进行整理，这种措施是必要的；但如果该舱货物起火，尚未波及他舱的保险货物，便将他舱货物转移，这一措施就不能被认为是必要的。其次，施救费用的支出必须是合理的。对于不合理的部分和不属于防止或减少保险事故所致损失而支出的费用，保险人不予赔偿。例如，船舶在航行中发生火灾，火势并不很大，组织船上人员并启用船上消防系统完全可以控制火势并将火救熄，但船上人员唯恐火灾殃及邻舱货物，将邻舱货物全部搬走，在此期间发生的货物搬走、搬回和整理的费用当属不合理。

③ 施救费用是一种单独费用。即保险人对施救费用的赔偿不受保险标的本身损失赔偿金额的限制，但最高不能超过标的的保险金额，也就是说，施救费用的赔偿和标的损失的赔偿最高可以达到两个保险金额。这样规定的目的在于鼓励被保险人在保险标的发生保险事故时积极抢救，减少社会财富的损失，进而减少保险人的赔款支出。若受损财产的损失按比例计算赔偿，则施救费用的赔偿也应按财产损失赔款以相同的比例计算赔偿金额。同时，被保险人即使施救失败也可向保险人申请施救费用赔偿。

还需要指出的是，在施救费用这一概念中，从事施救的主体是被保险人，这也是施救费用的特点。

（2）救助费用。

① 救助费用的含义。救助费用是指船舶和货物在海上遭遇灾害事故，由第三方进行救助后，被救助方支付求助方的报酬。船舶和货物遭遇海难后，按照国际惯例，其他船舶有义务采取救助措施，被救财产方应支付相应的报酬。

② 救助费用产生的条件。

a. 被救助必须是法律所承认的。首先，若救助的标的是财物，则可产生救助费用；若救助的标的是人命，则不产生救助费用。《中华人民共和国海商法》规定，在救助作业中救助人命的救助方，对获救人员不得请求酬金，但是有权从救助船舶或其他财产，防止或减少环境污染损害的救助方获得的救助报酬中，获得合理的份额。其次，救助标的应为法律所承认。若救助军用船舶和政府公务船则一般没有报酬，除非法律有明确规定。

b. 被救物必须处于危险之中。被救助的船货必须处于真正的而非虚拟的危险中，而且，遭遇危险时应在海上或与海相通的可航行水域中。

c. 救助人的行为必须出于自愿。即救助人的行为不是出于义务，这种义务包括法律义务和合同义务。前者是根据法律规定必须救助，如船舶碰撞中过失方对受害方的救助；后者是指根据救助人事先与被救助人订立的有关合同，救助人应予救助的情形，如遇难船舶员救助本船。

《中华人民共和国海商法》规定，下列救助行为无权获得救助报酬：正常履行拖航合同或其他服务合同的义务而进行救助的，但是提供不属于履行上述义务的特殊劳务除外，如离岗休息的船员对本船的救助；不顾遇险船舶的船长、船舶所有人或其他财产所有人明确而合理的拒绝，仍然进行救助的。

d. 救助行为必须有效果。长期以来，国际上都采取“无效果，无报酬”的原则确定救助报酬的支付，若无救助效果，即使救助方付出相当大的代价，也不给予报酬。但自 1980 年以来，这一原则有些变化，主要是为了鼓励对造成油污的船舶进行救助，以及对全部或部分装载石油的油轮进行救助。在上述两种情形下，即使救助不成功，也可索取合理费用。1990 年对此规定又做了进一步修订，其目的是鼓励救助人尽其所能对船舶和货物进行救助，尤其是为防止或减少对环境污染或损害的救助，即使救助不成功，救助人也有权取得特殊补偿。如《中华人民共和国海商法》规定，对构成环境污染损害危险的船舶和货物进行的救助，除获得相当于救助费用的补偿外，还可获得相当于救助费用 30%的特别补偿。

e. 救助人必须是海难中财产关系的第三方。

③ 救助费用的确定。救助费用的确定应遵循以下两个原则。

a. 救助费用不得超过获救财产的价值。但船员的随身物和旅客的行李不构成获救财产的价值。获救价值一般是指船舶和货物等财产获救的估计价值或实际出卖后的收入，扣除有关税款和海关、检疫、检验费用及进行卸载、保管等而产生的费用后的价值。

b. 救助人有过失，救助费用予以减免。《中华人民共和国海商法》规定，确定救助报酬，应当体现对救助作业的鼓励，并综合考虑获救财产的价值、救助的危险程度、救助人的技术水平及所花费的时间与费用等因素。救助人在被救助人没有给付救助报酬的情况下，有权留置获救财产。

救助报酬由获救的船舶、货物等各方按各自获救财产价值占全部财产价值的比例承担。若投保海上保险，则救助费用由保险人负责赔偿。不过保险人对救助费用的赔偿金额是将其合并到保险标的本身的损失进行计算，不得超过保险标的的保险金额。

需要指出的是，同一船东所属的“姊妹船”之间的救助不得请求救助报酬，所以保险人也不负责救助费用的赔偿，除非船舶保险中含有“姊妹船”条款。

（3）特别费用。特别费用是指船舶在海上遭遇海难后，在中途港或避难港卸货、存仓、重装及续运货物所产生的费用。按照国际惯例，这种费用也可列入海上保险的保障范围。保险人对特别费用可以单独负责赔偿。

（4）额外费用。额外费用是指为了证明损失索赔的成立而支付的费用，如检验费、公证费、查勘费、海损理算师费、受损货物处理费等。额外费用一般只有在索赔成立时，保险人才对这些与索赔有关的费用负赔偿责任。如果保险合同对某些额外费用事先有约定，如船舶搁浅后检查船底的费用，不论有无损失发生，保险人都要负责赔偿；又如公证费、查勘费，因公证和查勘是保险人授权进行的，故无论索赔是否成立，保险人都需要负责该项额外费用的赔偿。

额外费用不能加在保险标的的损失金额内，以达到或超过规定的免赔额（率）而要求索赔。

10.2.3 我国海运货物保险的险别与保险条款

保险险别是指保险人对风险和损失的承保责任范围。在保险业务中，各种险别的承保责任是通过各种不同的保险条款所规定的。

我国货物运输保险险别，按照能否单独投保，可分为基本险和附加险两类。基本险可以单独投保，而附加险不能单独投保，只有在投保基本险的基础上才能加保附加险。

1. 基本险

我国的保险公司所规定的基本险包括平安险、水渍险和一切险。

（1）责任范围。

① 平安险。该保险负责赔偿以下情况。

a. 货物在运输途中由于恶劣气候、雷电、海啸、地震、洪水等自然灾害造成整批货物的全部损失或推定全损。当被保险人要求赔付推定全损时，须将受损货物及其权利委付保险公司。被保险货物用驳船运往或运离海轮的，每一驳船所装的货物可视做一个整批。

b. 由于运输工具遭受搁浅、触礁、沉没、互撞，与流冰或其他物体碰撞，以及失火、爆炸等意外事故所造成货物的全部或部分损失。

c. 在运输工具已经发生搁浅、触礁、沉没、焚毁意外事故的情况下，货物在此前后又在海上遭遇恶劣气候、雷电、海啸等自然灾害所造成的部分损失。

d. 在装卸或转运时由于一件或数件整件货物落海造成的全部或部分损失。

e. 被保险人对遭受承保责任范围内的危险货物采取抢救、防止或减少货损的措施而支付的合理费用，但以不超过该批被救货物的保险金额为限。

f. 运输工具遭遇海难后，在避难港由于卸货所引起的损失，以及在中途港、避难港由于卸货、存仓及运送货物所产生的特别费用。

g. 共同海损的牺牲、分摊和救助费用。

h. 运输契约订有“船舶互撞责任”条款，根据该条款规定应由货方偿还船方的损失。

② 水渍险。除包括上述平安险的各项责任外，该保险还负责被保险人货物由于恶劣气候、雷电、海啸、地震、洪水等自然灾害所造成的部分损失。

③ 一切险。除包括上述平安险的各项责任外，该保险还负责被保险货物在运输途中由于外来原因所致的全部或部分损失。

（2）除外责任。该保险对下列损失不负赔偿责任。

① 被保险人的故意行为或过失所造成的损失。

② 属于发货人责任所引起的损失。

③ 在保险责任开始前，被保险货物已存在的品质不良或数量短差所造成的损失。

④ 被保险货物的自然损耗、本质缺陷、特性，以及市价跌落、运输延迟所引起的损失或费用。

⑤ 海洋运输货物战争险条款和货物运输罢工险条款规定的责任范围和除外责任。

（3）责任起讫。

① 该保险负“从仓至仓”责任，自被保险货物运离保险单所载明的起运地仓库或储存处所开始时生效，包括正常运输过程中的海上、陆上、内河和驳船运输在内，直至该项货

物到达保险单所载明的目的地收货人的最后仓库或储存处所，或者被保险人用做分配、分派或非正常运输的其他储存处所为止。若未抵达上述仓库或储存处所，则以被保险货物在最后卸载港全部卸离海轮后满 60 天为止。若在上述 60 天内被保险货物需要转运到非保险单所载明的目的地时，则以该项货物开始转运时终止。

② 由于被保险人无法控制的运输延迟、绕道、被迫卸货、重行装载、转载或承运人运用运输契约赋予的权限所做的任何航海上的变更或终止运输契约，致使被保险货物运到非保险单所载明的目的地时，在被保险人及时将获知的情况通知保险人，并在必要时加缴保险费的情况下，该保险仍继续有效，保险责任按下列规定终止。

a. 被保险货物如在非保险单所载明的目的地出售，保险责任至交货时为止，但不论任何情况，均以被保险货物在卸载港全部卸离海轮后满 60 天为止。

b. 被保险货物如在上述 60 天的期限内继续运往保险单所载原目的地或其他目的地时，保险责任仍按上述条款的规定终止。

（4）被保险人的义务。被保险人应按照以下规定的应尽义务办理有关事项，如因未履行规定的义务而影响保险人利益时，保险公司对有关损失有权拒绝赔偿。

① 当被保险货物运抵保险单所载明的目的港（地）以后，被保险人应及时提货，当发现被保险货物遭受任何损失时，应立即向保险单上所载明的检验、理赔代理人申请检验，若发现被保险货物整件短少或有明显残损痕迹，则应立即向承运人、受托人或有关当局（海关、港务当局等）索取货损、货差证明。如果货损、货差是由于承运人、受托人或其他有关方面的责任所造成的，那么应以书面方式向他们提出索赔，必要时还需要取得延长时效的认证。

② 对遭受承保责任内危险的货物，被保险人和保险公司都可迅速采取合理的抢救措施，防止或减少货物的损失。被保险人采取此项措施，不应视为放弃委付的表示；保险公司采取此项措施，也不得视为接受委付的表示。

③ 如遇航程变更或发现保险单所载明的货物、船名或航程有遗漏或错误时，被保险人应在获悉后立即通知保险人，并在必要时加缴保险费，该保险才能继续有效。

④ 在向保险人索赔时，必须提供下列单证：保险单正本、提单、发票、装箱单、磅码单、货损及货差证明、检验报告及索赔清单。如涉及第三者责任，还须提供向责任方追偿的有关函电及其他必要单证或文件。

⑤ 在获悉有关运输契约中“船舶互撞责任”条款的实际责任后，应及时通知保险人。

（5）索赔期限。保险索赔时效，从被保险货物在最后卸载港全部卸离海轮后起算，最多不超过两年。

2. 附加险

附加险是对基本险的补充和扩大。在海运保险业中，投保人除了投保货物的上述基本险别外，还可根据货物的特点和实际需要，再酌情选择若干附加险别。目前，我国各商业保险公司《海洋运输货物保险条款》中的附加险有一般附加险和特殊附加险。

（1）一般附加险。一般附加险所承保的是由于一般外来风险所造成的全部或部分损失。一般附加险不能作为一个单独的项目投保，而只能在投保平安险或水渍险的基础上，根据货物的特性和需要加保一种或若干种一般附加险。

一般附加险主要包括以下几个种类。

① 偷窃提货不着险。在保险有效期内，保险货物被偷走或窃走，以及货物运抵目的地以后，整件未交的损失，由保险公司负责赔偿。

② 淡水雨淋险。货物在运输中，由于淡水（包括船上淡水舱、水管里的水及汗水等）、雨水、雪融所造成的损失，保险公司都应负责赔偿。

③ 短量险。负责保险货物数量短少和重量损失所出的险损，主要包括货物的短少，保险公司必须查清外包装是否有异常现象，如破口、破袋、开缝等。对散装货物，往往将装船和卸船重量之间的差额作为计算短量的依据。

④ 混杂、玷污险。因保险货物在运输过程中混进了杂质所造成的损失，以及保险货物因为和其他物质接触而被玷污所造成的损失。

⑤ 渗漏险。流质、半流质的液体物质和油类物质，在运输过程中因为容器损坏而引起的渗漏损失。

⑥ 碰损、破碎险。碰损主要是针对金属、木质等货物而言的，破碎则主要是针对易碎性物质而言的。

⑦ 串味险。易感染异味的货物与散发气味的货物堆放在一起，使其串味而遭受的损失。

⑧ 受热、受潮险。受热易变质的货物堆放在热源附近，或者受潮易变质的货物堆放在甲板等易受潮的舱位而造成的损失。

⑨ 钩损险。保险货物在装卸过程中因为使用手钩、吊钩等工具所造成的损失。

⑩ 包装破裂险。在装卸搬运或运输过程中，造成货物包装破损的损失。

⑪ 锈损险。保险公司负责保险货物在运输过程中因为生锈而造成的损失。

（2）特殊附加险。特殊附加险属于附加险类，但不属于一切险的范围之内。

① 战争险。战争险负责赔偿那些直接由于战争行为、类似战争行为、敌对行为、武装行为和海盗行为所致的损失，以及由此所引起的捕获、拘留、扣留、禁止和扣押所造成的损失；各种常规武器（包括水雷、鱼雷、炸弹）所致的损失，以及由上述责任范围而引起的共同海损的牺牲、分摊和救助费用，但不负责赔偿使用核武器所造成的损失。

战争险的保险责任起讫是以水上危险为限，即自货物在起运港装上海轮或驳船时开始，直到目的港卸离海轮或驳船为止。如果不卸离海轮或驳船，那么从海轮到达目的港的当日午夜起算满15天后，保险责任自行终止。如果在中途港转船，那么不论货物是否在当地卸货，保险责任以海轮到达该港或卸货地点的当日午夜起算满15天为止，再装上续运海轮时恢复有效。

② 罢工险。罢工险的赔偿范围通常指被保险货物由于罢工工人被迫停工或参加工潮暴动等，或者因人员的行动或任何人的恶意行为所造成的直接损失和上述行动或行为所引起的共同海损的牺牲、分摊和救助费用。不赔偿的范围包括罢工期间由于劳动力短缺或不能使用劳动力所造成的被保险货物的损失；因罢工引起的动力或燃料缺乏使冷藏机停止工作所致的冷藏货物的损失；无劳动力搬运货物，使货物堆积在码头淋湿受损。

罢工险对保险责任起讫的规定与其他海运货物保险险别一样采取“从仓至仓”条款，按国际保险业惯例，已投保战争险后另加保罢工险，不另增收保险费，若仅要求加保罢工险，则按战争险费率收费。

③ 黄曲霉素险。对被保险货物因运输过程中保管不当致使标的物所含黄曲霉素超过进

口国的限制标准被拒绝进口，导致没收或强制改变用途而遭受的损失负责赔偿。

④ 货物不到险。对不论由于何种原因，从被保险货物装上船舶时开始，不能在预定时间抵达目的地的日期起 6 个月内交货的，负责按全损赔偿。

⑤ 舱面险。被保险货物存放舱面时，除按保险单所载条款赔偿，还应赔偿包括被抛弃或被风浪冲击落水在内的损失。

⑥ 进口关税险。当被保险货物受保险责任范围以内的损失，而被保险人仍须按完好货物的价值运完全程时，保险公司对损失部分货物的进口关税负责赔偿。

⑦ 拒收险。对被保险货物在进口港被进口国的政府或有关当局拒绝进口或没收，按货物的保险价值负责赔偿。

⑧ 货物运抵中国香港或中国澳门地区存仓火险责任扩展条款。被保险货物运抵目的地中国香港或中国澳门地区并卸离运输工具后，若直接存放于保单载明的过户银行所指定的仓库，则本保险对存仓火险的责任至银行收回押款，并解除货物的权益为止，或者自运输险责任终止时起满 30 天为止。

子任务三 陆上与航空货物运输保险

10.3.1 陆上运输货物保险

1. 风险与损失

货物在路运过程中，可能遭受各种自然灾害和意外事故。常见的风险有：车辆碰撞、倾覆和出轨、路基坍塌、桥梁折断、道路损坏，以及火灾和爆炸等意外事故；雷电、洪水、地震、火山爆发、暴风雨，以及霜、雪、冰雹等自然灾害；战争、罢工、偷窃、货物残损、短少、渗漏等因外来原因所造成的风险。这些风险会给运输途中的货物造成损失。货主为了转嫁风险损失，就需要办理陆运货物风险。

2. 陆运货物保险的两个基本险别

（1）陆运险。对被保险货物在运输途中遭受暴风、雷电、地震、洪水等自然灾害，或者由于陆上运输工具遭受碰撞倾覆或出轨，如有驳运过程则包括驳运工具搁浅、触礁、沉没；或者由于遭受隧道坍塌、崖崩或火灾、爆炸等意外事故所造成的全部或部分损失，负责赔偿。

被保险人对遭受承保责任范围内危险的货物采取抢救、防止或减少货损的措施而支付的合理费用，但以不超过该批被救货物的保险金额为限。

（2）陆运一切险。除包括上述陆运险的责任，对在运输中由于外来原因造成的短少、短量、偷窃、渗漏、碰损、破碎、钩损、生锈、受潮、受热、发霉、串味、污损等全部或部分损失负赔偿责任。

在投保上述任何一种基本险别时，经过协商还可加保附加险。

3. 除外责任

陆运货物保险对下列损失不负赔偿责任。

（1）被保险人的故意行为或因过失所造成的损失。

（2）属于发货人责任所引起的损失。

（3）在保险责任开始前，被保险货物已存在的品质不良或数量短差所造成的损失。

（4）被保险货物的自然损耗、本质缺陷、特性及市场跌落、运输延迟所引起的损失或费用。

（5）陆运货物战争险条款和货物及罢工险条款规定的责任范围和除外责任。

4. 责任起讫

陆运基本险负“从仓至仓”责任，自被保险货物运离保险单所载明的起运地仓库或储存处所开始时生效，包括正常运输过程中的陆上和与其有关的水上驳运在内，直至该项货物运达保险单所载目的地收款人的最后仓库或储存处所，或者被保险人用做分配、分派的其他储存处所为止。若未运抵上述仓库或储存处所，则以被保险货物运抵最后卸载的车站满 60 天为止。

5. 被保险人的义务

被保险人应按照以下规定的应尽义务办理有关事项，如因未履行规定的义务而影响本公司利益时，保险人对有关损失有权拒绝赔偿。

（1）当被保险货物运抵保险单所载目的地以后，被保险人应及时提货，当发现被保险货物遭受任何损失，应立即向保险单上所载明的检验、理赔代理申请检验。如发现被保险货物整件短少或有明显残损痕迹，应立即向承运人、受托人或有关当局索取货损、货差证明，如果货损、货差是由于承运人、受托人或其他有关方面的责任所造成的，那么应以书面方式向他们提出索赔，必要时还需要取得延长时效的认证。

（2）对遭受承保责任范围内危险的货物，应迅速采取合理的抢救措施，防止或减少货物损失。

（3）在向保险人索赔时，必须提供的单证包括：保险单正本、提单、发票、装箱单、磅码单、货损及货差证明、检验报告及索赔清单。如涉及第三者责任还须提供向责任方追偿的有关函电及其他必要单证或文件。

6. 索赔期限

该保险索赔时效，从被保险货物在最后目的地车站全部卸离车辆后计算，最多不超过两年。

10.3.2 航空运输货物保险

1. 风险与损失

货物在空运过程中，有可能因自然灾害、意外事故和各种外来风险而导致货物全部或部分损失。常见的风险有：雷电、火灾、爆炸，飞机遭受碰撞倾覆、坠落、失踪，战争破坏及被保险货物由于飞机遇到恶劣气候或其他危难事故而被抛弃等。为了转嫁上述风险，空运货物一般都需要办理保险。

2. 航空运输货物保险的两个基本险别

航空运输保险有两个基本险别：航空运输险和航空运输一切险。

（1）航空运输险。航空运输险，对被保货物在运输途中遭受雷击、火灾、爆炸，或者由于飞机遭受恶劣气候或其他危难事故而被放弃，或者由于飞机遭受碰撞、轻浮、坠落或失踪等意外事故所造成的全部或部分损失负赔偿责任。

（2）航空运输一切险。航空运输一切险，除包括上述航空运输险的责任，还负责由于外来原因所致的全部或部分损失。

这两种基本险都可单独投保，在投保其中之一的基础上，经投保人与保险公司协商可以加保战争险等附加险。加保时需要另付保险费。在加保战争险的前提下再加保罢工险，不另收保险费。

3. 除外责任

航空运输险和航空运输一切险对下列损失不负赔偿责任：

（1）被保险人的故意行为或过失所造成的损失；

（2）属于发货人责任所引起的损失；

（3）保险责任开始前，被保险货物已存在的品质不良或数量短差所造成的损失；

（4）被保险货物的自然损耗、本质缺陷、特性，以及市价跌落、运输延迟所引起的损失或费用；

（5）航空运输货物战争险条款和货物及罢工险条款规定的责任范围和除外责任。

4. 责任起讫

航空运输险和航空运输一切险的责任起讫负“从仓至仓”责任，自被保险货物运离保险单所载明的起运地仓库或储存处所开始时生效，包括正常运输过程中的运输工具在内，直至该项货物运达保险单所载明目的地收货人的最后仓库或储存处所，或者被保险人用做分配、分派或非正常运输的其他储存处所为止。若未运抵上述仓库或储存处所，则以被保险货物在最后卸载地卸离飞机后满 30 天为止。若在上述 30 天内被保险的货物需要转送到非保险单所载明的目的地，则以该项货物开始转运时终止。

由于被保险人无法控制的运输延迟、绕道、被迫卸货、重行装载、转载或承运人运用运输契约赋予的权限所做的任何航行上的变更或终止运输契约，致使被保险货物运到非保险单所载目的地时，在被保险人及时将获知的情况通知保险人，并在必要时加缴保险费的情况下，本保险仍继续有效，保险责任按下述规定终止。

（1）被保险货物如在非保险单所载目的地出售，保险责任至交货时为止。但不论任何情况，均以被保险的货物在卸载地卸离飞机后满 30 天为止。

（2）被保险货物在上述 30 天期限内继续运往保险单所载原目的地或其他目的地时，保险责任仍按上述条款的规定终止。

航空运输货物战争险的责任期限，是自货物装上飞机时开始至卸离保险单所载明的目的地的飞机时为止。

5. 被保险人的义务

被保险人应按照以下规定的应尽义务办理有关事项，如因未履行规定的义务而影响保险人利益时，保险人对有关损失有权拒绝赔偿。

（1）当被保险货物运抵保险单所载目的地以后，被保险人应及时提货，当发现被保险货物遭受任何损失，应立即向保险单上所载明的检验、理赔代理人申请检验，如发现被保险货物整件短少或有明显残损痕迹，应立即向承运人、受托人或有关当局索取货损、货差证明。如果货损、货差是由于承运人、受托人或其他有关方面的责任造成的，应以书面方式向他们提出索赔。必要时还需要取得延长时效的认证。

（2）对遭受承保责任范围内危险的货物，应迅速采取合理的抢救措施，防止或减少货物损失。

（3）在向保险人索赔时，必须提供的单证包括：保险单正本、提单、发票、装箱单、磅码单、货损及货差证明、检验报告及索赔清单，如涉及第三者责任还须提供向责任方赔偿的有关函电及其他必要单证或文件。

6. 索赔期限

本保险索赔时效，从被保险货物在最后卸载地卸离飞机后开始计算，最多不超过两年。

子任务四 运输保险业务管理

运输保险业务基本流程如图 10.2 所示。

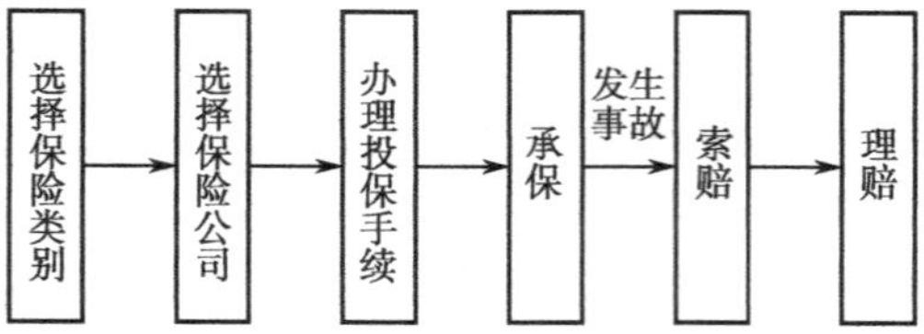

图 10.2 运输保险业务基本流程

10.4.1 承保

1. 审核投保单

当货主需要对一笔货物进行保险时，先要同保险公司联系，通常是填制一张投保单，经保险公司接受后便开始生效。保险公司出立保险单以投保人的填报内容为准。因此，在承保前必须仔细审核投保单中的如下内容。

（1）被保险人名称。这一项要按照保险利益的实际有关人填写，如属买方或卖方投保的则分别写上名称，因为保险是否有效，同被保险人的保险利益直接相关。

（2）标记。这一项应该与提单上所载的标记符号相一致，特别要同刷在货物外包装上的实际标记符号一致，以免发生索赔时，引起检验、核赔、确定责任的混乱。

（3）包装数量。对货物的包装方式，如箱、包、件、捆及数量，均须书写清楚。

（4）货物名称。货物的名称必须具体明确，如棉布、袜子、玻璃器皿等。一般不要笼统地写纺织品、百货、杂货等。

（5）保险金额。要按照发票的 CIF（Cost，Insurance and Freight，成本加保险费加运费）价值加上一定的加成，加成的比例一般是 10%，也可以根据实际情况加二成或三成等。如果发票价为 FOB（Free on Board，离岸价）或 CFR（Cost and Freight，成本加运费），应将运费、保险费相应加上去，再加成计算保险金额。

（6）船名或装运工具。使用轮船的应写明船名，需要转运的也要写明；若是火车或航空运输的，则最好注明火车班次和班机航次。若采用联运方式，则最好写明联运方式的种类。

（7）开航日期。若有确切日期，则填上×月×日；若无确切日期则填上约于×月×日。

（8）提单或运单号码。提单或运单的号码要填写清楚，以备保险公司核对。

（9）航程或路程。应写明“自××港（地）到××港（地）”，若到达目的地的路线有两条，则要写上“自××经××到××”。

（10）承保险别。需要投保哪个险种要写明确，不能含糊，对保险条款有特别要求的，也要在这一栏内注明。

（11）赔款地点。一般都是在保险目的地支付赔款，如果要求在保险目的地以外的地方给付赔款应该申明。

（12）投保日期。投保日期应在船舶开航或运输工具开行之前。

2. 保险标的检验

保险标的检验主要是对新投保和续保保户的投保标的进行风险大小的检验。

（1）验险的内容。验险内容包括核对投保标的的地址、名称是否与投保单一致，与保险责任有关的消防制度、安全值班制度等安全制度的情况。例如，从投保单位领导到基层班组是否有专、兼职安全工作人员；各种预防灾害事故的设施、器材的数量和性能；保险标的环境情况；有无明显的危险及处于危险状态中的财产；发运货物包装是否符合规定；机动车、船是否符合适驾、适航要求。

对于一些资产较多和技术复杂的投保企业，可聘请有关的技术专家协同进行标的验险。

（2）绘制标的及其周围环境平面图。按一定的比例尺，绘出被检标的平面图及周围环境图，并对危险隐患、危险点、重点部位用红笔做明显的标注。

3. 风险的评估

保险公司对投保人的货运保险投保申请进行选择，保险人的选择就是利用已掌握的信息和资料，对保险标的的风险因素进行分析和评估的过程。对于货运保险的承保，保险公司考虑的风险因素主要有以下几个方面。

（1）货物的性质和特点。运输货物的性质、特点是评估货物运输风险的首要因素，在评估风险因素时必须充分考虑货物本身的性质和特点，并据以确定适当的风险等级和承保标准。例如，粮谷类商品（如粮食、花生仁、豆类、饲料等）的特点是含有水分，经过长途运输水分蒸发可能造成短量；家用电器、精密仪器及相机等商品，在运输途中易受碰损和盗窃。

（2）货物的包装。货物的包装状况，对其在运输途中遭受的损失和损失程度关系极大。有些货物在运输及装卸、转运过程中，常因包装破损而造成质量上或数量上的损失，特别是一些玻璃制品、陶瓷制品、手工艺品及仪表等货物。因此，在进行风险因素分析和评估时，应对可能发生的损失及货物损失的严重性的影响加以考虑。

（3）运输工具。运输工具的新旧程度、抗灾能力、设备状况等条件与货物在运输途中面临的风险程度大小有着密切的关系。因此，载货工具的情况是货运承保人考虑的一项重要的风险因素。例如，船龄在15年以上的为老船，用这样的船运输货物，保险公司要适当加收费用。

（4）运输路线。运输路线不同，对货物可能遭受的风险和损失也有很大的不同。某些航线途经气候炎热的地区，如果载货船舶通风不良，就会增大货物的受潮、受热损失。

（5）运输季节因素。货物运输季节不同，也会使运输货物面临不同的风险和损失。例如，载货船舶冬季在封冰区的海域航行，极易发生与流动冰山碰撞的事故。

（6）投保险别。保险人对货物承担的责任大小是由投保人选择的保险险别决定的。投保人选择的保障范围越大，保险人承担的风险责任就越大。

4. 核定与计算保险费

保险费率是保险人以保险标的的风险性大小、损失率高低、经营费用多少等为依据，根据不同的商品，不同的目的地，以及不同的投保险别所制定的保险价格。

审核投保单后，由经办人按照货物的种类、保险目的地、承保险别等有关内容，以及费率表确定的费率计算出应收保险费，并在投保单上注明，交复核人员审核。

货物运输保险的费率分为海洋货物运输保险费率、海洋运输战争险费率、附加险费率、专门险费率。

保险公司根据以上基本费率，参考投保货物的风险因素大小，在基本费率上进行调整。

货物运输险的保险费是以货物的保险金额为基础，按一定的保险费率计算出来的，其计算公式如下：

$$保险费=保险金额\times保险费率$$

如按CIF加成投保，以上公式可改为：

$$保险费=CIF（1+保险加成率）\times 保险费率$$

在已知 CFR 价格的条件下保险费还可以按下列方法计算：

$$保险费=CIF 价格-CFR 价格$$

5. 缮制保险单和保险费收据

投保单经审核无误后，即凭以缮制保险单和保险费收据，缮制时要注意以下几点。

（1）根据信用证上的要求出立保险单或保险凭证。

（2）保险单或凭证的份数可根据投保人的需要确定。

（3）保险单或凭证要按编号顺序使用，对注销的保险单或凭证要将正本按号排列归档，以便查核。

（4）承保险别的措辞，既要符合信用证上所列的要求，又要符合保险习惯，以明确保险责任。

（5）各种货物运输保险条款应按首先列主要险（如平安险、水渍险、一切险），其次列附加险（如偷盗险、短量险），然后列特别附加险（如舱面险），最后列特别条款（如码头检验条款）或扩展责任等的顺序进行排列。缮制完毕后，制单人员应在保险单（凭证）的副本留底上签字。

6. 粘贴保险条款和特约条款

对于特殊附加险的拒收险、货物不到险及限制性条款的海关检验条款等，为使被保险人明了责任，应在保险单上粘贴条款。条款的粘贴应按首先贴主要险别的条款，其次贴附加险的条款，然后贴特别附加险的条款，最后贴特别条款的次序进行。

7. 复核

保险单（凭证）制成后，应由复核人员复核，对复核的要求是：保险单或凭证上的项目是否打印完全；保险单或凭证上的内容和投保单所列的内容是否一致；承保险别是否符合投保单位或信用证上的要求，措辞是否明确并符合保险习惯；理赔检验代理人的名称、地址是否准确；保险费率和保险费的计算是否有误；承保的这笔业务是否符合有关政策的规定。

经以上复核无误后，由复核人员在保单副本留底上签字。

8. 签章

复核完毕后，将保险单或凭证送负责人或指定签章人员加盖公司章和负责人手章。

9. 单据分发

缮制完毕的保险单或凭证应连同保险费收据（或保费结算清单）分发如下。

（1）保险单或凭证正本和投保单位需要的副本份数连同保险费收据（清单）送投保人。

（2）保险公司自留的保险单或凭证副本两份，一份连同保险费收据（清单）按顺序号理齐，订本归卷，留备以后理赔时查阅；另一份留作统计或办理分保船卡时使用。

（3）保险费收据（清单）一份送会计部门收费入账。

10.4.2 索赔

在货物运输过程中，发生事故或货损、货差等不正常情况后，承运人应及时做出事故记录，并及时行使索赔权利。

1. 出险通知

保险标的发生保险事故后，被保险人应根据保险合同的有关规定向保险人报告损失情况，并提出索赔请求。

（1）出险通知的内容。出险通知的内容主要包括两个方面，即危险发生通知与提出索赔。危险发生通知与提出索赔二者是截然不同的，不能混淆。危险发生通知是保险合同约定的被保险人的一项义务，《中华人民共和国保险法》（以下简称“保险法”）第二十二条规定：“投保人、被保险人或受益人知道保险事故发生后，应当及时通知保险人。”而提出索赔则是被保险人依法享有的一项权利，“保险法”第二十三条明确规定：“保险事故发生后，依照保险合同请求保险人赔偿或给付保险金时，投保人、被保险人或受益人应当向保险人提供其所能提供的与确认保险事故的性质、原因、损失程度等有关的证明和资料。”

（2）出险通知的方式。被保险人一经获悉或发现保险标的遭受损失，应立即通知保险公司。

出险通知是以口头方式进行，还是以书面方式进行，法律无明文规定。但如果合同明确规定以书面方式通知，那么被保险人必须以书面形式通知保险人。

若以口头方式通知，则保险人于接到被保险人危险发生口头通知时，须要求其及时填写“出险通知书”。

（3）通知的期限。保险标的发生保险责任范围内的灾害事故后，被保险人应立即通知保险人。所谓“立即通知”，是要求被保险人在主观上能办得到和在客观条件允许的情况下，迅速通知保险人。被保险人应采取就近原则，及时通知保险人或其在当地的检验代理人，申请对损失进行检验，保险人在接到损失通知后，就可以对损失进行检验，并采取相应的措施控制损失等。若被保险人延迟通知，则会耽误保险公司办理有关工作，影响索赔甚至引起争议。

如果被保险人在规定的期间内不行使索赔请求权，那么该请求权因期限届满而消失。但如果由于不可抗力的原因，被保险人未能及时履行保险事故通知义务，那么保险人不能以“未及时通知”为由拒绝赔偿。

对于通知期限，要注意各类保险条款中关于时效的规定。

（4）危险事故通知迟延的法律后果。对于危险事故通知迟延，国际上通常有两种做法：第一，保险人只能对投保人或被保险人因出险通知延迟而扩大的损失拒绝赔偿，不能解除保险合同；第二，出险通知不在规定期限内进行的，保险人可以免责。

2. 采取施救和整理措施

被保险人对受损失货物应积极采取措施进行施救和整理。被保险货物受损后，作为货方的被保险人，除了应及时通知保险公司或保险公司的代理人请求对受损货物进行联合检验之外，还应会同保险公司或其代理人对受损的货物采取必要的施救和整理措施以防止损失扩大。

保险人对合理的施救费用负担补偿义务。即被保险人为了抢救及保护、整理保险财产而支出必要、合理的费用应由保险人负担。

另外，对于受损货物的转售、修理、改变用途等被保险人也负有处理的义务。这是因为被保险人对货物的性能、用途比保险公司更为熟悉，能更好地利用物资。在我国，无论是进口货物还是国内运输的货物受损后，原则上都应由货方自行处理。当然，被保险人在对受损货物进行转售、修理、改变用途等工作之前，必须通知保险公司或征得保险公司的同意。

3. 提出赔偿请求

若保险标的遭受的损失经过损失检验确认是由保单承保风险造成的，则被保险人可根据保险合同的有关规定向保险公司提出索赔申请。

（1）赔偿请求提出的对象、形式和方式。赔偿请求应由发货人向发站或发送局、收货人向到站或到达局以书面形式按批提出。对因货物全部或部分灭失、质量不足、毁损、腐坏或因其他原因降低质量所发生的损失和对运送费用多收款额提出赔偿请求的，在我国采用《铁路货物运输规程》规定的“赔偿要求书”。对运到逾期提出赔偿请求的，采用国际货协附件 20 号“货物运到逾期赔偿请求书”，一式两份。

提出的方式是按每批货物提出。但下列情况例外：提出返还运送费用多收款额的赔偿请求时，可按数批货物提出；当国外铁路数批货物编写一份商务记录时，应按商务记录中记载的批数一并提出。

（2）赔偿请求提出的依据及随附文件。

① 货物全部灭失时，若由发货人提出，则须同时提供运单副本；若由收货人提出，则须同时提供运单副本或运单正本和货物到达通知单，以及铁路在到站交给收货人的商务记录。

② 货物部分灭失、毁损、腐坏或因其他原因降低质量时，由发货人或收货人提出，同时须提供运单正本（或副本）和货物到达通知单，以及铁路在到站交给收货人的商务记录。

③ 货物运到逾期时，由收货人提出，同时须提供运单正本和货物到达通知单，如国内段运到逾期时，还应提供运费杂费收据（可用复印件或抄件）。

④ 多收运费时，若由发货人提出，则须同时提供运单副本或发送站现行国内规章规定的其他文件；由收货人提出，须同时提供运单正本和货物到达通知单。

（3）赔偿请求的时效。发、收货人向铁路部门提出的赔偿请求，应在 9 个月内提出；货物运到逾期的赔偿请求，应在两个月内提出。上述时效按下列规定计算：

① 关于货物部分灭失、质量不足、毁损、腐坏或因其他原因降低质量的赔偿请求以及逾期运到的赔偿请求，自货物交付收货人之日起计算；

② 关于货物全部灭失的赔偿请求，自“国际货协”第十四条规定的货物运到期限后满 30 天起计算；

③ 关于补充支付运费、杂费、罚款的赔偿请求，或者关于退还该项款额的赔偿请求，或者关于因将运价弄错及费用计算错误所发生的订正清算的赔偿请求，自付款之日起计算，如未付款时，自货物交付之日起计算；

④ 关于支付变卖货物的余款的赔偿请求，自变卖货物之日起计算；

⑤ 其他一切赔偿请求，自确定成为索赔的根据之日起计算。

4. 接受检验

保险事故发生后，被保险人要保护出险现场，并提供检验上的方便，使保险人能正确、迅速地进行核赔。因此，保险事故发生后，被保险人对于现场情形在未经保险人勘定以前不得变更，更不允许进行隐瞒实情、藏匿变售等不法行为。但经由保险人同意，与理赔的进行无关的情况例外。

5. 向保险人提供索赔单证

所谓索赔单证，是指当被保险人就保险单项下的损失向保险人索赔时应该递送的与确认保险事故的性质、原因、损失程度等有关的证明和资料。索赔单证的范围是相当广泛的，主要包括：保险单、保险凭证的正本；有关保险标的的账册、收据、发票等原始单据，以及提单、运输合同；出险调查报告、出险证明书及损失鉴定证明等；保险财产损失清单和施救整理费用的原始单据。

知识链接

出口货物遭受损失保险赔付

属于出口货物遭受损失，对方（进口方）向保险单所载明的国外理赔代理人提出索赔申请。中国人民保险公司在世界各主要港口和城市均设有委托国外检验代理人和理赔代理人两种机构。前者负责检验货物损失，收货人取得检验报告后，附同其他单证，自行向出单公司索赔；后者可在授权的一定金额内，直接处理，就地给付赔款。

10.4.3 理赔

保险理赔是指保险人根据保险合同或有关的法律、法规，受理被保险人提出的赔偿损失的请求，对损失进行查勘、检验、定损、理算、赔偿等业务活动，若损失赔偿涉及第三者的责任，保险人还应进行追偿工作。保险货物发生损失后，作为被保险人不仅要依据保险合同的规定积极做好索赔工作，还应对保险理赔工作有个全面的了解。这样便于保险公司理赔人员开展工作，减少对保险的误解。

1. 填写出险通知书

保险人接到出险通知后，应立即对保险单的副本或批单进行核对，并请被保险人填写出险通知书，抄录有关保险单副本和批单一份，以便在查勘前能了解承保的有关情况，做到心中有数。

2. 确定理赔责任

当保险人收到出险通知以后，应对以下问题进行调查，以便确定理赔责任：

（1）保单是否仍有效力；

（2）被保险人提供的单证是否齐全和真实；

（3）损失是否由所保风险引起；

（4）已遭损毁的财产，是否为所承保的财产；

（5）保险事故发生的地点，是否在承保范围之内；

（6）保险事故发生的结果，是否构成要求赔偿的要件；

（7）请求赔偿的人，是否有权提出赔偿请求；

（8）在损失发生的时候，被保险人是否对保险标的具有保险利益。

3. 查明出险原因与保险标的受损情况

保险人或其代理人获悉损失后，应立即对受损保险标的进行现场查勘检验工作。这是因为保险人所承担的保险责任是有一定范围的，所以保险人必须对造成保险标的损失的原因进行检查，以确定发生的危险事故是否属于承保危险。勘查保险事故发生的原因和经过，主要是了解保险事故发生的时间、地点、气候条件等方面的情况，事故发生的过程及后果，为确定保险赔偿的处理提供现场材料。由于造成风险事故的原因是多种多样的，有的出险原因比较明确，有的则比较复杂，对此要进行反复调查。首先，要对出险前后的自然现象和有关情况进行了解，如当时的风向、水位流速、电源安装及规章制度执行的情况等；其次，要对各种现象进行分析比较，分清直接因素与间接因素、主要因素与次要因素、自然因素与人为因素，确定真实原因。

保险标的发生损失后，被保险人或其代理人根据合同规定有义务采取措施进行抢险。保险人或其代理人、委托人到达事故现场后，如能确定该项事故属于保险责任范围，应立即组织进一步的施救或救助工作，以减少保险标的损失，防止损失扩大。

如果保险标的的损失涉及第三者责任，应取得有关证据，并采取相应的措施。例如，在海上运输保险中的货物损失是由船方责任造成的，保险人或其代理人在查勘检验时，应设法收集船舶是否适航、适货的证据，或者要求船方提供担保，对重大损失可申请扣船等。

4. 损失核算

保险人的赔偿责任一经确定，应计算出赔偿金额，尽快支付保险赔偿款。

保险人给付保险金包括实际损失和用于施救、诉讼等的合理费用。在核算给付保险金时，实际损失和合理费用应分别计算。

（1）保险标的实际损失的计算。首先，在核算实际损失时应分清哪些是保险标的的损失，哪些不是保险标的的损失，对不属于赔付金额范围内的损失应予以剔除。其次，损失的程度及数额要根据查勘报告，辅以各项单证和专业部门及专家的意见确定。最后，实际损失的计算，应以保险事故发生时，保险标的的实际现金价值为准。

（2）直接费用的计算。直接费用是指发生保险事故时，被保险人为了抢救、保护保险财产所支付的合理费用，被保险人的诉讼费用及对受损标的的检验、鉴定、估损和整理的费用。对于直接费用，依照我国现行法规规定，应由保险人负责偿还。

5. 赔偿给付

保险事故发生后，经调查属实并估定赔偿金额后，如保险合同规定有期限的，保险人应在约定期限内给付；如果没有约定的，也应尽快做出给付。赔偿给付形式通常为货币方式，如果保险合同有特别约定，保险人有必要时，也可以选择货币以外的方式进行赔偿。

6. 损失处理、代位追偿

在财产保险中，受灾的财物有时还有一定价值，保险公司在全部赔付后，有权处理损失物资。对受损财产的残余部分应根据其可用程度，实事求是地作价折旧后从赔偿款中扣除。如双方不能达成协议，可报请公司领导批准收回处理，收回的损余物资要严格按规定手续办理，由被保险人开列详细清单，保险公司再签收，损余处理的收入必须按规定冲减赔款，不得转移和挪用。

代位权是指原债权人将所有各种利益转让给第三人，第三人在其转让的范围内行使其债权。保险标的发生的保险责任范围内的损失，如根据国家法律或有关约定，应由第三者负责时，保险人可先行赔付，然后由被保险人填具权益转让书，将向责任方索赔的权利转移给保险人。实行代位追偿权时，应注意要求被保险人在索赔有效期间内向保险人进行权益转让，以避免因赔偿期失效，而导致保险人丧失追偿权。

实行代位追偿权的依据是：当保险标的因发生保险事故而遭受损失时，若事故是由第三人行为所致，则被保险人既可以因第三人的侵权或违约行为向其提出赔偿请求，同时又可从保险人方面获得赔偿金。如果这样，被保险人就可取得双倍于损失的补偿，这与保险合同的赔偿原则是相悖的，因此，被保险人如果从保险人处取得补偿后，应将赔偿请求权转移给保险人。

7. 诉讼、仲裁与和解

在运输保险中，如果发生事故，造成买卖任何一方遭受损失时，可以提出索赔，索赔不遂，可通过诉讼、仲裁或调解途径解决。

（1）诉讼。诉讼就是通过履行法律程序求得解决。各国法院在审理保险案件的做法上尽管有所不同，但大致都要经过起诉、担保、审判和执行 4 个步骤。

（2）仲裁。仲裁为目前解决国际商务纠纷最普遍的形式。与诉讼相比，仲裁程序迅速、费用低廉；时间和地点的规定比较灵活；仲裁人较精通商业买卖实情，容易解决纠纷；诉讼程序常为公开，仲裁手续多不公开，有利于商业保密。

多数国家实行三人制的仲裁方式，三人仲裁员是由双方各指定一名仲裁员，再由这两名仲裁员推选一人任首席仲裁员，三人组成仲裁法庭。对仲裁人员的要求各有不同，但一般都要求是与争议双方没有利害关系的人。

仲裁机构本身没有强制执行权。因此，仲裁做出的判决要求当事人双方自愿执行。一旦败诉方拒不执行时，仲裁判决即告无效。

（3）调解。调解亦称和解，一种是在诉讼（或仲裁）案件审理之前，进行庭外和解；另一种是由当事人之间协商进行调解。

一般来说，当争端发生时，应先采用和解方式，不能解决时，再采用仲裁甚至诉讼方式解决。

任务小结

- 任务十：运输保险业务
  - 子任务一：运输保险的类型
    - 运输保险的意义
    - 运输保险的作用
    - 与运输相关的保险
  - 子任务二：海上货物运输保险
    - 风险
    - 损失和费用
    - 我国海运货物保险的险别与保险条款
  - 子任务三：陆上与航空货物运输保险
    - 陆上运输货物保险
    - 航空运输货物保险
  - 子任务四：运输保险业务管理
    - 承保
    - 索赔
    - 理赔

职场训练

训练一

【训练目的】某物流公司货运事故处理操作。

1．能够完成一次处理货物运输事故的训练。

2．能够通过实际事故处理，正确地划分运输当事人的责任、权利和义务，并完成货运事故的处理工作。

3．能够掌握货运纠纷的解决办法。

【训练内容】

沈阳强英公司是专业经营电石和其他化学危险品的公司，坐落于沈阳市皇姑区松山西路 59 号。李军系个体货运车主，其车（车牌号为辽 A 73484，汽车系消费贷款购置）上户在沈阳三友物流公司（沈阳张四经济技术开发区建设路 229 号）名下。李军及沈阳三友物流公司均无承运危险品的资质，且三友物流公司也没有开展危险品货运业务。2009 年 5 月 5 日，强英公司负责人打电话与李军联系，约定由李军运送电石共计 100 包，单包重量 100 千克，共计 10 吨，运价按每吨 500 元计算。2009 年 5 月 9 日，强英公司经工商银行向李军异地汇款 4 000 元作为预付运费，同日，李军装载了包装为编织袋散包装的电石 10 吨从沈阳运往位于江苏省南通市凌河区重庆路 2 段 26 号的南通市永利化学危险品贸易公司。收货人联系电话：0513—8622××××，联系人：徐泽诚。强英公司要求此批电石于 2009 年 5 月 13 日晚 6 点前送达即可。

该业务运单如表 10.1 所示。

表 10.1　沈阳三友物流公司运单

起运日期：2009 年 5 月 9 日　　　　运单编号：辽 N10322451

承运人	沈阳三友物流公司	地址	沈阳张四经济技术开发区建设路 229 号	电话传真	024—2264××××	车牌号	辽 A73484	运输证号	14000006198	车型			挂车牌号	
托运人	沈阳强英公司	地址	沈阳市皇姑区松山西路 59 号	电话传真	024—8976××××	装货地点		沈阳张四经济技术开发区建设路 229 号沈阳三友物流公司货运中心						
收货人	南通市永利化学危险品贸易公司	地址	江苏省南通市凌河区重庆路 2 段 26 号	电话传真	0513—8622××××	卸货地点		江苏省南通市凌河区重庆路 2 段 26 号南通市永利化学危险品贸易公司						
货物名称及规格	包装形式	体积为长×宽×高（厘米）	件数	实际重量（吨）	计费重量（吨）	计费里程（千米）	货运周转量（吨千米）	货物等级	运价率	运费金额	其他杂费		保价、保险	
											项目	金额	金额	费率
电石	编织袋		100	10					500	5 000	装卸费			
											过路费 过桥费			
合计			100	10					5 000					
货物运单签订地	沈阳	结算方式	汇款	付款方式 / 计价单位	吨	运杂费合计	万　仟　佰　拾　元　角　分							
特约事项							托运人签章或运输合同编号		托运人签章 年　月　日			收货人签章 年　月　日		

说明：本运单一式二份：①受理存根；②托运回执。

本运单经承运人与托运人双方签章后具有合同效力。承运人与托运人、收货人之间的权利、义务和责任界限根据《中华人民共和国交通部汽车货物运输规则》及《汽车运价规则》等规定。

途中遇到阴雨天气，李军对承运电石采取了苫布遮盖等措施。2009 年 5 月 12 日凌晨 2 时，李军发现有气体从车厢冒出，即上车检查。检查过程中，电石突然爆炸并起火自燃，将李军掀下车，致其脚骨骨折。李军打电话报警，消防人员到达后，因交通堵塞，灭火用的沙石等无法运达，无法灭火。根据现场状况，有关部门将车上的电石倾倒在高速公路服务区水坑内，并控制局势，使其稳定燃烧，致使电石全部灭失。事后，因租用吊车、医疗、维修汽车等支出费用 1.6 万余元。所收运费 4 000 元因途中油耗、过路费等消耗殆尽。2009 年 5 月 12 日 10 时，李军通知三友物流公司业务员到事故现场，并填写《汽车货运事故记录》。此单业务是李军与强英公司双方口头商定的，直到承运时均通过电话联系，未见过面。强英公司未对李军及三友物流公司有无承运危险物品的资质进行审核，未将承运电石妥善包装，做好危险品标志和标签，也未提交有关电石性质和防范措施的书面材料。现强英公司要求三友物流公司及李军赔偿全部电石损失及返还已付运费。如果你是三友物流公司运输事故处理员，请对这起货运事故进行处理，提出解决办法并撰写事故分析处理报告。

【训练方法】

1．学生分组分角色模拟演练本次任务的操作过程；每组派一名学生阐述本小组编写的货运事故处理报告；教师进行点评总结。

2．时间：60 分钟。

3．地点：教室。

训练二

【训练目的】熟悉和掌握运输保险纠纷的解决。

【训练内容】

浙江省某外贸公司进口散装水泥一批，曾经向保险公司投保一切险，货抵目的港后，全部卸至港务公司仓库。在卸货过程中，外贸公司与装卸公司签订了一份灌装协议，并立即开始灌装。某日，由装卸公司根据协议书将已灌装成包的半数货物堆放在港区内铁路边堆场，等待铁路转运至他地以交付不同的买主。另一半留在仓库尚待灌装的散货，因受台风的袭击，遭受严重的湿损。外贸公司遂就遭受湿损部分向保险公司索赔，被保险公司拒绝。你认为保险公司的做法有道理吗？并请说明理由。

【训练方法】

1．学生分组讨论；每组派一名学生阐述本组讨论结果；教师进行点评总结。

2．时间：20 分钟。

3．地点：教室。

训练三

【训练目的】熟悉和掌握共同海损问题。

【训练内容】

某轮船从天津新港驶向美国纽约，在航行途中船舱起火，船长为了船、货共同安全，下令向船舱灌水，火很快被扑灭。船长发现造成的损失如下：

1．300 箱货物被火烧毁；

2．500 箱货物被水浇湿；

3．部分甲板被烧坏。

请问：从损失的性质来看，上述分别属于何种损失？为什么？

【训练方法】

1．学生分组讨论；每组派一名学生阐述本组讨论结果；教师进行点评总结。

2．时间：20 分钟。

3．地点：教室。

训练四

【训练目的】熟悉和掌握运输保险纠纷的解决。

【训练内容】

我国某外贸公司以 CIF 交易条件向南美客户出口花生奶糖 500 箱，由卖方投保一切险。运输途中由于轮船陈旧，航速慢，且船方又沿途招揽货物，致使航期延长了一个多月。因处于高温、潮湿季节，花生奶糖因长时间在船舶中受热而全部软化粘连，无法销售，买方据此向卖方提出索赔。卖方持保险单向保险公司索赔。对此损失：

1．买方向卖方索赔有无道理，为什么？

2．保险公司是否应理赔，为什么？

3．卖方应向谁索赔，为什么？

【训练方法】

1．学生分组讨论；每组派一名学生阐述本组讨论结果；教师进行点评总结。

2．时间：20 分钟。

3．地点：教室。

训练五

【训练目的】熟悉和掌握运输保险纠纷的解决。

【训练内容】

某汽车运输公司承运了一批包装完好的宣纸，运输期限为 4 天，运费 8 000 元。在货物运输途中，因大雨造成路阻，驾驶员请示公司后，改道行驶，由于改道多增加运费 2 000 元。运达目的地时，已经延误两天，交货时又发现有 5 包货物因淋雨损坏，其中 1 包夹装有古画 10 幅，也被损坏。损坏宣纸的价值为 3 000 元，古画价值为 15 万元；由于货物延误造成托运人间接经济损失 30 万元。此时，托运人提出了索赔，承运人也提出了增加运费的要求。请问：

1．由于自然因素改道而增加的运费 2 000 元应由谁承担？

2．因淋雨损坏的 5 包货物价值 3 000 元由谁承担？

3．由于逾期运达，造成托运人间接经济损失 30 万元，其责任由谁承担？

4．货物中夹装的古画损失 15 万元，其责任由谁承担？

【训练方法】

1．学生分组讨论；每组派一名学生阐述本组讨论结果；教师进行点评总结。

2．时间：20 分钟。

3．地点：教室。

参 考 文 献

[1] 王冬，杨海明. 运输管理实务. 南京：南京大学出版社，2011.

[2] 于波. 空运和快递业务流程与操作实务. 大连：大连海事大学出版社，2010.

[3] 李联卫，李敏. 物流运输管理实务（第 2 版）. 北京：化学工业出版社，2012.

[4] 张晓莺. 运输管理实务. 武汉：武汉理工大学出版社，2009.

[5] 罗松涛. 新编物流运输与实务. 北京：清华大学出版社，2007.

[6] 季永青，江建达. 物流运输管理. 大连：东北财经大学出版社，2012.

[7] 朱仕兄. 物流运输管理实务. 北京：北京交通大学出版社，2010.

[8] 曹前锋. 物流管理案例与实训. 北京：机械工业出版社，2011.

[9] 仪玉莉. 运输管理. 北京：高等教育出版社，2012.

[10] 中国交通运输协会组. 物流案例与实践应试指南（第 2 版）. 北京：电子工业出版社，2011.

[11] 梁军，李慧芳. 运输与配送（第 2 版）. 杭州：浙江大学出版社，2007.

[12] 李卫东. 物流管理基础实训. 北京：北京交通大学出版社，2010.

[13] 余洁. 运输管理. 北京：电子工业出版社，2012.

[14] 韩景丰. 运输与运输管理. 重庆：重庆大学出版社，2006.

[15] 宋文官. 运输管理实务. 北京：高等教育出版社，2010.

[16] 何倩茵. 物流案例与实训. 北京：机械工业出版社，2012.

[17] 唐少麟. 物流方案设计. 北京：机械工业出版社，2013.

[18] 齐延才. 集装箱物流操作实务. 大连：大连海事大学出版社，2007.

[19] 程惠. 国际货物运输与保险. 大连：大连理工大学出版社，2009.

[20] 鲁丹萍. 国际货物运输与保险（第 2 版）. 杭州：浙江大学出版社，2010.

《运输管理实务（第3版）》读者意见反馈表

尊敬的读者：

感谢您购买本书。为了能为您提供更优秀的教材，请您抽出宝贵的时间，将您的意见以下表的方式（可从 http://www.hxedu.com.cn 下载本调查表）及时告知我们，以改进我们的服务。对采用您的意见进行修订的教材，我们将在该书的前言中进行说明并赠送您样书。

姓名：__________　电话：__________

职业：__________　E-mail：__________

邮编：__________　通信地址：__________

1．您对本书的总体看法是：

□很满意　□比较满意　□尚可　□不太满意　□不满意

2．您对本书的结构（章节）：□满意　□不满意　改进意见__________

3．您对本书的例题：　□满意　□不满意　改进意见__________

4．您对本书的习题：　□满意　□不满意　改进意见__________

5．您对本书的实训：　□满意　□不满意　改进意见__________

6．您对本书其他的改进意见：

7．您感兴趣或希望增加的教材选题是：

请寄：100036　北京市万寿路173信箱高等职业教育分社　收

电话：010-88254573　E-mail：zyy@phei.com.cn

反侵权盗版声明

举报电话：（010）88254396；（010）88258888

传　　真：（010）88254397

E-mail：　dbqq@phei.com.cn

通信地址：北京市万寿路 173 信箱

　　　　　电子工业出版社总编办公室

邮　　编：100036